제2판

무역계약론

김상만
· · · · · · ·

INTERNATIONAL TRADE CONTRACTS

박영사

머리말

개정판에서는 초판의 내용을 수정·보완하였다. 개정판에서는 분량을 축소하여 수업교재로의 활용도를 높이기 위하여 초판의 제5장 대금결제조건과 제6장 인코텀즈를 삭제하고, 그 핵심내용을 표로 정리하였고, 이해를 제고하기 위하여 각 장의 연습문제 및 해설을 추가하였다.

2021년 6월
김 상 만

머리말

1977년 12월 5일 대한민국은 100억 달러 수출을 달성하였고, 그 날을 기념하여 무역의 날로 지정하였다. 그 후 1995년에는 1,000억 달러 수출을 달성하였고, 2012년에는 5,000억 달러 수출을 달성하였다. 2011년 세계에서 9번째로 무역규모 1조 달러를 달성하였고, 2015년에는 수출규모 세계 6위를 기록하였다.

대한민국이 무역 강국이 된 것은 정부의 적극적인 수출지원 정책, 무역업계의 수출경쟁력 강화 외에 무역전공자들의 전문성과 노력도 적지 않게 기여하였다.

통상 무역거래는 해외시장조사, 거래상대방 선정 및 신용조사, 무역마케팅, 거래제의 및 수락, 청약 및 승낙, 계약체결, 계약이행(물품 선적, 대금지급 등), 클레임 및 분쟁해결 등의 일련의 과정으로 진행된다. 무역거래의 목적, 당사자의 의도, 권리·의무 등은 계약서에 반영되는바, 무역계약서 작성은 가장 중요한 과정이라고 말할 수 있다. 당사자의 의도대로 무역계약서를 작성하기 위해서는 무역계약에 대한 이해가 절실히 요구된다.

이 책은 계약 및 무역계약에 대한 기본적인 이해와 무역전문가로서의 전문성 제고를 목적으로 한다. 이 책의 특징은 다음과 같다.

첫째, 계약의 의의 및 종류, 계약의 성립 및 항변 등 계약의 기초를 알기 쉽게 기술함으로써 법학 비전공자도 계약을 쉽게 이해할 수 있도록 하였다.

둘째, 무역계약의 의의 및 성립, 대금결제조건 및 인도조건(Incoterms 등), 무역클레임과 분쟁해결 등 무역계약의 핵심사항을 알기 쉽게 기술함으로써 무역계약을 쉽게 이해할 수 있도록 하였다.

셋째, 국제물품매매계약, 판매점계약, 위탁판매계약, 위탁가공계약 등 다양한 무역계약을 설명하고, 사례연구를 제시함으로써 무역계약의 실무능력 제고를 가능하게 하였다.

넷째, 국제물품매매계약에 관한 유엔협약(CISG)을 각 조문별로 상세히 해설하고, 다양한 예시를 제시함으로써 CISG 각 조문을 쉽게 이해할 수 있도록 하였다.

다섯째, 각 단원별로 연습문제를 수록하여 단원별 이해를 제고하고, 종합정리를 가능하게 하였다.

끝으로 인류의 행복을 위하여 무역거래의 발전을 기원하며, 이 책의 출간에 도움을 주신 여러분들께 감사드립니다.

2019년 1월
김 상 만

차 례

PART 02
무역계약 총론

PART 03

무역계약 각론

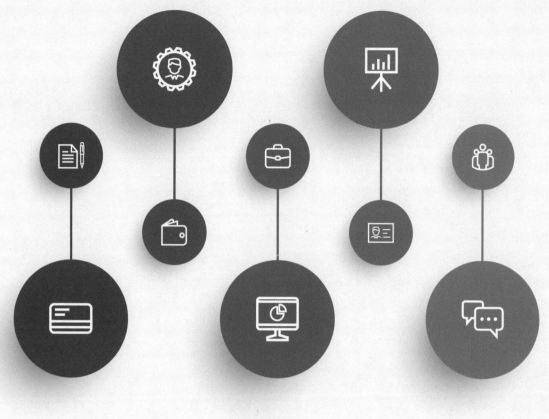

PART
01

계약 기초

CHAPTER 1
계약의 의의

SECTION 01
계약의 의의

1. 계약의 개념

계약(contract)이란, 법률효과(즉, 법적인 권리와 의무)의 발생을 목적으로 하는 당사자 간 합의(agreement)이다. 따라서 계약이 되기 위해서는 당사자 간 합의(agreement)가 필수이고, 그 합의 중에서 '법적구속력 있는 권리와 의무'를 발생시키는 것이 계약(contract)이 된다.

참고로 미국에서는 "계약(contract)"이란, "법적으로 강제가능(또는 인정가능)한 의무를 발생시키는 둘 이상의 당사자 간 합의(A Contract is an agreement between two or more parties creating obligations that are enforceable or otherwise recognizable at law)"라고 정의한다.[1]

---

1 Black's Law Dictionary (미국 법률용어사전).

계약의 다양한 정의(definition)

Contract: 계약

An agreement between two or more parties creating obligations that are enforceable or otherwise recognizable at law. (Black's Law Dictionary: 미국 법률용어사전)

A contract is a promise or a set of promises for the breach of which the law gives a remedy or the performance of which the law in some way recognizes as a duty. (미국 Restatement)

Sale: 매매

A sale consists in the passing of title from the seller to the buyer for a price. (매매는 대금을 받고 매도인으로부터 매수인에게 소유권을 이전하는 것)(미국 통일상법전 – Uniform Commercial Code §2–106)

Contract of sale of goods: 물품매매계약

A contract of sale of goods is a contract by which the seller transfers or agrees to transfer the property in goods to the buyer for a money consideration, called price. (물품매매계약은 대금이라는 금전의 약인을 대가로 매도인이 매수인에게 물품의 소유권을 이전하거나 이전할 것을 약정하는 계약)(English Sale of Goods Act 1979(영국 물품매매법) 제2조)

위에서 살펴본 바와 같이 합의 중에서 법적 구속력이 있는 것만이 계약이 된다. 계약(contract)과 합의(agreement)는 구별되어야 한다. 합의(agreement)는 둘 이상의 당사자의 의사가 합치된다는 점에서는 계약과 동일하다. 그러나 계약(contract)은 법적 구속력이 있으나, '계약 이외의 합의(예: 양해각서(Memorandum of Understanding, MOU))'는 법적 구속력이 없거나 약하다. 일방 당사자의 계약 위반의 경우 상대방(aggrieved party)은 소송(또는 중재)을 통하여 계약이행 강제, 손해배상청구 등의 법적

구제권리를 행사할 수 있지만, 계약 이외의 합의는 이러한 법적구제권리가 없거나 매우 약하다.[2]

2. 계약(contract)과 양해각서(MOU)

양해각서(Memorandum of Understanding: MOU)는 정식 계약 체결 전에 예비적 합의사항을 기재한 문서로서 쌍방의 의견을 미리 조율하고 확인하는 상징적 차원에서 작성된다. 양해각서는 대표적인 '계약 이외의 합의'로 볼 수 있다. 양해각서는 당사자 간의 합의라는 점에서 계약과 공통적이나, 법적 구속력이 없다는 점과 내용이 구체적이지 않다는 점에서 계약과 차이가 있다. 그러나 양해각서를 위반하는 경우 일반적으로 도덕적 책임을 부담하며, 일부 양해각서는 부분적 구속력을 갖기도 한다.[3] 일반적으로 양해각서가 법적 구속력이 없는 이유는 양해각서의 내용에 실질적인 권리나 의무에 관한 내용이 없거나, 양해각서에 법적 구속력이 없다고 명시하기 때문이다.

참고로 영국에서는 '달리 명시되지 않으면, 상사합의(commercial agreement)는 법적 구속력이 있다'고 보고 있고,[4] 합의는 '도의적 구속력(binding in honour only)'만 있다고 명시하는 것이 허용된다[5]고 보고 있다.[6] 따라서 모든 양해각서가 법적 구속력이 없는 것은 아니고, 일부 양해각서는 법적구속력이 있을 수 있다는 점을 염두에 둘 필요가 있다. 양해각서의 법적구속력을 차단하기 위해서는 해당 양해각서에 양해각서의 법적구속력이 없다는 문구(예: 'This MOU shall not be construed as legally binding(이 양해각서는 구속력이 없다)'를 명시하는 것이 바람직하다.

---

2 합의는 일상적인 용어로 '상호간의 약속'이라고 볼 수 있으며, 합의 중에서 권리와 의무를 발생시키고 법적강제력이 있는 것만을 계약으로 보면 된다.

3 김상만, 『국제거래법』 개정판, 박영사, 2018, p.32.; 류병운, "양해각서(MOU)의 법적 성격(비지니스 계약 중심으로)", 홍익법학 제8권 제1호, 2007, p.177.

4 Edwards v. Skyways, Ltd. 〔1964〕 1 All E.R. 4494.; Phillip Wood, *International Loans, Bonds, Guarantees, Legal Opinions*, London Sweet & Maxwell, 2007, p.401.

5 Jones v. Vernon's Pools, Ltd. 〔1938〕 2 All E.R. 626.; Phillip Wood, *International Loans, Bonds, Guarantees, Legal Opinions*, London Sweet & Maxwell, 2007, p.401.

6 Phillip Wood, *International Loans, Bonds, Guarantees, Legal Opinions*, London Sweet & Maxwell, 2007, p.401.; Phillip Wood, *Law and Practice of International Finance*, London Sweet & Maxwell, 1980, p.307.

기타 계약과 구별 개념

- **거래의향서(Letter of Intent: LOI, L/I)**: 계약체결 또는 지원확약 전에 계약체결 또는 지원 의향이 있음을 표시하는 문서이다. 법적 구속력이 없고, 법적 의무를 발생시키지 않는다. 그러나 도의적 책임은 발생시켜 이행하지 않는 경우 평판(reputation)에 악영향을 준다. 주로 해외건설(플랜트) 프로젝트 초기에 참여의사를 나타내거나 금융기관이 금융지원을 나타내기 위해 사용된다. 양당사자의 합의가 아니고 당사자 일방의 의사표시라는 점과 법적 구속력이 없다는 점에서 계약과 차이가 있다.

- **합의각서(Memorandum of Agreement: MOA)**: 정식계약에 앞서 당사자간 교섭 결과 상호합의된 사항을 확인하고 기록하는 데 사용하는 문서이다. 양해각서 체결 후 이에 대한 세부조항이나 구체적인 이행사항 등을 구체화시켜 계약을 체결함으로써 법적 구속력을 갖게 하는 것이 합의각서(MOA)이다.

3. 계약의 역할과 목표[7]

1) 계약의 역할

당사자들은 그들의 거래에 대한 규칙(rule)의 세부 내용에 대하여 합의를 하고 그 합의사항을 계약서에 반영한다. 일반적으로 당사자들이 정한 거래의 규칙에는 다음의 사항이 포함된다.

- 각 당사자가 상대방을 계약체결로 유인하기 위하여 제시한 사실들
- 향후 거래의 이행에 대한 각 당사자의 약속
- 각 당사자의 권리
- 각 당사자의 이행의무 발생의 전제 사건
- 계약의 종료(계약위반 및 위반에 대한 구제 포함)

---

7 Tina L. Stark, *Drafting Contracts*, Aspen Publishers, 2007, pp.3-4.

• 당사자들의 관례를 규율하는 일반원칙

이러한 거래 규칙은 일종의 당사자들의 '사법(private law[8])'이라고 볼 수 있는데, 공서양속 위반 등 예외적인 경우를 제외하고는 법원에서는 이러한 규칙을 인정하고, 집행한다.

2) 계약의 목표(goal)

계약서 작성 시, 당사자들의 다양한 목적을 만족시키는 계약서를 창출하려고 한다. 현실적으로 이 다양한 목적을 모두 충족시킬 수는 없지만, 충족시키기 위한 노력을 기울여야 한다. 결국 계약서를 어떻게 작성하는지에 따라 당사자들의 다양한 목적의 실현 여부가 결정된다. 모범적인 계약서는 다음 요건을 충족해야 한다.

• 거래를 정확하게 기록할 것
• 명확하고 모호하지 않을 것
• 문제를 실용적으로 해결할 것
• 당사자들이 자신들의 권리와 의무를 인식할 수 있도록 충분히 구체적일 것
• 모든 위험요소를 감소시킬 것
• 소송을 방지할 것

SECTION 02
계약의 종류

1. 계약 내용에 따른 종류(대한민국 민법에서의 전형계약)

1) 매매(sale)

매매(sale)는 당사자일방(매도인, seller)이 재산권을 상대방(매수인, buyer)에게 이전하기로 약정하고, 그 상대방(매수인, buyer)은 그 대금지급(payment)을 약정하는 계약이다. 매매의 목적물인 재산권은 스마트폰, 자동차, 자전거 등 물건인 경우가 대부분

---

8 private law(사법(私法)): 일반 개인(기업 포함) 간의 법률관계 적용되는 법.

이지만, 어업권, 상표권 등 권리도 매매의 목적물이 될 수 있다.

재산권의 이전에 대한 대가는 반드시 대금이어야 한다. 따라서 재산권을 받는 상대방이 대금을 지급하지 않고 다른 재산권을 이전하는 것은 매매가 아니고, 교환에 해당된다.

> **예시** A(seller)가 B(buyer)에게 자동차를 2천만원에 팔기로 하고, B는 그 자동차를 2천만원에 사기로 합의함.

2) 증여(gift)

증여(gift)는 당사자 일방(증여자, donor)이 무상으로 재산을 상대방(수증자, donee)에게 수여할 의사를 표시하고, 그 상대방이 이를 승낙함으로써 성립하는 계약이다. 참고로 우리나라 민법에서는 서면으로 하지 않은 증여는 각 당사자는 이를 해제할 수 있다고 규정하고 있다(민법 제555조). 영미법에서는 증여는 약인(consideration)이 없어 강행불능(unenforceable)한 계약으로 본다.

> **예시** A가 B에게 자동차를 무상으로 양도하기로 하고, B가 이를 승낙함.

3) 교환(exchange, barter)

교환(exchange, barter)은 당사자 쌍방이 금전 이외의 재산권을 상호 이전할 것을 약속하는 계약이다.

> **예시** A는 B에게 자동차를 양도하고, 그 대가로 B는 A에게 오토바이를 양도하기로 합의함.

4) 임대차(lease)

임대차(lease)는 당사자 일방(임대인, lessor)이 상대방(임차인, lessee)에게 목적물(금전 제외)을 사용하게 하고 상대방은 이에 대해 임차료를 지급하는 계약이다. 임대기간이 종료되면, 임차인은 목적물을 임대인에게 반환해야 한다. 임대차에서는 임차인은 사용료(임차료)를 지급하지만, 사용대차에서는 임차인은 사용료(임차료)를 지급하지 않는다는 점에서 차이가 있다. 이에 따라 임대차는 유상계약에 해당되고, 사용대차는 무상계약에 해당된다.

> **예시** A가 B에게 자동차를 1개월간 빌려주고 50만원의 사용료를 받기로 합의함.

5) 사용대차(loan for use, loan of use)

사용대차(loan for use)는 당사자 일방(임대인, lessor)이 상대방(임차인, lessee)에게 무상(임차료 무)으로 목적물을 사용하게 하는 계약이다. 임대기간이 종료되면, 임차인은 목적물을 임대인에게 반환해야 한다. 임대차에는 사용료(임차료)가 있으나, 사용대차에는 사용료(임차료)가 없다는 점에서 구별된다.

> **예시** A가 B에게 자동차를 1개월간 무상(사용료 없이)으로 빌려주기로 합의함.

6) 소비대차(loan for consumption)

소비대차(loan for consumption)는 당사자 일방이 물건(금전 포함)을 이전할 것을 약정하고, 그 상대방은 동종·동질·동량의 물건(즉 동일한 물건이 아님)을 반환할 것을 약정하는 계약이다. 위에서 살펴본 계약들과는 달리 소비대차는 그 목적물이 금전인 경우가 일반적이며, 이 경우 '금전소비대차'라고 한다. 은행에서 대출받는 것은 전형적인 금전소비대차이다.

> **예시** A는 B로부터 가솔린 10리터를 빌리고, 1개월 후에 동종의 가솔린 10리터를 돌려주기로 합의함.

7) 도급(contract for work)

도급(contract for work)이란, 당사자 일방(수급인)이 어느 '일의 완성'(예: 주택건설, 복사물 제본, 한복 맞춤, 화물운송, 계약서 법률검토 등)을 약정하고, 그 상대방(도급인)이 그 일의 결과에 대하여 보수를 지급할 것을 약정하는 계약이다. 도급은 '일의 완성'을 목적으로 하는데, 수급인 자신이 직접 그 일을 하여야만 하는 것은 아니다(원칙적으로 하도급이 허용되지만, 도급계약에서 하도급을 제한할 수 있다).

도급과 유사한 계약으로 고용과 위임이 있다. 고용은 노무(근로)의 제공 그 자체를 목적으로 하므로 일의 완성이 없어도 노동의 제공에 대하여 대가를 지급해야 한다. 그러나 도급에서는 일의 완성이 없으면 계약의 목적을 달성하지 못하여 대가를 지급하지 않아도 된다. 한편, 위임은 당사자 일방(위임인)이 상대방(수임인)에게 사무(일처리)의 처리를 위임하는 계약인데, 반드시 결과의 완성이 필요한 것은 아니라는 점에서 도급과 차이가 있다. 그리고 고용에서는 사용자가 노무자(근로자)를 지휘하지만, 위임에서는 위임인이 수임인을 지휘하지 않는다.

> **예시** A는 B의 공장을 신축하기로 합의함.
>
>   A는 B의 화물을 서울에서 부산까지 운송하기로 합의함.

☞ 제작물 공급계약 : 제작물공급계약은 그 <u>제작의 측면에서는 도급의 성질이 있고 공급의 측면에서는 매매의 성질</u>이 있어 대체로 매매와 도급의 성질을 함께 가지고 있으므로, 그 적용 법률은 계약에 의하여 제작 공급하여야 할 물건이 대체물인 경우에는 매매에 관한 규정이 적용되지만, 물건이 특정의 주문자의 수요를 만족시키기 위한 부대체물인 경우에는 당해 물건의 공급과 함께 그 제작이 계약의 주목적이 되어 도급의 성질을 띠게 된다(대법원 2010. 11. 25. 선고 2010다56685 판결).

B) 고용(employment contract)

고용(employment contract)이란, 당사자 일방이 상대방에게 노무를 제공하고 상대방은 이에 대하여 보수를 지급하는 계약이다. 고용계약에서는 약정된 노무(근로)의 제공 그 자체를 목적으로 하고, 사용자와 노무자 간에 지시·복종의 관계가 형성된다. 노무자는 고용계약에 따른 노무를 제공하고, 사용자는 노무제공에 대한 대가로서 보수를 지급해야 한다.

도급에서는 일의 완성이 있어야 보수를 받을 수 있지만, 고용에서는 노무의 제공만 있으면 보수를 받을 수 있고, 그 외 일의 완성은 요구되지 않는다. 고용에서 사용자는 노무자를 지휘·감독할 권한이 있고, 노무자의 불법행위에 대하여 사용자책임을 부담한다. 위임은 일정한 사무의 처리 그 자체를 목적으로 하므로 수임인이 그의 재량으로 사무를 독립적으로 처리할 수 있으나, 고용에서는 노무자는 사용자의 지시에 따라야 한다는 점에서 차이가 있다.

> **예시** A주식회사는 B를 정식 직원으로 채용하고 고용계약을 체결함.

9) 위임(delegation contract)

위임(delegation contract)이란, 당사자 일방이 상대방에 대하여 사무의 처리를 위탁하는 계약이다. 위임은 수임인의 인격, 전문성, 식견 등 특별한 대인적 신뢰를 기초로 한다. 위임도 노무공급계약이라는 점에서 고용과 유사하지만, 사무처리의 목적 내에서 수임인이 어느 정도 재량권을 갖는다는 점에서 고용과 차이가 있다. 그리고 도급은 일의 완성을 목적으로 하지만, 위임은 사무의 처리 과정에 주안점을 둔다는 점에서 차이가 있다. 따라서 도급에서는 일의 완성(즉 도급계약의 목적 달성)이 있어야 보수를 지급하지만, 유상위임에서는 목적 달성이 없어도 수임인이 그의 의무를 다한 이상 위임사무의 처리에 따른 비용과 보수를 청구할 수 있다(예를 들어, 소송위임계약에서 변호사가 패소했어도 변호사는 보수를 청구할 수 있고, 의사의 진료에서 의사가 병을 치료하지 못했어도 의료비를 청구할 수 있다). 참고로 무상위임에서도 비용청구는 가능하다.

> **예시** 의뢰인이 변호사에게 소송대리 의뢰('소송위임계약 – 소송위임장')
> 운송주선인(freight forwarder)에게 운송주선 의뢰('운송주선계약')
> 환자가 의사에게 진료 의뢰

2. 의무 · 대가 · 형식요건에 의한 분류

1) 쌍무계약과 편무계약

쌍무계약(bilateral contract)이란, 쌍방이 서로 대가적 의미를 가지는 채무를 부담하는 계약을 말한다. 각 당사자는 상대방에 대하여 권리와 의무를 갖는다. 쌍무계약에서는 당사자의 채무가 상호의존 관계에 있다. (예: 매매, 교환, 임대차 등)

한편, 편무계약(unilateral contract)이란, 당사자 일방은 권리만 갖고 상대방은 의무만 부담하는 계약을 말한다. 쌍방이 채무를 부담하더라도 서로 대가적 의미가 없다. (예: 증여, 사용대차 등)

2) 유상계약과 무상계약

유상계약(contract for value)은 당사자 쌍방이 서로 대가적 의미를 가지는 출연을 하는 계약이다. (예: 매매, 교환, 임대차 등)

한편, 무상계약(gratuitous contract)은 당사자 일방만이 급부를 제공하는 계약이다.

또는 쌍방이 급부를 제공하더라도 그 급부가 서로 대가적 관계에 있지 않으면, 무상
계약으로 본다. (예: 증여, 사용대차 등)

3) 낙성계약과 요물계약

낙성계약(consensual contract)은 당사자의 합의만으로 성립하는 계약이다. 대부분
의 계약은 당사자의 합의만으로 성립하므로 낙성계약에 해당된다. 한편, 요물계약
(reward contract)은 당사자의 합의만으로는 계약이 성립되지 않고, 당사자 일방이 물
건의 인도 기타 급부를 하여야 성립하는 계약이다. (예: 현상광고)

· 현상광고 ·

ⅰ) Police: 'Wanted $10,000' →   ⅱ) Arrest: 계약 성립
- 경찰에서 현상범 수배 현상광고를 하는 경우('신고하면 1만 달러 현상금 지급')
- 이에 대해 A가 '내가 신고하겠다'라고 통지를 하여도 계약은 성립되지 않는다.
  다시 말해, 경찰은 현상금 지급에 대한 아무런 의무도 부담하지 않으며, A도 현
  상범을 신고할 의무를 부담하지 않는다. 그러나 B가 현상범을 신고하는 경우
  현상광고계약은 성립되며, 경찰은 B에게 1만 달러를 지급할 채무가 발생한다.

4) 불요식계약과 요식계약

불요식계약은 계약의 성립에 일정한 방식을 필요로 하지 않는 계약이다. 대부분
의 계약은 계약의 성립에 일정한 방식을 요구하지 않으므로 불요식계약에 해당된다.
한편, 요식계약은 계약의 성립에 일정한 방식을 필요로 하는 계약이다.

· 요식계약 예시 ·

(예시1) 농지의 임대차계약과 사용대차계약
농지의 임대차계약과 사용대차계약은 서면계약이 원칙이다.
☞ 농지법 제24조(임대차·사용대차 계약 방법과 확인) ① 임대차계약(농업경영을
하려는 자에게 임대하는 경우만을 말한다. 이하 이 절에서 같다)과 사용대차계약(농
업경영을 하려는 자에게 사용대하는 경우만을 말한다)은 서면계약을 원칙으로 한다.

(예시2) 어음 계약, 수표 계약 등

어음법, 수표법에서는 어음, 수표의 요건을 규정하고 있는데, 그 요건을 충족하지 못하면 어음 또는 수표로 인정되지 않는다.

(예시3) 보증의 방식(민법 제428조의2)

보증은 그 의사가 보증인의 기명날인 또는 서명이 있는 서면으로 표시되어야 효력이 발생한다.

☞ **국제물품매매계약:** 쌍무계약, 유상계약, 낙성계약 및 불요식계약에 해당

3. 계약의 유효성에 의한 분류

1) 무효계약(Void Contract)

무효계약(Void Contract)은 일단, 당사자의 합의에 의해 계약이 성립되었지만, 처음부터 계약의 효력이 없다. 강행법규를 위반한 경우 대부분의 국가에서 계약의 무효사유로 규정하고 있다. 강행법규의 기준은 국가에 따라 상대적이며 차이가 있다.

2) 해제(취소)가능계약(Voidable Contract)

해제(취소)가능계약(Voidable Contract)은 당사자의 합의에 의해 계약이 성립되었고, 유효하다. 그러나 해제(취소)권자가 계약을 해제(취소)하면, 계약은 소급하여(처음부터) 효력을 상실하게 된다. 해제사유는 법정해제사유(법에서 규정한 해제사유)와 약정해제사유(해당 계약에서 정한 해제사유)가 있고, 취소사유는 법에서 정하고 있다.

3) 강행불능계약(Unenforceable Contract)

강행불능계약(Unenforceable Contract)은 당사자의 합의에 의해 계약이 성립되었고, 유효하다. 그러나 상대방이 계약을 이행하지 않아도 법적 절차(소송 등)를 통해 계약이행을 강제할 수 없다. 대표적으로 영미법에서 약인(consideration)이 없는 계약은 강행불능계약(Unenforceable Contract)에 해당된다.

참고로 우리 민법상의 '자연채무'도 강행불능계약에 해당되고, 계약서에서 부제소특약(계약을 이행하지 않아도 소송을 제기하지 않기로 하는 특약)을 정한 경우에도 강행

불능계약이 된다.

4. 기타의 분류

1) 명시적 계약과 묵시적 계약

명시적 계약(express contract)은 언어(서면 또는 구두)에 의해 성립된 계약이다. 묵시적 계약(implied contract)은 '언어 이외의 동의 표시(예: 행위)'에 의하여 성립하는 계약이다.

참고로 국제물품매매계약에 관한 유엔협약(CISG) 제18조에서는 '청약에 대한 동의를 표시하는 상대방의 진술 그 밖의 행위는 승낙이 된다'고 규정하고 있는데, "진술"에 의한 동의는 명시적 계약이 되고, "행위"에 의한 동의는 묵시적 계약이 된다. 예를 들어 매수인(buyer)의 주문(구매 청약)에 대하여 매도인(seller)이 주문 수락을 서면 또는 구두로 통지하면 이는 진술에 의한 승낙이 되어 명시적 계약이 성립하고, 주문품을 매수인에게 송부하면 이는 행위에 의한 승낙이 되어 묵시적 계약이 성립된다.

CHATER 01 EXERCISE

※ 다음 중 맞는 것은 (○), 틀린 것은 (×)로 표시하시오.

01 계약이 되기 위해서는 당사자 간 합의(agreement)가 필요하며, 그 합의 중에서 '법적 구속력 있는 의무와 권리'를 발생시키는 것이 계약(contract)이 된다. (○)

02 합의(agreement)는 둘 이상의 당사자의 의사가 합치된다는 점에서는 계약과 동일하다. 그러나 계약(contract)은 법적 구속력이 있으나, '계약 이외의 합의'는 법적 구속력이 없거나 약하다. (○)

03 모든 양해각서는 법적 구속력이 없다. (×)

04 편무계약에는 증여, 사용대차 등이 있다. (○)

05 사용대차란, 당사자 일방이 상대방에게 목적물을 사용하게 하고 상대방이 이에 대해 임차료를 지급하는 거래이다. (×)

06 증여란, 당사자 일방이 상대방에게 무상으로 목적물을 사용하게 하는 거래이다. (×)

07 국제물품매매계약은 쌍무계약, 유상계약, 낙성계약 및 요식계약에 해당된다. (×)

08 고용에서는 일의 완성이 있어야 보수를 받을 수 있지만, 위임에서는 노무의 제공만 있으면 보수를 받을 수 있다. (×)

09 요식계약은 계약의 성립에 일정한 방식을 필요로 하는 계약이다. 참고로 대한민국 민법에서는 보증은 그 의사가 보증인의 기명날인 또는 서명이 있는 서면으로 표시되어야 효력이 발생한다고 규정하고 있다. (○)

10 무효계약(Void Contract)은 계약이 성립되지 않기 때문에 처음부터 계약의 효력이 없다. (×)

11 CISG 제18조에서는 '청약에 대한 동의를 표시하는 상대방의 진술 그 밖의 행위는 승낙이 된다'고 규정하고 있는데, "진술"에 의한 동의는 명시적 계약이 되고, "행위"에 의한 동의는 묵시적 계약이 된다. (○)

※ 다음 물음에 답하시오.

01 '계약(contract)'의 개념을 쓰시오.
- 법률효과(권리와 의무)의 발생을 목적으로 하는 당사자의 합의

02 양해각서(MOU)가 법적구속력이 없는 이유는?
- 실질적인 권리와 의무에 관한 내용이 없음.
- 양해각서(MOU)에 법적구속력이 없음을 명시함.

03 '매매계약'의 예를 쓰시오.
- A는 B에게 자동차를 2천만원에 팔고, B는 그 자동차를 2천만원에 사기로 합의함.

04 임대차계약의 예를 쓰시오.
- A는 B에게 50만원의 임대료를 받고 자동차를 1개월간 빌려주기로 합의함.
- A는 B에게 원룸을 월세 30만원에 1년간 임대하기로 합의함.

05 계약이 아닌 합의의 예를 쓰시오.
- 양해각서(MOU)

06 편무계약의 예를 쓰시오.
- 증여, 사용대차

07 영미법상 강행불능계약(Unenforceable Contract)의 예를 쓰시오.
- 약인(consideration)이 없는 계약

08 도급과 위임을 비교하시오.
- 도급은 일의 완성을 목적으로 하지만, 위임은 사무의 처리 과정에 주안점을 둔다는 점에서 차이가 있다. 따라서 도급에서는 일의 완성(즉 도급계약의 목적 달성)이 있어야 보수를 지급하지만, 유상위임에서는 목적 달성이 없어도 수임인이 그의 의무를 다한 이상 위임사무의 처리에 따른 비용과 보수를 청구할 수 있다(예를 들어, 소송위임계약에서 변호사가 패소했어도 변호사는 보수를 청구할 수 있고, 의사의 진료에서 의사가 병을 치료하지 못했어도 의료비를 청구할 수 있다).

0**9** 묵시적 계약에 의한 매매계약의 예를 들어보시오.

- 매수인(buyer)의 주문(구매 청약)에 대하여 매도인(seller)이 명시적인 수락의 의사표시 없이 주문품을 매수인에게 송부함.

CHAPTER 2
계약의 성립과 항변

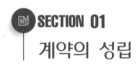

SECTION 01
계약의 성립

1. 상호간의 합의(청약과 승낙)

계약(contract)이 성립하기 위해서는 '상호간의 합의(mutual assent)'가 필요하다. 통상 계약은 일방 당사자의 청약에 대한 상대방의 승낙으로 성립된다. 청약(offer)은 일정한 내용의 계약을 체결할 것을 상대방에게 제의하는 의사표시이고, 승낙(acceptance)은 청약에 대응하여 계약을 성립시킬 목적으로 피청약자(offeree: 청약의 상대방)가 청약자(offeror)에게 행하는 의사표시이다. 계약이 체결되기 위해서는 당사자들 간 의사의 합치가 필요한데, 의사의 합치는 당사자의 협상 과정을 통해서 성사된다.

청약은 피청약자에게 승낙할 수 있는 권능을 발생시키고, 청약자에게는 피청약자의 승낙 시에 계약체결의 책임을 발생시킨다. 청약이 되기 위해서는 청약자가 청약 내용에 따라 계약을 체결하려고 한다는 것을 피청약자가 합리적으로 기대할 수 있어야 한다. 청약 여부를 확인하기 위해서는 기본적으로 아래의 3가지를 확인해야 한다.

① 계약 체결의 약속이 표시되었는가?
② 필수적인 계약조건이 확정적인가?

③ 피청약자에게 위 내용이 표시되었는가?

승낙은 청약에 대응하여 계약을 성립시킬 목적으로 피청약자가 청약자에게 행하는 의사표시이다. 따라서 피청약자만이 승낙할 수 있으며, 피청약자의 지위는 제3자에게 양도할 수 없다. 승낙은 명확하고, 청약의 내용을 조건 없이 수락해야 한다.

2. 계약의 자유와 그 제한

일반적으로 당사자들은 자유로이 계약 내용을 정하여 계약을 체결할 수 있는데, 이를 "계약자유의 원칙(freedom of contract)"이라고 한다. 계약자유의 원칙은 당사자들이 계약의 내용을 결정할 수 있다는 것만을 의미하는 것이 아니고, 준거법 및 재판관할을 결정할 수 있다는 것도 포함한다.[9] 거의 모든 국가에서 계약자유의 원칙을 인정하고 있지만, 이는 절대적인 것은 아니다. 계약자유의 원칙이 인정된다고 하더라도 대부분의 국가에서는 강행법규(mendatory rules)에 의해 계약자유의 원칙이 제한되고 있다.[10] 그리고 이러한 강행법규에 의한 제한은 계약의 준거법(governing law) 또는 재판관할지(jurisdiction)의 법규에 따른다. 따라서 계약체결에 있어 준거법과 재판관할지의 선택은 매우 중요하다. 따라서 국제계약서를 작성할 때에는 의뢰인의 국내법은 물론 준거법 또는 재판관할지의 법규를 숙지하고 있는 국제변호사의 자문이 필요하다.

한편, 유효하게 성립한 계약은 당사자를 구속하는데, 계약이 구속력을 가지는 근거는 ① 당사자의 자발적인 의사의 합치와 ② 법이 계약을 정당한 것으로 평가하여 승인한 것에 있다. 그러나 계약을 정당한 것으로 법률이 승인한 것에 근거한다는 것은 계약의 구속력은 최종적으로 법률의 승인에 근거한다는 것인바, 당사자의 합의가 있더라도 법질서가 허용하지 않는 경우에는 계약의 구속력이 부정되거나 제한된다. 따라서 계약서를 작성할 때 당사자자치의 원칙과 그 제한을 고려하는 것이 필요하다.

---

9 Fabio Bortolotti, *Drafting and Negotiating International Commercial Contracts,* ICC Publication No. 743E, 2013, p.14.

10 Fabio Bortolotti, *Drafting and Negotiating International Commercial Contracts,* ICC Publication No. 743E, 2013, p.15.

 **SECTION 02**
계약 성립·효력의 항변: 무효·해제·취소·해지

1. 개설

당사자의 합의(청약과 승낙)에 의해 형식상 계약이 성립되었다고 하더라도 그 계약의 효력이 부정될 수도 있다. 처음부터 계약의 효력이 인정되지 않는 경우('무효계약')도 있고, 당사자가 그 계약을 해제(취소)나 해지할 수 있는 경우('해제/취소가능계약', '해지가능계약')도 있다. 그리고 상대방이 계약을 이행하지 않아도 법적으로 강제할 수 없는 경우('강행불능계약')도 있다.

계약에 대해 불만족하거나, 계약의 이행을 원하지 않는 당사자는 계약에 대하여 무효 주장, 취소권(해제권, 해지권 포함) 행사, 강행불능(unenforceable) 주장 등 다양한 항변을 하게 된다.

 무효, 취소, 해제와 해지

1. 개념

1) 무효: invalid, void

무효는 법률행위(계약 포함)가 성립한 때로부터 법률상 당연히 그 효력이 없는 것을 말한다. 법률행위의 무효는 법률행위가 성립된 것(계약에서는 계약의 성립)을 전제로 한다. 따라서 법률행위의 불성립의 경우에는 법률행위의 무효에 관한 규정이 적용되지 않는다.

> **예시1** A: 자동차를 U$2만에 팔겠다.(청약) → B: 자동차를 U$1.8만에 시겠다. → 계약 불성립(계약의 무효 아님)
>
> **예시2** A: 인신 매매(청약) → B: 인신 매매(승낙) → 계약 성립(그러나 위법계약으로 무효)

2) 해제: rescind

해제는 일단 유효하게 성립한 계약의 효력을 당사자 일방(해제권자)의 해

제권 행사(해제의 의사표시)에 의하여 소급하여(처음부터) 소멸시키는 것이다. 일단 유효하게 성립하고 있는 계약의 효력이 해제권자의 해제권 행사(해제의 의사표시)에 의해 처음부터 소급하여 소멸된다. 해제권자가 해제권을 행사하지 않으면 계약은 정상대로 유지된다.

3) 해지: terminate

해지는 일단 유효하게 성립한 계속적인 계약의 효력을 당사자 일방(해지권자)의 해지권 행사(해지의 의사표시)에 의하여 장래에 향하여 소멸시키는 것이다. 계속적 채권관계에 있어서 계약의 효력을 해지의 의사표시 이후에 장래에 향하여 소멸시킨다. 해지권자가 해지권을 행사하지 않으면 계약은 정상대로 유지된다. 참고로 계속적 채권관계란, 신문 구독, 인터넷 약정, 고용 관계, 임대차 등 채무자가 어떤 이행기에 이행함으로써 종료하는 것이 아니라, 채무의 존속기한 내에 계속적으로 이행되어야 하는 것을 말한다.

   * 미국 통일상법전 "terminate"란, 계약위반 이외의 사유로 계약을 종료시키는 것을 의미한다. (UCC §2-106) (참고로 대법원에서는 "terminate"를 "해소"로 옮기고, 민법상 해제와 해지를 포괄하는 개념으로 본 바 있음(2017.5.30. 선고 2014다233176 판결))

4) 취소: cancel

취소는 일단 유효하게 성립한 법률행위의 효력을 당사자 일방(취소권자)의 취소권 행사에 의해 처음부터 소급하여 소멸시키는 것이다. 취소권자가 취소할 때까지 일단 유효하게 다루고, 실제 취소를 하게 되면 처음부터 소급하여 효력이 소멸된다. 취소는 법률행위 성립에서 발생한 사유에 의한 것이고, 해제는 법률행위 성립 이후에 발생한 사유(예: 당사자의 채무불이행)에 의한 것이다. 참고로 계약의 경우 취소는 계약성립에서 발생한 사유로 인한 것이고, 해제는 계약성립 이후에 발생한 사유로 인한 것이다.

   예) 미성년자가 체결한 계약의 취소, 착오로 인한 계약의 취소

5) 철회: revoke

취소(해제, 해지 포함)는 이미 발생하고 있는 법률행위의 효력을 상실시키

는 것이다. 그러나 철회는 아직 법률 효과가 발생하지 않은 법률행위 등으로
부터 그 효과의 발생가능성을 저지시키는 것이다.

> **예시1** A의 청약 → B가 승낙하기 전에 A가 청약을 철회
> **예시2** 부모가 미성년자의 재산처분(자동차 매매)에 동의 → 미성년자가 자동차를 매매
> 하기 전에 그 동의권을 철회

2. 비교

1) 무효와 취소(해제, 해지 포함)

(1) 무효는 특정인의 주장을 필요로 하지 않고 당연히 효력이 없다. 그러나
취소(해제, 해지 포함)는 취소권자가 취소권을 행사하기까지는 그 법률
행위(계약 등)의 효력에 영향이 없으며, 취소권자가 취소권을 행사해야
그 법률행위(계약 등)의 효력이 소멸된다.

(2) 무효는 시간의 경과에 영향을 받지 않고, 항상 무효이다. 그러나 취소
(해제, 해지 포함)는 취소권의 존속기간 내에 취소권을 행사해야 하며,
그 기간이 경과하면 취소할 수 없다.

* 취소권의 행사기간

① 추인할 수 있는 날로부터 3년 내에, 법률행위를 한 날로부터 10년 내
에 행사해야 한다. (민법 제146조)

② 미성년자의 법률행위: 다음 중에서 먼저 도래한 날에 취소권 소멸

㉠ 성년이 된 날로부터 3년 내

㉡ 법정대리인이 미성년자가 법률행위를 한 것을 안 날로 3년 내

㉢ 그 법률행위를 한 날로 10년 내

* 해제권(해지권)의 행사기간: 10년(민법 제162조)

2) 취소와 해제

(1) 공통점: 권리자의 일방적 의사표시(취소권자의 취소권 행사, 해제권자
의 해제권 행사)에 의하여 법률행위(계약 등)의 효력이 소급적으로 소
멸된다.

(2) 차이점:

- 해제는 계약에서만 인정되는 제도이고, 취소는 계약을 포함하여 모든 법률행위에 인정된다.
- 취소는 계약성립에서 발생한 사유에 의한 것이고, 해제는 계약성립 이후에 발생한 사유에 의한 것이다. (즉 취소는 의사표시(또는 계약성립)의 불안정성으로 발생한 하자(결함)로 볼 수 있다. 쉽게 보면, 취소는 원시적 하자로 인한 것이고, 해제는 후발적 하자로 인한 것이라고 이해할 수 있다.)
- 취소권은 당사자의 무능력, 착오 등 법률의 규정에 의해서만 발생하지만, 해제는 법률의 규정 외에 계약위반, 당사자의 약정 등으로도 발생한다.
- 취소의 효과로는 부당이득반환의무가 발생하지만, 해제의 효과로는 원상회복의무와 손해배상의무가 발생한다.

구 분	해 제	취 소
적용범위	계약에서만 인정	모든 법률행위에 인정
발생사유	• 법률의 규정 ⇒ 법정해제권 • 당사자의 약정 ⇒ 약정해제권	법률의 규정에 의해서만 발생 (제한능력자, 착오, 사기, 강박)
사유 발생시기	• 법률행위 성립 이후에 발생한 사유	• 법률행위 성립에서 발생한 사유
행사기간	• 10년간 행사하지 않으면 소멸	• 추인할 수 있는 날로부터 3년 • 법률행위를 한 날로부터 10년
효과	• 원상회복의무 발생 • 손해배상의 문제 발생	• 부당이득반환의무가 발생 (선의인 경우 현존이익만 반환) • 손해배상의 문제 발생하지 않음

3) 취소(해제)와 해지

해지는 계약의 효력을 상실시킨다는 점에서 '취소'나 '해제'와 동일하다. 그러나 '취소'나 '해제'는 처음부터 계약 등 법률행위의 효력이 소멸되지만, '해지'는 해지권을 행사한 시점부터 계약 등 법률행위의 효력이 상실된다는 점에서 차이가 있다.

예시1 1년간 신문구독계약을 하고, 6개월간 구독 한 후, 해외유학으로 인해 신문구독을 중단하게 된 경우 구독계약의 해지권을 행사하면, 기존 구독한 6개월분에 대한 구독계약은 유효하고, 향후 6개월에 대해서만 신문구독계약이 효력을 상실한다. 이에 따라 기납부한 6개월분의 구독료의 환불을 요청할 수 없다.

예시2 TV구매 후 6개월간 사용하다가 TV가 고장났으며, 수리도 불가하고 기타 다른 TV로 교환도 불가능하게 되어 TV구매계약을 해제하는 경우 TV구매계약은 처음부터 효력을 상실한다. 이에 따라 TV구매대금 전액의 환불을 요청할 수 있다.

구 분	해 제	해 지
발생범위	일시적 계약관계	계속적 계약관계
소급효	있음	없음: 장래효
원상회복의무	있음	없음: 청산의무
기타	① 일시적 계약관계에서 인정 ② 처음으로 소급하여 계약의 효력 소멸 ③ 해제로 인해 당사자는 원상회복의무 부담	① 계속적 계약관계에서만 인정 ② 장래에 대하여 계약의 효력 소멸 ③ 해지로 청산의무 부담

☞ **법률행위**

- 국내의 민법 교과서에서는 법률행위는 '의사표시를 요소로 하는 법률요건'이라고 정의한다.
- 쉽게 말하면, 법률행위란, 사람(자연인, 법인)의 행위 중 일정한 법률효과(권리·의무의 발생, 권리의 변동 등)를 의도하는 행위라고 정의할 수 있다.
- 일상에서 사람은 끊임없이 행위를 한다. 일상의 대부분을 차지하는 수면, 운동, 독서, 게임 등의 행위는 권리·의무의 발생, 권리의 변동 등을 의도하는 의식적인 행위가 아니다. 따라서 이러한 행위는 법률행위가 아니다. 그러나 지하철 승차(여객운송계약), 아메리카노 주문(음료 매매계약), 도시구매(매매계약), 자동차 렌트(임대차계약), 불필요한 물건의 폐기(소유권 포기), 유언 등은 권리·의무의 발생 또는 권리의 변동을 의도하는 행위로 법률행위가 된다.
- 그러나 행위(action)와 사고(accident)는 구분해야 한다. 보험에 부보된 해상사고, 자동차사고 등으로 인하여 보험금청구권이라는 권리가 발생하지만, 이러한 사고는 보험금청구권의 발생을 의도한 사람의 의식적인 행위가 아니고, 사람의 의도와는 무관하다. 따라서 법률행위가 아니고, 사고에 해당된다.

2. 계약의 무효사유

1) 개설

대부분의 국가에서는 법으로 계약의 무효사유를 규정하고 있다. 그 기준은 공서양속의 위반, 강행법규의 위반 등인데, 그 기준은 국가마다 그리고 문명의 발달에 따라 차이가 있다. 특히 무역거래는 서로 다른 국가 간의 거래이므로 해당 계약의 준거법 또는 관련 당사국법에 의한 무효사유에 대해서도 검토하는 것이 필요하다.

이하에서는 대한민국 민법을 기준으로 계약의 무효사유를 정리하였다.

2) 계약이행의 원시적 불능

계약 체결 시부터 계약이행이 불가능한 경우('원시적 불능') 그 계약은 무효가 된다. 예를 들어, 자동차매매계약을 체결하였는데, 계약체결 전에 그 자동차는 멸실된 경우 자동차매매계약은 무효가 된다. 다만, 계약체결 시 원시적 불능을 알았거나 알 수 있었을 당사자는 상대방이 그 계약의 유효를 믿음으로써 입은 손해를 배상해야 한다.

 후발적 불능 → 계약은 유효

후발적 불능, 즉 계약체결 후 발생한 사건으로 계약이행이 불가능하게 된 경우 (예: 자동차매매계약 체결 후 그 자동차가 멸실) 계약의 효력은 유지된다. 계약이행 불능이 누구의 귀책사유에 의한 것인지에 따라 계약해제권, 손해배상청구권 등의 문제가 남아 있다.

---

3) 반사회질서의 법률행위(민법 제103조): '사회적 타당성' 결여

선량한 풍속 기타 사회질서에 위반한 사항을 내용으로 하는 계약은 무효가 된다. 국제적으로는 "선량한 풍속 기타 사회질서"를 "공서양속(public policy)"이라고 하며, 대부분의 국가에서 "공서양속(public policy)"에 위반한 계약은 무효로 하고 있다. 다만, "공서양속"의 개념정의나 판단기준이 국마마다 다소 차이가 있는바, 국제거래에서는 상대방국가의 "공서양속"에 대한 이해가 필요하다.

> **예시** 장기(사람의 장기)매매계약, 인신매매계약, 노예계약, 범죄행위를 하지 않
> 는 조건으로 금전을 지급하기로 하는 약정, 증언의 대가로 급부를 받는 약
> 정, 도박자금을 대여하는 약정 등

4) 강행법규 위반(민법 제105조): '적법성' 결여

강행법규를 위반한 계약은 무효가 된다. 강행법규(mendatory law)란, 선량한 풍속 기타 사회질서에 관한 법규를 말한다. 그러나 단속법규를 위반한 계약은 무효가 되지 않는다. 다만, 어느 법규정이 강행법규인지 단속법규인지 명확하지 않은 경우도 있다.

> **예시** 자격증 대여, 마약류 취급증의 대여, 마약수출 등

· 단속법규 ·

◦ 국가나 행정기관이 일정한 행위를 금지 또는 제한하는 법규를 단속법규라고 하
  는데, 단속법규 중에서 그것을 위반하는 거래(계약)의 효력이 인정되는 경우가
  있다. 이러한 규정을 단속법규 중 단속규정이라고 한다.
◦ 단속법규 중 단속규정의 예
  - 허가 없이 음식물 판매(식품위생법)
  - 허가 없이 숙박업 운영(공중위생법)
  - 외국환거래법을 위반하여 외화송금(외국환거래법)
  - 총포화약류 판매(총포도검화약류단속법)

---

5) 무자격자의 행위

무자격자가 한 법률행위는 유효하지 않다. 계약체결에 있어 상대방이 무자격자 이면(즉 계약체결의 권한이 없으면) 그 계약은 유효하지 않다.

> **예시1**

은행직원이 권한 없이 지점장 도장을 도용하여 보증서에 날인하였다면, 그 보증

서 발행행위는 유효하지 않고, 그 보증서는 무효가 된다(다만, 이 경우 그 보증서의 상대 방은 은행에 사용자책임을 물어 손해배상을 청구할 수 있다. 계약책임은 계약금액 전액에 대해 인정되지만, 사용자책임은 과실상계가 인정되어 과실의 정도에 따라 책임이 결정된다. 따라서 이 경우 사용자책임은 보증금액 100%에 인정되는 것이 아니고, 보증서의 상대방의 과실에 따라 그 책임이 보증금액 이하로 축소될 수 있다. 민법 제756조에서는 사용자책임을 규정하고 있고, 미국 법에서는 이를 "Vicarious Liability(대위책임, 사용자책임)"이라고 한다).

예시2

A 주식회사는 이사회의결 없이 회사의 제1공장 매각계약을 체결하였다면, 그 계약은 무효가 된다. 그 이유는 주식회사의 중요한 자산의 처분 및 양도, 대규모 재산의 차입 등은 이사회의결사항이기 때문이다(상법 제393조). 다만, 이 경우에도 회사는 사용자책임을 부담할 수 있다.

6) 무권대리인의 행위: 무효(본인이 추인하면 소급해서 유효)

'대리권 없는 자(무권대리인)'가 타인의 대리인으로 한 계약은 본인에 대하여 효력이 없다.(민법 제130조) 물론 상대방은 무권대리인에 대하여 계약의 효력을 주장할 수 있고, 이 경우 무권대리인은 계약이행 또는 손해배상책임을 부담한다(민법 제135조).

한편, 본인이 그 계약을 추인하는 경우 그 계약은 소급하여 유효하게 된다.

· 사례연구 ·

B는 A를 대리하여 C와 아파트 매매계약을 체결하였다. 그러나 A는 B에게 아파트를 매도하는 대리권을 수여하지 않았다. 이 경우 B는 매매계약을 체결할 대리권이 없으며, 무권대리인이 된다.

A(본인, 소유자), B(무권대리인), C(매수인)
1) A(소유자)와 C(매수인) 사이: 아파트 매매계약 무효
2) B(무권대리인)와 C(매수인) 사이: C는 아파트 매매계약의 유효를 주장하여 매매계약이행 또는 불이행 시에 손해배상청구 가능
3) C(매수인):

> – 본인(A)의 추인이 있을 때까지 C(매수인)는 본인(A)이나 대리인(B)에게 매
>   매계약 체결의 의사표시를 철회할 수 있다. (민법 제134조)
> – 상당한 기간을 정하여 본인(A)에게 매매계약의 추인여부를 최고할 수 있다.
>   (제131조)

7) 통정허위표시(민법 제108조) – 상대적 무효

상대방과 통정한 허위의 의사표시는 무효로 한다. 다만, 의사표시의 무효는 선의
(그 통정한 허위의 의사표시를 모르는 사람)의 제3자에게는 무효를 주장할 수 없다.

> **예시1** A는 강제집행을 피할 목적으로 자신의 아파트를 B에게 양도하는 내용의
>   허위매매계약을 체결하였다. → 아파트 매매계약은 무효(소유자는 A)
> **예시2** A는 강제집행을 피할 목적으로 자신의 아파트를 B에게 양도하는 내용의
>   허위매매계약을 체결하였다. 그 후 B는 이 아파트를 C에게 매도하였다.
>   → A와 B 사이의 아파트 매매계약은 무효. 그러나 C는 그 매매계약이 무
>   효임을 모르는 경우, A는 C에게 아파트 매매계약이 무효임을 주장할
>   수 없다. 따라서 C는 정당한 소유자가 된다. (A는 B에게 부당이득반환청구)

8) 불공정한 법률행위(민법 제104조)

당사자의 궁박, 경솔 또는 무경험으로 인하여 현저하게 공정을 잃은 법률행위는
무효로 한다.

> **예시1** 치매에 걸려 의식이 미약한 90대 노인과 아파트 매매계약체결
> **예시2** 토지지분 편취사건에서 수사기관에서 30시간 이상 불법구금된 상태에서
>   구속을 면하고자 토지대금 5억원 외에 2.4억원을 지급하기로 하는 합의

3. 법률행위(계약 포함)의 취소사유

1) 개설

취소는 일단 유효하게 성립한 법률행위(계약 포함)의 효력을 처음부터 무효로 하
는 의사표시이다. 취소할 수 있는 법률행위(계약 포함)는 취소하기까지는 그대로 유효

하며, 취소권자가 취소하였을 때에 비로소 소급하여 무효가 된다. 또한, 취소권자가 추인(취소권을 포기하고 법률행위의 효력을 확정적으로 인정하는 의사표시)하면 유효한 것으로 확정되며, 그 이후에는 취소할 수 없다. 또한, 취소권의 소멸시효가 완성되면, 더 이상 취소할 수 없고 유효한 것으로 확정된다.

한편, 대한민국 민법상 취소와 유사한 것으로 해제가 있다. 해제는 유효하게 성립한 계약의 효력을 소급하여 소멸시킨다는 점에서는 취소와 동일하다. 그러나 취소는 계약을 포함한 모든 법률행위에서 인정되지만, 해제는 법률행위 중에서 계약에서만 인정된다. 그리고 취소는 법률의 규정에 의해서만 인정되지만, 해제는 법률의 규정 외에 당사자의 약정(예: 계약에서 해제사유를 규정함)에 의해서도 인정된다. 또한, 취소는 의사표시(또는 계약의 성립)의 불안정성(또는 하자)으로 발생하고, 해제는 계약성립 이후 채무불이행(또는 계약위반) 또는 약정해제사유의 충족으로 발생한다.

이하에서는 대한민국 민법에서 규정하고 있는 취소사유에 대하여 살펴보기로 한다.
* void a contract, cancel a contract(계약을 취소하다)

2) 제한능력자(Infant, or Incapacity)

제한능력자가 체결한 계약(또는 기타 법률행위)은 그 제한능력자나 법정대리인이 취소할 수 있다. 한편, 제한능력자의 상대방은 그 계약을 취소할 수 없으나, 촉구권과 철회권·거절권을 보유한다.
* ① 촉구권: 1개월 이상의 기간을 정하여 제한능력자(제한능력자가 능력자가 된 경우) 또는 법정대리인에게 추인 여부 확답을 촉구할 수 있고, 그 기간 내에 확답이 없으면 추인한 것으로 봄(민법 제15조)
  ② 철회권: 추인이 있기 전까지 그 의사표시(예: 계약체결) 철회가능. 다만, 계약 당시에 제한능력자임을 알았을 경우에는 철회불가(민법 제16조))
  ③ 거절권: 상대방은, 제한능력자의 단독행위에 대한 추인이 있을 때까지 거절 가능(민법 제16조)

· 제한능력자 ·

① 미성년자(Infant): 한국은 만19세, 미국 대다수 주는 만18세에 성년이 됨.
② 피성년후견인(구 금치산자): 질병, 장애, 노령, 그 밖의 사유로 인한 정신적 제약

으로 사무를 처리할 능력이 지속적으로 결여된 사람으로 법원의 심판을 받은 자
③ 피한정후견인(구 한정치산자): 질병, 장애, 노령, 그 밖의 사유로 인한 정신적 제약으로 사무를 처리할 능력이 부족한 사람으로 법원의 심판을 받은 자

3) 사기(Fraud), 강박(Duress and Coercion)

사기(fraud)나 강박(duress)에 의한 의사표시는 취소할 수 있다(민법 제110조). 상대방이 아닌 제3자가 사기나 강박을 행한 경우에는 상대방이 그 사실을 알았거나 알 수 있었을 경우에 한하여 취소할 수 있다. 취소는 선의의 제3자(사기나 강박이 있었다는 것을 모르는 제3자)에게 대항하지 못한다. 다시 말해 선의의 제3자에 대해서는 사기나 강박에 의한 계약의 취소를 주장할 수 없다.

예시 조직폭력배가 자동차매매계약서에 서명을 강요한 경우

 강박에 의한 무역계약 체결 기사 요약

중국인(Seller)과 한국인(Buyer) 간의 바지락 수출입거래에서 수입품 바지락에 문제가 있어 한국인이 항의하자 중국인은 중국을 방문하여 협의할 것을 요구하였다. 이에 한국인이 중국을 방문하자 한국인을 감금하고 계약서에 강제로 서명하게 하였다. 그리고 한국인을 사기로 출국금지신청을 하였다. 한국인은 중국공안에 체포되어 구치소에 수감되었고, U$180,000을 입금하지 않으면 12년 형을 살게 된다는 협박에 결국 지인을 통해 U$180,000을 중국인에게 지급하고 석방되었다. 중국인은 다른 거래상대방을 만나러 한국에 입국했다가 경찰에 체포되었다.

2012.3.1자 YTN기사 요약

---

4) 착오에 의한 계약(민법 제109조)

중요한 부분에 착오가 있는 경우에는 취소할 수 있다. 착오의 존재와 그 착오가

중요한 부분에 관한 것이라는 표의자가 증명해야 한다. 한편, 그 착오가 표의자의 중대한 과실로 인한 때에는 취소할 수 없는데, 표의자의 중과실은 상대방이 증명해야 한다. 그리고 취소는 선의의 제3자에게 대항하지 못한다.

> **예시** 토지 1,400평이 경작가능한 토지인 줄 알고 매수하였는데, 측량 결과 600평이 하천인 경우 (매수인의 착오로 매수인은 취소 가능 (단, 매수인의 착오에 중대한 과실이 있고, 매수인에게 중대한 과실이 있다는 것을 매도인이 증명하는 경우 매수인은 취소 불가))

4. 계약의 해제사유(또는 해지사유)

해제(rescission)는 유효하게 성립한 계약의 효력을 소급하여 소멸시키는 의사표시이다. 해제사유가 있는 경우 해제권자가 해제권을 행사하면(즉 계약을 해제하면), 그 계약은 처음부터 효력을 상실한다.

해제사유는 법정해제사유와 약정해제사유가 있다. 법정해제사유는 법에서 해제사유로 규정한 것인데, 각 국가의 법마다 차이가 있으므로 개별국가의 법을 검토해야 한다. 국제거래에서 법정해제사유는 해당 계약의 준거법(governing law)을 기준으로 한다. 약정해제사유는 해당 계약에서 해제사유로 정한 것인데, 계약체결 시에 당사자가 합의하여 정한다. (약정해제사유 예시: 상대방의 파산(bankruptcy), 상대방의 도산(insolvency), 이행기일로부터 상당기간 경과 등)

한편, 해지는 성립한 계약의 효력을 장래에 향하여 소멸시키는 의사표시이다. 해지는 계속적 계약에 적용된다. (예: 신문 구독, 인터넷 가입 등)

* rescind a contract(계약을 해제하다)

SECTION 03
영미법상의 약인(CONSIDERATION)

1. 약인의 의의

약인(約因, consideration)이란, 계약을 체결할 목적으로 상대방의 이행 또는 이행의 약속에 대한 가치 있는 대가로 정의된다. 약인이 없는 계약도 성립될 수는 있으나, 강행불능(unenforceable)하다. "unenforceable"은 상대방이 계약을 이행하지 않아도 상대방을 법원에 제소할 수 없다는 것이다.

* A consideration is the inducement to a contract, something of value given in return for a performance or a promise of performance by another, for the purpose of forming a contract.
* consideration: something of value received by a promisor from a promisee
* no consideration → unenforceable in the courts
* express consideration (명시적 약인)
* implied consideration (묵시적 약인)

2. 약인의 요건

약인은 1) bargained-for exchange(교환을 위한 거래)와 2) legal value(법적 가치)를 요건으로 한다. 약인은 법적 가치가 있는 것으로 교환을 위해 거래된 대가라고 할 수 있다. 쉽게 말하면 '약속에 대한 대가'라고 할 수 있다. 영미법상 완전하게 유효한 계약의 성립을 위해 원칙적으로 약인이 요구된다.

약인은 사람들의 수많은 약속 중에서 어떤 것을 법에 의해 보호되는 계약으로 할 것인가에 대한 기준으로 볼 수 있다. 약속에 구속되고자 하는 의사의 강도 등 약속자의 주관적인 면이 아니라 약속에 따르는 대가가 있느냐 하는 객관적인 면을 중심으로 그 약속의 효력을 결정하는 것이다.

다시 말해, 대가가 있는 경우에는 약속에 구속받고자 하는 의사가 강하다고 간주하는 것이고, 이에 대해 법에 의한 보호를 부여하는 것이다. 통상 증여(gift)의 약속은 약인이 없는 것으로서 법적 보호를 받지 못한다.

약인이 없는 계약 또는 채무는 한국법에서의 **"자연채무"**와 유사하다. 자연채무란, 소구할 수 없는 채무, 즉 상대방이 이행하지 않아도 이행의 소를 제기할 수 없는 채무이다.

예) 불법원인 급여(예: 청부살인의 범죄의 대가로 1억원 지급 약속)

예) 소멸시효가 완성된 채무

예) 제소하지 않기로 합의

3. 약인의 요건에 대한 보충설명

1) 과거의 약인(past consideration) → No Consideration

과거의 약인(past consideration)은 약인으로 인정되지 않는다.

예시 백화점 리모델링 현장에서 보호망이 붕괴되어 B를 덮치려할 때, A는 몸을 던져 B를 구했다. 이 과정에서 A는 부상을 입었다. 얼마 후에 B는 A에게 평생 동안 매월 50만원을 지급할 것을 약속하였다. A가 B를 구한 것은 약인이 되지 않는다.

2) 기존 법적 의무(preexisting legal duty) → No Consideration

기존 법적 의무(preexisting legal duty)는 약인으로 인정되지 않는다.

예시 A와 B는 U$5,000의 차고(garage) 건축공사계약을 체결하였다. A는 U$5,000으로는 이윤이 남지 않을 것으로 판단되어, U$6,000을 요구하였다. B는 시간이 촉박하여 그 요구를 수용하였다. 차고 완공 후에 B는 U$5,000만 지급하였다. A는 추가로 U$1,000을 청구할 수 있는가? (A cannot enforce the promise for the additional U$1,000 because he was under a preexisting duty to build the garage.)

약인 여부에 대한 사례 연구

예시1

Seller A는 Buyer B에게 자동차를 매도하는 매매계약을 체결하였는데, 자동차의 매매대금이 전혀 없고, 기타 다른 대가도 없다. (약인 없음)

예시2

"I will give you an old TV." → No Consideration (일반적 증여로 약인 없음)

예시3

"Come to my house and I will give you an old TV." → No Consideration (일정한 조건부 증여: 집에 오는 행위는 TV를 증여하는 것에 대한 단순한 조건일 뿐이며, 대가관계는 아님)

예시4

"I will give you U\$1,000 if you stop drinking." → Consideration (음주 중단은 단순한 조건이 아니고 대가관계가 있다고 볼 수 있음)

☞ **민법상 증여**

◦ 서면에 의하지 않은 경우: 각 당사자는 해제할 수 있다. (민법 제555조)

◦ 증여계약 후 증여자의 재산상태가 현저히 변경되고 그 이행으로 인하여 생계에 중대한 영향을 미칠 경우에는 증여자는 승여를 해세할 수 있다. (민법 제557조)

계약서상 약인 문구 예시

(예시1)

NOW, THEREFORE, in consideration of the premises and covenants herein contained, the parties hereto agree as follows:

(예시2)

NOW, THEREFORE, in consideration of mutual conditions and covenants hereinafter, the parties agree as follows;

Article 1. Description of Goods

　Refrigerator

Article 2. Quantity

　200 sets

(예시3)

In consideration of the execution by you of the Supply Agreement for [UAE Nuclear Power Plant] (hereinafter called "Plant") with [ABC Company] incorporated and under the laws of [UAE] (hereinafter called "Purchaser"),

(예시4)

NOW, THEREFORE, for and in consideration of the premises and the mutual covenants herein contained, ABC and XYZ agree as follows:

(예시5)

In consideration of rights granted by BIO to AGR under this Agreement, AGR will pay BIO the following amounts:

예시6

In consideration of your agreement to make the pre−delivery instalments under the Contract and for other good and valuable consideration (the receipt and adequacy of which is hereby acknowledged), in case the Builder has failed to fulfil the terms and conditions of the Contract, we hereby, as primary obligor, irrevocably undertake to pay to you

CHATER 02 EXERCISE

※ 다음 중 맞는 것은 (○) 틀린 것은 (×)로 표시하시오.

01 계약자유의 원칙은 당사자들이 계약의 내용을 결정할 수 있다는 것만을 의미하며, 준거법 및 재판관할을 결정할 수 있다는 것을 의미하지는 않는다. (×)

02 당사자의 합의가 있더라도 법질서가 허용하지 않는 경우에는 계약의 구속력이 부정되거나 제한된다. 따라서 계약서를 작성할 때 당사자자치의 원칙과 그 제한을 고려하는 것이 필요하다. (○)

03 취소(또는 해제)는 이미 발생하고 있는 법률행위의 효력을 상실시키는 것이고, 해지는 아직 법률효과가 발생하지 않은 법률행위 등으로부터 그 효과의 발생가능성을 저지시키는 것이다. (×)

04 '약인(consideration)'이란, 계약체결에 대한 대가를 의미하는 것으로 영미법에서 계약의 요건으로 요구되는 것이며, 우리나라 법에서는 요구되지 않는다. (○)

05 영미법에서 '약인'이 없는 계약도 유효하다. 다만, 법원을 통해 강행불가능하다. (○)

06 과거의 약인도 유효한 약인으로 인정된다. (×)

07 기존 법적의무도 약인으로 인정된다. (×)

08 우리 민법상 약인이 요구되지 않으므로 증여계약은 유효하고 강행가능(enforceable)하다. 다만, 우리 민법에서는 서면에 의하지 않은 증여계약도 해제할 수 없다. (×)

09 미성년자가 체결한 계약은 취소가능하다. (○)

10 '계약의 무효'란, 형식상 또는 외관상 계약이 성립되었으나, 일정한 사유로 처음부터 계약의 효력이 없는 것이다. (○)

11 미성년자가 체결한 계약은 미성년자측과 상대방 모두 취소할 수 있다. (×)

12 취소대상의 계약은 일단 유효하며, 취소권자가 취소하면 그때부터 효력을 상실

한다. (×)

13 상대방의 사기나 강박에 의해 체결된 계약은 무효이며, 처음부터 효력이 없다. (×)

14 은행직원이 지점장의 도장을 도용하여 날인하는 방법으로 보증서를 발행한 경우 그 보증서는 유효하다. (×)

※ 다음 물음에 답하시오.

01 유효하게 성립한 계약은 당사자를 구속하는데, 계약이 구속력을 가지는데, 그 근거는?

   1) 당사자의 자발적인 의사의 합치

   2) 법이 계약을 정당한 것으로 평가하여 승인

02 '무효사유'가 있는 계약과 '취소사유'가 있는 계약을 비교하시오.

   • 공통점: 일정한 요건이 충족되면 계약의 효력이 소멸된다.

   • 차이점: 무효는 처음부터 효력이 없으나, 취소는 일단 유효하며 취소권자가 취소권을 행사해야 처음으로 소급하여 효력이 소멸된다.

03 해제와 해지를 비교하시오.

   • 공통점: 해제권이나 해지권을 행사하면, 계약의 효력이 소멸된다.

   • 차이점: 해지는 해지권을 행사한 이후부터 효력이 소멸되며, 해제는 처음으로 소급하여 효력이 소멸된다.

04 대한민국 민법에서 규정한 계약의 '무효사유'를 2개 이상 쓰시오.

   1) 반사회질서의 계약

   2) 상행법규를 위반한 계약

   3) 원시적불능 계약

   4) 통정허위표시의 계약

05 대한민국 민법에서 규정한 계약의 '취소사유'를 2개 이상 쓰시오.

   1) 제한능력자의 계약(예: 미성년자의 계약)

   2) 사기나 강박에 의한 계약

   3) 착오로 인한 계약

06 승낙의 개념을 쓰시오.

승낙(acceptance)은 청약에 대응하여 계약을 성립시킬 목적으로 피청약자가 청약자에게 행하는 의사표시이다.

07 다음 중에서 약인으로 인정되는 것을 고르시오.

① "I will give you an old TV."

② "Come to my house and I will give you an old TV."

③ "I will give you U$1,000 if you stop drinking."

(정답 ③)

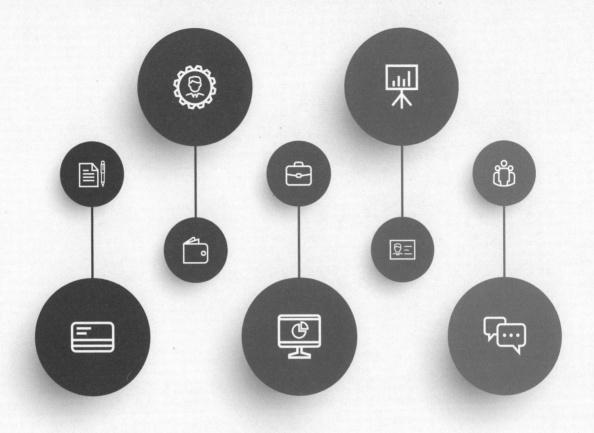

PART
02

무역계약 총론

CHAPTER **3**
무역계약의 의의

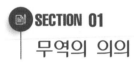 **SECTION 01**
무역의 의의

1. 개설

무역의 기원에 대해 살펴보면, 자유로운 물물교환에 기초한 무역은 기원전 2,500년부터 시작되었고, 메소포타미아의 수메르인은 섬유와 금속의 해상무역을 통해 번성하였음이 고고학적으로 밝혀졌다.[1] 그리고 기원전 2,000년 이전에 그리스는 올리브오일 및 포도주를 다른 지역의 곡물 및 금속과 교환하여 이익을 추구하였고, 기원전 340년경 그리스에서는 은행업 및 신용, 보험, 무역조약, 특별 외교특권 등 현대의 무역관련 제도들이 등장하였다.[2] 고대부터 지속되어 오던 지중해 중심의 무역은 15세기 말경에는 스페인, 포르투갈, 네덜란드 등 서유럽으로 이동하였고, 근현대에는 영국이 세계무역의 중심에 서게 되었다. 그 후 미국이 세계무역을 주도하였고, 2000년대부터는 미

---

[1] Belay Seyoum, *Export−Import Theory, Practices, and Procedures,* 2nd ed., Routledge, 2009, p.1.

[2] Belay Seyoum, *supra note 1,* p.1.

국과 중국의 양강구도가 형성되었다. 미국은 상품수입과 서비스 수출에서 우위를 점하고, 중국은 상품 수출에서 우위를 점하고 있다.

　　무역거래는 해외시장조사, 거래상대방 선정 및 신용조사, 무역마케팅, 거래제의 및 수락, 청약 및 승낙, 계약체결, 계약이행(물품 선적, 용역 제공 등), 대금지급, 클레임 및 분쟁해결 등의 일련의 과정으로 진행된다.

 일반적인 무역거래 절차

해외시장조사 → 거래상대방선정(비지니스 파트너 선정) → 거래상대방 신용조사 → 거래제의 및 수락 → 청약 → 승낙 → 계약체결 → 계약이행(물품조달 → 선적 → 대금지급) → 클레임 및 분쟁 → 분쟁해결(합의, 소송, 중재, 조정)

　　일반적으로 무역거래를 통하여 매출 및 수익 증대가 가능하지만, 무역거래에서는 당사자가 서로 다른 국가에 있거나 국경을 넘어선 물품이나 용역이 제공되기 때문에 거래절차가 복잡하고, 위험 및 분쟁발생가능성이 높고, 분쟁해결에 많은 시간과 비용이 초래된다. 따라서 무역거래를 함에 있어서는 다양한 위험을 측정하고, 해당 위험을 감소시키는 방안을 강구하거나 그 위험에 상응하는 수익을 창출하는 것이 필요하다.

2. 무역의 개념

　　무역(international trade)이란, "서로 다른 국가 간의 물품 또는 용역의 거래(transaction of goods or services between different countries)"[3] 또는 "국경을 넘어선 물품 또는 용역의 거래(exchange of goods or services across national boundaries)"로 정의할 수 있다.[4] 참고로 우리나라 대외무역법에서는 무역이란, 물품·용역·전자적형태의 무

---

3 "International trade transactions relate to the exportation 〔or importation〕 of goods or services from one country to another." (Carole Murray et. al, *Schmitthoff's Export Trade: The Law and Practice of International Trade*, 11th ed., Thomson Reuters, 2010, p.1.).

4 "International trade is the exchange of goods and services across national boundaries.." (Belay Seyoum, *supra note 1,* p.7.).; "movement of goods and services across borders", "transacting

체물의 수출과 수입이라고 정의하고 있다(대외무역법 제2조). 그리고 세계무역기구
(WTO)에서는 상품무역(trade in goods), 서비스무역(trade in service) 및 무역 관련 지식
재산권(trade-related aspects of intellectual property rights)을 규율대상으로 규정하고 있다.

 대외무역법에서의 수출과 수입(대외무역법 시행령 제2조)

1) **물품**: 기본적으로 국내에서 외국으로 물품이 이동하는 것은 수출이고, 외국
으로부터 국내로 물품이 이동하는 것은 수입이 된다(물품의 이동을 기준으
로 하며, 거래 주체(당사자)는 수출입의 결정에 영향이 없음).
2) **용역**: 기본적으로 거주자가 비거주자에게 용역을 제공하면 수출이고, 비거주
자가 거주자에게 용역을 제공하면 수입이 된다(거래 주체(당사자)를 기준으
로 하며, 제공 장소는 수출입의 결정에 영향이 없음).
3) **전자적 형태의 무체물**: 기본적으로 거주자가 비거주자에게 전자적형태의 무
체물을 인도하면 수출이고, 비거주자가 거주자에게 전자적 형태의 무체물을
인도하면 수입이 된다(거래 주체(당사자)를 기준으로 하며, 인도 장소는 수
출입의 결정에 영향이 없음).

(물품 · 용역 · 전자적형태의 무체물)
- 물품(goods): 자동차, 전자제품, 화학제품, 원유, 가스 등 (건물 · 토지 · 화폐 (×))
- 용역(service): 컨설팅, 법률자문, 운송, 기술, 엔지니어링, 건설 등
- 전자적형태의 무체물: 소프트웨어, 영상물(영화, 게임 등), 음향 · 음성물 등

---

3. 무역거래의 특징

무역은 서로 다른 국가 간 또는 국경을 넘어선 물품 또는 용역의 거래로서 국내
거래(domestic trade)와 비교하여 다음과 같은 특징이 있으며, 이러한 특징은 무역거래

---

across national borders" (Ralph H. Folsom, et. al., *International Business Ttransactions: A
Problem-Oriented Coursebook*", 11th ed., Thomson Reuters, 2012, pp.20, 59.)

의 위험을 초래하기도 한다.

■ 언어와 문화의 차이

일반적으로 무역거래는 서로 다른 국가 간의 거래로서 거래 당사자의 언어와 문화가 상이하다. 이로 인하여 예상하지 못했던 갈등이 발생할 수 있다.

■ 해상의존성

무역거래는 해상운송의 비중이 높다.

■ 높은 분쟁가능성

무역거래는 법률, 언어, 관습, 문화 등의 차이로 분쟁가능성 높다.

■ 외국환 수반

무역거래는 외화로 계약을 체결하므로 환율변동위험에 노출된다.

■ 국제관습성

무역거래는 언어, 관습, 문화 등의 차이로 분쟁가능성 높아 이를 방지하기 위해 다수의 국제적 통일규칙이나 협약이 제정되었다(UCP 600, Incoterms 2020, CISG, 뉴욕협약 등).

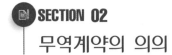

SECTION 02
무역계약의 의의

1. 무역계약의 의의

무역계약은 무역거래와 관련된 계약이라고 정의할 수 있다. 가장 대표적인 무역계약은 물품매매계약(contract for sale of goods)과 서비스제공계약(service contract)이다. 그 외 물품매매계약과 서비스제공계약이 혼합된 계약(건설공사, 플랜트수출 등)과 주된 무역계약 이행을 위한 보조계약(신용장, 이행성보증, 대금지급보증, 보험계약, 운송계약 등)도 넓은 의미의 무역계약에 포함된다고 볼 수 있다.

구 분	내 용

무역거래
주계약
	• 물품매매계약(contract for sale of goods)
	  (예: 자동차 수출, 반도체 수출, 원유 수입)
	• 용역제공계약(service contract)
	  (예: 컨설팅, 법률자문, 기술수출, 엔지니어링, 의료관광)
	• 플랜트수출계약(plant contract)
	  (예: 담수설비수출, 제조설비수출, 발전소건설, 원전건설 등)
	• 해외건설공사계약(construction contract)
	  (예: 도로공사, 교량건설, 댐건설, 발전소건설, 원전건설 등)
	• 선박건조계약(shipbuilding contract)
	• 판매점계약(distributorship agreement)
	• 대리점계약(agency agreement)

무역거래 보조계약	• 신용장(Letter of Credit) • 지급보증서(Letter of Guarantee: 이행성보증, 대금지급보증) • 환어음(bill of exchange), 약속어음(promissory note) • 운송계약(transportation contract) • 보험계약(insurance contract) • 외국환거래약정(foreign exchange transaction agreement)

2. 무역계약의 분류

1) 거래대상에 따른 무역계약

무역계약은 거래대상으로 볼 때, 물품매매계약, 서비스제공계약, 플랜트수출계약, 해외건설공사계약, 선박건조계약 등으로 구분할 수 있다. 한편, 무역계약은 무역거래 주계약과 무역거래 보조계약으로 구분할 수 있는데, 무역거래 보조계약은 무역거래 주계약의 이행을 위한 계약으로 무역거래 주계약의 존재를 전제로 한다.

2) 특정거래형태(대외무역관리규정상의 특정거래형태(제2조))

기본적인 무역계약 외에 대외무역관리규정에서는 특수한 거래형태를 규정하고 있다. 이러한 거래형태는 실제 무역거래에서 사용되고 있으며, 각 거래형태별로 당사자 간 해당 계약이 체결된다.

구 분	내 용
위탁판매수출 (Consignment Export)	물품 등을 무환으로 수출하여 해당 물품이 판매된 범위안에서 대금을 결제하는 계약에 의한 수출
수탁판매수입 (Consignment Import)	물품 등을 무환으로 수입하여 해당 물품이 판매된 범위안에서 대금을 결제하는 계약에 의한 수입
위탁가공무역 (Consignment Processing Trade)	가공임을 지급하는 조건으로 외국에서 가공(제조, 조립, 재생, 개조를 포함)할 원료의 전부 또는 일부를 거래 상대방에게 수출하거나 외국에서 조달하여 이를 가공한 후 가공물품 등을 수입하거나 외국으로 인도하는 수출입
수탁가공무역 (Consignment Processing Trade)	가득액을 영수(領收)하기 위하여 원자재의 전부 또는 일부를 거래 상대방의 위탁에 의하여 수입하여 이를 가공한 후 위탁자 또는 그가 지정하는 자에게 가공물품등을 수출하는 수출입. 다만, 위탁자가 지정하는 자가 국내에 있음으로써 보세공장 및 자유무역지역에서 가공한 물품 등을 외국으로 수출할 수 없는 경우 「관세법」에 따른 수탁자의 수출·반출과 위탁자가 지정한 자의 수입·반입·사용은 이를 「대외무역법」에 따른 수출·수입으로 봄
임대수출	임대(사용대차를 포함)계약에 의하여 물품 등을 수출하여 일정기간 후 다시 수입하거나 그 기간의 만료 전 또는 만료 후 해당 물품 등의 소유권을 이전하는 수출
임차수입	임차(사용대차를 포함)계약에 의하여 물품 등을 수입하여 일정기간 후 다시 수출하거나 그 기간의 만료 전 또는 만료 후 해당 물품의 소유권을 이전받는 수입
연계무역 (Linked Trade)	물물교환(Barter Trade), 구상무역(Compensation Trade), 대응구매(Counter Purchase), 제품환매(Buy Back) 등의 형태에 의하여 수출·수입이 연계되어 이루어지는 수출입을 말한다. 연계무역은 수출과 수입이 연계된 형태의 무역거래로서 외화가 부족한 국가와 거래할 때 많이 활용된다. 1) 물물교환: 대금결제 없이 재화나 용역을 주고받는 거래(즉 물품이나 용역의 대가로 물품이나 용역을 제공) 2) 구상무역: 수출과 수입에 대한 대금결제를 그에 상응하는 수입 또는 수출과 상계시키는 거래이다. 원칙적으로 수출과 수입이 하나의 계약서로 작성된다. 신용장거래에서는 백투백신용장이나 토마스신용장이 사용된다. 3) 대응구매: 수출액의 일정비율(10~100%) 만큼 수입자의 물품을 구매해야 하는 의무가 따르는 거래이다. 구상무역은 하나의 계약서가 작성됨에 비해 대응구매는 수출계약과 수입계약을 별도로 체결된다. 수출과 수입이 상계되는 것이 아니고 수출입자는 각각의 계약서에 따라 지급책임이 있다. 4) 제품환매: 플랜트수출이나 기술수출에 대응하여 수출된 플랜트설비나 기술에 의해 생산된 제품을 수입하는 방식으로 대금결제받는 거래형태이다.

구 분	내 용
중계무역 (Intermediary Trade)	수출할 것을 목적으로 물품 등을 수입하여「관세법」제154조에 따른 보세구역 및 같은 법 제156조에 따라 보세구역외 장치의 허가를 받은 장소 또는「자유무역지역의 지정 등에 관한 법률」제4조에 따른 자유무역지역 이외의 국내에 반입하지 아니하고 수출하는 수출입
무환수출입 (Export/Import Without Exchange)	외국환 거래가 수반되지 아니하는 물품 등의 수출·수입

3) 기타 유형의 거래방식

그 외 무역거래 관련 물품의 납품에 있어 OEM방식과 ODM방식이 사용된다. 그리고 녹다운방식(knock-down), 중장기연불방식, 절충교역 등의 유형으로 불리는 거래형태도 있다.

OEM방식(Original Equipment Manufacturing - 주문자상표부착방식)

주문자가 제공한 시방서(디자인, 모델 등)에 따라 제품을 제조하고 주문자의 상표를 부착하여 주문자에게 제공하는 방식(제조자는 독자적인 제품개발을 하지 않으므로 제품개발능력이 없고, 주문자에게 종속된다)

ODM방식(Original Design Manufacturing - 제조자개발)

제조자가 제품을 개발해 주문자에게 공급하는 방식(제조자는 독자적으로 제품을 개발하므로 개발능력을 보유하며, OEM방식에 비해 주문자에게 덜 종속된다)

녹다운방식(knock-down)

완제품을 수출하는 것이 아니고 부분품이나 반제품의 상태로 수출하여 현지 조립을 통하여 이루어지는 거래형태

중장기연불방식

물품인도 또는 해외건설 완료 후에 2년 이상의 기간 동안 대금을 분할하여 결제받는 방식(주로 플랜트수출, 해외건설공사에서 이용)

절충교역(offset)

외국으로부터 무기(군사 장비·물자 등)를 수입할 때, 수입국에 기술을 이전하고, 수입국으로부터 부품 등을 구매할 것을 수출국에 요구하는 조건부 교역을 한다. 절충교역을 통하여 무기 수입국은 자국의 방위산업진흥과 실질 구매비용 절감의 효과를 기대할 수 있다.

3. 무역계약의 특징

1) 당사자자치의 적용

당사자자치의 원칙(principle of party autonomy)이란, 법률행위(계약 포함)에 적용되는 법(준거법)을 당사자의 합의로 결정할 수 있다는 국제사법상의 원칙을 말한다. 당사자자치의 원칙은 의사자치의 원칙이라고도 하며, 계약자유의 원칙의 하나이다. 일반적으로 무역거래에서 당사자는 계약의 준거법을 자유로이 정할 수 있다.

2) 주권간섭의 가능성

국제계약에서는 당사자가 서로 다른 국가에 소재하므로 국제계약은 각 해당 국가에 직간접적인 영향을 미친다. 이에 따라 해당 국가는 자국민을 보호하기 위해 국제거래에 간섭을 한다. 법규의 제정 또는 행정조치를 통하여 일정한 거래를 제한하며, 법원은 자국민에게 유리하게 판결하려는 경향이 있다.

3) 법에 의한 강제의 곤란

국제계약은 당사자가 시로 다른 국가에 소재하기 때문에 상대국에서 법에 의한 강제를 실현시키는 것이 쉽지 않다. 상대국의 법원으로부터 공정한 판결을 기대하기 어렵고, 자국이나 제3국에서 진행된 소송에서 승소한다고 하더라도 상대국에서 그 판결을 승인받고 집행하는 것이 쉽지 않다.

4) 영미법원칙의 우세

법률체계는 대륙법계(civil law system)와 영미법계(common law system)로 구분된

다. 대륙법계는 성문법을 주된 법원(法源, source of law)으로 하고, 영미법계는 판례를 주된 법원(法源)으로 한다. 국제거래(특히 해상법, 보험법, 금융법)는 영미법계국가에서 주도적 위치를 차지해 왔기 때문에 영미법이 우세하다.

5) 국제적 통일규칙 또는 국제협약의 확산

국제계약에서 적용되는 법(준거법)은 획일적이지 않고, 자국 이외의 법이 준거법이 되는 경우 그 법에 대해 잘 모른다. 이에 따라 당사자는 법적용의 불확실성에 노출되어 있다. 이러한 위험을 감소시키기 위해 국제기구에서는 통일규칙 또는 국제협약의 제정을 계속하여 진행하고 있다.

☞ **대표적인 통일규칙:** Incoterms 2020, UCP 600, URC 522
대표적인 협약: CISG(1980), 뉴욕협약(1958), 싱가포르협약(2019)

CHATER 03　EXERCISE

※ 다음 중 맞는 것은 (○), 틀린 것은 (×)로 표시하시오.

01 무역거래는 거래절차는 복잡하지 않지만, 위험 및 분쟁발생가능성이 높고, 분쟁
해결에 많은 시간과 비용이 초래된다. (×)

02 무역(international trade)이란, "서로 다른 국가 간의 물품 또는 용역의 거래
(transaction of goods or services between different countries)" 또는 "국경을
넘어선 물품 또는 용역의 거래(exchange of goods or services across national
boundaries)"로 정의할 수 있다. (○)

03 무역계약은 무역거래와 관련된 계약이라고 정의할 수 있다. 가장 대표적인 무역
계약은 물품매매계약(contract for sale of goods)과 서비스제공계약(service contract)
이다. (○)

04 ODM방식은 주문자가 제공한 시방서(디자인, 모델 등)에 따라 제품을 제조하고
주문자의 상표를 부착하여 주문자에게 제공하는 방식이다. 제조자는 독자적인 제
품개발을 하지 않으므로 제품개발능력이 없고, 주문자에게 종속된다. (×)

※ 다음 물음에 답하시오.

01 무역거래의 특징을 쓰시오.
　　1) 언어와 문화의 차이
　　2) 해상의존성
　　3) 높은 분쟁가능성
　　4) 외국환 수반
　　5) 국제관습성

02 무역계약의 특징을 쓰시오.
   1) 당사자자치의 허용
   2) 주권간섭의 가능성(국가는 자국민 보호를 위해 간섭하며, 자국민에게 유리한 판결)
   3) 법에 의한 강제의 곤란(외국판결의 승인과 집행 어려움, 불공정한 판결)
   4) 영미법원칙의 우세
   5) 국제적 통일규칙 또는 국제협약의 확산

03 무역계약의 특징의 하나인 "당사자자치"는 무엇을 말하는가?
   당사자자치의 원칙(principle of party autonomy)이란, 계약(법률행위)에 적용되는 법(준거
   법)을 당사자의 합의로 결정할 수 있다는 국제사법상의 원칙을 말한다.

04 위탁판매수출의 개념을 쓰시오.
   물품 등을 무환으로 수출하여 해당 물품이 판매된 범위 안에서 대금을 결제하는 계약에 의
   한 수출

05 절충교역(offset)의 개념을 쓰시오.
   외국으로부터 무기(군사 장비·물자 등)를 수입할 때, 수입국에 기술을 이전하고, 수입국으
   로부터 부품 등을 구매할 것을 수출국에 요구하는 조건부 교역을 한다. 절충교역을 통하여
   무기 수입국은 자국의 방위산업진흥과 실질 구매비용 절감의 효과를 기대할 수 있다.

06 상품무역거래 관련 대표적인 국제적 통일규칙은?
   Incoterms 2020, UCP 600, URC 522

CHAPTER **4**
무역계약의 성립

SECTION 01
개설

• 무역업창업 및 무역거래 절차 •

무역업창업 → 해외시장조사 → 거래상대방선정(비즈니스파트너 선정) → 거래상
대방 신용조사 → 거래제의 → 거래수락 → 청약 → 승낙 → 계약체결 → 물품조달
→ 선적 → 대금지급 → 클레임 및 해결

    무역계약도 일반계약과 마찬가지로 당사자의 합의(청약과 승낙)에 의해 성립된다.
무역계약의 성립 과정은 해외시장조사부터 시작된다. 해외시장조사란, 수출이나 수입
하기에 적합한 지역을 조사하는 것이다. 직접 외국을 방문하여 조사하기도 하고, 상
공회의소, 무역협회, KOTRA, 영사관 등을 통해 정보를 얻기도 한다. 해외시장조사를
한 후 무역하기에 적합한 지역으로 판단되면, 구체적으로 거래상대방을 발굴하고, 거
래상대방에 대한 신용조사를 실시한다. 신용조사결과 거래가 가능하다고 판단되면,
거래상대방에게 거래제의를 통해 계약체결 절차에 들어간다.

    무역계약은 일방 당사자(청약자)의 청약과 이에 대한 상대방(피청약자)의 승낙으

로 성립되는데, 국제거래는 국내거래에 비해 복잡하므로 일회의 청약과 승낙만으로 계약이 체결되지 않고, 당사자가 수회의 협상을 통해 계약서를 작성하여 서명하는 방식으로 진행되는 경우가 많다.

가장 단순한 계약체결을 살펴보면, 수입자의 발주서(purchase order) 또는 수출자의 매도청약서(offer sheet)에 대하여 상대방이 그대로 수용함으로써 계약이 체결되기도 한다. 이 경우 발주서(purchase order)나 매도청약서(offer sheet)는 계약서가 된다.

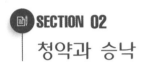

SECTION 02
청약과 승낙

1. 계약의 성립

청약에 대해 승낙을 하면 계약이 성립되므로, 계약의 성립시기는 승낙의 효력발생시기와 관련된다. 국제물품매매계약에 관한 유엔협약(CISG)에서는 승낙은 그 의사표시가 청약자에게 도달한 때 효력이 발생한다고 규정하고 있다(제18조 제2항). 민법에서는 격지자간의 계약은 승낙의 통지를 발송한 때 성립된다고 규정하고 있다(민법 제531조). 따라서 격지자간의 계약의 성립에 대해 CISG에서는 승낙이 청약자에게 도달한 때에 성립되고, 민법에서는 승낙의 의사표시를 발송한 때에 성립된다(다만, 승낙기간을 정한 경우에는 그 기간 내(승낙기간을 정하지 않은 경우에는 상당한 기간 내)에 청약자가 승낙의 통지를 받지 못한 경우에는 계약은 성립되지 않는다(민법 제528조, 제529조)).

2. 청약

1) 청약의 의의

청약(offer)은 거래당사자 일방(청약자, offeror)이 일정한 내용의 계약을 체결할 것을 상대방(피청약자, offeree)에게 제의하는 의사표시이다. 이 청약에 대해 상대방이 승낙을 해야 계약이 성립된다. 피청약자의 단순 승낙만으로 계약이 성립될 수 있을 정도로 청약의 내용이 확정적이어야 한다. CISG에서도 계약체결의 제안은 충분히 확정적이고, 승낙 시 그에 구속된다는 청약자의 의사가 표시되어 있는 경우에 한하여 청약이 된다고 규정하고 있다(제14조 제1항). 또한, CISG에서는 불특정 다수인에 대한 계약체결의 제안은 제안자가 반대 의사를 명확히 표시하지 아니하는 한, 단지 청약의 유인으로 본다고 규정하고 있어 청약의 상대방은 특정될 것을 요구하고 있다(제14조 제2항).

청약의 내용에 대해 상대방이 아무런 조건이나 변경을 가하지 않고 그대로 수용할 때에 계약이 성립되므로 청약에는 상대방과 계약의 "중요 내용"이 모두 확정되어 있거나 확정될 수 있어야 한다.

* 중요 내용(CISG 제14조)
  ▪ 물품명세
  ▪ 수량(수량을 특정하거나 지정가능할 것)
  ▪ 대금(대금지급을 지정하거나 결정할 수 있을 것)

청약의 개념(CISG 제14조)

A proposal for concluding a contract addressed to one or more specific persons constitutes an offer if it is sufficiently definite and indicates the intention of the offeror to be bound in case of acceptance.

A proposal is sufficiently definite if it indicates the goods and expressly or implicitly fixes or makes provision for determining the quantity and the price.

1인 또는 그 이상의 특정인에 대한 계약체결의 제안은 충분히 확정적이고, 승낙 시 그에 구속된다는 청약자의 의사가 표시되어 있는 경우에 청약이 된다. 제안이 물품을 표시하고, 명시적 또는 묵시적으로 수량과 대금을 지정하거나 그 결정을 위한 조항을 두고 있는 경우에, 그 제안은 충분히 확정적인 것으로 한다.

* CISG에서 청약이 확정력을 갖기 위한 최소한의 조건(청약의 확정요소): 물품, 수량, 가격

A proposal other than one addressed to one or more specific persons is to be considered merely as an invitation to make offers, unless the contrary is clearly indicated by the person making the proposal.

불특정 다수인에 대한 제안은 제안자가 반대 의사를 명확히 표시하지 아니하는 한, 단지 청약의 유인으로 본다.

청약의 요건(CISG 제14조)
ⅰ) 계약체결을 위한 제안일 것
ⅱ) 청약의 상대방은 특정인일 것
ⅲ) 청약의 내용은 충분히 확정적일 것(물품명세, 수량, 대금의 조건이 확정적일 것)
ⅳ) 승낙이 있는 경우 그에 구속될 의사가 있을 것

2) 청약의 유인과의 구별

청약은 청약의 유인과 구별해야 한다. 청약은 청약에 대한 승낙만 있으면 곧 계약이 성립하는 확정적 의사표시이나, 청약의 유인(invitation to make an offer)은 상대방으로 하여금 청약을 유도하는 것으로서 청약의 유인에 대하여 상대방이 청약을 하고, 그 청약을 승낙해야 계약이 성립된다. 따라서 청약의 유인에서는 그 청약의 유인을 받은 자가 한 의사표시가 청약이 되고, 여기에 대해 청약의 유인을 한 자가 다시 승낙해야 계약이 성립한다.

청약과 청약의 유인과의 구별기준은 청약 또는 청약의 유인에 대해 상대방이 승낙만 하면 곧 계약을 성립시킬 수 있는 확정적 구속의사가 있는지 여부이다. 상대방의 승낙만 있으면 곧 계약이 성립되면 청약이고, 그렇지 않으면 청약이 아니다. 현실적으로 양자의 구별이 어려운 경우가 많은데, 결국 그 구별은 거래 관행이나 당사자의 의사해석을 통해 결정된다(참고로 구인광고, 음식점의 메뉴, 물품판매광고, 카탈로그 배부 등은 청약의 유인으로 보고 있다).

 청약의 종류

철회가능청약(free offer, revocable offer)(일반적 청약, 자유청약)
청약자가 승낙이나 회신의 유효기간을 정하지 않고 기타 청약이 확정적(firm)

이라는 표시를 하지 않은 청약을 말한다. 일반적인 청약을 말한다.

① CISG(제16조): free offer가 원칙이다. (청약은 원칙적으로 철회가 가능하다. 다만, 승낙기간을 정하거나 기타 철회할 수 없음을 표시한 경우는 제외)

② 민법(제527조): firm offer가 원칙이다. ((합리적인 기간 동안) 청약은 철회하지 못한다.)

철회불능청약(firm offer, irrevocable offer)(확정청약)

청약자가 승낙기간을 정한 청약, 또는 청약자가 청약을 철회하지 않기로 하는 청약을 말한다.

예시1 This offer is subject to your acceptance reaching us by April 30, 2016.

예시2 This offer shall be valid for 10 days.

반대청약(counter offer)(새로운 청약)

피청약자(청약의 상대방)가 청약의 내용의 일부를 변경해서 청약자에게 다시 청약하는 것을 말한다. 반대청약도 청약이며, 반대청약에 대해 원청약자가 승낙을 하면 계약이 성립된다.

• 반대청약의 개념: CISG 제19조

A reply to an offer which purports to be an acceptance but contains additions, limitations or other modifications is a rejection of the offer and constitutes a counter offer.

승낙을 의도하고 있으나, 부가, 제한 그 밖의 변경을 포함하는 청약에 대한 응답은 청약에 대한 거절이면서 또한 새로운 청약(반대청약)이 된다.

예시1

A offers to sell B a car at $20,000. → offer

B agrees to buy that car at $19,000. → counter offer (not acceptance)

예시2

Seller가 Buyer에게 노트북 100개를 단가 U$500에 팔겠다고 제의하였는데, Buyer가 이에 대해 노트북 100개를 단가 U$400에 사겠다고 통보하였다면 계약은 성립되는가?

→ 1) Seller가 Buyer에게 제시한 내용(노트북 100개를 단가 U$500에 판매)은

청약이며, 이에 대해 2) Buyer가 Seller에게 제시한 내용(노트북 100개를 단가 U$400에 구매)은 승낙이 아니고 반대청약(counter offer)이 된다.

선착순판매조건부 청약(offer subject to prior sale)

피청약자 중에서 우선 승낙을 하는 자에게 선착순으로 계약이 체결된다.

Sub-con offer(최종확인조건부 청약)

sub-con offer에 대해 상대방(피청약자)이 승낙을 해도 계약이 성립되지 않으며, 상대방의 승낙에 대해 원청약자가 수락을 해야 계약이 성립된다. (sub-con offer는 청약이 아님)

법적 효력은 청약의 유인과 유사

예시 This offer is subject to our final confirmation.

3) 청약의 효력

CISG에서는 청약의 효력에 대하여 다음과 같이 규정하고 있다. 청약은 상대방에게 도달한 때에 효력이 발생하고, 청약의 회수(withdrawal)는 청약의 도달 전 또는 그와 동시에 상대방에게 도달하는 경우에는 회수할 수 있다(제15조). 그리고 청약은 계약이 체결되기까지는 철회(revocation)할 수 있는데, 상대방이 승낙의 통지를 발송하기 전에 철회의 의사표시가 상대방에게 도달해야 한다(제16조). 따라서 상대방이 승낙의 의사표시를 발송한 경우에는 비록 승낙의 통지를 받기 전이라도 청약자는 청약을 철회할 수 없다.

대한민국 민법에서는 청약의 효력에 대하여 다음과 같이 규정하고 있다. 청약은 상대방 있는 의사표시이므로 상대방에게 도달한 때로부터 효력이 발생하고(제111조 제1항), 청약자가 그 통지를 발송한 후에 사망하거나 행위능력을 상실하여도 청약의 효력에는 영향이 없다(제111조 제2항). 청약은 그 효력이 발생한 때에는 청약자가 임의로 청약을 철회하지 못하는데(제527조), 이는 청약을 신뢰하고 계약체결 준비를 하는 상대방을 보호하기 위한 규정이다. 청약의 존속기간에 대해서 살펴보면, 청약은 승낙기간을 정하는 것이 보통이며, 이 경우 승낙기간을 경과하면 그 청약은 효력을 상실한다(제528조). 한편, 승낙기간을 정하지 않은 경우에도 승낙에 필요한 상당한 기간이 경과하면 청약은 그 효력을 잃는다(제529조). 한편, 대한민국 상법 제51조에서는 대화자 간의 계약의 청약은 상대방이 즉시 승낙하지 아니한 때에는 그 효력을 잃는다고 규정하고 있다(제51조).

민법에서는 청약이 피청약자에게 도달한 후에는 청약을 철회하지 못하지만, CISG에서는 청약이 피청약자에게 도달한 후에도 피청약자가 승낙의 통지를 발송하기 전에는 원칙적으로 청약을 철회할 수 있다.

3. 승낙

1) 승낙의 의의

승낙(acceptance)은 ① 청약에 대응하여 ② 계약을 성립시킬 목적으로 ③ 피청약 자가 청약자에게 행하는 ④ 의사표시이다. 계약은 당사자의 의사의 합치로 성립되기 때문에 승낙은 청약에 대한 무조건·절대적 동의이다.

CISG에서는 승낙은 청약에 대한 동의를 표시하는 상대방의 진술 또는 그 밖의 행위이며, 침묵 또는 부작위는 승낙이 되지 않는다고 규정하고 있다(제18조 제1항). 또 한, 승낙을 의도하고 있으나, 부가, 제한 그 밖의 변경을 포함하는 청약에 대한 응답 ('승낙(acceptance)'과 구별하기 위해 '응답(reply)으로 표현)은 청약에 대한 거절이면서, 새 로운 청약(counter offer)이 된다고 규정하고 있다(제19조 제1항). 다만, 청약의 조건을 실질적으로 변경하지 아니하는 부가적 조건 또는 상이한 조건을 포함하는 청약에 대 한 응답은 승낙이 된다. 청약의 내용을 실질적으로 변경한 응답은 승낙이 아니며, 이 러한 응답은 반대청약(counter offer)이 될 뿐이다. 이 반대청약에 대해 상대방이 동의 하여 승낙을 해야 반대청약내용대로 계약이 성립된다.

 청약내용의 실질적 변경-중요사항(CISG 제19조 제3항)

CISG 제19조 제3항에서는 청약에 대한 응답으로서 다음 사항에 대한 부가적 조건 또는 상이한 조건을 포함하는 응답은 승낙이 되지 않고 반대청약이 된다 고 규정하고 있다.
   − 대금
   − 대금지급

- 물품의 품질과 수량
- 인도의 장소와 시기
- 당사자 일방의 상대방에 대한 책임범위
- 분쟁해결(소송, 중재, 재판관할지(법정지))

계약을 성립시키지 못하는 승낙 또는 유사승낙

- 지연된 승낙
- 침묵
- 부분승낙
- 청약내용을 변경한 승낙
- 조건부승낙
- 거절 후(또는 반대청약 후) 승낙

민법에서도 승낙자가 청약에 대하여 조건을 붙이거나 변경을 가하여 승낙한 때에는 그 청약의 거절과 동시에 새로 청약한 것으로 본다고 규정하고 있다(민법 제534조).

청약에 대한 승낙은 자유이며, 피청약자는 청약에 대해 아무런 의무를 부담하지 않는다. 따라서 어떠한 청약에서 '청약에 대해 회신이 없으면 승낙한 것으로 간주한다'는 조건이 있는 경우에도 그 청약에 대해 승낙이 없으면 계약은 성립되지 않는다. 다만, 대한민국 상법 제53조에서는 민법에 대한 특칙을 두고 있는데, 동 조항에서는 상인이 상시 거래관계에 있는 자로부터 그 영업부류에 속한 계약의 청약을 받은 때에는 지체없이 낙부의 통지를 발송하여야 하며, 이를 해태한 때에는 승낙한 것으로 본다고 규정하고 있다. 상법 제53조가 적용되기 위해서는 ① 피청약자가 상인이고 ② 청약자는 상시 거래관계가 있는 자이어야 하고 ③ 그 영업부류에 속한 청약이어야 한다. 따라서 상법 제53조는 매우 제한적으로 적용된다. CISG에서는 상법 제53조와 같은 내용의 규정은 없다.

 CISG에서 승낙 규정

1) 승낙의 개념: CISG 제18조

A statement made by or other conduct of the offeree indicating assent to an offer is an acceptance. Silence or inactivity does not in itself amount to acceptance.

청약에 대한 동의를 표시하는 상대방의 진술 그 밖의 행위는 승낙이 된다. 침묵 또는 부작위는 그 자체만으로 승낙이 되지 아니한다.

2) 승낙의 조건 및 방법

① 승낙은 무조건적이고 절대적이어야 한다(청약에 조건을 붙여 승낙을 하면, 이는 승낙이 아니고 새로운 청약이 될 수 있을 뿐이다).
② 청약이 특정인(B) 앞으로 이루어졌다면, 그 특정인(B)이 승낙을 해야 한다.
③ 승낙은 승낙기간(약정된 기간 또는 합리적인 기간) 내에 이루어져야 한다.
④ 청약에 승낙의 방법을 정했다면 그 방법대로 승낙을 해야 한다(정하지 않았다면 합리적인 수단과 방법으로 한다).

3) 기타

• 승낙의 자유: 청약을 받은 사실은 아무런 의무를 부담시키지 않는다.
• 침묵에 의한 승낙: 불인정
• 조건부 승낙 또는 청약의 내용을 변경한 승낙
  ① 실질적 내용 → 계약 불성립(승낙이 아니고 반대청약이 됨)
  ② 경미한 사항 → 계약 성립(다만, 청약자가 이의를 제기한 경우 계약불성립)
• 부분승낙: 청약조건의 변경을 의미하므로 반대청약이 되며, 계약 불성립

2) 승낙의 효력

CISG에서는 승낙의 효력에 대하여 다음과 같이 규정하고 있다. 승낙은 청약자가 지정한 기간 내에 도달해야 효력이 발생하며, 청약자가 기간을 지정하지 않은 경우에는 청약자가 사용한 통신수단의 신속성 등 거래의 상황을 적절히 고려하여 합리적인 기간 내에 도달해야 효력이 발생한다(제18조). 그리고 승낙은 그 효력이 발생하기 전 또는 그와 동시에 회수의 의사표시가 청약자에게 도달하는 경우에는 회수될 수 있다(제22조). 승낙기간 이후에는 승낙의 의사표시가 있어도 계약이 성립되지 않는다.

한편, 민법에서는 효력에 대하여 다음과 같이 규정하고 있다. 승낙이 그 효력을 발생하기 위해서는 청약이 효력을 가지는 기간 내에 승낙이 이루어져야 한다. 승낙의 기간을 정한 청약은 그 기간 내에 청약자가 승낙의 통지를 받지 못한 때에는 그 효력을 잃고, 승낙의 기간을 정하지 않은 청약은 청약자가 상당한 기간 내에 승낙의 통지를 받지 못한 때에는 그 효력을 잃는다(제528조, 제529조).

표 4-1	의사표시(청약, 승낙, 기타)의 효력 발생 및 철회
구 분	**내 용**
CISG	1. 청약의 효력발생: 도달주의 　○ 상대방에 도달한 때에 효력 발생(제15조 제1항) 2. 청약의 철회 가능 여부: 원칙적으로 철회가능 　○ 청약은 계약이 체결되기 전에는 철회될 수 있음(free offer). 단, 청약의 철회가 승낙의 통지 발송 전에 상대방에게 도달해야 함 (제16조 제1항) 　○ 그러나 다음은 철회불가('firm offer')(제16조 제2항) 　　ⅰ) 승낙기간의 지정 그 밖의 방법으로 청약이 철회될 수 없음이 청약에 표시되어 있는 경우 　　ⅱ) 상대방이 청약이 철회될 수 없음을 신뢰하는 것이 합리적이고, 상대방이 그 청약을 신뢰하여 행동한 경우 3. 승낙의 효력발생: 도달주의 　• 승낙은 동의의 의사표시가 청약자에게 도달한 때에 효력 발생(제18조 제2항) 4. 승낙의 회수(withdrawal) 가능 여부: 원칙적으로 회수 가능 　• 승낙은 그 효력이 발생하기 전 또는 그와 동시에 회수의 의사표시가 청약자에게 도달하는 경우에는 회수될 수 있음.(제22조) 5. 기타 의사표시(제3편 물품의 매매)의 효력발생: 발신주의(제27조)
대한민국 민법	1. 청약의 효력발생: 도달주의 　• 청약은 상대방 있는 의사표시이므로 상대방에게 도달한 때에 효력이 발생(제111조 제1항) 2. 청약의 철회 가능 여부: 철회 불가 　• 계약의 청약은 원칙적으로 철회 불가(제527조) 　• 승낙기간을 정한 청약: 그 기간 내에 승낙의 통지를 받지 못하면 청약 효력 상실(제528조) 　• 승낙기간을 정하지 않은 청약: 상당한 기간 내에 승낙의 통지를 받지 못하면 청약의 효력 상실(제529조) 3. 승낙의 효력발생: 　• 승낙의 의사표시가 청약자에게 도달한 때에 승낙의 효력이 발생하고 계약 성립(명문규정 없어 도달주의 일반원칙 적용: 도달주의) 　• 그러나 격지자간에는 승낙의 통지를 발송한 때에 효력 발생(발신주의)(제531조) (즉 격지자간에는 미국 보통법상의 mail box rule과 동일한 발신주의) 4. 승낙의 철회 가능 여부: 철회불가 　• 승낙의 철회가능여부에 대해 명문규정 없음 　• 격지자간에는 승낙의 효력은 발신주의를 택하므로 이 경우 승낙은 철회할 수 없는 것으로 보아야 함. 　• 대화자간에는 승낙의 효력은 도달주의를 택하는데, 대화자간에는 승낙의 의사표시 즉시 상대방에게 효력이 미치므로 이 경우에도 승낙은 철회할 수 없는 것으로 보아야 함. 5. 기타 의사표시의 효력발생: 도달주의(제111조)

4. 무역계약서 작성

1) 계약의 역할

계약서는 당사자의 법률관계의 내용을 정한다. 계약서에 포함될 기본적인 내용은 다음과 같다.

- 계약체결을 하게 된 사실 진술(각 당사자가 상대방을 계약에 이르게 유인한 사실들)
- 향후 이행 관련 각 당사자의 약속(의무)
- 각 당사자의 권리
- 각 당사자의 이행의무를 발생시키기 전에 있어야 할 사건(사실)
- 각 당사자의 재량권(discretionary authority)
- 계약의 종료(계약위반이 되는 사건, 계약위반에 대한 구제권리 포함)
- 당사자 관례를 지배하는 일반 원칙

2) 계약의 목표

다음의 원칙에 입각해야 한다.

- 사업거래를 정확하게 기록한다.
- 명확하고 모호하지 않다.
- 문제를 실용적으로 해결한다.
- 당사자들이 권리와 의무를 인식하도록 충분히 구체적이다.
- 소송을 방지한다.

※ 다음 중 맞는 것은 (O) 틀린 것은 (X)로 표시하시오.

01 무역계약은 청약에 대한 승낙으로 성립된다. (○)

02 청약에 대해 승낙을 하면 계약이 성립되므로, 계약의 성립시기는 승낙의 효력발생시기와 관련된다. CISG에서는 승낙은 승낙의 통지를 발송한 때에 효력이 발생한다고 규정하고 있다. (×)

03 CISG에서는 특정다수인에 대한 계약체결의 제안은 제안자가 반대 의사를 명확히 표시하지 아니하는 한, 단지 청약의 유인으로 본다고 규정하고 있다. (×)

04 반대청약은 피청약자(청약의 상대방)가 청약의 내용의 일부를 변경해서 청약자에게 다시 청약하는 것을 말한다. 반대청약은 청약이 아니므로 반대청약에 대해 원청약자가 승낙을 하여도 계약이 성립되지 않는다. (×)

05 청약은 상대방에게 도달한 때에 효력이 발생하고, 청약의 철회(revocation)는 청약의 도달 전 또는 그와 동시에 상대방에게 도달하는 경우에 가능하다 (CISG 기준). (×)

06 '청약에 대해 회신이 없으면 승낙한 것으로 간주한다'는 조건이 있는 경우에도 그 청약에 대해 승낙이 없으면 계약은 성립되지 않는다(CISG 기준). (○)

07 승낙은 청약자가 지정한 기간 내에 도달해야 효력이 발생하며, 청약자가 기간을 지정하지 않은 경우에는 청약자가 사용한 통신수단의 신속성 등 거래의 상황을 적절히 고려하여 합리적인 기간 내에 도달해야 효력이 발생한다 (CISG 기준). (○)

※ 다음 물음에 답하시오.

01 청약의 요건을 쓰시오. (CISG 제14조 기준)

ⅰ) 계약체결을 위한 제안일 것
ⅱ) 청약의 상대방은 특정인일 것
ⅲ) 청약의 내용은 충분히 확정적일 것(물품명세, 수량, 대금의 조건이 확정적일 것)
ⅳ) 승낙이 있는 경우 그에 구속될 의사가 있을 것

02 승낙의 개념을 쓰시오.

승낙(acceptance)은 청약에 대응하여 계약을 성립시킬 목적으로 피청약자가 청약자에게 행하는 의사표시이다.

03 승낙의 조건 및 방법을 쓰시오.

1) 승낙은 무조건적이고 절대적이어야 한다(청약에 조건을 붙여 승낙을 하면, 이는 승낙이 아니고 새로운 청약이 될 수 있을 뿐이다).
2) 청약이 특정인(B) 앞으로 이루어졌다면, 그 특정인(B)이 승낙을 해야 한다.
3) 승낙은 승낙기간(약정된 기간 또는 합리적인 기간) 내에 이루어져야 한다.
4) 청약에 승낙의 방법을 정했다면 그 방법대로 승낙을 해야 한다(정하지 않았다면 합리적인 수단과 방법으로 한다).

04 철회불능청약(firm offer)의 경우를 쓰시오.

청약자가 승낙기간을 정하는 청약 또는 청약자가 (일정기간동안) 청약을 철회하지 않기로 하는 청약을 말한다.

05 반대청약(counter offer)의 개념을 쓰시오.

피청약자가 청약의 내용의 일부를 변경해서 원래의 청약자에게 다시 청약하는 것을 말한다. 반대청약도 청약이 되며, 반대청약에 대해 원청약자가 승낙을 하면 계약이 성립된다.

06 청약의 유인의 개념을 쓰시오.

청약의 유인은 타인으로 하여금 자기에게 청약을 하게 하려는 의도에서 이루어지는 것으로 청약의 유인을 받은 자의 의사표시가 청약이 되며, 이에 대해 청약을 유인한 자가 다시 승낙을 해야 계약이 성립된다.

07 청약의 내용에 대해 상대방이 아무런 조건이나 변경을 가하지 않고 그대로 수용할 때에 계약이 성립되므로 청약에는 상대방과 계약의 중요 내용이 모두 확정되어 있거나 확정될 수 있어야 한다. 여기서 "중요 내용"을 열거하시오. (CISG를 기준으로)

- 물품명세
- 수량(수량을 특정하거나 지정가능할 것)
- 대금(대금지급을 지정하거나 결정할 수 있을 것)

08 청약의 내용을 실질적으로 변경한 응답은 승낙이 되지 않고 반대청약이 된다. 이러한 실질적 변경에 해당되는 항목을 모두 열거하시오. (CISG를 기준으로)

- 대금
- 대금지급
- 물품의 품질과 수량
- 인도의 장소와 시기
- 당사자 일방의 상대방에 대한 책임범위
- 분쟁해결

CHAPTER 5
무역클레임과 분쟁해결

무역클레임

1. 개요

1) 무역클레임의 개념

무역클레임(claim)이란, 무역거래에서 일방당사자(수입자, 수출자)가 상대방에게 계약위반을 주장하는 것이다. 클레임은 주로 수입자가 제기하지만, 수출자가 제기하기도 한다. 클레임 해결에는 상당한 시간과 비용이 소요되므로 당사자들은 막대한 손실을 입게 되고, 거래관계가 중단되는 경우도 많다.

2) 클레임의 유형

무역클레임은 그 내용에 따라 일반적 클레임과 마켓클레임으로 구분할 수 있다. 일반적 클레임(general claim)은 물품의 하자, 손상 등 상대방의 계약불이행에 대해 제기하는 클레임을 말하는 것으로 이는 진정한 의미의 클레임으로 볼 수 있다. 마켓클레임(market claim)은 물품의 하자, 손상과는 관계없이 대금을 낮추기 위해 고의적으로 계약이행에 대한 문제를 제기하는 클레임을 말한다. 마켓클레임은 상습적인 경우가 많기 때문에 거래상대방을 선정할 때, 마켓클레임 기록 유무를 확인하는 것이 필요하다.

일반적으로 클레임을 제기하는 경우 다음을 준수하는 것이 필요하다.

① 신속하게 제기해야 한다. 물품의 인수 시에 하자를 발견한 경우 발견 즉시 클레임을 제기해야 한다. 늦게 제기하면 처음부터 하자가 있었는지, 사용과실로 인하여 물품에 하자가 발생한 것인지 다툼이 될 수 있다. 이러한 문제를 해결하기 위해 계약서에 물품하자에 대한 클레임 제기시한을 명시하기도 한다.

② 정확하게 제기해야 한다. 클레임의 내용, 근거 및 이유를 정확하게 제기해야 한다. 그리고 클레임을 주장할 수 있는 객관적인 증빙자료(사진, 제3의 검사기관의 검사자료 등)를 확보하는 것이 필요하다.

③ 신의성실의 원칙에 따라 클레임을 제기해야 한다. 마켓클레임이나 악의적인 클레임으로 판명되는 경우 무역거래업계에서 불량거래처 또는 악덕거래처로 알려져 무역거래가 불가능해질 수 있다.

〈기타 클레임 유형〉

* 상품 클레임: 품질, 수량, 규격, 내용 등이 계약과 다를 경우
* 선적 클레임: 선적 불이행, 지연 등
* 포장 클레임: 포장 불량 및 결함 등
* 대금 클레임: 대금 미지급, 어음 할인·거부
* 보험 클레임: 보험 착오 가입 등

3) 클레임의 원인

클레임의 원인은 직접적인 원인과 간접적인 원인으로 구분할 수 있다. 직접적인 원인에는 계약불이행, 마켓클레임, 계약서 문제 등이 있고, 간접적인 원인에는 언어의 차이, 상관습과 법률의 차이, 상대방에 대한 신용조사 미흡, 경쟁의 심화 등이 있다.

표 5-1	클레임의 원인
직접적인 원인	■ 계약불이행 • (수출자의 계약불이행) 　물품 하자, 서류하자, 선적지연, 선적불능 등 • (수입자의 계약불이행) 　물품인수 지연, 물품인수 거절, 대금지급지연, 대금지급불능, 대금지급거절

직접적인 원인	■ 마켓클레임 　• 계약불이행과는 관계없이 대금 감액 또는 대금지급 거절 목적으로 클레임 제기 　• 계절용품, 전자제품 등 가격이 급락하는 물품의 경우 수입자가 손실을 줄이기 　　위해 마켓클레임을 제기하는 경우가 많음 ■ 계약서 문제 　• 계약서에서 중요 사항(물품, 수량, 품질, 선적기일, 인도조건 등)을 누락하거나, 　　불명확하게 작성하여 계약 내용의 해석에 대해 당사자 간 이견으로 분쟁 발생
간접적인 원인	■ 언어의 차이 　• 무역거래에서는 당사자 간 언어가 상이하여 의사소통에서 오해와 분쟁이 발 　　생함 ■ 상관습과 법률의 차이 　• 무역거래에서는 당사자 간 상관습과 법률의 차이로 계약이행에 대한 기대가 　　상이함 ■ 상대방에 대한 신용조사 미흡 　• 상습적으로 클레임을 제기하는 상대방도 있고, 특히 신용상태가 악화된 경우 　　대금지급을 거절하기 위해 클레임을 제기하는 경우가 많으므로 상대방에 대 　　한 신용조사가 필요함 ■ 경쟁의 심화 　• 가격경쟁을 위해 수출가격을 낮추고 가격을 맞추기 위해 등급이 낮은 물품이 　　나 저가품을 수출함

2. 무역클레임의 제기

클레임 사유가 발생하여 클레임을 제기할 때에는, 제기방법에 대하여 당사자 간에 약
정이 있는 경우는 그 약정에 따르고, 약정이 없는 경우는 대체로 다음 절차를 따른다.[1]

1) 클레임의 당사자 확정

클레임 사유가 발생되면, 우선 누구에게 클레임을 제기해야 할 것인가를 결정해
야 한다. 클레임의 당사자는 계약당사자가 되는 것이 보통이지만, 예외로 계약당사자
에게 책임이 없는 사유로 인하여 발생된 손해에 대하여는 제3자에게 청구하는 경우
도 있다(예: 운송인, 운송주선인, 창고업자 등).

---

1 자료: 한국무역협회(http://www.kita.net/trade/business_manual/manual03/a0101.jsp)

2) 클레임의 통지

클레임을 제기할 때에는 먼저 가장 빠른 방법으로 신속하게 클레임이 발생한 사실을 상대방에게 통지한 후 즉시 서면에 의한 정식의 클레임을 제기해야 한다. 클레임 통지는 모든 증빙자료를 갖추기 전에 먼저 클레임의 발생사실을 통보하는 것이다.

3) 클레임의 청구

클레임 제기내용을 육하원칙에 따라 작성하되, 양당사자, 거래사실관계, 분쟁발생 경위, 청구내용 등을 기재한다. 수출입관련 클레임의 경우 계약번호, 일자, 품명, 수량, 선적항, 도착항, B/L 및 L/C번호 등도 포함한다.

☞ **클레임을 입증하는 증빙서류**
　　- 제기내용 및 사실관계를 입증할 수 있는 모든 자료, 서류
　　- 품질불량이나 수량부족일 경우 검사보고서(Surveyor's Report)

☞ **클레임을 제기 받은 경우 검토사항**
① 계약조건의 미비에 의한 것이 아닌가? ② 인도 후 합리적인 기간 내에 제기된 것인가? ③ 하자를 입증할 객관적인 입증자료가 있는가? ④ 물품의 검사는 공인검정기관에 의하여 합리적인 기간내에 행하여졌는가? ⑤ 손해청구금액은 합리적인 산출에 의한 타당성을 지니고 있는가? ⑥ 당해 계약의 특성을 충분히 감안한 것인가?

☞ **클레임을 제기 받은 경우 대응**
클레임 제기내용을 검토한 후 클레임 해결에 관한 입장과 해결방안에 대하여 신속하고 설득력 있는 답변을 전달 ① 특히 첫 응답이 클레임 해결에 매우 중요 ② 상대방의 의도가 불분명하거나 Market Claim 기타 부당한 클레임이 아닌가 하는 의문을 가질 때에는 클레임 내용의 정당성 여부 및 증거서류를 면밀히 검토 ③ 계약해제보다는 교환, 대금감액이 유리

☞ **클레임 제기 기한**
신속하게 제기해야 한다. 물품의 인수 시에 하자를 발견한 경우 발견 즉시 클레임을 제기해야 한다. 늦게 제기하면 처음부터 하자가 있었는지, 사용과실로 인하여 물품에 하자가 발생한 것인지 다툼이 될 수 있다. 이러한 문제를 해결하기 위해 계약서에 물품하자에 대한 클레임 제기시한을 명시하기도 한다. 클레임 제기 기한을

다음과 같이 정리할 수 있다.
- i) 당사자 간에 제기기간에 대하여 약정이 있으면 그 기간 내에 제기
- ii) 약정이 없는 경우는 국가마다 그 기간을 달리 보고 있다.
    - 한국: 즉시 통지, 즉시 발견할 수 없는 하자에 대해서는 안 날로부터 6개월의 기간 내
    - CISG: 단기간 내 검사, 합리적인 기간 내 통지, 어떠한 경우도 제척기간(일정한 권리에 대하여 법률이 예정하는 존속기간)은 2년

3. 무역클레임 해결방법

무역클레임은 예방이 가장 중요하다. 그럼에도 불구하고 무역클레임이 제기된 경우 신속하게 해결하는 것이 필요하다. 해결이 지연된다면, 물품이 손상, 부패될 수 있고, 체선료 등 물품보관비용이 증가하게 된다. 이에 따라 상대방의 악의적 클레임인 경우에도 신속히 대응하여 해결을 위해 노력하는 것이 필요하다. 클레임의 해결방법은 당사자의 합의로 해결하는 것이 가장 바람직하다. 당사자의 합의가 어려운 경우 중재나 소송 등 법적수단을 통해 해결하게 된다.

표 5-2 클레임 해결방법

해결수단	내 용
합의(agreement)/화해(amical settlement)	• 법원이나 중재인 등 제3자의 개입 없이 당사자간 합의로 분쟁 해결 • 가장 바람직한 방법이나, 당사자간 입장차이가 큰 경우 합의 곤란
조정(conciliation, mediation)	• 제3자를 조정위원으로 선임하여 조정인이 제시하는 조정안에 당사자가 합의하여 분쟁해결 • 조정안에 대해 당사자가 합의하지 않으면 조정안은 구속력이 없으며, 합의하면 계약적 효력 있음
중재(arbitration)	• 당사자가 중재인을 선임하여 중재인이 중재판정을 하며, 중재인의 중재판정은 최종적이며, 법원의 판결과 마찬가지로 낭사사를 구속함 • 계약서에서 중재합의조항을 두고 있는 경우 당사자는 법원에 소송을 제기할 수 없으며, 그럼에도 불구하고 소송이 제기되는 경우 법원은 소송을 각하함(dismiss)
소송(litigation)	• 법원에 소송을 제기하여, 법원에서 재판을 진행하고 판결을 내림 • 소송에 대한 당사자의 합의가 없는 경우에도 당사자는 소송을 제기할 수 있음. 다만, 소송에 대해 관할권이 없는 경우 법원은 그 소송을 각하함(dismiss). 따라서 관할권 있는 법원에 소송을 제기해야 함. 재판관할권 합의가 없는 경우 원칙적으로 상대방의 주소지에서 소송을 제기해야 함

• 무역클레임 예시문 •

1) 클레임 제기

As of today, I received mobile phones I ordered from you. However, upon opening the package, I discovered that 100 of the mobile phones were broken during shipping.

I have enclosed some pictures of the broken phones and a copy of the invoice. I would like to request you to send me replacements for the broken merchandise.

I am looking forward to hearing from you soon.

(해설)

귀사에 주문한 휴대폰을 오늘 수령하였습니다. 그러나 포장을 개봉하자마자 휴대폰 중 100개가 운송 중에 파손된 것을 알게 되었습니다. 파손된 폰 사진과 송장 사본을 동봉하였습니다. 파손된 상품에 대한 교체품을 송부해 주기시 바랍니다.

2) 클레임에 대한 회신

Thank you for your fax of 6 April informing us that the goods supplied to you were damaged. Since you may think that we should be responsible for the damage, we must clarify our position as follows:

First, the goods were inspected thoroughly by us before packing and loaded onto the ship in perfect condition. The clean−on−board Bill of Lading shows that everything was in order at the time the goods were loaded onto the ship.

Second, the packaging was in full compliance with the standards of packing for international ocean transportation and the specifications of the packaging were agreed upon by you in the contract.

Third, since this transaction is based on FOB, we are free from liabilities for the shipment upon loading onto your designated vessel.

It is likely that the damage of the goods was caused by rough handling during the voyage or when they were unloaded at your port. We would suggest that you file a claim with the insurance company or shipping company.

If you need any assistance, we will be more than willing to cooperate with you in expediting the process of your claim.

(해설)

귀사에게 공급된 물품이 손상을 입었음을 당사에 알리는 귀사의 4.6자 팩스를 잘 받았습니다. 손상에 대하여 당사가 책임을 져야 한다고 귀사가 생각할 수도 있어서 다음과 같이 당사의 입장을 명확히 밝히고자 합니다.

첫째, 동 물품은 포장전에 철저히 검사하였으며 선적시 아무런 이상이 없었습니다. 무사고본선적재선하증권이 보여 주듯이 물품은 선적 당시 모든 것이 정상이었습니다.

둘째, 포장은 국제해상운송에 맞게 표준포장을 준수하였으며, 포장의 상세조항은 계약서에서 귀사도 동의한 것입니다.

셋째, 본 거래는 FOB 조건이므로 귀사가 지정한 선박에 적재된 이후부터는 당사는 면책입니다.

물품의 손상은 항해중의 부주의한 취급이나 귀사의 항구에서 양륙할 때 일어난 것으로 보입니다. 귀사가 보험회사 또는 선박회사에 손해배상을 청구하시길 바랍니다. 도움이 필요하면, 당사는 귀사의 손해배상청구를 진행함에 있어서 기꺼이 도울 것입니다.

SECTION 02
재판관할과 준거법

1. 재판관할(jurisdiction)

1) 재판관할권의 의의

재판관할권(jurisdiction)이란, 소송에서 법원의 정당한 재판권을 말하고, 국제재판관할권이란, 국제분쟁에서 어느 국가의 재판기관이 재판관할권을 가지는가의 문제이다. 국제분쟁사건에서 소장을 받은 법원은 우선 당해 법원이 재판관할권이 있는지를 결정하며,[2] 관할권이 없는 경우 소를 각하한다.

---

2 법원은 국내법(민사소송법 등)과 국제협약에 따라 재판관할권을 판단한다. 각 국의 국내법이 동일

[1] 재판관할권 합의가 있는 경우(합의관할)

국제계약에서 당사자는 합의로 재판관할권을 정할 수 있다. 계약서에는 재판관할권을 명시하는 경우 이는 합의관할에 해당된다.[3] 한편, 계약서에 명시되지는 않았지만, 피고가 원고가 제소한 법원에서 자신을 방어하겠다고 하는 경우가 있는데, 이를 '응소관할'이라고 부르며, 넓은 의미에서 합의관할에 해당된다.[4] 합의관할이 항상 인정되는 것은 아니고 인정 여부는 국내법과 국제협약에 따른다.

[2] 재판관할권 합의가 없는 경우

재판관할권 합의가 없는 경우 법원은 국제협약(또는 국제조약)과 국내법에 따라 재판관할권 여부를 판단한다. 일반적으로 피고의 주소지에 대해서 관할권을 인정하고[5], 그 외 의무이행지, 불법행위지, 피고의 재산소재지 등에 대해서도 관할권을 인정한다.[6]

• 대한민국 국제사법상 국제재판관할(제2조) •

(1) 실질적 관련의 원칙(제2조제1항)
당사자 또는 분쟁이 된 사안이 대한민국과 실질적 관련이 있는 경우에 재판관할권을 인정한다. 여기서 '실질적 관련성의 판단'은 국제재판관할 배분의 이념에 부합하는 합리적인 원칙에 따라 판단해야 한다.

(2) 국내법의 관할규정 참작(제2조제2항)
국내법의 관할규정을 참작하여 국제재판관할권의 유무를 판단하되, 국제재판관할

하지 않기 때문에 재판관할권의 충돌 내지는 재판관할권의 공백 문제가 발생하기도 한다. 따라서 국제소송에서 관할권을 정하는 것은 매우 중요하다.

3 계약서에 재판관할권을 정한 경우에도 재판관할권 인정 여부는 국내법과 국제협약에 의한다.

4 피고가 법원에 모습을 나타내는 것은 그 법원의 재판관할에 대해 묵시적으로 동의한 것으로 간주된다.

5 일반적으로 피고는 자신의 주소(domicile)가 있는 국가의 법원에 제소될 수 있다. 이를 민사소송법에서는 보통재판적이라고 한다. 이것은 유스티니아법전에서 처음으로 규정되었던 것으로 '원고는 피고 주소지의 법원에 소를 제기해야 한다(actor sequitur forum rei)'는 원칙에서 발전되어 왔다. 피고의 주소지를 재판권할권의 기초로 인정하는 것은 피고가 자신이 거주하는 국가에서 자신을 방어하는 것이 외국의 법원에서 자신을 방어하는 것보다 편리하다는 전제하에 피고를 소송절차적인 면에서 보호하기 위한 것이다.

6 원고의 편의를 위하여 보통재판적 외에 추가로 특별재판적이 인정되는데, 특별재판적으로는 의무이행지, 불법행위지, 재산소재지 등이 있다.

의 특수성을 충분히 고려한다.

국내법의 관할규정 참작 + 국제재판관할의 특수성 고려

※ 개별사건에서 법정지와 당사자와의 실질적 관련성 및 법정지와 분쟁이 된 사안과의 실질적 관련성을 객관적인 기준으로 삼아 합리적으로 관할권 판단(대법원 2005.1.27. 선고 2002다59788)

2. 준거법(governing law)

1] 준거법의 의의

계약의 준거법(governing law, applicable law)이란, 해당 계약의 성립, 효력, 해석 등의 법률문제에 적용되는 법을 말한다. 국제거래에서 당사자 간의 법률문제는 주로 계약서에 의해 결정되므로 국제거래에서 준거법은 주로 계약과 관련하여 쟁점이 되지만, 불법행위책임에 대해서도 쟁점이 될 수 있다.

구체적으로 준거법과 관련해서 문제가 되는 점들을 보면, ① 당사자가 준거법에 합의하지 않은 경우, 어느 국가의 법을 준거법으로 정할 것인가 ② 당사자가 준거법에 합의한 경우 그 준거법을 반드시 적용해야 하는가 ③ 준거법의 적용범위는 어디까지인가 등이다.

2] 준거법의 결정

국제소송에서 소장을 접수한 법원은 ① 그 법원이 재판관할권이 있는지 검토하고, ② 재판관할권이 있는 경우 그 법원은 자신의 국가의 국제사법(또는 충돌법)과 국제협약(해당 국제협약 체약국인 경우)에 따라 준거법을 결정한다. 그러나 중재재판의 경우 준거법의 결정이 단순하지 않는데, 법원과 달리 중재인은 법정지법(lex fori)에 구속되지 않기 때문에 중재지의 국제사법을 따라야만 하는 것이 아니다.[7] 참고로 UNCITRAL 모델중재법에서는 "당사자들에 의한 준거법의 지정이 없는 경우에는 중재판정부는 중재판정부가 적용가능하다고 보는 국제사법 규정에 따라 결정되는 법을

---

[7] Fabio Bortolotti, *Drafting and Negotiating International Commercial Contracts*, ICC Publication No. 743E, 2013, p.25.

적용한다"고 규정하고 있고(제28조 제2항), ICC 중재규칙에서도 당사자들의 준거법 지정이 없으면, 중재판정부는 중재판정부가 적합하다고 보는 법을 적용할 수 있다고 규정하고 있다(제21조 제1항).

대부분의 국가에서 당사자자치의 원칙을 인정하여 당사자가 합의로 정한 준거법을 인정한다. 물품매매계약에서 계약의 준거법을 정하지 않은 경우, 대부분의 국가에서는 수출국법(seller's country)을 준거법으로 인정하고 있으며, ICC 표준계약서에서도 수출국법을 원칙으로 하고 있다.[8]

국제사법(International Private Law)[9]이란, 외국과의 법률관계에 있어 준거법을 결정을 규정하는 법이다. 국제사법은 국제법이 아니고 한 국가의 국내법이며, 대한민국의 국제사법은 대한민국에서만 적용되는 국내법이다. 우리나라의 국제사법은 우리나라에서만 적용되는 국내법이다. 다만, 국제사법은 법률관계를 직접 규율하는 실질법이 아니고, 실질법을 정하는 기준을 규정하고 있는 간접사법이다.
국제사법은 국가마다 다소 차이가 있으므로 어느 국가의 법원에 소를 제기하느냐에 따라 준거법이 달라질 수도 있다. 이러한 문제를 해결하기 위해 국제사법을 통일하기 위한 노력이 이루어지고 있다.

---

8 ICC Model International Sale Contract (Manufactured Goods)
  1.2 Any questions relating to this Contract which are not settled in the contract itself (i.e. these General Conditions and any specific conditions agreed upon by the parties) shall be governed:
  A. by the United Nations Convention on Contracts for the International Sale of Goods (Vienna Convention of 1980, hereafter referred to as CISG), and
  B. to the extent that such questions are not covered by CISG, by reference to the law of the country where the Seller has his place of business.

9 국가에 따라 국제사법, 충돌법(Conflict of Law), 섭외사법 등으로 부른다. 우리나라에서는 1962년에 '섭외사법'의 제명으로 제정되었는데, 2001년에 '국제사법'으로 제명을 변경하였다.

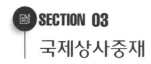

SECTION 03
국제상사중재

1. 중재의 의의

중재(arbitration)란, 당사자간의 합의로 사법상의 분쟁을 법원의 재판에 의하지 아니하고 중재인의 판정에 의하여 해결하는 분쟁해결방법을 말한다. 일반적인 중재절차는 중재합의 → 중재신청 → 중재인 선정 → 중재심문 → 중재판정의 순서로 진행되는데, 중재절차는 당사자의 합의로 정할 수 있고, 당사자의 합의가 없으면 해당 중재규칙 또는 중재법에 따른다. 중재합의가 있는 경우에는 당사자는 법원에 소송을 제기할 수 없는 것이 원칙이다.[10]

대체로 중재는 소송에 비하여 신속하며 저렴하고, 중재인은 전문적이다.[11] 국제소송은 정부기구인 법원에 의해서 진행되므로 공정성이 침해될 수가 우려가 있으나, 중재는 공정성이 침해될 가능성이 낮다. 1958년의 「외국중재판정의 승인 및 집행에 관한 유엔협약(United Nations Convention on the Recognition and Enforcement of Foreign Arbitral Awards: '뉴욕협약')」은 한국, 미국, 중국, 일본, EU 등 대부분의 국가에 비준하여(2021년 6월 현재 계약국은 168개국), 외국중재판정의 승인 및 집행이 소송에 비해 상대적으로 용이하다.

한편, 신속성, 저렴성, 전문성측면에서는 조정(conciliation, mediation)도 중재와 큰 차이가 없지만, 조정인은 판정을 내릴 권한이 없고, 조정안에 대하여 당사자가 합의하지 않는 경우 구속력이 없다는 점에서 국제상사분쟁에서 실효성이 떨어진다.[12] 일반적인 국제중재과 국제소송의 차이점을 정리하면 다음과 같다.

---

[10] 다만 중재합의가 부존재, 무효, 실효, 또는 중재합의의 이행이 불가능한 경우에는 소송을 제기할 수 있다(중재법 제9조제1항, UNCITRAL 모델중재법 제8조). 다시 말해, 중재합의의 실효 등의 경우에 분쟁해결은 중재로 할 수 없고, 소송에 의해야 한다.

[11] ICC 국제중재법원에서는 중재의 장점으로 신속성(speed), 경제성(cost-efffective), 범용성(accessible), 비공개성(confidential), 강행가능성(enforceable award)으로 보고 있다.
인터넷사이트(http://www.iccwbo.org/court/arbitration/id5327/index.html) 참조.

[12] 박종삼, "중재계약의 법적효력에 관한 연구", 「중재연구」 제19권 제3호, 2009, p.26.

표 5-3	소송과 중재의 비교	
구 분	**소 송**	**중 재**
사전합의	소송에 대한 사전합의 불필요	중재에 대한 사전합의 필요
재판/중재 권한의 근거	법원소재국의 법규	당사자의 중재합의
진행분위기	제소나 소환의 수단에 의한 억압적 분위기	평화적 분위기
공개여부	재판과정, 판결 공개	당사자의 의사를 존중하여 비공개적으로 진행(상거래 비밀보장)
최종성	3심제 (상소제도에 의해 구제의 기회 있음)	• 단심제(중재판정에 대해 불복신청, 재심, 상소 불가능. 단, 사기나 절차상의 하자는 제외) • 상소제도에 의한 구제의 기회 없음
신속성	중재에 비해 절차의 번잡성, 3심제 등으로 장시간이 소요	소송보다 신속하게 진행되며, 단심으로 종결
전문성	일반 판사가 진행함	중재인은 해당분야 전문가임
강제성	판사에게는 법률에 의해 강제적인 권한이 부여됨	중재인에게는 아무런 강제적인 권한이 없음(증인, 감정인을 강제로 출석시킬 수 없음)
비 용	중재에 비해 비용이 높음	소송에 비해 비용이 낮음
국제적 효력	타국에서 개별적으로 승인받아야 함	뉴욕협약에 의거 외국중재판정은 호혜원칙에 의거 승인됨(뉴욕협약 체약국: 159개국)

• 중재 관련 국제규범 •

1) 뉴욕협약(1958)

UN에서 1958년 채택함. 정식 명칭은 「외국중재판정의 승인 및 집행에 관한 유엔협약(United Nations Convention on the Recognition and Enforcement of Foreign Arbitral Awards)」임. 2021년 6월 현재 체약국은 168개국이며, 우리나라도 1973년에 42번째 국가로 가입.

2) UNCITRAL 모델중재법(1985)

UNCIRAL에서 1985년에 각국에 중재법의 기준으로 삼을 수 있는 국제상사모델중재법(Model Law on International Commercial Arbitrations) 제정. 우리나라도 1999년 중재법개정시 UNCITRAL 모델중재법을 전면 수용함. UNCITRAL 모델중재법은 2006년에 개정됨.

참고로 북한에서는 「중재법」과 「대외경제중재법」을 두고 있는데, 중재법은 중재합의 존재와 관계없는 강제적 국가중재로서 실질적 의미의 중재법이 아니고, 대외경제중재법이 실질적 의미의 중재법에 해당됨. 북한은 1999년에 대외경제중재법을 채택하였고, 2008년과 2014년에 각각 개정하였는데, 2008년 개정에서는 UNCITRAL 모델중재법을 상당부분 수용함.

3) 국제중재규칙

대부분의 중재기관은 자체 중재규칙을 제정하여 운영하고 있음. ICC에서는 '조정과 중재에 관한 ICC 규칙(ICC Rules of Conciliation and Arbitration of the International Chamber of Commerce)', LCIA에서는 'LCIA 중재규칙(LCIA Arbitration Rules)', 대한상사중재원에서는 '대한상사중재원국제중재규칙(The Rules of International Arbitration for the Korean Commercial Arbitration Board)', ICSID에서는 '중재절차규칙(Rules for Procedure for Arbitration Proceedings)'을 제정하여 운영함. UNCITRAL에서는 1976년에 UNCITRAL 중재규칙(UNCITRAL Arbitration Rules)을 제정함.

☞ 참고로 UNCITRAL에서는 2018. 12. 20.에 "조정에 의한 국제화해합의에 관한 유엔협약(United Nations Convention on International Settlement Agreements Resulting from Mediation"을 채택하였는데, 이 협약은 줄여서 "싱가포르 조정협약(the Singapore Convention on Mediation)" 또는 "싱가포르협약(the Singapore Convention)" 이라고 한다. 2021. 6월 현재 54개국이 서명하였음(발효국은 6개국).

2 중재절차

1) 중재신청

기관중재의 경우 신청인은 중재기관에 중재신청서를 제출하고, 중재기관은 동 신청을 접수하면, 양당사자에게 접수하였다는 뜻을 통지한다. 당사자 간에 다른 합의가 없는 경우 중재절차는 피신청인이 중재요청서를 받은 날부터 시작된다(중재법 제22조, 모델중재법 제21조). 중재요청서에는 당사자, 분쟁의 대상 및 중재합의의 내용을 적어야 한다(중재법 제22조).

2) 중재인 선정

중재인 선정에 관한 사항의 중재합의사항으로 중재조항에서 정하는 것이 일반적이다. 중재조항에서 중재인 선정에 대해 정하고 않은 경우, 적용되는 중재규칙에 따라 중재인을 선정한다. 기관중재의 경우 중재기관에 중재인의 선정을 일임하는 경우가 많다. 그렇지 않은 경우 당사자가 각각 1인의 중재인을 선정하고, 그 2인의 중재인이 합의로 제3의 중재인을 선정하며, 제3의 중재인이 의장중재인이 되는 방식을 많이 채택한다.

3) 중재의 진행(중재심문)

중재판정부는 적절하다고 인정되는 방식으로 중재를 운용하며, 당사자 쌍방을 공평하게 대우해야 한다. 그리고 각 당사자에게 진술의 완전한 기회를 부여해야 한다(UNCITRAL 중재규칙 제15조). 중재언어에 대해서는 당사자들의 합의가 우선되나, 당사자들이 합의하지 않은 경우 중재판정부에서 정한다(UNCITRAL 중재규칙 제17조).

당사자들은 청구와 답변을 하며, 청구에는 사실관계와 쟁점, 구제수단 또는 배상이 포함되어야 한다(UNCITRAL 중재규칙 제18조 제2항). 중재개시신청서에 이러한 내용을 기재하는 것이 일반적이지만, 사후에 제출해도 된다(UNCITRAL 중재규칙 제1조 제1항). 상대방은 청구의 내용에 대해 답변을 한다.

4) 중재판정

사실관계가 확정되고 준거법도 확정되면, 중재판정부는 사실관계와 준거법을 토대로 중재판정을 한다. 중재인이 복수인 경우 통상 다수결로 판정을 내리며(UNCITRAL 중재규칙 제31조 제1항), 판정이유도 기재한다(UNCITRAL 중재규칙 제32조 제3항). 중재판정문은 당사자 쌍방의 동의가 있는 경우에 한하여 공개할 수 있다(UNCITRAL 중재규칙 제32조 제5항).

3 중재판정

1) 중재판정의 효력

중재판정(arbitral award)은 중재판정부가 내린 최종적인 결정을 말한다. 중재판정의 승인 또는 집행이 거절된 경우를 제외하고는, 중재판정은 법원의 확정판결과 동일한 효력이 있다(중재법 제35조). 중재판정에 대한 불복은 법원에 중재판정의 취소를 제기하는 방법으로만 할 수 있다(중재법 제36조, 모델중재법 제36조). 중재합의가 무효이거나 중재인의 선정 또는 중재절차에 관하여 적절한 통지를 받지 못한 경우 등 일정한 사유가 있는 경우 중재판정취소의 소를 제기할 수 있다(중재법 제36조, 모델중재법 제36조).

2) 중재판정의 승인과 집행

중재판정의 승인 또는 집행은 법원의 승인 또는 집행판결에 의한다(중재법 제37조 제1항). 중재법에서는 제38조에서 국내 중재판정의 승인 거부사유, 제39조에서 외국 중재판정의 승인거부사유를 규정하고 있고, 각각의 승인 거부사유가 없으면 승인된다고 규정하고 있다(중재법 제37조). 외국 중재판정의 승인거부사유는 뉴욕협약 적용대상과 비적용대상으로 구분하고 있는데, 뉴욕협약 적용대상은 뉴욕협약에 따르고, 뉴욕협약 비적용대상은 「민사소송법」 제217조, 「민사집행법」 제26조제1항 및 제27조를 준용한다고 규정하고 있다.

미국에서도 연방중재법(Federal Arbitration Act: 9 U.S.C. §9)에서 당사자는 미국 연방법원에 중재판정에 대한 집행문신청을 할 수 있다고 규정하고 있으며, Medical Marketing International v Internazionale Medico Scientifica 사건(1999년)에서 중재인의 권한을 벗어나지 않고, 중재판정이 공서양속에 반하지 않으므로 중재판정은 유효하다고 인정하여 집행문을 부여하였다.

 대한민국 중재법

제36조(중재판정 취소의 소) ① 중재판정에 대한 불복은 법원에 중재판정 취소의 소를 제기하는 방법으로만 할 수 있다.
② 법원은 다음 각 호의 어느 하나에 해당하는 경우에만 중재판정을 취소할 수 있다. (⇒ **당사자의 중재판정 취소의 소 사유**)
  1. 중재판정의 취소를 구하는 당사자가 다음 각 목의 어느 하나에 해당하는 사실을 증명하는 경우

가. 중재합의의 당사자가 해당 준거법(準據法)에 따라 중재합의 당시 무능력자였던 사실 또는 중재합의가 당사자들이 지정한 법에 따라 무효이거나 그러한 지정이 없는 경우에는 대한민국의 법에 따라 무효인 사실

나. 중재판정의 취소를 구하는 당사자가 중재인의 선정 또는 중재절차에 관하여 적절한 통지를 받지 못하였거나 그 밖의 사유로 변론을 할 수 없었던 사실

다. 중재판정이 중재합의의 대상이 아닌 분쟁을 다룬 사실 또는 중재판정이 중재합의의 범위를 벗어난 사항을 다룬 사실. 다만, 중재판정이 중재합의의 대상에 관한 부분과 대상이 아닌 부분으로 분리될 수 있는 경우에는 대상이 아닌 중재판정 부분만을 취소할 수 있다.

라. 중재판정부의 구성 또는 중재절차가 이 법의 강행규정에 반하지 아니하는 당사자 간의 합의에 따르지 아니하였거나 그러한 합의가 없는 경우에는 이 법에 따르지 아니하였다는 사실

2. 법원이 직권으로 다음 각 목의 어느 하나에 해당하는 사유가 있다고 인정하는 경우 (⇒ **법원의 직권에 의한 중재판정 취소사유**)

가. 중재판정의 대상이 된 분쟁이 대한민국의 법에 따라 중재로 해결될 수 없는 경우

나. 중재판정의 승인 또는 집행이 대한민국의 선량한 풍속이나 그 밖의 사회질서에 위배되는 경우

③ 중재판정 취소의 소는 중재판정의 취소를 구하는 당사자가 중재판정의 정본을 받은 날부터 또는 제34조에 따른 정정·해석 또는 추가 판정의 정본을 받은 날부터 3개월 이내에 제기하여야 한다.

④ 해당 중재판정에 관하여 대한민국의 법원에서 내려진 승인 또는 집행 결정이 확정된 후에는 중재판정 취소의 소를 제기할 수 없다.

제37조(중재판정의 승인과 집행) ① 중재판정은 제38조 또는 제39조에 따른 승인 거부사유가 없으면 승인된다. 다만, 당사자의 신청이 있는 경우에는 법원은 중재판정을 승인하는 결정을 할 수 있다.

② 중재판정에 기초한 집행은 당사자의 신청에 따라 법원에서 집행결정으로 이를 허가하여야 할 수 있다.

③ 중재판정의 승인 또는 집행을 신청하는 당사자는 중재판정의 정본이나 사본을 제출하여야 한다. 다만, 중재판정이 외국어로 작성되어 있는 경우에는 한국어 번역문을 첨부하여야 한다.

1. 삭제
2. 삭제

④ 제1항 단서 또는 제2항의 신청이 있는 때에는 법원은 변론기일 또는 당사자 쌍방이 참여할 수 있는 심문기일을 정하고 당사자에게 이를 통지하여야 한다.

⑤ 제1항 단서 또는 제2항에 따른 결정은 이유를 적어야 한다. 다만, 변론을 거치지 아니한 경우에는 이유의 요지만을 적을 수 있다.

⑥ 제1항 단서 또는 제2항에 따른 결정에 대해서는 즉시항고를 할 수 있다.

⑦ 제6항의 즉시항고는 집행정지의 효력을 가지지 아니한다. 다만, 항고법원(재판기록이 원심법원에 남아 있을 때에는 원심법원을 말한다)은 즉시항고에 대한 결정이 있을 때까지 담보를 제공하게 하거나 담보를 제공하게 하지 아니하고 원심재판의 집행을 정지하거나 집행절차의 전부 또는 일부를 정지하도록 명할 수 있으며, 담보를 제공하게 하고 그 집행을 계속하도록 명할 수 있다.

⑧ 제7항 단서에 따른 결정에 대해서는 불복할 수 없다.

제38조(국내 중재판정) ① 대한민국에서 내려진 중재판정은 다음 각 호의 어느 하나에 해당하는 사유가 없으면 승인되거나 집행되어야 한다.

1. 중재판정의 당사자가 다음 각 목의 어느 하나에 해당하는 사실을 증명한 경우

   가. 제36조 제2항 제1호 각 목의 어느 하나에 해당하는 사실

   나. 다음의 어느 하나에 해당하는 사실

      1) 중재판정의 구속력이 당사자에 대하여 아직 발생하지 아니하였다는 사실

      2) 중재판정이 법원에 의하여 취소되었다는 사실

2. 제36조 제2항 제2호에 해당하는 경우

제39조(외국 중재판정) ① 「외국 중재판정의 승인 및 집행에 관한 협약」을 적용받는 외국 중재판정의 승인 또는 집행은 같은 협약에 따라 한다.

② 「외국 중재판정의 승인 및 집행에 관한 협약」을 적용받지 아니하는 외국 중재판정의 승인 또는 집행에 관하여는 「민사소송법」 제217조, 「민사집행법」 제26조 제1항 및 제27조를 준용한다.

3) 외국중재판정의 승인과 집행

외국중재판정의 승인과 집행은 외국중재판정을 국내법원에서 승인하고 집행문을 부여하는 것이다. 우리나라 중재법에서는 외국중재판정의 승인 및 집행기준에 있어 중재법에서는 '영토주의'를 기준으로 하고 있어, 한국 내에서 내려진 중재판정은 국내중재판정으로 보고 있다.

외국중재판정의 승인 또는 집행은 법원의 승인 결정 또는 집행 결정에 의한다. 중재법 제38조에서 규정한 취소사유가 없는 한, 법원은 국내에서 내려진 중재판정을 승인한다. 뉴욕협약 제1조 제1항에서는 "이 협약은 중재판정의 승인 및 집행의 요구를 받는 국가이외의 국가의 영토 내에서 내려진 판정으로서, 자연인 또는 법인 간의 분쟁으로부터 발생하는 중재판정의 승인 및 집행에 적용한다. 이 협약은 또한 그 승인 및 집행의 요구를 받은 국가에서 내국판정이라고 인정되지 아니하는 중재판정에도 적용된다"고 규정하고 있다. 결국 뉴욕협약에 따르면, '외국중재판정'은 타국에서 내려진 중재판정 및 자국의 국내중재판정이라고 인정되지 않는 중재판정을 말한다고 볼 수 있다.

중재법에서는 외국중재판정의 승인 또는 집행은 뉴욕협약 적용대상은 뉴욕협약에 따르고, 뉴욕협약 비적용대상은 「민사소송법」 제217조, 「민사집행법」 제26조 제1항 및 제27조를 준용한다고 규정하고 있다(중재법 제39조). 그리고 모델중재법에서는 중재판정은 그 판정이 어느 국가에서 내려졌는지 불문하고 구속력 있는 깃으로 승인되어야 하며 동법에서 정한 거부사유가 없는 한 승인되고 집행되어야 한다고 규정하고 있다(제35조). 외국중재판정을 승인하는 데 있어 많은 국가들이 중재지국의 중재법이 모델중재법을 따르고 있는지 여부를 주요 요소로 보고 있어 많은 국가들이 모델중재법을 수용하여 자국의 중재법을 개정하고 있다.[13]

한편, 뉴욕협약 제5조에서는 중재판정의 승인과 집행의 거부사유를 ① 당사자의

---

13 우리나라에서도 1999년에 모델중재법을 수용하여 중재법을 전면 개정하였고, 북한도 2008년에 모델중재법을 수용하여 대외경제중재법을 개정하였다.

신청에 의해 거부할 수 있는 사유와 ② 직권으로 거부할 수 있는 사유로 구분하여 규정하고 있다(상세한 내용은 아래의 뉴욕협약 제5조 참조).

 외국중재판정의 승인 및 집행거부 사유 – 뉴욕협약 제5조

제5조 1. 판정의 승인과 집행은 판정이 불리하게 원용되는 당사자의 청구에 의하여, 그 당사자가 판정의 승인 및 집행의 요구를 받은 국가의 권한 있는 기관에게 다음의 증거를 제출하는 경우에 한하여 거부될 수 있다.

　가. 제2조에 규정된 합의의 당사자가 그들에게 적용될 법률에 의하여 <u>무능력자이었든가</u> 또는 당사자들이 준거법으로서 지정한 법령에 의하여 또는 지정이 없는 경우에는 판정을 내린 국가의 법령에 의하여 전기 <u>합의가 무효인 경우</u> 또는,

　나. 판정이 불리하게 원용되는 당사자가 <u>중재인의 선정이나 중재절차에 관하여 적절한 통고를 받지 아니 하였거나</u> 또는 기타 이유에 의하여 응할 수 없었을 경우 또는,

　다. 판정이 중재부탁조항에 규정되어 있지 아니하거나 또는 그 조항의 범위에 속하지 아니하는 분쟁에 관한 것이거나 또는 그 판정이 중재부탁의 범위를 벗어나는 사항에 관한 규정을 포함하는 경우. 다만, 중재에 부탁한 사항에 관한 결정이 부탁하지 아니한 사항과 분리될 수 있는 경우에는 중재부탁사항에 관한 결정을 포함하는 판정의 부분은 승인되고 집행될 수 있다.

　라. 중재기관의 구성이나 중재절차가 당사자 간의 합의와 합치하지 아니하거나, 또는 이러한 합의가 없는 경우에는 중재를 행하는 국가의 법령에 합치하지 아니하는 경우 또는

　마. 판정이 당사자에 대한 구속력을 아직 발생하지 아니하였거나 또는 판정이 내려진 국가의 권한 있는 기관이나 또는 그 국가의 법령에 의거하여 취소 또는 정지된 경우

2. 중재판정의 승인 및 집행이 요구된 국가의 권한 있는 기관이 다음의 사항을 인정하는 경우에도 중재 판정의 승인과 집행은 거부할 수 있다.

가. 분쟁의 대상인 사항이 그 국가의 법률하에서는 중재에 의한 해결을 할 수 없는 경우, 또는

나. 판정의 승인이나 집행이 그 <u>국가의 공공의 질서에 반하는 경우</u>

   ☞ 우리나라 중재법 제39조에서는 외국중재판정의 승인 또는 집행은 뉴욕협약에 따른다고 규정하고 있고, 뉴욕협약 제5조에서는 다음과 같이 외국중재판정의 승인 및 집행의 거부사유를 규정하고 있다.

■ **중재법 제39조(외국 중재판정)** ① 「외국 중재판정의 승인 및 집행에 관한 협약」을 적용받는 외국 중재판정의 승인 또는 집행은 같은 협약에 따라 한다.

표 5-4	외국중재판정의 승인 및 집행거부 사유 요약
당사자가 주장·입증하는 사유	• 중재합의 당사자의 무능력 • 중재합의의 무효 • 당사자의 방어권의 침해 • 중재인의 권한의 유월 • 중재판정부의 구성의 하자(중재인 선정절차의 부적법) • 중재절차의 하자 • 중재지국 법원에 의한 중재판정의 취소*
법원이 직권으로 판단하는사유	• 중재가능성의 결여 • 공서양속에 위배

* "중재지국 법원에 의한 중재판정의 취소" 이외의 사유는 중재판정 취소사유도 됨.

CHATER 05 EXERCISE

※ 다음 중 맞는 것은 (○) 틀린 것은 (×)로 표시하시오.

01 일반적 클레임(general claim)은 물품의 하자, 손상 등 상대방의 계약불이행에 대해 제기하는 클레임을 말하는 것으로 이는 진정한 의미의 클레임으로 볼 수 있다. 마켓클레임(market claim)은 물품의 하자, 손상과는 관계없이 대금을 낮추기 위해 고의적으로 계약이행에 대한 문제를 제기하는 클레임을 말한다. (○)

02 클레임의 해결방법은 중재로 해결하는 것이 가장 바람직하다. (×)

03 재판관할권(jurisdiction)이란, 소송에서 법원의 정당한 재판권을 말하고, 국제재판관할권이란, 국제분쟁에서 어느 국가의 재판기관이 재판관할권을 가지는가의 문제이다. (×)

04 계약서에 명시되지는 않았지만, 피고가 원고가 제소한 법원에서 자신을 방어하겠다고 하는 경우가 있는데, 이를 '응소관할'이라고 부르며, 넓은 의미에서 합의관할에 해당된다. (○)

05 국제계약에서 당사자는 합의로 재판관할권을 정한 경우 해당 법원은 반드시 재판관할권을 인정하고 재판을 진행해야 한다. (×)

06 일반적으로 원고의 주소지에 대해서 관할권을 인정하고, 그 외 의무이행지, 불법행위지, 피고의 재산소재지 등에 대해서도 관할권을 인정한다. (×)

07 통상 소송이 제기되면 당해 법원은 재판관할권이 있는지 여부를 검토한 후 재판관할권이 있는 경우에는 준거법을 결정한다. 당사자가 준거법을 정하지 않는 경우 법원에서는 국제법에 따라 준거법을 정하게 된다. (×)

08 물품매매계약에서 당사자가 합의로 계약의 준거법을 정하지 않은 경우, 대부분의 국가에서는 수입국법을 준거법으로 정한다. (×)

09 ICC 국제중재법원에서는 중재의 장점으로 신속성(speed), 경제성(cost-efffective), 범용성(accessible), 비공개성(confidential), 강행가능성(enforceable award)로 보고 있다. (O)

10 신속성, 저렴성, 전문성측면에서는 조정(conciliation, mediation)도 중재와 큰 차이가 없지만, 조정인은 판정을 내릴 권한이 있으나, 그 판정은 구속력이 없다는 점에서 국제상사분쟁에서 실효성이 떨어진다. (×)

※ 다음 물음에 답하시오.

01 무역클레임(claim)이란?

무역거래에서 일방당사자(수입자, 수출자)가 상대방에게 계약위반을 주장하는 것

02 일반적으로 클레임을 제기 받은 경우 검토사항은?

- 계약조건의 미비에 의한 것이 아닌가?
- 인도 후 합리적인 기간 내에 제기된 것인가?
- 하자를 입증할 객관적인 입증자료가 있는가?
- 물품의 검사는 공인검정기관에 의하여 합리적인 기간 내에 행하여졌는가?
- 손해청구금액은 합리적인 산출에 의한 타당성을 지니고 있는가?
- 당해 계약의 특성을 충분히 감안한 것인가?

03 국제재판관할권이란?

국제분쟁에서 어느 국가의 재판기관이 재판관할권을 가지는가?

04 준거법(governing law)이란?

계약의 성립, 효력, 해석 등 법률문제에 적용되는 법

05 마켓클레임(market claim)이란?

물품의 하자, 손상과는 관계없이 대금을 낮추기 위해 고의적으로 계약이행에 대한 문제를 제기하는 클레임

06 뉴욕협약상 외국중재판정의 승인 및 집행거부 사유 중에서 국가의 법원이 직권으로 판단할 사유는?

중재가능성의 결여, 공서양속에 위배

07 뉴욕협약상 외국중재판정의 승인 및 집행거부 사유 중에서 당사자가 주장·입증해야 하는 사유는?

- 중재합의 당사자의 무능력
- 중재합의의 무효
- 당사자의 방어권의 침해
- 중재인의 권한의 유월
- 중재판정부의 구성의 하자(중재인 선정절차의 부적법)
- 중재절차의 하자
- 중재지국 법원에 의한 중재판정의 취소

08 중재와 소송을 비교하시오.

구 분	소 송	중 재
사전합의	소송에 대한 사전합의 불필요	중재에 대한 사전합의 필요
재판/중재 권한의 근거	법원소재국의 법규	당사자의 중재합의
진행분위기	제소나 소환의 수단에 의한 억압적 분위기	평화적 분위기
공개여부	재판과정 및 판결 공개	당사자의 의사를 존중하여 비공개적으로 진행(상거래 비밀보장)
최종성	3심제 (상소제도에 의해 구제의 기회 있음)	• 단심제(중재판정에 대해 불복신청, 재심, 상소 불가능. 단, 사기나 절차상의 하자는 제외) • 상소제도에 의한 구제의 기회 없음
신속성	중재에 비해 절차의 번잡성, 3심제 등으로 장시간이 소요	소송보다 신속하게 진행되며, 단심으로 종결
전문성	일반 판사가 진행함	중재인은 해당분야 전문가임
강제성	판사에게는 법률에 의해 강제적인 권한이 부여됨	중재인에게는 아무런 강제적인 권한이 없음(증인, 감정인을 강제로 출석시킬 수 없음)
비 용	중재에 비해 비용이 높음	소송에 비해 비용이 낮음
국제적 효력	타국에서 개별적으로 승인받아야 함	뉴욕협약에 의거 외국중재판정은 호혜원칙에 의거 승인됨

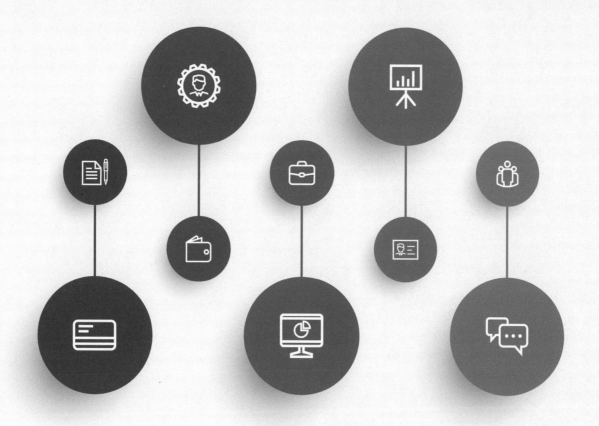

PART
03

무역계약 각론

CHAPTER **6**
국제물품매매계약

 **SECTION 01**

개설

1. 국제물품매매계약의 개념

물품매매계약은 '당사자 일방이 물품을 상대방에게 이전하고, 상대방은 그 대금을 지급하기로 하는 합의'이며, 국제물품매매계약은 서로 다른 국가 간의 물품매매계약으로 정의할 수 있다.

• 영미법에서 매매계약의 개념 •

■ 미국통일상법전

'매매는 대금을 받고 매도인으로부터 매수인에게 소유권을 이전하는 것(A sale consists in the passing of title from the seller to the buyer for a price) '(UCC 제2−106조)

■ 영국 물품매매법(Sale of Goods Act)

'물품매매계약은 대금이라는 금전의 약인을 대가로 매수인에게 물품의 소유권을 이전하거나 이전할 것을 약정하는 계약(A contract of sale of goods is a contract by which the seller transfers or agrees to transfer the property in goods to the buyer for a money consideration, called price)'(Sale of Goods Act 제2조 제1항)

■ 대한민국 민법(제563조)

매매는 당사자일방이 재산권을 상대방에게 이전할 것을 약정하고 상대방이 그 대금을 지급할 것을 약정함으로써 효력이 생긴다.

2. 물품매매계약의 법적 성격

매매계약의 성격	상대개념
낙성계약(consensual contract): 당사자의 합의만으로 계약 성립	요물계약 예) 현상광고
쌍무계약(bilateral contract): 계약당사자 모두 채무를 부담(예: 물건인도, 대금지급)	편무계약(unilateral contract) 예) 증여, 사용대차 예) 무상의 소비대차 · 위임 · 임치
유상계약(contract for value): 쌍방이 대가적 관계에서 급부와 반대급부 부담	무상계약(gratuitous contract) 예) 증여, 사용대차 예) 무상의 소비대차 · 위임 · 임치
불요식계약: 특별한 요식이나 형식 불필요	요식계약 예) 어음계약, 수표계약

SECTION 02
물품매매계약의 구성

1. 물품매매계약의 구성

 격식을 갖춘 무역계약서의 구성요소

① 계약서 표제(Title of Contract)

② 전문(Preamble)
- 계약체결일
- 당사자
- 설명조항 (whereas clause)
- 약인 문구 (consideration)

③ 계약서 본문(Operative Part)
- 정의조항
- 특정조항(특별조건) (specific provisions): 각 계약의 실제적인 내용 규정 (물품의 품질, 수량, 가격, 결제, 선적, 포장, 보험, 보험, 검사, 클레임 등)
- 일반조항(일반조건) (general provisions): 모든 종류의 계약에 공통적으로 적용되는 조항

④ 계약서의 말미
- 말미 문언
- 서명란

⑤ 부록(appendix): 첨부물, 부속서(annex)

일반적으로 물품매매계약은 ① 기본사항, ② 계약의 목적물에 관한 사항, ③ 계약이행에 관한 사항, ④ 계약위반에 관한 사항, ⑤ 준거법과 재판관할, ⑥ 부록(부속서)으로 구성되어 있다.

• 계약의 중요사항 •

* CISG 제19조에서는 청약에 대하여 아래의 사항을 변경하는 피청약자의 승낙(응답))은 승낙이 되지 않고, 새로운 청약(반대청약)이 된다고 규정하고 있다(CISG 제19조 제3항). 따라서 CISG에서는 아래의 사항을 계약의 중요사항으로 보고 있음을 알 수 있다.

- 대금
- 대금지급
- 물품의 품질과 수량
- 인도의 장소와 시기
- 당사자 일방의 상대방에 대한 책임범위
- 분쟁해결 (소송, 중재, 재판관할지(법정지))
  * 참고로 화인조건은 중요사항 아님

1) 기본사항

- 당사자의 명칭을 기재하고 당사자가 서명한다. 당사자를 명확히 하기 위해 상호와 주소를 정확히 기재하는 것이 바람직하다. 경우에 따라서는 회사의 상호 대신 거래용 상호(trading name)을 사용하기도 하는데, 이 경우 후에 당사자의 동일성에 대해 분쟁이 발생할 가능성이 있다. 그 외 계약체결일자 및 유효기간을 기재하기도 한다.
- 격식을 차린 또는 방대한 계약의 경우 설명(계약체결 배경)문구(whereas clause), 정의조항(definition clause), 약인조항(consideration clause)을 두기도 한다.

☞ 일반적인 무역거래의 당사자 명칭

구 분	수출자	수입자
무역거래	exporter(수출자)	importer(수입자)
매매계약관계	seller(매도인)	buyer(매수인
신용장관계	beneficiary(수익자)	applicant(개설의뢰인)
환어음관계	drawer(발행인)	drawee(지급인)
화물관계	consignor(송하인), shipper(선적인)	consignee(수하인)
계정관계	accounter	accountee, account party(대금결제인)

2) 목적물에 관한 사항

목적물에 관한 사항에는 품질조건, 수량조건, 가격조건 등이 있다. ① 품질조건에는 품질결정방법 및 결정시기를 기재하고, ② 수량조건에는 수량표시방법 및 결정시기를 기재하고, ③ 가격조건에는 가격표시방법, 인코텀즈를 기재하며, ④ 포장조건에는 포장재, 화인을 기재한다.

3) 계약이행에 관한 사항

계약이행에 관한 사항에는 선적조건, 대금지급조건, 보험조건이 있다. ① 선적조건에는 선적시기, 선적방법, 선적항, 도착항을 기재하고, ② 대금지급조건에는 지급방식, 지급시기 등을 기재하며, ③ 보험조건에는 보험금청구지, 부가보험 등을 기재한다.

4) 계약위반에 관한 사항

계약위반에 관한 사항에는 이행불능의 유형을 기재하고, 계약위반 시 취할 수 있는 조치 등을 기재한다. 그리고 계약위반 시 중재로 해결하는지에 대해서도 정한다. 분쟁해결을 중재로 정한 경우에는 중재에 의해 해결되어야 하고, 그렇지 않은 경우에는 소송에 의해 해결할 수 있다.

5) 준거법과 재판관할

국제계약에서는 준거법과 재판관할이 주요 쟁점이 된다.[1] 준거법(governing law/applicable law)은 계약의 성립, 해석 등에 적용되는 어느 국가의 실체법을 말하고, 재판관할(jurisdiction)은 소송을 진행할 수 있는 정당한 권한을 가진 법원(국가)을 말한다.

2. 계약조건

무역계약의 조건에는 품질조건(terms of quality), 수량조건(terms of quantity), 가격조건(terms of price), 선적조건(terms of shipment), 결제조건(terms of payment), 포장조건(terms of packing), 보험조건(terms of insurance) 등이 있다. 품질조건, 수량조건, 가격

---

1 Fabio Bortolotti, *Drafting and Negotiating International Commercial Contracts*, ICC Publication No. 743E, 2013, p.13.

조건, 포장조건은 계약의 목적물에 관한 조건이고, 선적조건, 지급조건, 보험조건은 계약이행에 관한 조건이다.

1) 품질조건

국제물품매매에서 매수인은 물품의 인도를 받음으로써 거래의 목적을 달성하게 되므로 물품의 품질은 매우 중요하다. 물품의 품질은 거래의 목적을 달성할 수 있는지를 결정하게 되므로 당사자는 물품의 품질에 대해 상세하게 정하는 것이 바람직하다. 그러나 품질에 대해 구체적인 합의가 없다면, 물품은 통상의 목적에 적합하여야 하며, 계약체결 시 매도인이 알 수 있는 특정 목적에 적합해야 한다.

(1) 견본에 의한 매매(Sale by Sample)

상품의 일부 또는 한 개를 견본(sample)으로 정하여 견본과 동일한 물품을 거래의 목적으로 정하는 방법이다. 실제 동일한 물품을 직접 보고 정하기 때문에 매우 안전한 거래가 된다. 공산품은 기계로 생산되어 모든 제품들이 동일하므로 견본에 의해 품질을 정한다.

(2) 명세서에 의한 매매(Sale by Specification)

물품의 소재, 구조, 규격, 성능, 성분 등을 구체적으로 기술한 명세서(specification)에 따라 물품의 품질을 정하는 방식이다. 이 방법은 선박, 철도차량, 대형기계류 등 견본이나 표준품으로 품질을 표시하기 곤란한 경우에 사용한다. 매수인이 특별히 원하는 사양을 계약서나 명세서에 구체적으로 기재하며, 복잡한 경우에는 추가로 청사진, 설계도 등이 이용되기도 한다(주로 주문계약에 사용된다).

(3) 표준품 매매(Sale by Standard)

농축산물, 임산물 등은 일정한 규격이 없으므로 품질을 약정하기 곤란하다. 따라서 표준품을 제시하여 표준품과 유사한 정도의 물품을 인도하는 것으로 정한다. 표준품매매의 표시방법에는 다음과 같은 것이 있다.

① 평균중등품질조건(fair average quality: FAQ)
- 일정한 규격이 없고 견본제시도 곤란한 경우
- 곡물류, 원유(서부텍사스중질유(WTI), 브렌트유, 두바이유 등)

② 판매적격품질조건(good merchant table quality: GMQ)
- 목재, 냉동어류 등 그 내부의 품질을 외관상 알 수 없으므로 목적지에서 검

사하여 판매에 적격품으로 인정될 때 적용

③ 보통품질조건(usual standard quality: USQ)

- 공인기관, 공인표준기준에 의하여 보통표준물품으로 정함(주로 원면거래에 이용)

(4) 상표에 의한 매매(Sale by Brand)

물품의 상표가 국제적으로 널리 알려져 있는 경우 그 상표를 신뢰하여 품질의 기준으로 정하는 방법이다. 정해진 상표가 부착된 물품이면 품질조건을 충족한 것으로 본다(예: 샤넬, 루이비통, 에르메스, 프라다 등).

(5) 규격에 의한 매매(Sale by Type or Grade)

상품의 규격이 국제적으로 통일되어 있거나 수출국의 공식적인 규격이 있는 경우에 사용된다. 예를 들면, ISO(International Standardization Organization: 국제표준화기구), 일본 JIS(Japanese Industtrial Standard), 한국의 KS(Korean Standard) 등

2) 수량조건

수량조건은 개수, 길이, 넓이, 부피(용적), 중량 등을 포함한다. 특히 주의할 것은 수량의 단위, 수량의 결정시기, 과부족용인조항 등이다. 부피(용적)를 나타내는 단위에서 알아두어야 할 것으로는 CBM(cubic meter: 입방미터), CFT(cubic feet: 입방피트), TEU, FEU가 있다. 소량화물은 CBM, CFT를 사용하며, 컨테이너에 가득 적재할 화물은 TEU나 FEU를 사용한다.

* TEU: twenty-foot equivalent unit의 약자로 컨테이너의 크기를 나타내는 것으로 8feet ×8.6feet×20feet 사이의 컨테이너를 의미한다.(길이 약 6미터, 33.1CBM, 2.290Kg)
* FEU: forty-foot equivalent unit의 약자로 컨테이너의 크기를 나타내는 것으로 8feet ×8.6feet×40feet 사이의 컨테이너를 의미한다.(길이 약 12미터, 67.5CBM, 3,890Kg)

① 중량톤(weight ton)

L/T(Long Ton)	2,240lbs(파운드)	1,016kg	영국계
M/T(Metric Ton)	2,204lbs(파운드)	1,000kg	기타
S/T(Short Ton)	2,000lbs(파운드)	907kg	미국계

* 1lb(파운드) = 454g

② 용적톤(measurement ton)

- 1 Measurement Ton(용적톤) = 40 Cubic Feet = 1 CBM(cubic meter)

③ 총중량(gross weight): 포장물을 포함한 전체 중량(포장용기(tare) 및 함유잡물 (dust)이 일정한 면화, 소맥, 분발 등 그 성질상 포장과 분리가 어려운 특성을 지닌 제품에서 많이 사용)

④ 순중량(net weight): 총중량에서 포장물의 중량을 제외한 내용물 중량

⑤ 법적순중량(legal net weight): 과세목적의 중량으로 중량관세의 부과를 위하여 사용되는 중량으로 총중량에서 겉포장 재료의 무게를 공제한 중량

⑥ 정미순중량(net): 순중량에서 함유잡물(dust)의 중량을 제외하거나(예, 농산물) 부자재의 중량을 제외한(예, 섬유류) 중량

3) 가격조건 및 인도조건

가격조건에는 가격표시방법(또는 계약금액), 가격결정방법, 인도조건이 포함된다. 가격표시에는 'US$10 per unit FOB Busan'에서 보듯이 통화, 단가, 인도조건, 비용의 분기점을 기재한다. 그리고 인도조건에 적용되는 인코텀즈(예: Incoterms 2020)를 기재한다. 계약이 유효하기 위해서는 계약금액을 정해야 하는데, 계약금액은 확정적인 금액으로 정하거나 계약금액을 정할 수 있는 기준(예: 인도시의 시장가격, 선적시의 시장가격 등)을 명시해야 한다.

4) 선적조건

선적조건에는 선적기일 및 선적일의 증명, 선적방법(분할선적, 할부선적), 지연선적, 선적항과 도착항이 포함된다.

(예시1)

Shipment

Shipment will be done within 30 days after sending 60% T/T by the Buyer. But if possible, the Seller tries to reduce time.

(예시2)

Article 5. Shipment of the Goods(선적)

　5.1 The Goods shall be delivered by the Seller to the Buyer in accordance with the agreed Shipment schedule.

5) 결제조건

결제조건은 선지급방식(payment in advance), 오픈어카운트방식(open account), 추심결제방식(documentary collection), 신용장방식(documentary credits)으로 구분하기도 한다. 한편, 무역대금결제는 지급방식에 따라 전신송금, 우편송금, 송금수표 등으로 구분하기도 한다.

6) 포장조건

(1) 개설

무역거래에서 물품은 운송, 보관, 하역, 판매되는데, 그 과정에서 물품의 내용과 외형을 보호하고 상품으로서의 판매가치를 유지하기 위하여 적절한 재료나 용기로 물품을 포장할 필요가 있다.

물품수출은 장거리/장기간의 운송이 불가피하므로 포장은 튼튼하고, 운송비 부담이 적고, 저렴하고, 보기 좋게 하는 것이 필요하다.

(2) 포장의 종류

- 개장(unitary packaging): 하나의 용기에 담을 물품 하나를 보호하기 위하여 그것을 적절한 소용기나 재료로 싸는 포장
- 내장(interior packaging): 개장된 물품을 운송 또는 취급하기 편리하도록 적절한 재료로 둘러싸거나 용기에 담는 포장
- 외장(exterior packaging): 화물을 운송함에 있어서 파손, 변질, 도난 등을 방지하기 위하여 적절한 용기나 재료로 화물의 안정한 보호를 목적으로 하는 포장 나무상자(wooden case), 판지상자(carton), 부대(bag), 드럼(drum) 등을 이용한다.

(3) 화인(shipping mark)

- 화인은 물품을 포장한 후 그 외장상에 특정의 기호, 포장번호, 목적지, 취급주의 문구 등의 각종 표시를 함으로써 운송인이나 수입자 등에게 다른 화물과의 식별을 용이하게 하는 것을 말한다.

(화인 예시)

A.P.G.
Auckland
Made in Korea
c/# 001-400

(인도조건 보충설명)

▣ 인도조건은 다음 인코텀즈 규칙 중(현행 Incoterms 2020에서는 11개 규칙) 하나 선택

1) Incoterms 2020 규칙 분류

그 룹	규칙 (Rule)	세부명칭 (영문)	세부명칭 (번역)	인도장소/ 위험이전장소
모든 운송방식용 (Any Mode or Modes of Transport)	EXW	Ex Works	공장인도	지정인도장소 (수출국)
	FCA	Free Carrier	운송인인도	지정장소 (수출국)
	CPT	Carriage Paid To	운송비지급인도	인도장소 (수출국)
	CIP	Carriage and Insurance Paid To	운송비·보험료지급인도	인도장소 (수출국)
	DAP	Delivered at Place	도착지인도	지정목적지 (수입국)
	DPU	Delivered at Place Unloaded	도착지양하인도	지정목적지 (수입국)
	DDP	Delivered Duty Paid	관세지급인도	지정목적지 (수입국)
수상운송방식용 (Sea and Inland Waterway Transport)	FAS	Free Alongside Ship	선측인도	지정선적항 (수출국)
	FOB	Free on Board	본선인도	지정선적항 (수출국)
	CFR	Cost and Freight	운임포함인도	선적항 (수출국)
	CIF	Cost Insurance and Freight	운임·보험료포함인도	선적항 (수출국)

2) Incoterms 2020 규칙별 주요 내용

규칙	주요 내용	위험이전·인도장소	비용분기점	수출통관	주운송비(적재비)(양하비)	보험료	수입통관
EXW	지정인도장소에서 수취용 차량에 적재하지 않은 채 매수인의 처분하에 둠	지정인도장소(수출국)	지정인도장소(수출국)	매수인	매수인(매수인)(매수인)	–	매수인
FCA	지정인도장소에서 매수인이 지정한 운송인(또는 제3자)에게 인도(또는 그렇게 인도된 물품 조달)	지정인도장소(수출국)	지정인도장소(수출국)	매도인	매수인(*)(매수인)	–	매수인
CPT	인도장소에서 매도인과 운송계약을 체결한 운송인에게 물품 교부(또는 그렇게 인도된 물품 조달)매도인이 지정목적지까지 운임 부담	인도장소(수출국)	지정목적지(수입국)	매도인	매도인(매도인)(매수인)	–	매수인
CIP	인도장소에서 매도인과 운송계약을 체결한 운송인에게 물품 교부(또는 그렇게 인도된 물품 조달)매도인이 지정목적지까지 운임 및 보험료 부담	인도장소(수출국)	지정목적지(수입국)	매도인	매도인(매도인)(매수인)	매도인	매수인
DAP	지정목적지에서 도착운송수단에 실어둔 채 양하준비된 상태로 매수인의 처분하에 둠(또는 그렇게 인도된 물품 조달)	지정목적지(수입국)	지정목적지(수입국)	매도인	매도인(매도인)(매수인)	–	매수인
DPU	지정목적지에서 도착운송수단으로부터 양하하여 매수인의 처분하에 둠(또는 그렇게 인도된 물품 조달)	지정목적지(수입국)	지정목적지(수입국)	매도인	매도인(매도인)(매도인)	–	매수인
DDP	지정목적지에서 도착운송수단에 실어둔 채 양하준비된 상태로 매수인의 처분하에 둠(또는 그렇게 인도된 물품 조달)매도인이 수입통관(수입관세와 기타 수입관련 조세 납부)	지정목적지(수입국)	지정목적지(수입국)	매도인	매도인(매도인)(매수인)	–	매도인

규칙	주요 내용	위험이전 · 인도장소	비용분기점	수출 통관	주운송비 (적재비) (양하비)	보험료	수입 통관
FAS	지정선적항에서 매수인이 지정한 선박의 선측에 둠(또는 그렇게 인도된 물품 조달)	지정선적항 (수출국)	지정선적항 (수출국)	매도인	매수인 (매수인) (매수인)	–	매수인
FOB	지정선적항에서 매수인이 지정한 본선에 적재함(또는 그렇게 인도된 물품 조달)	지정선적항 (수출국)	지정선적항 (수출국)	매도인	매수인 (매도인) (매수인)	–	매수인
CFR	선적항에서 매도인이 지정한 본선에 적재(또는 그렇게 인도된 물품 조달) 매도인이 지정목적항까지 운임 부담	선적항 (수출국)	지정목적항 (수입국)	매도인	매도인 (매도인) (매수인)	–	매수인
CIF	선적항에서 매도인이 지정한 본선에 적재(또는 그렇게 인도된 물품 조달) 매도인이 지정목적항까지 운임 및 보험료 부담.	선적항 (수출국)	지정목적항 (수입국)	매도인	매도인 (매도인) (매수인)	매도인	매수인

• 보험료: CIP, CIF만 매도인의 의무로 규정(기타 다른 규칙은 매도인과 매수인 중에서 위험부담자(즉 피보험이익을 갖는 자)가 보험계약 체결하고 보험료 부담. 그러나 이는 의무사항 아님)
• FCA 적재비
  1) 지정장소가 매도인의 영업구내인 경우 – 매수인이 마련한 운송수단에 적재된 때 인도(즉 매도인이 주된 운송수단의 적재비용 부담)
  2) 지정장소가 매도인의 영업구내가 아닌 경우 – 매도인의 운송수단에 적재되어 지정장소에 도착하고, 매도인의 운송수단에 실린 채 양하준비상태로 매수인이 지정한 운송인이나 제3자의 처분하에 놓인 때 인도(즉 매수인이 주된 운송수단의 적재비용 부담)
• 목적지 양하비 : CPT, CIP, CFR, CIF, DAP, DDP에서는 매수인 부담(단, 운송계약상 매도인이 부담하기로 정한 경우 제외)

(결제조건 보충설명)

■ 주요 대금결제조건의 종류/분류

Category	Terms of Payments
Payment in Advance (선지급방식)	cash in advance: 선지급방식(선수금방식)
Open Account (오픈어카운트방식)	Open Account(O/A: 오픈어카운트) * cash in arrears
Documentary Collection (or bank collection) (추심결제방식)	Documents against Payment(D/P): 지급인도조건 * sight draft, cash against documents
	Documents against Acceptance(D/A): 인수인도조건 * time draft
Documentary Credits (신용장방식)	Sight credit : 일람출급신용장
	Deferred Payment credit : 연지급신용장
	Acceptance credit : 인수신용장
	Negotiation credit : 매입신용장
Other Methods	Bank Payment Obligation (BPO)
	Consignment(위탁판매)
By the Technical Methods of Payment (지급수단에 따라)	Telegraphic Transfer(T/T)(전신송금) ■ advance remittance(사전송금) ■ later remittance(사후송금)
	Credit Card(신용카드)
	Demand Draft(D/D) or Check(송금수표)
	Mail Transfer(M/T)(우편송금)
concurrent payment (동시지급방식)	CAD(Cash against Documents) (서류상환지급방식)
	COD(Cash on Delivery) (물품인도지급방식)

• O/A방식 : 수출자가 수출물품을 선적하고 상업송장과 운송서류 등을 은행을 경유하지 않고 직접 수입자에게 발송하며 선적서류를 수취한 수입자는 약정된 기일에 대금을 수출자에게 송금하는 방식

• usance L/C (usance credit) : "acceptance credit"을 의미하는 것으로 사용하는 금융기관도 있고, "acceptance credit"와 "deferred payment credit"을 모두 포함하는 의미로 사용하는 금융기관도 있음.

📑 SECTION 03
당사자의 권리의무

1. 매도인의 의무[2]

1) 소유권이전의무 및 물품인도의무

매도인은 물품에 대한 소유권을 매수인에게 이전하고 물품을 인도해야 한다(CISG 제30조). 소유권이전의무와 물품인도의무는 매도인의 가장 주된 의무이다.

특정물 매매계약의 경우 그 특정물을 인도하면 되고, 불특정물인 경우 계약에서 정한 물품과 일반적으로 성질상 같은 종류의 물품을 인도하면 된다.

2) 물품의 계약적합의무

매도인은 계약에서 정한 수량, 품질 및 종류에 적합하고, 계약에서 정한 방법으로 용기에 담겨지거나 포장된 물품을 인도하여야 한다(제35조 제1항). 원칙적으로 매도인은 수량, 종류, 포장이 계약 및 그 물건의 사용목적에 합치하는 물품(conformity of goods)을 인도해야 할 뿐만 아니라, 그 권리행사에 아무런 지장이 없는 물품을 인도해야 한다(제41조).

3) 서류인도의무

매도인은 물품인도와 관련한 서류를 교부해야 한다(CISG 제30조). 그리고 서류를 교부하는 경우에는 계약에서 정한 시기, 장소, 방식에 따라 매수인에게 서류를 교부해야 한다(CISG 제34조). 매도인이 인도해야 하는 서류는 계약서에서 정하는데, 통상 선하증권, 상업송장, 포장명세서, 원산지증명서, 검사증명서, 보험증권 등이 있다.

---

2 김상만, Incoterms 2010이 적용되는 국제물품매매거래에서 CISG상 매도인의 물품인도 및 서류인도 의무에 대한 고찰, 통상법률, 통권 제102호, 2012.; 이대우·양의동·김종락, 「무역계약론」, 두남, 2011, pp.392~

2. 매수인의 의무

1) 대금지급의무

대금지급의무는 매수인의 가장 주된 의무이다(CISG 제53조). 대금지급방식은 통상 계약서에서 정한다. ① 계약서에서 정하지 않은 경우 원칙적으로 매도인의 영업소에서 지급하는 것이 원칙이다(CISG 제57조)(CISG도 민법과 마찬가지로 지참채무를 원칙으로 하고 있다). ② 다만, 대금이 물품 또는 서류의 교부와 상환하여 지급되어야 하는 경우에는 그 교부가 이루어지는 장소에서 지급한다(CISG 제57조). 대금지급시기에 대해 정하지 않은 경우 물품 또는 그 처분을 지배하는 서류를 매수인의 처분하에 두는 때에 대금을 지급해야 한다(CISG 제58조).

2) 물품수령의무

매수인은 매도인의 물품인도에 협력하여 물품을 수령해야 한다(CISG 제53조). 대금지급의무와 물품수령의무는 매수인의 주된 의무이다.

3) 물품의 검사의무

물품을 수령한 매수인은 지체 없이 물품의 상태를 검사하여야 한다. 이러한 매수인의 물품검사의무는 상법 제69조를 비롯하여 각국법이 공통적으로 인정하고 있다. CISG에서도 매수인은 실행가능한 단기간 내에 물품을 검사해야 한다고 규정하고 있다(CISG 제38조).

4) 하자의 통지의무

검사결과 물품의 하자를 발견한 경우 매수인은 상당한 기간 내에 이를 매도인에게 통지해야 한다.

매수인의 검사의무 및 하자통지 해태시 물품하자주장권 상실

1) CISG(제39조)

 - 물품의 부적합을 발견하였거나 발견할 수 있었던 때로부터 합리적인 기간 내에 매도인에게 그 부적합한 성질을 특정하여 통지하지 아니한 경우에는 매수인의 물품의 부적합을 주장할 권리를 상실한다.
 - 물품이 매수인에게 현실로 교부된 날로부터 늦어도 2년 내에 상기의 통지를 하지 않으면, 매수인의 물품의 부적합을 주장할 권리를 상실한다(단, 계약서상의 하자보증기간이 우선).
   * 민법: 매수인의 검사의무 없음. 언제든지 하자담보책임을 물을 수 있는데, 물품하자는 하자를 안 날로 6월 이내, 수량부족은 안 날로 1년 이내 주장할 것

2) 상법(제69조)

제69조(매수인의 목적물의 검사와 하자통지의무)

 ① 상인간의 매매에 있어서 매수인이 목적물을 수령한 때에는 지체없이 이를 검사하여야 하며 하자 또는 수량의 부족을 발견한 경우에는 즉시 매도인에게 그 통지를 발송하지 아니하면 이로 인한 계약해제, 대금감액 또는 손해배상을 청구하지 못한다. 매매의 목적물에 즉시 발견할 수 없는 하자가 있는 경우에 매수인이 6월 내에 이를 발견한 때에도 같다.
 ② 전항의 규정은 매도인이 악의인 경우에는 적용하지 아니한다.

SECTION 04
계약위반

1. 계약위반

계약위반(breach of contract)이란, 당사자가 자신에게 책임 있는 사유로 계약내용대로 이행하지 않는 것을 말한다. 매매계약에서 가장 주된 계약위반은 매도인의 물품 미인도와 매수인의 대금 미지급이다.

2. 계약위반의 유형

1) 이행지체

이행지체(delay in performance)란, 채무이행이 가능함에도 불구하고 채무자가 자신의 귀책사유로 채무이행을 지연하는 것이다. 물품매매계약에서는 매도인이 선적기일에 물품을 선적하지 않거나 인도기일에 물품을 인도하지 않으면 이행지체가 된다. 그리고 매수인이 결제기일에 결제하지 않으면 이행지체가 된다.

CISG에서는 인도기일(기간)이 계약에 의하여 지정되어 있거나 확정될 수 있는 경우에는 그 기일(기간) 내, 그렇지 않은 경우에는 계약체결 후 합리적인 기간 내에 매도인이 물품을 인도해야 한다고 규정하고 있다(제33조). 그리고 매수인은 계약과 CISG에 따라, 물품의 대금을 지급하고 물품의 인도를 수령해야 한다고 규정하고 있다(제53조).
 * 이행기일 경과 후의 이행도 이행지체

2) 이행거절

이행거절(repudiation, renunciation)이란, 계약이 성립한 후 이행기 전에 당사자 일방이 계약상 중요한 의무를 이행할 의사와 능력이 없음을 표명하는 말이나 행위를 함으로써 상대방으로 하여금 채무자의 계약상 의무 이행을 더 이상 기대할 수 없게 하는 것을 의미한다(대법원 2017. 5. 30. 선고 2014다233176, 233183 판결). 대표적인 이행거절은 매도인의 물품인도거절 선언과 매수인의 대금지급거절 선언이다.

3) 이행불능

계약위반으로서의 이행불능(impossibility of performance)이란, 채무자의 귀책사유로 인하여 채무이행이 불가능하게 되는 것을 말한다.

① 원시적 불능(existing impossibility)
계약체결 당시에 이미 계약의 목적달성이 불가능하거나 특정물 매매계약에서 계약의 목적물이 소멸되는 것을 말한다.
- 효력: 계약 무효(그러나 계약체결 시 원시적 불능을 알았거나 알 수 있었을 당사자는 상대방이 그 계약의 유효를 믿음으로써 입은 손해를 배상해야 한다. → 계약체결상의 과실)
- 예: 특정 중고자동차의 매매계약을 체결하였는데, 계약체결 전에 그 자동차는 멸실됨.

② 후발적 불능(supervening impossibility)
계약체결 이후에 발생한 사건으로 인하여 목적물이 멸실되는 등 계약이행이 불가능하게 되는 것을 말한다.
- 효력: 계약 유효(귀책사유에 따라 계약해제권, 손해배상청구권 등 책임발생)
- 예: 자동차매매계약을 체결 후 자동차가 멸실됨

4) 불완전이행

불완전이행(incomplete performance)이란, 당사자가 일단 계약이행을 했으나 그 이행이 계약 내용에 따른 것이 아닌 것을 말한다. 불완전이행의 대표적인 예는 물품의 수량이 부족하거나, 일부 물품에 하자가 있거나, 물품이 계약내용과 다른 것이다. 그 외에 인도받은 자재의 하자로 인하여 제조물에 하자가 발생한 경우처럼 불완전이행으로 인하여 부가적인 손해를 준 경우에도 불완전이행이 되며, 제조물의 하자로 인한 손해에 대해서도 책임이 있다.

* 제조물책임(product liability, PL책임): 2002년 도입(한국) (예: 자동차 급발진으로 사고 발생 시 자동차 제조사는 사고에 대해 책임)

 ## 영미법상의 이행불능

① impossibility(=objective impossibility, 객관적 불능)
  - 계약체결 이후에 발생한 사건으로 아무도 그 계약을 이행할 수 없게 된 것을 말한다. 당사자는 아직 이행하지 않은 계약의무의 이행이 면제된다. 그리고 계약 이행된 부분에 대해서는 계약해제 및 원상회복을 주장할 수 있다.
  - The duties cannot be performed by anyone.
  - The impossibility must arise after the contract has been entered.

② impracticability(=subjective impossibility, 주관적 불능)
극도의 비합리적인 곤란 또는 비용을 초래하고, 그리고 그러한 곤란함을 예상할 수 없는 사건을 말한다. 이 경우의 당사자는 계약의무의 이행이 면제된다. (extreme and unreasonable difficulty and/or expense, and the difficulty was not anticipated)
예시 미국 통일상법전에서 인정되는 예: embargo(금수조치), war, strike, crop failure(농작물 흉작) 등

③ frustration(계약의 좌절)
당사자의 귀책이 아닌 사유로 인하여 계약의 이행이 곤란해지거나 계약의 목적이 가치가 없어지게 되는 것을 말한다. 비록 계약이행이 가능함에도 불구하고 다수의 법원에서는 계약의무의 이행을 면제한다.
  - "Frustration" is an excuse for a party's nonperformance because of unforeseeable and uncontrollable circumstance. The purpose has become valueless by virtue of some supervening event not the fault of the party seeking discharge.

🖺 SECTION 05
당사자의 구제권리(REMEDIES)

1. 개설

계약위반에 대한 구제는 각 계약에 적용되는 준거법에 따라 결정된다. 국제물품
매매계약은 당사자가 준거법을 정할 수 있으며, 준거법을 정하지 않은 경우 법원은
자국의 국제사법에 따라 준거법을 결정한다. 양 당사국이 CISG 가입국이면 CISG도
적용될 것이다(당사자가 그 적용배제에 합의하지 않는 한). 이하에서는 CISG를 기준으로
계약위반에 대한 구제수단에 대해 기술하였다.

표 6-1	Buyer와 Seller의 구제권리 개요(CISG 기준)	
구분	Buyer의 구제권리(Seller의 계약위반 시)	Seller의 구제권리(Buyer의 계약위반 시)

공통	• 특정이행청구권(제46조 제1항)
	• 부가기간지정권(제47조 제1항)
	• 계약해제권(제49조 제1항)
	• 손해배상청구권(제45조 제1항 (나)호,
	  제74조-제77조)
		• 특정이행청구권(제62조)
		• 부가기간지정권(제63조 제1항)
		• 계약해제권(제64조)
		• 손해배상청구권(제61조 제1항 (나)호,
		  제74조-제77조)

차이	• 대체물인도청구권(제46조 제2항) • 부적합치유청구권(제46조 제3항) • 대금감액권(제50조) • 이행기 전 인도 시 수령거절권(제50조) • 초과인도 시 수령거절권(제50조)	• 불이행치유권(제48조)(매도인 자신의 채무 불이행 치유권) • 물품명세지정권(제65조)

2. 매수인(수입자)의 구제권리(Remedies)

인도지연	이행청구권(인도청구), 계약해제권, 손해배상청구권, 부가기간지정권
불완전인도 (물품하자)	정상물품인도청구권(대체물인도청구), 수리청구권, 계약해제권, 부가기간지정권, 손해배상청구권, 감액청구권

1) 특정이행청구권(specific performance)(제46조 제1항)

매수인(수입자)은 매도인(수출자)에게 의무의 이행을 청구할 수 있다. 특정이행청
구권(의무이행청구권)을 행사하기 위해서는 매도인의 계약이행의무가 존재하고, 그 의

무가 이행되지 않아야 한다. 이는 원칙적으로 계약내용대로의 이행을 청구하는 것이다. 특정이행청구권은 계약을 해제하지 않고 청구하는 것이므로 계약해제권과는 병행하여 청구할 수 없다. 그러나 손해배상청구권과는 병행하여 청구할 수 있다.

예시 물품선적요청, 물품인도요청

2) 대체물인도청구권(제46조제2항)

물품이 계약에 부적합한 경우(물품하자) 매도인에게 대체물의 인도를 청구할 수 있다.

■ **대체물인도청구권의 요건(완전불량)**
　① 그 부적합이 본질적 계약위반일 것
　② 물품의 부적합 통지를 할 것(물품의 하자를 발견하였거나 발견할 수 있었던 때로부터 합리적인 기간 내에 통지할 것)
　③ 부적합통지와 동시에 또는 부적합통지후 합리적인 기간 내에 청구할 것

☞ **본질적 계약위반**: 당사자의 계약위반이 있고, 그 계약위반으로 인하여 상대방이 기대할 수 있는 바를 실질적으로 박탈할 정도의 손실을 주는 경우(제25조)
　　예시1 올림픽이 2012.7.27자에 개최되는데, 개회식때 사용될 용품이 적기에 인도되지 않는 경우
　　예시2 LED TV를 수입하였는데, TV 전원이 켜지지 않는 경우

3) 수리에 의한 부적합치유청구권(제46조 제3항)(하자보완권)(일부하자)

물품의 부적합이 본질적 계약위반이 되지 않는 경우 매수인에게는 수리(repair)에 의한 부적합치유청구권이 인정된다.

■ **부적합치유청구권의 요건**
　① 모든 상황을 고려하여 그 부적합치유청구권이 불합리하지 않을 것
　② 물품의 부적합 통지를 할 것(물품의 하자를 발견하였거나 발견할 수 있었던 때로부터 합리적인 기간 내에 통지할 것)
　③ 부적합통지와 동시에 또는 부적합통지 후 합리적인 기간 내에 청구할 것

• 부적합통지의무(제39조) •

1. 인도된 물품에 하자가 있는 경우(중대한 하자 및 경미한 하자 포함) 그 하자를 발견하였거나 발견할 수 있었던 때로부터 매수인은 합리적인 기간 내에 그 하자를 통지해야 한다. 그렇지 않으면 매수인은 하자를 주장할 수 없다.
2. 하자통지 시한('①'과 '②' 모두 충족되어야 함)
   ① 하자를 발견하였거나 발견할 수 있었던 때로부터 합리적인 기간 내
   ② 늦어도 물품이 매수인에게 인도된 날로 2년 이내일 것(또는 보증기간이 2년 이상인 경우에는 그 보증기간 이내일 것)

---

4) 부가기간 지정권(제47조 제1항)

매수인은 매도인에게 매도인의 의무이행을 위한 합리적인 부가기간을 지정할 수 있다. 이는 매도인으로 하여금 계약을 이행할 수 있는 기회를 추가로 주는 것으로, 계약이 해제되는 것을 피하기 위한 목적이다.

■ 적용되는 경우
- 매도인이 인도기일까지 물품을 인도하지 않은 경우
- 매도인이 물품을 인도하였지만, 물품에 하자가 있는 경우

• 매수인이 부가기간을 지정하여 그 기간 내에 매도인이 계약을 이행한 경우에도 매수인은 이행지체에 대한 손해배상청구권을 행사할 수 있다.
• 매수인이 부가기간을 지정한 경우(예: 2019.5.30.까지 선적요청)에는 그 기간 내에는 계약을 해제할 수 없다(단, 매도인이 이행거절을 통지한 경우에는 계약해제 가능).

☞ **민법(제544조)**: 이행최고 후 계약해제(예외: 정기행위)

5) 계약해제권(제49조 제1항)

계약해제권이란, 일방적인 의사표시로 계약을 해소시키는 권리이다. 영미법에서는 계약의 본질적 위반(fundamental breach)이 있는 경우에만 계약해제권이 인정되며, CISG에서도 본질적 위반의 경우에만 계약해제권을 인정하고 있다(제64조). 민법에서는 채무자의 이행지체가 있고 상당한 기간을 정하여 그 이행을 최고하였음에도 불구

하고 이행하지 않은 때, 또는 채무자의 책임 있는 사유로 이행이 불가능하게 된 때 계약을 해제할 수 있다(제543조, 제546조).

(1) 계약의 해제사유

① 매도인의 의무불이행이 본질적 계약위반이 되는 경우(예: 인도기일이 중요한 계약에서 인도기일까지 물품을 인도하지 않는 경우, 인도한 물품이 완전불량인 경우 등)

② 인도불이행의 경우 매수인이 정한 부가기간 내에 물품을 인도하지 않거나 인도하지 않겠다고 선언한 경우(예: 매도인이 물품을 인도하지 아니하여 부가기간을 정하여 이행을 요청하였는데, 매도인이 그 부가기간 내에도 이행하지 못하거나 이행하지 않겠다고 통보한 경우 등)

본질적 계약위반이 아닌 경우에는 매수인이 합리적인 부가기간을 지정하고 그 부가기간이 경과한 경우에만 계약을 해제할 수 있다

(2) 해제권의 행사기한(해제권의 제척기간)

한편, 계약의 해제사유에 해당되는 경우로서 매도인이 '물품을 인도한 경우'에는 매수인은 다음의 기간 내에 계약을 해제하지 않으면 계약해제권을 상실한다.

① 인도지체(지연인도(late delivery))의 경우: 매수인이 인도가 이루어진 것을 안 후 '합리적인 기간 내'

② 인도지체(지연인도(late delivery)) 이외의 경우 다음 시기로부터 "합리적인 기간 내"

　　㉠ 매수인이 그 위반을 알았거나 또는 알 수 있었던 때

　　㉡ 매수인이 제47조 제1항에 따라 정한 부가기간(매수인이 매도인의 의무이행을 위하여 지정한 부가기간)이 경과한 때 또는 매도인이 그 부가기간 내에 의무를 이행하지 아니하겠다고 선언한 때

　　㉢ 매도인이 제48조 제2항(매도인이 매수인에게 이행의 수령 여부를 알려 달라고 요구하였으나 매수인이 합리적인 기간 내에 그 요구에 응하지 않은 경우 매도인은 그 요구에서 정한 기간 내에 이행할 수 있음)에 따라 정한 부가기간(매도인이 자신의 의무이행을 위하여 지정한 부가기간)이 경과한 때 또는 매수인이 매도인의 의무이행을 수령하지 아니하겠다고 선언한 때

* 민법상의 해약금(제565조): 계약 당시 계약금 지급 시 그 배액을 상환 또는 계약금 포기로 계약해제 가능, 손해배상 책임 없음

6) 대금감액권(제50조)

물품이 계약에 부적합 경우에(수량부족, 품질불량 등) 정상적인 물품의 가격을 기준으로 그 차액을 감액할 수 있다. 물품이 계약에 부적합한 경우에, 대금의 지급 여부에 관계없이 매수인은 현실로 인도된 물품이 인도 시에 가지고 있던 가액이 계약에 적합한 물품이 그때(인도 시)에 가지고 있었을 가액에 대하여 가지는 비율에 따라 대금을 감액할 수 있다.

감액금액은 계약에 적합한 물품과 현실로 인도된 물품간의 가치 차이이며, 가치의 기준시점은 인도 시(계약체결시가 아님)이다. 그러나 그러나 매도인이 제37조(인도한 물품의 부적합 치유)나 제48조(매도인의 불이행치유권)에 따라 의무의 불이행을 치유하거나 매수인이 동 조항에 따라 매도인의 이행 수령을 거절한 경우에는 대금을 감액할 수 없다.

☞ **대금감액금액: (C-B)/C × A**
 - 계약금액(A)
 - 인도시 기준 실제 인도된 물품가액(B)
 - 인도시 기준 인도될 정상물품가액(C)

(사례연구)

1) 매도인이 다음과 같은 하자있는 물품을 인도한 경우, 매수인은 얼마의 감액을 청구할 수 있는가?
   - 계약금액 U$10만, 실제 인도된 물품의 시가 U$9만(인도시 기준), 정상물품의 시가 U$12만(인도시 기준)

   해설) (12만－9만)/12만 × 10만 ＝ U$2.5만

2) 무황연료(sulphur free oil)의 계약금액은 32유로인데, 실제 인도된 무황연료의 시가는 15유로이고, 정상 무황연료의 시가는 30유로인 경우 매수인의 감액청구 금액은?

   해설) (30－15)/30 × 32 ＝ 16유로

3. 매도인(수출자)의 구제권리(Remedies)

1) 특정이행청구권(제62조)(또는 의무이행청구권)

매도인은 매수인에게 대금지급, 물품의 인도수령 등의 의무의 이행을 청구할 수 있다. 특정이행청구권(의무이행청구권)은 계약을 해제하지 않고 청구하는 것이므로 계약해제권과는 병행하여 청구할 수 없다. 그러나 손해배상청구권과는 병행하여 청구할 수 있다.

2) 부가기간 지정권(제63조 제1항)

매도인은 매수인의 의무이행을 위하여 합리적인 부가기간을 정할 수 있으며, 부가기간 중에는 계약위반에 대한 구제수단을 행사할 수 없다(단, 부가기간 중에 매수인으로부터 이행거절의 통지를 수령한 경우에는 계약위반에 대한 구제권리를 행사할 수 있음). 부가기간을 지정한 경우에도 매도인은 이행지체에 대한 손해배상을 청구할 수 있다.

3) 계약해제권(제64조)

(1) 계약해제권 및 그 사유

① 매수인의 의무 불이행이 본질적 계약위반(fundamental breach)으로 되는 경우 또는 ② 매수인이 제63조 제1항에 따라 매도인이 정한 부가기간 내에 대금지급 또는 물품수령 의무를 이행하지 아니하거나 그 기간 내에 그러한 의무를 이행하지 아니하겠다고 선언한 경우(②의 경우에는 매수인의 대금지급의무 위반 또는 물품수령의무 위반의 경우에만 적용되고, 매수인의 계약위반이 본질적 계약위반일 것을 요구하지 않음)에는 매도인은 계약을 해제할 수 있다. 매도인이 계약해제권을 행사하기 위해 이행의 최고는 요구되지 않는다.

(2) 해제권 행사기한(해제권의 제척기간)

한편, 위의 계약해제사유가 충족된 경우로서 매수인이 대금을 지급한 경우에는 매도인은 다음 기간 내에 계약을 해제하지 않으면 해제권을 상실한다(다음의 기간 내에는 매수인이 대금을 지급한 경우에도 매도인은 계약을 해제할 수 있음).

① 매수인의 이행지체(지연이행(late performance))의 경우, 매도인이 이행이 이루어진 것을 알기 전

② 매수인의 이행지체(지연이행(late performance)) 이외의 위반의 경우, 다음의 시
　기로부터 합리적인 기간 내
　－ 매도인이 그 위반을 알았거나 또는 알 수 있었던 때
　－ 매도인이 제63조제1항에 따라 정한 부가기간(매도인이 매수인의 의무이행을 위
　　하여 지정한 부가기간)이 경과한 때 또는 매수인이 그 부가기간 내에 의무를
　　이행하지 아니하겠다고 선언한 때

• 매수인의 구제권리 사례연구 •

1) 매매계약의 목적물이 자동차 100대 인데, 매도인은 80대만 인도하였다.
　－ 매수인은 80대를 인수하고, 20대에 대해 대금감액/손해배상 청구 가능

2) 동계올림픽 선수단 1,000명의 단체복을 주문하였는데, 800벌만 도착하여 단체
　복의 사용이 곤란한 경우
　－ 본질적 계약위반으로 매수인은 계약 전체 해제 가능

3) 선적기일을 2011.4.1 － 4.15로 정한 경우 2011.3.15자에 선적이 이루어진 경우
　－ 매수인은 물품 수령거절 가능

4) 선적기한을 2011.4.1.까지로 정한 경우 2011.3.15자에 선적이 이루어진 경우
　－ 매수인은 수령을 거절할 수 없다.

5) 중고자동차 100대를 계약했는데, 120대를 선적한 경우
　－ 매수인은 100대만 수령할 수 있음(이 경우 20대가 초과했다는 사실을 매도인
　　에게 통지하고, 20대를 보관하고 있어야 한다)
　－ 또한, 매수인은 120대 전체를 수령할 수도 있음(계약금액의 비율에 따라 20
　　대분에 대해 추가로 대금을 지급해야 한다. 계약금액이 U$100만인 경우
　　U$20만(＝ 20대/100대 × U$100만) 추가지급)

(매도인의 구제권리 사례연구)

1) 매매계약상 대금지급기일이 2018.4.10.이었다. 그러나 매수인은 대금지급기일에
　대금을 지급하지 못했다. 대금지급의 최고 없이 2018.4.20자에 매도인은 매매계
　약을 해제하였다. 매도인의 계약해제권 행사는 유효한가?
　　해설 매수인이 대금지급의무는 가장 중요한 의무이다(제53조). 일반적으로 매

수인의 명백한 대금지급거절은 본질적 계약위반에 해당되지만, 단순한 대금지급기일의 경과는 지급지체에 해당되며, 본질적 계약위반에 해당되지 않을 것이다. 따라서 단순한 대금지급기일의 경과를 사유로 계약해제권을 행사하는 것은 정당하지 않다. 그러나 매도인이 대금지급을 위한 부가기간을 지정하였음에도 불구하고 그 부가기간 내에도 대금지급이 없는 경우 매도인은 계약해제권을 행사할 수 있을 것이다.

2) 매매계약상 대금지급기일이 2018.4.10.이었다. 매도인은 매수인에게 2018.4.30까지 대금을 지급할 것을 독촉하였다.

(1) 매도인은 부가기간(2018.4.30.)을 지정하였으므로 매도인은 2018.4.30까지는 계약을 해제할 수 없다(제63조 제2항).

(2) 매도인은 대금지급독촉에 대하여 2018.4.15자에 매수인은 위 기간 내에 대금을 지급할 수 없다고 통지하였다. → 매도인이 부가기간을 정하였지만, 매수인이 그 기간 내에 이행거절의 통지를 했으므로, 매도인은 계약을 해제할 수 있다(제64조 제2항).

4. 손해배상청구권(매수인과 매도인에 공통되는 구제권리)(제74조~제77조)

1) 계약불이행에 의한 손해배상(제74조)

• 제74조 •

당사자 일방의 계약위반으로 인한 손해배상액은 이익의 상실을 포함하여 그 위반의 결과 상대방이 입은 손실과 동등한 금액으로 한다. 그 손해배상액은 위반 당사자가 계약 체결 시에 알았거나 알 수 있었던 사실과 사정에 비추어, 계약위반의 가능한 결과로서 발생할 것을 예견하였거나 예견할 수 있었던 손실을 초과할 수 없다.

제74조는 모든 경우에 적용될 수 있는 손해배상의 일반원칙을 규정하고 있다. ① 손해배상은 금전배상을 원칙으로 한다. ② 손해배상액은 계약위반으로 인하여 발생된 모든 손실을 말한다. ③ 손해배상액에는 이익의 상실도 포함된다. ④ 손해배상액은 계약체결 시에, 상대방(계약위반자)이 알았거나 알 수 있었던 사정에 비추어 계약

위반의 가능한 결과로서 발생할 것을 예견하였거나 예견할 수 있었던 손실을 초과할 수 없다.

2] 대체물 매수 또는 재매각의 경우 손해액 산정(제75조)

• 제75조 •

계약이 해제되고 계약해제 후 합리적인 방법으로, 합리적인 기간 내에 매수인이 대체물을 매수하거나 매도인이 물품을 재매각한 경우에, 손해배상을 청구하는 당사자는 계약대금과 대체거래대금과의 차액 및 그 외에 제74조에 따른 손해액을 배상받을 수 있다.

① 매수인이 대체물을 구매한 경우의 손해배상액: (대체물 구매대금 – 계약금액)
㉠ 계약이 해제되고, ㉡ 계약해제 후 합리적인 방법으로 ㉢ 합리적인 기간 내에 ㉣ 매수인이 대체물을 구매할 것
(대체물 구매대금 – 계약금액) 외에 추가로 매수인은 제74조에 따른 손해액을 배상받을 수 있다.

② 매도인이 재매각(resale)한 경우의 손해배상액: (계약금액 – 재매각대금)
㉠ 계약이 해제되고, ㉡ 계약해제 후 합리적인 방법으로 ㉢ 합리적인 기간 내에 ㉣ 매도인이 재매각(resale)할 것
(계약금액 – 재매각대금) 외에 추가로 매수인은 제74조에 따른 손해액을 배상받을 수 있다.

사례연구

1) 계약금액 U$100, 매수인의 계약불이행으로 매도인이 계약해제, 매도인은 U$90에 재매각(resale)하였고, 재매각비용 U$10 발생, 매도인의 손해배상액은?

해설 U$20 = ① (U$100 - U$90)(제75조) + ② U$10(제74조)

2) 계약금액 U$100, 매도인의 계약불이행으로 매수인이 계약해제, 매수인은 U$120에 대체물 매수, 대체물매수비용 U$10 발생, 매수인의 손해배상액은?

해설 U$30 = ① (U$120 - U$100)(제75조) + ② U$10(제74조)

3) 시가에 의한 손해액 산정(제76조)

• 제76조 •

(1) 계약이 해제되고 물품에 시가가 있는 경우에, 손해배상을 청구하는 당사자는 제75조에 따라 구입 또는 재매각하지 아니하였다면 계약대금과 계약해제시의 시가와의 차액 및 그 외에 제74조에 따른 손해액을 배상받을 수 있다. 다만, 손해배상을 청구하는 당사자가 물품을 수령한 후에 계약을 해제한 경우에는, 해제 시의 시가에 갈음하여 물품 수령시의 시가를 적용한다.

(2) 제1항의 적용상, 시가는 물품이 인도되었어야 했던 장소에서의 지배적인 가격, 그 장소에 시가가 없는 경우에는 물품 운송비용의 차액을 적절히 고려하여 합리적으로 대체할 수 있는 다른 장소에서의 가격을 말한다.

제1항에서는 일반적 손해배상공식을 규정하고 있다. 계약이 해제되었으나, 제75조에 따라 매수인의 구매 또는 매도인의 재매각이 없는 경우 손해배상액은 ① 계약금액과 계약해제 시점의 시가(단, 손해배상청구권자가 물품을 수령한 후 계약을 해제하는 경우에는 물품수령 시의 시가)의 차액 및 ② 제74조에 따른 손해액이다.

☞ **시가의 기준**
물품이 인도되었어야 했던 장소에서의 지배적인 가격(그 장소에 시가가 없는 경우에

는 물품 운송비용의 차액을 적절히 고려하여 합리적으로 대체할 수 있는 다른 장소에서의 가격)

 사례연구

1) 계약금액 U$100, 매도인의 인도불능으로 인해 매수인은 계약해제, 계약해
제 시의 시가 U$110(물품인도장소인 선적항에서의 계약해제시점의 시가),
계약해제 조치 등에 대해 U$10 비용발생, 손해배상액은?
   해설 U$20 = ① (U$110 - U$100)(제76조) + ② U$10(제74조)

2) 계약금액 U$100, 매수인은 물품 인수 후 중대한 하자를 사유로 계약 해제,
물품 인수 시의 시가 U$120(물품인도장소인 선적항에서의 시가), 계약해제
시의 시가 U$110(물품인도장소인 선적항에서의 계약해제시점의 시가), 계
약해제 등에 대해 U$10 비용발생, 손해배상액은?
   해설 U$30 = ① (U$120 - U$100)(제76조) + ② U$10(제74조)

4) 손실경감의무(제77조)

· 제77조 ·

계약위반을 주장하는 당사자는 이익의 상실을 포함하여 그 위반으로 인한 손실을
경감하기 위하여 그 상황에서 합리적인 조치를 취하여야 한다. 계약위반을 주장하
는 당사자가 그 조치를 취하지 아니한 경우에는, 위반 당사자는 경감되었어야 했
던 손실액만큼 손해배상액의 감액을 청구할 수 있다.

계약위반을 주장하는 자는 자신의 손실을 경감하기 위해 합리적인 조치를 취해
야 한다. 이를 위반한 경우에는 상대방은 경감되었어야 하는 손실액만큼 손해배상액
의 감액을 청구할 수 있다.

매수인의 구제권리 사례연구

한국의 대한상사("매수인")는 독일의 Siemens사("매도인")로부터 의료장비인 MRI(자기공명영상) 10대를 U$200만(단가 U$20만)에 수입하는 매매계약을 체결하였다. 위 MRI 10대는 인도기일에 정상적으로 인도되었으나, 그 중 1대는 제품불량으로 사용이 불가능하였고, 2대는 약간의 하자(소음이 발생하고 간헐적으로 작동이 멈춤)가 있었다.

인도기일 기준으로 정상적인 MRI의 시가(단가)는 U$25만이었고, 본건의 하자 있는 MRI의 시가(단가)는 U$15만이었다. 한국의 대한상사가 독일의 Siemens사에게 주장할 수 있는 권리에 대해 약술하시오. (CISG를 기준으로)

1) 특정이행청구권(의무이행청구권)
특정이행청구권을 행사하기 위해서는 매도인이 계약의무를 이행하지 않아야 한다. 이 사안에서는 매도인이 물품을 모두 인도하였으므로 특정이행청구권은 행사할 수 없다.

2) 대체물인도청구권
대체물인도청구권을 행사하기 위해서는 ① 부적합이 본질적 계약위반이고 ② 부적합 통지를 할 것 ③ 부적합통지와 동시에 또는 부적합통지 후 합리적인 기간 내 대체물인도청구를 할 것 등이 요구된다. 이 사안에서 MRI 1대는 작동이 전혀 되지 않으므로 그 부적합이 '본질적 계약위반'에 해당되는바, 대한상사는 물품의 부적합 통지 후 또는 부적합통지와 동시에 MRI 1대에 대해 대체물인도청구(정상물품으로 인도할 것)를 할 수 있다. 다만, MRI 1대 완전불량이 계약 전체에 대한 본질적 계약위반은 아니므로 대한상사는 계약을 해제할 수 없다.

3) 수리에 의한 부적합치유청구권(하자보완청구권)
① 물품의 부적합이 본질적 계약위반이 되지 않는 경우 ② 부적합치유청구권이 부적합하지 않고 ③ 물품의 부적합 통지를 하면 ④ 부적합통지와 동시에 또는 부적합통지 후 합리적인 기간 내에 부적합치유청구권을 행사할 수 있다.

이 사안에서 MRI 2대는 약간의 하자가 있어 이는 본질적 계약위반이 되지 않고, 부적합치유청구권이 부적합한 것으로 볼 만한 사정이 없는바, 대한상사는 물품의 부적합통지를 한 경우 수리에 의한 부적합치유청구권을 행사할 수 있다. MRI 2대는 약간의 하자이므로 그 하자가 '본질적 계약위반'에는 해당되지 않으므로 대체물인도청구권은 행사할 수 없고, 계약을 해제할 수 없다.

4) 부가기간 지정권

매도인이 인도기일까지 물품을 인도하지 않거나 인도된 물품에 하자가 있는 경우 매수인은 특정이행청구, 대체물인도청구 또는 수리에 의한 부적합치유 청구(하자보완청구)에 있어 합리적인 부가가간을 지정할 수 있다. 본질적 계약위반이 있는 경우에도 부가기간 내에는 매수인은 계약을 해제할 수 없으나, 이 경우에도 매도인이 이행거절을 통지한 경우에는 계약해제가 가능하다. 이 사안에서 불량인 MRI 3대에 대하여 대한상사는 대체물인도청구 및 하자보완청구권을 행사함에 있어 합리적인 부가기간을 지정할 수 있다. 이 경우 부가기간지정권과 병행하여 손해배상청구권은 행사할 수 있으나, 계약해제권은 해사할 수 없다.

5) 계약해제권

① 매도인의 의무불이행이 본질적 계약위반이 되는 경우 매수인은 계약을 해제할 수 있다. 작동이 불가능한 MRI 1대 및 하자가 있는 MRI 2대로 인하여 매수인이 기대할 수 있는 바를 실질적으로 박탈당한 경우 이는 '본질적 계약위반'에 해당되어 매수인은 계약을 해제할 수 있다. 이 경우에도 매수인이 대체물인도청구권 또는 하자보완청구권을 행사한 경우에는 계약해제권을 행사할 수 없다. 작동이 불가능한 MRI 1대 및 하자가 있는 MRI 2대로 인하여 매수인이 기대할 수 있는 바를 실질적으로 박탈당한 경우가 아니라면 매수인은 계약을 해제할 수 없다. 한편, 본질적 계약위반의 경우에도 매수인이 부가기간을 정한 경우에도 매수인은 그 기간 동안 계약해제권을 행사할 수 없으나, 부가기간 내에 매도인이 이행거절(또는 이행불가)을 선언한 경우에는 계약을 해제할 수 있다.

② 본질적 계약위반이 아닌 경우에는 매수인이 합리적인 부가기간을 지정하고 그 부가기간이 경과한 경우에만 계약을 해제할 수 있다.

③ 이 사안에서는 MRI 10대는 서로 독립적으로 사용되는 것이고, 작동이 불가능한 것은 1대에 불과하므로 본질적 계약위반에 해당되는 것으로 볼 수 없다. 이에 따라 정상적인 MRI 10대가 모두 인도되지 않는 경우에는 계약을 해제할 수 있다는 내용을 당사자 간 합의한 경우 등의 특별한 사정이 없는 한, 매수인은 계약해제권을 행사할 수 없을 것이다.

6) 대금감액청구권

① 매수인은 작동이 불가능한 MRI 1대에 대해 대금감액청구권을 행사할 수 있으며, 감액청구권은 U$20만이다.
② 하자있는 MRI 2대에 대해서는 하자에 대한 감액을 청구할 수 있으며, 감액청구권은 1대당 U$8만으로, 총 U$16만이다. (산식: (U$25만 - U$15만)/ U$25만 × U$20만 × 2대)

7) 손해배상청구권

매도인의 계약위반으로 인한 손해에 대해 매수인은 손해배상을 청구할 수 있다. 손해배상액은 다음의 경우로 나누어 살펴볼 수 있다.

① 매수인이 대체물인도청구권 및 하자보완청구권을 행사하여 매도인이 이행한 경우 대체물인도 및 하자보완기간 동안 영업정지 등으로 인하여 발생한 손해
② 매수인이 대체물인도청구권을 행사하지 않은 경우 매수인이 대체물을 구입하여 추가로 발생한 손해(대체물구매대금과 계약금액과의 차액 + 대체물구매비용)
③ 하자보완청구권을 행사하지 않은 경우 하자로 인하여 매수인에게 발생한 손실인데, 이는 계약체결시에 매도인이 예견하였거나 예견할 수 있었던 손실을 초과할 수 없다.

CHATER 06   EXERCISE

※ 다음 중 맞는 것은 (O), 틀린 것은 (X)로 표시하시오.

01 물품매매계약은 '당사자 일방이 물품의 사용권을 상대방에게 이전하고, 상대방은 그 대금을 지급하기로 하는 합의'이다. (×)

02 CISG에서는 청약에 대하여 물품의 품질을 변경하는 피청약자의 승낙(응답)은 승낙이 되지 않고, 새로운 청약(반대청약)이 된다고 규정하고 있다. (O)

03 견본에 의한 매매(Sale by Sample)는 선박, 철도차량, 대형기계류 등 표준품으로 품질을 표시하기 곤란한 경우에 사용한다. (×)

04 계약금액은 확정적인 금액으로 정해야 하며, 계약금액을 정할 수 있는 기준(예 : 인도시의 시장가격, 선적시의 시장가격 등)으로 정하지 않는다. (×)

05 CISG에서는 원칙적으로 '인도(delivery)'는 "물품을 매수인의 처분 하에 두는 것 (placing the goods at the buyer's disposal)"을 의미한다고 규정하고 있다. 따라서 Incoterms가 적용되는 경우에도 인도의 개념은 CISG에 따라야 한다. (×)

06 CISG에서 본질적 계약위반이란, 당사자의 계약위반이 있고, 그 계약위반으로 인하여 그 당사자(계약위반자)가 기대할 수 있는 바를 실질적으로 박탈할 정도의 손실을 주는 것을 말한다. (×)

07 매수인이 부가기간을 지정하여 그 기간 내에 매도인이 계약을 이행한 경우 매수인은 이행지체에 대한 손해배상청구권을 행사할 수 없다. (×)

※ 다음 물음에 답하시오.

01 다음 중에서 물품매매계약의 법적성격을 모두 고르시오.
(낙성계약, 요물계약, 쌍무계약, 편무계약, 유상계약, 무상계약, 불요식계약, 요식계약)

02 영국 물품매매법(Sales of Goods Act)상 "물품매매계약"의 개념을 쓰시오.

물품매매계약은 대금이라는 금전의 약인을 대가로 매수인에게 물품의 소유권을 이전하거나 이전할 것을 약정하는 계약

03 표준품매매의 종류를 쓰시오. (3가지)

① 평균중등품질조건(fair average quality : FAQ)

② 판매적격품질조건(good merchant table quality : GMQ)

③ 보통품질조건(usual standard quality : USQ)

04 L/T, M/T, S/T에 해당되는 lb와 Kg을 쓰시오.

L/T(Long Ton)	2,240 lbs	1,016 kg
M/T(Metric Ton)	2,204 lbs	1,000 kg
S/T(Short Ton)	2,000 lbs	907 kg

05 매매계약에서 매도인의 의무의 유형을 열거하시오.

1) 소유권 이전의무 2) 물품인도의무 3) 물품의 계약적합의무 4) 서류인도의무

06 매매계약에서 매수인의 의무의 유형을 열거하시오.

1) 대금지급의무 2) 물품수령의무 3) 물품검사의무 4) 하자통지의무

07 국제물품매매계약에서 계약위반의 유형을 열거하시오.

1) 이행지체 2) 이행거절 3) 이행불능 4) 불완전이행

08 물품에 하자가 있는 경우 Buyer의 권리를 열거하시오.

1) 부적합치유청구권

2) 대체물인도청구권(본질적 계약위반의 경우 해당 물품에 대하여)

3) 대금감액청구권

4) 손해배상청구권

5) 계약해제권(본질적 계약위반의 경우)

09 매도인이 다음과 같은 하자있는 물품을 인도한 경우, 매수인은 얼마의 감액을 청구할 수 있는가?

- 계약금액 U$10만

- 인도된 물품의 가액 U$9만(인도 시 기준)
- 정상물품의 가액 U$12만(인도 시 기준)

CHAPTER 7
국제물품매매계약 사례연구

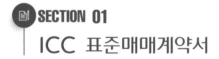

SECTION 01
ICC 표준매매계약서

ICC Model International Sale Contract (Manufactured Goods)[1]

CONTRACT
Seller's reference N°
Buyer's reference N°

A.
SPECIFIC CONDITIONS

These specific Conditions have been prepared in order to permit the parties to agree the particular terms of their sale contract by completing the spaces left open or choosing (as the case may be) between the alternatives provided in this

---

1 ICC, *The ICC Model International Sale Contract (Manufactured Goods)*, ICC Publication No. 738E, 2013.

document. Obviously this does not prevent the parties from agreeing other terms or further details in Box A-17 or in one or more annexes. Any reference to "Articles" means "Articles of the General Conditions of the ICC Model International Sale Contract(Manufactured Goods)".

· 해설 ·

• 이 특정조건은, 당사자들이 공란을 완성하거나 또는 (경우에 따라) 이 서류(즉 이 특정조건)에 제시된 선택지 중에서 선택함으로써 매매계약상의 특정 조건을 합의할 수 있도록 마련되었다.
• 이 계약서는 당사자들이 기타의 조건 또는 Box A-17의 추가 세부사항, 또는 하나 이상의 부속서에서 다른 조건(표준계약과 다른 조건)에 대하여 합의하는 것을 제한하지 않는다.
• "Article(조항)"을 인용(참조)하는 것은 ICC 표준국제매매계약서 일반조건(the General Conditions of the ICC Model International Sale Contract (Manufactured Goods))의 "조항(Article)"을 의미한다.

SELLER	
Name, corporate form and address	CONTACT PERSON
	Name Telephone E-mail
Tax identification code/Other registration code:	

BUYER	
Name, corporate form and address	CONTACT PERSON
	Name Telephone
Tax identification code/Other registration code:	E-mail

A-1	GOODS SOLD

Item/packages – item description – product code – origin – commodity code(HS code) - quantity

If there is insufficient space parties may use an annex

A-2	CONTRACT PRICE (ART. 4)

Indicate the currency referring to the ISO-3 currency code (e.g. USD, EUR etc.)

Currency:

Amount: Amount in words:

A-3	DELIVERY TERMS (ART. 8)

Recommended terms *(according to the Incoterms 2020® rules): see Introduction, §5*

◻ **FCA** Free Carrier

Named place: _____

Shipped by (when different from buyer) _____

◻ **CPT** Carriage Paid To

Named place of destination: _____

Shipped from _____

◻ **CIP** Carriage and Insurance Paid To

Named place of destination: _____

Shipped from _____

Insurance cover: ◻ max. cover ◻ War Risk / SRCC

◻ **DAP** Delivered at Place

Named place of destination:_____

◻ **DPU** Delivered at Place Unloaded

Named place of destination:_____

◻ **EXW** Ex Works

Named place: _____

◻ **DDP** Delivered Duty Paid

Named place of destination: _____

◻ **FAS** Free Alongside Ship

Named port of shipment: _____

Shipped by (when different from buyer) _____

◻ **FOB** Free On Board

Named port of shipment: _____

Shipped by (when different from buyer) _____

☐ **CFR**　Cost and Freight	Named port of destination: _____
	Shipped from: _____
☐ **CIF**　Cost Insurance and 　　　Freight	Named port of destination: _____
	Shipped from: _____
	Insurance cover: ☐ max. cover　☐ War Risk / SRCC

CARRIER OR FORWARDER (where applicable)

NAME AND ADDRESS　　　　　　　CONTACT PERSON

A-4	**TIME OF DELIVERY**

Indicate here the date or period (e.g. week or month) at which or within which the Seller must perform its delivery obligations of the respective the Incoterms® rule according to Box A-3 ('Delivery Terms') (see Introduction, §6) ***and, when applicable, a date of shipment (see Introduction, §7)***

A-5	**INSPECTION OF THE GOODS (ART. 3)**

☐ Upon shipment　　Surveyor _____

☐ Before shipment　Surveyor _____　Place of inspection: _____

☐ Other: _____

A-6	**RETENTION OF TITLE (ART. 7)**
	☐ YES　　　　　☐ NO

A-7	**PAYMENT CONDITIONS (ART. 5)**

☐　**Payment on open account (art. 5.1)**

　　Time for payment (if different from art. 5.1) __ days from date of invoice. Other __

　　　☐ Open account backed by demand guarantee or standby letter of credit (art. 5.6)

☐ **Payment in advance (art. 5.2)**

Date (if different from art. 5.2): _____

  ☐ Total price

  ☐ ___ % of the price; remaining amount ___ % to be paid at _____

  ☐ Payment in advance backed by advance payment bond

☐ **Documentary collection (art. 5.4)**

  ☐ D/P Documents against payment

  ☐ D/A Documents against acceptance

☐ **Irrevocable documentary credit (art. 5.3)**

  ☐ Confirmed

  ☐ Unconfirmed

Place of issue (if applicable): _____ Place of confirmation (if applicable): ___

Credit available   Partial shipments: Transhipment:

☐ At sight   ____ Allowed   _____ Allowed

☐ By acceptance of draft at: ____ days   ____ Not allowed   _____ Not allowed

☐ By negotiation

Date on which the documentary credit must be notified to seller (if different from art. 5.3)

_____ days before date of shipment   other: _____

☐ **Irrevocable Bank Payment Obligation (art. 5.5)**

  ☐ Settlement by Payment

  ☐ Settlement by Deferred Payment Undertaking and payment at maturity. Deferred
    payment terms ____ days after sight or after date of _____

Date on which the Bank Payment Obligation must be notified to seller (if different from art. 5.5)

_____ days before date of shipment   other: _____

□ **Other:** _____)

    (e.g. cheque, bank draft, electronic funds transfer to designated bank account of seller)

Seller's Bank Details

IBAN/bank account number _____

BIC/Swift code _____

A-8	DOCUMENTS (ART. 9)

Indicate here documents to be provided by Seller. Parties are advised to check the Incoterms[®] *2020 rule they have selected under A-3 of these Specific Conditions. As concerns transport documents, see also Introduction §8.*

□ **Commercial Invoice**   number of originals/copies ___

                            specific requirements _____ (language, legalization, etc.)

□ **Packing list**   number of originals/copies ___

□ **Certificate of origin**   ____ preferential (indicate type)

                            ____ economic

                            number of originals/copies ___

                            specific requirements _____ (language, legalization, etc.)

□ **Transport documents:** _____ *(indicate type of transport document requirted)*

      _____ full set   number _____

    specific requirements _____ (e.g. consignee, notify, etc.)

□ **Insurance documents:** _____

□ **Other:** _____

    * preferential origin: 특혜원산지(FTA 특혜관세 혜택을 받을 수 있음)

    * non-preferential origin: 비특혜원산지(FTA 특혜관세 혜택을 받을 수 없음)

A-9	CANCELLATION DATE
To be completed only if the parties wish to modify Art. 10	
If the goods are not delivered for any reason whatsoever (including force majeure) by _____ (date), the Buyer will be entitled to declare the contract avoided immediately by notification to the Seller.	

A-10	LIABILITY FOR DELAY (ART. 10.2)	A-11	LIMITATION OF LIABILITY FOR DELAY (ART. 10.4)
To be completed only if the parties wish modify Art.10.2		*To be completed only if the parties wish modify Art.10.4*	
Liquidated damages for delay in delivery shall be: ____% (of price of delayed goods) per week, with a maximum of ____% (of price of delayed goods)		In case of avoidance for delay, Seller's liability for damages for delay is limited to ____% of the price of the non-delivered goods.	

A-12	PLACE OF EXAMINATION AT ARRIVAL (ART. 11.1)
To be completed if the parties wish to modify Art. 11.1	
The goods delivered will have to be examined after their arrival at the following place: □ Place of business of the consignee to which the goods are sent or redirected □ Other: _____	

A-13	MAXIMUM DELAY FOR NOTIFICATION OF NON-CONFORMITY (ART. 11.1)
To be completed if the parties wish to modify Art. 11.1	
Defects must be notified to the Seller immediately upon discovery or as soon as they ought to have been discovered, but not later than _____ months after arrival of the goods. This shall not affect the periods of limitation (art. 11.6)	

A-14	LIMITATION OF LIABILITY FOR NON-CONFORMITY (ART. 11.4)

To be completed if the parties wish to modify Art. 11.4

Seller's liability for damages arising from lack of conformity of the goods shall be:

limited to proven loss (including consequential loss, loss of profits, etc.) not exceeding _____ % of the contract price.

OR

_____ (speccify amount)

A-15	APPLICABLE LAW (ART. 1.2)

To be completed if the parties wish to choose a law other than the Seller's law for questions not covered by the CISG.

Any questions not covered by the CISG will be governed by the law of _____ (country)

A-16	RESOLUTION OF DISPUTES (ART. 14)

Two solutions hereunder (arbitration or litigation before ordinary courts) are alternatives: parties cannot choose both of them. If no choice is made, ICC arbitration will apply, according to art.14.

□ ARBITRATION

   □ ICC (according to art.14.2)

   □ other _____ (specify)

Place of arbitration _____

Language of the arbitration _____

Number of arbitrators _____

□ LITIGATION (ordinary courts)

In case of dispute the courts of _____ (place), shall have exclusive jurisdiction.

A-17	OTHER

The present contract of sale will be governed by these Specific Conditions (to the extent that the relevant boxes have been completed) and the General Conditions of the ICC Model International Sale Contract (Manufactured Goods) which constitute Part B of this document.

_____ (place), _____ (date)

The Seller   The Buyer

Name   Name
Title   Title

B.

GENERAL CONDITIONS

The General Conditions of the ICC Model International Sale Contract
(Manufactured Goods)

Art. 1   General

1.1 These General Conditions are intended to be applied together with the Specific Conditions (Part A) of the ICC Model International Sale Contract (Manufactured Goods), but they may also be incorporated on their own into any sale contract. Where these General Conditions (Part B) are used independently of the said Specific Conditions (Part A), any reference in Part B to Part A will be interpreted as a reference to any relevant specific conditions agreed by the parties. In case of contradiction between these General Conditions and any specific conditions agreed upon between the parties, the specific conditions shall prevail.

1.2 Any questions relating to this Contract which are not settled by the provisions contained in the contract itself (i.e. these General Conditions and any specific conditions agreed upon by the parties) shall be governed:

A. by the United Nations Convention on Contracts for the International Sale of Goods (Vienna Convention of 1980, hereafter referred to as CISG), and

B. to the extent that such questions are not covered by CISG and that no applicable law has been agreed upon, by reference to the law of the country where the Seller has his place of business.

1.3 Any reference made to a publication of the International Chamber of Commerce is deemed to be made to the version current at the date of conclusion of the contract.

1.4 No modification of the Contract is valid unless agreed or evidenced in writing. However, a party may be precluded by its conduct from asserting this provision to the extent that the other party has relied on that conduct.

1.5 Any limitation to remedies in case of breach of contract shall be ineffective in cases of fraud or gross negligence of the breaching party.

• 해설 •

제1조 총칙

1.1 이 일반조건은 국제표준매매계약의 특정조건(Part A)*과 함께 적용하기 위한 것을 목적으로 하지만, 어떠한 매매계약에 편입될 수도 있다. 이 일반조건(Part B)이 상기의 특정조건(Part A)과 독립적으로 사용되는 경우, Part B에서 Part A를 인용하는 것은 당사자들이 합의한 해당 특정조건을 인용하는 것으로 해석된다. 이 일반조건과 당사자들간에 합의된 어떠한 특정 조건**이 충돌하는 경우, 그 특정 조건이 우선한다.

(보충설명)

* 특정조건(Part A): the Specific Conditions (Part A) of the ICC Model International Sale Contract (Manufactured Goods)

** 어떠한 특정 조건(any specific conditions): Part A의 특정조건만을 의미하는 것이 아니고, 당사자들이 합의한 모든 특정조건을 의미한다. Part A의 특정조건과 구별하기 위해 소문자로 표현하였다.

1.2 계약서 자체(예: 일반조건과 당사자들이 합의한 어떠한 특정 조건)의 조항에 의해 명시적 또는 묵시적으로 해결되지 않는 계약 관련 모든 사항에는 다음이 적용된다.

A. 국제물품매매계약에 관한 유엔협약 (이하에서는 "CISG"라 함)

B. CISG에 의해 해결되지 않는 범위 내에서 매도인의 영업소 소재지국의 법

(보충설명) 표준계약서상 계약의 해석 기준(달리 정하지 않은 경우): ① 계약서 자체 → ② CISG → ③ 매도인의 영업소 소재지국의 법(수출국법)

1.3 ICC 간행물의 인용은 이 계약 체결일에 유효한 간행본을 의미하는 것으로 본다.

1.4 이 계약의 수정은, 서면으로 합의되거나 증명되지 않는 한 유효하지 않다. 그러나 상대방이 일방 당사자의 행위를 신뢰한 범위 내에서 일방 당사자는 이 조항을 주장할 수 없다.

> (보충설명) "상대방이 일방 당사자의 행위를 신뢰한 범위 내에서 일방 당사자는 이 조항을 주장할 수 없다"는 것은 금반언의 원칙(promissory estoppel)을 규정한 것임.

1.5 계약위반의 경우에 구제권리에 대한 제한은, 위반 당사자의 사기 또는 중과실인 경우에는 유효하지 않다.

Art. 2   Characteristics of the goods

2.1 It is agreed that any information relating to the goods and their use, such as weights, dimensions, capacities, prices, colours and other data contained in catalogues, prospectuses, circulars, advertisements, illustrations, price−lists of the Seller, shall not take effect as terms of the Contract unless expressly referred to in the Contract.

2.2 Unless otherwise agreed, the Buyer does not acquire any property rights in software, drawings, etc. which may have been made available to it. The Seller also remains the exclusive owner of any intellectual or industrial property rights relating to the goods.

2.3 It is agreed that the goods are suitable for the purpose for which they are intended by their very nature or which is evident from the contract of sale.

2.4 If express reference is made in the contract of sale to technical, safety, quality or other regulations and documents clearly designated in the agreement, even if not attached to the contract, the Seller shall be deemed to have knowledge of these. The Seller shall bear the costs related to, and obtain the necessary permission, permits or licenses in good time required for carrying out the contract and for complying with the conditions stipulated therein.

• 해설 •

제2조 물품의 특성

2.1 매도인의 카탈로그, 안내서, 회람, 광고, 도해 및 가격표에 포함된 중량, 부피, 성능, 가격, 색상 및 기타 자료 등의 물품과 물품의 사용 관련 모든 정보는, 계약서에 명시적으로 언급되어 있지 아니하는 한, 본 계약의 조건으로서 효력이 없음을 합의한다.

* 완전조항(entire agreement)에 대한 조항임.
* entire agreement: 해당 계약서 자체가 모든 조건을 규정하는 완전한 계약이며, 계약체결을 위하여 주고받은 대화, 통신문, 협상 자료, 합의문 등은 계약서의 일부나 조건이 되지 않는다.

2.2 달리 합의하지 않는 한, 매수인은 자신에게 이용가능한 소프트웨어, 도면 등에 대한 어떠한 재산권을 취득하지 못한다. 매도인은 또한, 물품에 대한 지식재산권 또는 산업재산권의 독점적인 소유자로 남는다.

2.3 물품은, 물품 본래의 속성에 의해 의도된 목적 또는 매매계약으로부터 분명하게 밝혀진 목적에 적합해야 한다는 것을 합의한다.

2.4 매매계약에서 기술, 안전, 품질 기타 규정 및 합의서에서 명확하게 지정된 서류에 대해 명시적으로 참조한 경우, 비록 이 계약에 첨부되지 않았어도, 매도인은 이러한 것들에 대하여 인지하고 있는 것으로 간주된다.

Art. 3 Inspection of the goods before shipment

If the parties have agreed that the Buyer is entitled to inspect the goods before shipment, the Seller must notify the Buyer within a reasonable time before the shipment that the goods are ready for inspection at the agreed place.

· 해설 ·

제3조 선적전 물품검사

매수인이 선적 전에 물품을 검사할 권리가 있다는 것에 대해 당사자들이 합의하면, 매도인은 합의된 장소에서 물품검사준비가 완료되었다는 것을 선적 전에 매수인에게 통지해야 한다.

Art. 4   Price

4.1 The price indicated under Box A−2 (contract price) includes any costs which are at the Seller's charge according to this contract. However, should the Seller bear any costs which, according to this contract, are for the Buyer's account (e.g. for transportation or insurance under FCA, EXW, FAS or FOB), such sums shall not be considered as having been included in the price under Box A−2.

4.2 If no price has been agreed, the Seller's current list price at the time of the conclusion of the contract shall apply. In the absence of such a current list price, the price generally charged for such goods at the time of the conclusion of the contract in the Seller's currency shall apply.

4.3 Unless otherwise agreed in writing, the price does not include indirect taxes (VAT, sales tax, excise duties, etc.) and is not subject to price adjustment.

· 해설 ·

4.1 Box A−2 (계약금액)에 기재된 가격은 이 계약에 따라 매도인이 부담하는 모든 비용을 포함한다. 그러나 이 계약에 따라 매수인이 부담해야 하는 비용(예: FCA, FAS 또는 FOB에서 운송비 또는 보험료)을 매도인이 부담하는 경우 이러

한 금액은 Box A−2의 가격에 포함된 것으로 간주되지 않는다.

4.2 가격이 합의되지 않은 경우에는, 당해 계약의 체결시의 매도인에의 현행 가격표가 적용된다. 이러한 가격표가 없는 경우 이 계약의 체결시점에 동종물품에 일반적으로 부과되는 매도인국 통화의 가격이 적용된다.

4.3 서면으로 별도 합의되지 않는 한, 가격은 간접세(부가가치세(VAT), 판매세, 내국소비세 등)를 포함하지 않고, 가격조정을 받지 않는다.

Art. 5　Payment conditions

5.1 Unless otherwise agreed in writing, or implied from a prior course of dealing between the parties, payment of the price and of any other sums due by the Buyer to the Seller shall be on open account and time of payment shall be 30 days from the date of invoice. The amounts due shall be transferred, unless otherwise agreed, by telegraphic transfer or remittance to the Seller's bank in the Seller's country for the account of the Seller and the Buyer shall be deemed to have performed its payment obligations when the respective sums due have been received by the Seller's bank in immediately available funds.

5.2 If the parties have agreed on payment in advance, without further indication, it will be assumed that such advance payment, unless otherwise agreed, refers to the full price, and that the advance payment must be received by the Seller's bank in immediately available funds at least 30 days before the agreed date of shipment or the earliest date within the agreed shipment period. If advance payment has been agreed only for a part of the contract price, the payment conditions of the remaining amount will be determined according to the rules set forth in this article.

5.3 If the parties have agreed on payment by documentary credit, then, unless otherwise agreed, the Buyer must arrange for a documentary credit in favour of the Seller to be issued by a reputable bank, subject to the Uniform Customs and Practice for Documentary Credits (UCP 600) published by the International Chamber of Commerce, and to be notified at least 30 days before the agreed date of shipment or at least 30 days before the earliest date within the agreed shipment period. Unless otherwise agreed, the documentary credit shall be payable at sight and allow transhipments but no partial deliveries.

5.4 If the parties have agreed on payment by documentary collection, then, unless otherwise agreed, documents will be tendered against payment (D/P) and the tender will in any case be subject to the Uniform Rules for Collections (URC 522) published by the International Chamber of Commerce.

5.5 If the parties have agreed on payment against the security of a Bank Payment Obligation, then, unless otherwise agreed, the Buyer must arrange for the Seller to receive an assurance of payment in accordance with the agreed payment terms in the form of a Bank Payment Obligation to be issued by a bank in favor of the Seller's Bank, subject to the URBPO rules (Uniform Rules for Bank Payment Obligations) published by the International Chamber of Commerce, and to be notified at least 30 days before the agreed date of shipment or at least 30 days before the earlist date within the agreed shipment period. Unless otherwise agreed, the Bank Payment Obligation shall be payable at sight and allow transhipment but no partial deliveries.

5.6 To the extent that the parties have agreed that payment is to be backed by a bank guarantee, the Buyer is to provide, at least 30 days before the agreed date of shipment or at least 30 days before the earliest date within the agreed shipment period, a first demand bank guarantee subject to the Uniform Rules for Demand Guarantees (URDG 758) published by the International Chamber of Commerce, or a standby letter of credit subject either to such Rules, to the International Standby Practices (ISP 98) or to the Uniform Customs and Practice for Documentary Credits (UCP 600) published by the International Chamber of Commerce, in either case issued by a reputable bank.

· 해설 ·

5. 지급조건

5.1 서면으로 달리 합의되지 않거나, 당사자들간 이전 거래과정에서 추정되지 않는 한, 대금 및 매수인이 매도인에게 지급할 금액의 지급은 오픈어카운트방식 (open account)으로 하며, 대금지급기일은 송장일로부터 30일로 한다. 달리 합의하지 않는 한, 대금은 매도인국에 소재한 매도인의 은행 앞으로 전신송금 되며, 각각의 금액이 매도인 은행에 의해 즉시 이용가능한 자금으로 수취되는 경우 매수인은 대금지급의무를 이행한 것으로 간주된다.

5.2 당사자들이 추가 의사 없이 선지급에 합의한 경우 그러한 선수금은 별도의 합 의가 없는 한 대금 전액을 의미하고, 그 선수금은 약정된 선적일 또는 약정된 선적기간 내의 가장 이른 날로부터 30일 이전에 매도인의 거래은행에서 즉시 이용가능한 자금의 형태로 수령되어야 하는 것으로 추정된다. 계약금액의 일부 만을 선수금으로 합의한 경우 잔여 금액의 지급조건은 이 조항에 규정된 규칙 에 따라 결정된다.

5.3 당사자들이 화환신용장에 의한 지급으로 합의한 경우 달리 합의하지 않는 한, 매수인은 반드시 평판이 좋은 은행으로 하여금 UCP 600의 적용을 받는 화환 신용장을 매도인을 수익자로 하여, 약정된 선적일부터 또는 약정된 선적기간 의 첫날로부터 적어도 30일 이전에 개설하고 통지될 수 있도록 하여야 한다. 달리 합의하지 않는 한, 화환신용장은 일람출급조건으로 하고, 환적은 허용하 되 분할인도는 허용하지 않아야 한다.

5.4 당사자들이 추심방식에 의한 지급에 합의한 경우 달리 합의하지 않는 한, 서류는 지급인도(D/P) 조건으로 제시되고, 지급제시는 어떠한 경우에도 ICC의 추심에 관한 통일규칙(URC 522)을 따라야 한다.

5.5 당사자들이 BPO방식(Bank Payment Obligation 결제방식)의 담보에 의한 지급에 합의한 경우, 달리 합의하지 않는 한, 매수인은, 합의된 지급조건에 따라 매도인의 은행을 수익자로 하고 ICC의 BPO 통일규칙을 적용받고, 은행이 발행하는 BPO 형식으로 매도인이 지급에 대한 보장을 받고, 합의된 선적일로부터 적어도 30일 이전에 통지받을 수 있도록 해야 한다. 달리 합의되지 않는 한, BPO는 일람출급조건으로 하고, 환적은 허용하되 분할선적은 허용하지 않아야 한다.

5.6 당사자들이 지급이 은행보증서에 의해 담보된다고 합의한 경우, 매수인은 약정된 선적일로부터 적어도 30일 이전에 또는 약정된 선적기간의 첫날로부터 적어도 30일 이전에 ICC의 청구보증통일규칙(URDG 758)의 적용을 받는 청구보증, 또는 청구보증통일규칙, 또는 ICC의 보증신용장통일규칙(ISP 98)이나 신용장통일규칙(UCP 600)의 적용을 받는 보증신용장을 제공해야 하고, 이러한 청구보증이나 보증신용장은 평판있는 은행이 발행해야 한다.

Art. 6 Interest in case of delayed payment

6.1 If a party does not pay a sum of money when it falls due the other party is entitled to interest upon that sum from the time when payment is due to the time of payment.

6.2 Unless otherwise agreed, the rate of interest shall be 5% above the average bank short－term lending rate to prime borrowers prevailing for the currency of payment at the place of payment, or where no such rate exists at that place, then the same rate in the state of the currency of payment.

· 해설 ·

6. 연체지급의 이자

6.1 당사자 일방이 지급기일에 대금을 지급하지 아니하는 경우, 상대방은 지급기일로부터 지급 시까지 동 대금에 대한 이자를 청구할 수 있다.

6.2 달리 합의하지 않는 한, 이자율은 지급장소에서 지급통화에 적용되는 은행단기대출 평균우대금리에 5%를 가산하거나, 지급장소에서 이러한 금리가 없는 경우 지급통화국의 동일한 금리에 5%를 가산한다.

Art. 7   Retention of title

If the parties have validly agreed on retention of title, the goods shall, notwithstanding delivery and the passing of risk in the goods, remain the property of the Seller until the complete payment of the price, or as otherwise agreed.

· 해설 ·

제7조 소유권 유보

당사자들이 소유권 유보에 대하여 유효하게 합의한 경우, 물품은, 물품의 인도 및 위험의 이전에도 불구하고, 대금지급이 완료될 때까지 또는 달리 합의한 바에 따라 매도인의 소유로 남는다.

Art. 8   Contractual term of delivery

Unless otherwise agreed, delivery shall be at FCA Seller's premises(Incoterms® 2020 rules).

· 해설 ·

제8조 계약 인도조건

달리 합의하지 않는 한, 인도는 FCA 매도인의 영업구내(Incoterms® 2020 규칙)이다.

Art. 9   Documents

Unless otherwise agreed, the Seller must provide the documents (if any) indicated in the applicable Incoterms® rule or, if no Incoterms® rule is applicable, according to any previous course of dealing.

• 해설 •

제9조 서류

달리 합의하지 않는 한, 매도인은, 적용가능한 인코텀즈(Incoterms), 또는 적용가능한 인코텀즈가 없는 경우 종전 거래과정에 따라 요구된 서류를 제공해야 한다.

Art. 10   Late−delivery, non−delivery and remedies therefore

10.1 If the parties have agreed upon a cancellation date in Box A−9, the Buyer may declare the contract avoided by notification to the Seller in case delivery has not occurred by such cancellation date for any reason whatsoever (including a force majeure event).

10.2 When there is delay in delivery of any goods, the Buyer is entitled to claim performance and liquidated damages equal to 0.5% or such other percentage as may be agreed of the price of those goods for each commenced week of delay. Liquidated damages for delay shall not exceed 5% of the price of the delayed goods or such maximum amount as may be agreed in Box A−10.

10.3 When article 10.1 does not apply and the Seller has not delivered the goods by the date on which the Buyer has become entitled to the maximum amount of liquidated damages under article 10.2, the Buyer may at any time ask for performance or declare the contract to be avoided in writing.

10.4 In case of avoidance of the contract under article 10.1 or 10.3, the

Buyer is entitled to claim damages which in the aggregate do not exceed the price of the non-delivered goods, or such maximum amount as may be agreed in Box A-11.

10.5 The remedies under this article exclude any other remedy for delay in delivery or non-delivery.

· 해설 ·

10. 인도 지연, 인도불이행 및 관련 구제권리

10.1 Box A-9의 취소일에 대해 당사자들이 합의를 한 경우로서, 어떠한 사유(불가항력을 포함)로 이러한 취소일까지 인도되지 않는 경우 매수인은 매도인에게 통지함으로써 계약을 취소할 수 있다.

10.2 인도지연의 경우 매수인은 계약이행청구 및 각 개시된 지연 주일의 기간에 대하여 물품의 대금에 대하여 0.5% 또는 합의된 비율의 지연손해금을 청구할 권리가 있다. 지연손해금은 지연된 물품대금의 5% 또는 Box A-10에서 합의된 최대금액을 초과할 수 없다.

 * 개시된 지연 주일(commenced week of delay): 1~7일 지연 시 1주, 8~14일 지연 시 2주

10.3 제10조 제1항이 적용되지 않고, 제10조 제2항에 따라 매수인이 최대의 지연손해금을 청구할 권리가 발생하는 일자까지 매도인이 물품을 인도하지 못한 경우 매수인은 언제든지 계약이행 청구 또는 계약해제를 선언할 수 있다.

10.4 제10조 제1항 또는 제10조 제3항에 따라 계약을 해제하는 경우 매수인은, 총액이 인도불이행 물품의 대금 또는 Box A-11에서 합의된 최대금액을 초과하지 않는 손해배상을 청구할 수 있다.

10.5 본 조에서의 구제권리는 인도지연 또는 인도불이행에서의 기타 다른 구제권리는 제외되었다.

Art. 11   Non-conformity of the goods

11.1 The Buyer shall examine the goods as soon as possible after their arrival at the place of business of the Buyer or any other agreed place of examination and shall notify the Seller in writing of any lack of conformity specifying the nature of the lack of conformity of the goods within a reasonable time from the date when the Buyer discovers or ought to have discovered the lack of conformity. In any case the Buyer shall have no remedy for lack of conformity if it fails to notify the Seller thereof within 24 months from the date of arrival of the goods at the place of business of the Buyer or otherwise agreed place of examination if any.

11.2 Goods will be deemed to conform to the contract despite minor discrepancies which are usual in the particular trade or through course of dealing between the parties.

11.3 Where goods are non-conforming, the Seller shall at his option and provided it can do so without unreasonable delay and without cuasing the Buyer unreasonable inconvenience:

(a) replace the goods with conforming goods, without any additional expense to the Buyer, or

(b) repair the goods, without any additional expense to the Buyer.

The Buyer will be entitled to liquidated damages for delay due to replacement or repair as specified under article 10.2 or as may be agreed in Box A-10.

11.4 If the Seller has failed to perform his duties under article 11.3 within a reasonable period, and provided the parties have not agreed on a price reduction, the Buyer may resort the remedies provided for by the CISG having regard to the terms laid down in this contract. As to the damages proven by the Buyer the maximum amount is limited to the contractually agreed price of the non-conforming goods.

11.5 Unless otherwise agreed in writing, the remedies under this article 11 exclude any other remedy for non-conformity.

11.6 Unless otherwise agreed in writing, no action for lack of conformity can be taken by the Buyer, whether before judicial or arbitral tribunals, after 4 years from the date of arrival of the goods. It is expressly agreed that after the expiry of such term, the Buyer will not plead non-conformity of the goods, or make a counter-claim thereon, in defence to any action taken by the Seller against the Buyer for non-performance of this contract.

· 해설 ·

11. 물품의 불일치

11.1 물품이 매수인의 영업소 도는 기타 합의된 검사장소에 도착한 후 가능한 빨리 매수인은 물품을 검사하고, 매수인이 불일치를 발견하거나 발견했어야 하는 날로부터 합리적인 기간내에 물품의 불일치의 속성을 특정하면서 매도인에게 서면으로 물품의 불일치를 통지해야 한다. 물품이 매수인의 영업소 또는 기타 합의된 검사장소에 도착한 날로부터 24개월 이내에 매수인이 매도인에게 불일치를 통지하지 못한 경우 매수인은 물품의 불일치에 대한 구제권리가 없다.

11.2 특정 거래에서 또는 당사자들 간의 거래과정을 통하여 통상적인 사소한 불일치에도 불구하고 물품은 계약에 부합하는 것으로 간주된다.

11.3 물품이 일치하지 않는 경우 불합리한 지연 및 매수인에게 불합리한 불편을 초래하지 않으면서 매도인의 선택에 따라 다음과 같이 행할 수 있다.

　(a) 매수인에게 추가비용 없이 물품을 일치하는 물품으로 교체하거나
　(b) 매수인에게 추가비용 없이 물품을 수리할 수 있다.

매수인은, 제10조제2항 또는 Box A-10에서 합의된 바에 따라 교체나 수리에 의한 지연손해금을 청구할 권리가 있다.

11.4 매도인이, 합리적인 기간 내에 제11조 제3항의 의무를 적정하게 수행하지 못하거나 거절하고, 당사자들이 감액에 합의하지 않은 경우 매수인은 이 계약에서 정한 조건에 관련한 CISG에서 규정한 구제권리를 주장할 수 있다. 매수인이 증명한 손해배상에 대하여 최대금액은 불일치한 물품에 대한 계약에서 합의된 가격으로 제한된다.

11.5 서면으로 달리 합의하지 않는 한, 제11조에서의 구제권리는 불일치에 대한 기타 구제권리를 제외한다.

11.6 서면으로 달리 합의하지 않는 한, 물품이 검사장소에 도착한 날로부터 4년 후에는 매수인은 불일치에 대한 소송이나 중재를 제기할 수 없다. 이러한 기간의 만료 후에 매도인이 이 계약의 불이행을 사유로 매수인에게 제기한 소송에 대한 항변으로 매수인이 물품의 불일치를 주장하거나 반소를 제기할 수 없다.

Art. 12 Cooperation between the parties

12.1 The Buyer shall promptly inform the Seller of any claim made against the Buyer by his customers or third parties concerning the goods delivered or industrial or intellectual property rights related thereto.

12.2 The Seller will promptly inform the Buyer of any claim which may involve the product liability of the Buyer.

· 해설 ·

12. 당사자 간의 협조

12.1 매수인은, 인도된 물품이나 이와 관련 산업·지식재산권에 대하여 매수인의 고객이나 제3자가 매수인을 상대로 제기한 클레임을 신속하게 매도인에게 통

지하여야 한다.

12.2 매도인은, 매수인의 제조물책임을 야기할 있는 모든 클레임을 매수인에게 신속하게 통지하여야 한다.

Art. 13 Force majeure

13.1 A party is not liable for a failure to perform any of his obligations in so far as he proves:

    (a) that the failure was due to an impediment beyond his control, and

    (b) that it could not reasonably be expected to have taken into account the impediment and its effects upon his ability to perform at the time of the conclusion of the contract, and

    (c) that it could not reasonably have avoided or overcome the impediment or its effects.

13.2 A party seeking relief shall, as soon as practicable after the impediment and its effects upon his ability to perform become known to it, give notice to the other party of such impediment and its effects on that party's ability to perform. Notice shall also be given when the ground of relief ceases.

Failure to give either notice makes the party thus failing liable in damages for loss which otherwise could have been avoided.

13.3 Without prejudice to article 10.2, a ground of relief under this clause relieves the party failing to perform from liability in damages, from penalties and other contractual sanctions, except from the duty to pay interest on money owing as long as and to the extent that the ground subsists.

13.4 If the grounds of relief subsist for more than three (3) months, either party shall be entitled to declare the contract to be avoided without notice.

• 해설 •

제13조 불가항력

13.1 당사자는 다음을 증명하는 경우 자신의 채무불이행에 대하여 면책된다.

    (a) 불이행이 자신의 통제밖의 장애에 기인하였다는 것, 그리고

    (b) 계약체결 당시에 그 자신이 그 장애 자체 및 그 장애가 자신의 이행능력에 미치는 영향을 고려한다는 것이 합리적으로 기대될 수 없었다는 것, 그리고

    (c) 자신이 그 장애 또는 그 영향을 합리적으로 회피하거나 극복할 수 없었다는 것.

13.2 면책을 구하는 당사자는, 그 장애 및 자신의 이행능력에 대한 그 장애의 영향을 알게 된 후, 가능한 빨리 상대방에게 그 장애 및 자신의 이행능력에 대한 그 장애의 영향을 통지하여야 한다. 면책사유가 종료된 경우에도 그 사실(종료 사실)을 통지하여야 한다.

위 통지를 하지 못하는 경우 달리 회피될 수도 있었던 손실에 대해 손해배상액의 책임을 진다.

13.3 제10조 제2항에 영향을 주지 않고, 본 조에 따른 면책사유는, 면책사유가 존속하는 한, 불이행 당사자를 손해배상, 위약금 및 기타 계약상의 제재, 그리고 금전채무에 대한 이자 지급의무로부터 면제시킨다.

13.4 면책사유가 3개월 이상 존속하는 경우 각 당사자는 통지 없이 계약을 해제할 수 있다.

Art.14. Resolution of disputes

14.1 The parties may at any time, without prejudice to any other proceedings, seek to settle any dispute arising out of or in connection with the present contract in accordance with the ICC ADR Rules.

14.2 Unless otherwise agreed in writing, all disputes arising of or in connection with the present contract shall be submitted to the International Court of Arbitration of the International Chamber of Commerce and shall be finally settled under the Rules of Arbitration of the International Chamber of Commerce by one or more arbitrators appointed in accordance with the said Rules.

14.3 An arbitration clause does not prevent any party from requesting interim or conservatory measures from state courts.

· 해설 ·

14.1 다른 절차를 침해하지 않으면서, 당사자들은 언제든지 본 계약에서 발생하거나 본 계약과 관련된 모든 분쟁을 ICC ADR 규칙에 의하여 해결할 수 있다.

14.2 서면으로 달리 합의하지 않는 한, 본 계약에서 발생하거나 본 계약과 관련된 분쟁 모든 분쟁은 ICC 국제중재재판소에 회부되어 ICC 중재규칙에 의해 선임된 1인 이상의 중재인에 의하여 그리고 ICC 중재규칙에 따라 최종적으로 해결된다.

14.3 중재조항은 당사자로 하여금 법원으로부터 임시적 처분 또는 보전처분을 신청하는 것을 제한하지 않는다.

(보충설명)

• enclosure, attachment: 첨부, 별첨

• appendix, annex, addendum, supplement: 부록(at the end of a book or report)

• schedule: 목록(a list or catalogue annexed to a large document)

SECTION 02
기타 계약서 사례 연구

1. T/T방식 수출계약

SALES   AGREEMENT

This Agreement("Agreement") is made this 1st day of June 2015 by and between Fran Tea Co. Ltd. with its registered office at (주 소) FRANCE("Buyer") and Hankook Ginseng Product Co. Ltd, with its registered office at (주 소) KOREA("Seller")

WITNESSETH

WHEREAS, the Buyer desired to purchase from the Seller and the Seller desired to sell to the Buyer the goods specified on article 1.

NOW, THEREFORE, in consideration of the premises and covenants herein contained, the parties hereto agree as follows:

Article 1. Goods, Quantity, Price, Free sample

Table 7-1

(Currency: EURO)

Goods	size	quantity	Unit price	Amount
KOREAN RED GINSENG EXTRACT	30g × 3bottles	1,500	13.38	20,070.00
Total	–	1,500	–	20,070.00

1.1 Unit Price and Transportation

The agreed unit price of each goods shall be based on FOB Korean port.

1.2 Free Sample and Promotional Material only for this time order.

The Seller provide the agreed 20% of free sample for each product to the buyer. These free samples shall be same as <table 7−2> and shipped together with Goods specified on <Table 7−1> by free of charge.

Table 7-2

Goods	size	quantity
KOREAN RED GINSENG EXTRACT	30g × 3bottles	300

Article 2. Payment

2.1 Currency & Payment method

Except otherwise agreed by the parties, all the payment for the Goods shall be made in EURO 20,070.00.

- 60% T/T: before preparing goods.
- 40% T/T: 120 days after arrival of goods.

2.2 Shipment

Shipment will be done within 30 days after sending 60% T/T by the Buyer. But if possible, the Seller tries to reduce time.

2.3 Partial air-shipment

In the event that the Buyer request the partial air shipment, the all airfreight shall be born by the Buyer.

Article 3. Force majeure

The Seller shall not be responsible for non−delivery or delay in delivery resulting from causes by acts of god such as fire, flood, typhoon and earthquake or by reason of riots, strike and wars.

Article 4. Arbitration

All disputes, controversies, or differences which may arise between the parties, out of or in relation to or in connection with this contract or for the breach thereof, shall be finally settled by arbitration in Seoul, Korea in accordance with the commercial arbitration rules of the Korean Commercial Arbitration Board. The award rendered by the arbitrator(s) shall be final and binding upon both parties concerned.

Article 5. Effective date and term

This agreement shall become effective upon signing of the duly authorized representatives of both parties and remain in full force and effect up to 1st day of June 2016 unless terminated earlier pursuant to the written consent.

IN WITNESS WHEREOF, the parties hereto have executed this Agreement as of the day and year first above written.

BY :   BY :

    TXXX Tuong Van   SXXX Lee

(해설)

이 계약은 2015년 6월 1일자에 (주 소)에 등록된 Fran Tea사(이하 "매수인")와 (주 소)에 등록된 한국인삼(주) (이하 "매도인") 간에 체결되었다.

증 명

매수인은 제1조에 기술된 물품을 매도인으로부터 구매하고, 매도인은 매수인에게 판매할 것을 원한다.

이 계약서에 포함된 전제와 조건에 대한 약인으로, 당사자들은 다음과 같이 합의한다. :

제1조 물품, 수량, 가격, 무상견본품

표 7-1

(통화: 유로화)

물 품	크기	수량	단가	금액
한국홍삼액	30g × 3병	1,500	13.38	20,070.00
합 계	–	1,500	–	20,070.00

1.1 단가 및 운송

각 물품에 대한 합의된 단가는 FOB 한국항 기준이다.

1.2 무상견본 및 기획원료는 금번주문에만 적용

매도인은 각 제품에 대해 20%의 무상견본품을 매수인에게 제공한다. 무상견본품은 <표 7-2>와 동일하며, <표 7-1>에 기술된 물품과 함께 무상으로 선적되어야 한다.

표 7-2

물 품	크 기	수 량
한국홍상액	30g × 3병	300

제2조 대금지급

2.1 통화 및 지급방법

당사자들이 달리 합의한 바를 제외하고는 물품에 대한 모든 대금은 유로화 20,070으로 지급되어야 한다.

- 60% T/T: 물품준비 전
- 40% T/T: 물품도착 후 120일 후

2.2 선적

매수인이 60% T/T 송금 이후 30일 이내에 선적되어야 한다. 그러나 가능하면, 매도인은 선적시간을 단축하도록 노력해야 한다.

2.3 분할 항공선적

매수인이 분할항공선적을 요청하는 경우 모든 항공운송료는 매수인이 부담한다.

제3조 불가항력

화재, 대홍수, 태풍, 및 지진과 같은 불가항력으로 인한 또는 폭동, 파업, 및 전쟁으로 인한 인도불능 또는 인도지연에 대해 매도인은 책임이 없다.

제4조 중재

계약서와 관련하여 또는 계약서 위반에 대해, 당사자들 사이에 발생할 수 있는 모든 분쟁, 다툼, 또는 이견은 대한상사중재원의 상사중재규칙에 따라 대한민국 서울에서 최종적으로 중재로 해결되어야 한다. 중재인의 중재판정은 최종적이며, 관련 당사자 모두를 구속한다.

제5조 유효일 및 기간

이 계약은 정당한 권한을 부여받은 양당사자의 대표자가 서명하면 효력을 발생하고, 서면합의에 의해 그 이전에 종료되지 않는 한, 2016년 6월 1일까지 유효하다.

이 계약에 대한 증거로, 당사자들은 상기에 기재된 날짜에 이 계약을 체결한다.

《보충설명》
- witnesseth
  - 계약서에서 서문과 본문 사이에 기재되어 서문과 본문을 구분한다.
  - This Agreement witnesseth (= This Agreement shows (or records))
  - witness의 3인칭 단수형, 고대어로 "증명하다"의 의미
- agreement: 합의, 합의서, 계약서
  - agreement(합의)는 contract(계약)보다 넓은 의미이다. 당사자 간의 의사의 합치(즉 당사자 간에 의사가 일치하는 것)는 모두 agreement이며, agreement 중에서 대가 및 법적 구속력 있는 것만이 contract(계약)이다. 그러나 무역실무에서는 contract 대신 agreement를 사용하기도 한다.
- registered office at~: 등록사무소가 ~인(~에 등록사무소를 둔)
  - 당사자의 특정하고 당사자의 국적을 결정하기 위해 당사자명(회사명) 다음에 등록지를 기재한다.
  = a corporation duly organized and existing under the laws of Korea(대한민국의 법에

의해 설립되고 존속하는 회사)

• Whereas~: 설명조항, whereas(~ 한 사실이 있으므로, 따라서(given the fact, since ~)

• specified: 명시된, 기재된(= stipulated)

• in consideration of~: ~에 대한 약인으로('약인(consideration)'이란, 대가를 말하는 것으로 영미법상 계약성립의 요건이 된다. 이에 따라 약인이 없는 계약은 유효하지 않거나 취소할 수 있다)

• premise: 전제

• covenant: 조건

• the premises and covenants herein contained: 여기에 포함된 조건

• unit price: 단가

• promotional material: 무상재료

• table: 표

• currency: 통화

• payment method: 지급조건(결제조건)

• T/T: Telegraphic Transfer(전신송금)

• airfreight shall be born by the Buyer: 항공임은 매수인이 부담한다.

• be responsible for~: ~에 대해 책임이 있다.

• force majeure: 불가항력, 천재지변(= act of god)

(일반적으로 불가항력에 의한 계약불이행에 대해서는 당사자는 책임이 없다. 다만, 국가에 따라서는 인정 여부 및 정도에 따라 차이가 있을 수 있기 때문에 이와 관련 분쟁을 방지하기 위해 계약서에 명시하는 것이 바람직하다)

• riot: 폭동

• strike: 파업

• arbitration: 중재

• arbitrator: 중재인

• arbitral award: 중재판정

• duly authorized representative: 정당한 권한이 있는 대표자

• be terminated: 종료되다(해지되다)

• pursuant to~: ~에 따라

• execute a contract: 계약을 (법적 효력이 발생하게) 체결하다

• as of~: ~자 기준(기준일자를 나타낼 때 사용한다.)

2. Purchase Order방식 물품매매계약

SALES AGREEMENT
(PURCHASE ORDER FORM)

MESSRS.   Date : [   ]

Contract No. : [   ]

ABC CORPORATION as Buyer, hereby confirms having purchased from you as Seller, the following goods by contract of purchase made on the above date and on the terms and conditions hereinafter set forth. Seller is hereby requested to sign and return the original and if any discrepancy be found by Seller, Buyer should be informed immediately by FAX to be subsequently confirmed by registered airmail.

NO.	COMMODITY & SPECIFICATION	QUANTITY	UNIT PRICE	TOTAL AMOUNT

Time of Shipment :

Origin :

Port of Shipment :

Port of Destination :

Payment :

Insurance :

Packing :

Special Terms & Conditions :

This contract is subject to the general terms and conditions set forth on back hereof :

Accepted by :   [*AAA CORPORATION*]

on _____   _____

(Seller)   (Buyer)

(해설)

매매합의

(발주서 양식)

ABC사는 매수인으로서 매도인인 귀사로부터, 상기의 날짜에 체결된 구매계약서에 의해 그리고 이하에 나와 있는 조건에 따라, 다음의 물품을 구매하였음을 여기에서 확인합니다. 매도인은 계약서 원본에 서명한 후 송부해야 하며, 매도인에 의해 어떠한 불일치사항이 발견되면, 매수인은 즉시 팩스로 이를 통지받아야 하고, 이어서 등기항공우편으로 확인되어야 한다.

NO. (번호)	COMMODITY & SPECIFICATION (상품사양)	QUANTITY (수량)	UNIT PRICE (단가)	TOTAL AMOUNT (총금액)

Time of Shipment(선적기한) :

Origin(원산지) :

Port of Shipment(선적항) :

Port of Destination(목적항) :

Payment(대금지급) :

Insurance(보험) :

Packing(포장) :

Special Terms & Conditions(특별조건) :

This contract is subject to the general terms and conditions set forth on back hereof :

(이 계약은 이면에 나와 있는 일반조건을 따른다.)

Accepted by :   [*AAA CORPORATION*]

on _____   _____

            (Seller)   (Buyer)

GENERAL TERMS AND CONDITIONS
(일반조건/일반계약조건)

The purchase specified on the face hereof shall be subject to the following terms and conditions:

(앞면에 기술된 구매는 다음의 조건을 따른다.)

Licenses(면허, 허가):

Seller, at its own expense, shall obtain any and all necessary permits or licenses to export the Goods from the country of shipment and/or to import, sell, use or otherwise dispose of the Goods, including but not limited to the safety standard, in any countries where such Goods are imported, sold, used, or otherwise disposed of.

매도인은, 자신의 비용으로, 선적국으로부터 물품의 수출에 필요한 모든 승인 또는 허가를 취득하여야 한다.

그리고/또는 매도인은 물품의 수입, 매도, 사용, 또는 기타 처분에 필요한 모든 승인 또는 허가를 취득하여야 한다. 여기에는 물품의 수입국, 매도국, 사용국, 또는 기타 처분국에서의 안전기준이 포함되며, 안전기준에 제한되지 않는다.

(부연설명하면, 안전기준은 당연히 포함되고 기타 필요한 요건도 충족되어야 한다는 의미임)

Shipment(선적):

Time of shipment is the essence of this Contract. (선적시한은 이 계약의 본질적인 사항이다.)

Should Seller delay shipping the Goods for other reasons than those set forth in Clause Force Majeure hereof,

이 계약서의 불가항력조항에 나와 있는 사유 이외의 사유로 매도인이 물품의 선적을 지연한다면,

Buyer may: (a) cancel this Contract in whole or in part,

매수인은 이 계약의 전부 또는 일부를 해제할 수 있다.

and/or (b) request to Seller, any Seller shall pay to Buyer, compensation for any and all damages incurred to Buyer and any special premium transportation or other costs required for the Goods to arrive at the destination as if the Goods be shipped as schedules.

그리고/또는 매수인은, ① 매수인에게 발생한 손해와 ② 물품이 선적일정대로 선적되었던 것처럼 물품이 목적지에 도착하기 위한 특별추가운임이나 비용에 대한 배상을 매도인에게 요청할 수 있으며, 매도인은 그 손해를 매수인에게 배상해야 한다.

Packing(포장):

Seller shall pack the Goods in strong wooden(s) or in carton(s), suitable for long distance ocean/parcel post/air freight transportation and for change of climate, well protected against moisture and shocks. Seller shall be liable for any damage of the Goods and expenses incident thereto on account of improper packing and/or improper protective measures taken by Seller in regard to the packing.

Price(가격):

Seller warrants that the prices sold to Buyer hereunder are no less favorable than the prices Seller currently extends to any other customer of the same Goods or similar goods and/or services in similar quantities.

여기서 매수인에게 판매되는 가격은 매도인이 동일물품 또는 유사물품(및/또는 서비스)의 다른 고객들에게 현재 제공하는 가격보다 불리하지 않다는 것을 매도인은 보장한다.

If Seller reduces its prices to others during the term of this Contract for such goods and/or services including but not limited to the Goods, Seller shall reduce the prices to Buyer for such Goods correspondingly.

Extra Expenses(부대비용):

Should the freight, insurance premium and other expenses. at the time of shipment on this Contract be raised or charged owing to unexpected changes of circumstances after this Contract is executed, such differences and/or additional expenses shall be borne by Seller.

Insurance(보험):

In the event of CIF or CIP Contract, insurance shall be effected by Seller. Such insurance shall be effected at one hundred ten percent (110%) of the invoice amount, and shall be issued by a first class underwriter and cover all risks.

CIF나 CIP계약의 경우, 매도인이 보험계약을 체결한다. 이러한 보험은 송장금액의 110%로 부보되어야 하고, 일류보험인수자에 의해 발행되어야 하고, 모든 위험을 담보하여야 한다.

Any insurance not set forth herein shall be arranged by Seller whenever requested by Buyer at the cost of Seller.

- CIF(Cost, Insurance and Freight: 운임보험료포함인도): ① 선적항에서 본선에 적재 시 물품의 위험이 매수인에게 이전됨. ② 매도인이 도착항까지의 운임과 보험료 부담
- CIP(Cost and Insurance Paid to: 운송비·보험료지급인도): ① 합의된 장소에서 매도인이 지정한 운송인에게 물품인도 시 위험이 매수인에게 이전됨. ② 매도인이 지정목적지까지의 운송비 및 보험료 지급

Adjustment(금액조정):

Buyer may at any time and without any notice deduct or set-off Seller's claims for money due or to become due from Buyer against any claims that Buyer has or may have arising out of this or any other transaction between the parties hereto.

매수인은, 언제든지 그리고 통지 없이, 매도인의 매수인에 대한 청구금액에 대하여, 매수인이 이 거래 또는 기타 다른 거래에서 발생하는 매수인의 매도인에 대한 청구금액으로 차감하거나 상계할 수 있다.

(예: 매도인이 계약금액 U$100만의 금액을 청구하고, 매수인이 이 계약서의 위반 또는 기타 다른 계약에서 매도인에 대해 U$30만의 손해배상청구권을 갖는 경우, 매수인은 U$30만의 감액 또는 상계를 주장할 수 있어 결과적으로 매수인은 U$70만 지급하면 된다)

Parts(부품):

Seller shall supply to Buyer the parts so long as Buyer continues to purchase the Goods pursuant to the terms and conditions of this Contract for [××] years after the last shipment of the Goods to Buyer.

매수인이 이 계약서의 조건에 따라 물품구매를 계속하는 한 매도인은 최종선적일로부터 (××)년 간 매수인에게 부품을 공급해야 한다.

Inspection(검사):

Inspection of the Goods shall be carried out at the place or port of unloading at Buyer's expense. Inspection may be done in the presence of Seller if Seller so desired.

물품검사는 매수인의 비용으로 양륙항 또는 양륙지에서 수행되어야 한다.

Provided, however, notwithstanding any inspection or payment made by Buyer, Buyer may without limiting its remedies reject, required corrections or refuse acceptance of the Goods which are not in conformity with the specifications or Seller's express or implied warranty. The Goods not accepted by Buyer shall be returned to Seller at Seller's account and risk or disposed of by Buyer at a time and price which Buyer deems reasonable and Seller shall reimburse Buyer any and all damage incurred to Buyer due to the Goods which are rejected.

Warranty(보장):

Seller represents and warrants that all Goods to be sold by Seller under this Contract shall conform full to the specifications, analysis and other information furnished to Buyer and shall be merchantable, of good material and workmanship and free from any defects for at least [××] months from the date of unloading and further represents and warrants that the Goods shall be fit and sufficient for the purpose intended by Buyer and/or end users and that on delivery Buyer shall receive the title to the Goods, free and clear of all liens and encumbrances. Seller's warranty under this Contract as stated above shall be an essential condition of this Contract and any breach of the said warranty shall give Buyer the right(a) to reject the Goods so affected, without prejudice to any right to damages for such breach or to any other right arising from such breach of this

Contract and/or (b) to terminate this Contract in whole or part.

Any and all warranty herein shall be in addition to any warranties express or implied by law or otherwise made by Seller and will survive acceptance and payment by Buyer.

Remedy(구제권리):

If Seller shall be in default of this Contract or shall fail to ship the Goods at the time scheduled,

매도인이 이 계약서의 채무불이행상태에 처하거나 물품을 예정대로 선적하지 못하는 경우,

Buyer may send written notice to Seller to exercise any of the following remedies:

매수인은 다음 구제권리의 어느 것이나 행사하기 위해 매도인에게 서면통지를 보낼 수 있다.

(a) terminate this Contract: or(b) terminate this contract as to portion of the Goods in default only and purchase an equal quantity of the Goods of same kind and grade and recover from Seller the excess of the price so paid over the purchase price set forth in this Contract, plus any incidental loss or expense: or (c) terminate this Contract as to any unshipped balance and recover from Seller as liquidated damages, a sum of five(5) percent of the price of the balance.

Further, it is agreed that the rights and remedies herein reserved to Buyer shall be cumulative and in addition to any other or further rights and remedies available at law.

Infringement(지식재산권 침해):

Seller shall be responsible for any infringement with regard to patent, utility model, trademark, design or copyright relating to the Goods in any country where the Goods are sold, used or otherwise disposed of.

물품이 판매되거나 사용되거나 기타 처분되는 국가에서 물품에 대한 특허권 (patent), 실용신안권(utility model), 상표권(trademark), 의장권(design) 또는 저작권(copyright) 의 침해에 대해 매도인은 책임이 있다.

In the event of any dispute with regard to the said intellectual or industrial property right, Buyer may cancel this Contract. Seller shall be responsible

for and shall defend, reimburse, indemnify and hold Buyer harmless from any and all liabilities, claims, expenses, losses and/or damages sustained thereby.

Force Majeure(불가항력):

In the event of any prohibition of import, refusal to issues an import license, act of Gods, war, blockade. embargo, insurrection, or any other action of governmental authorities, civil commotion, plague or other epidemic, fire, flood, or any other unforeseeable causes beyond the control of a party, the party shall not be liable for any default arising therefrom in performance of this Contract.

수입제한, 수입허가의 거부, 천재지변(act of god), 전쟁, 봉쇄(blockade), 금수조치 (embargo), 반란(insurrection), 정부기관의 기타 조치, 폭동(civil commotion), 전염병 또는 유행병(plague or other epidemic), 화재(fire), 홍수(flood), 또는 기타 당사자의 통제를 벗어나는 예측불가능한 사유가 발생한 경우, 당사자는 위의 사유로부터 발생되는 이 계약의 이행에 대한 채무불이행에 대해 책임이 없다.

Arbitration(중재):

All disputes, controversies, or differences which may arise between the parties hereto, out of or in relation to or in connection with this Contract, shall be finally settled by arbitration in [Name of the Country] in accordance with the Commercial Arbitration Rules of The[Name of the Country] Commercial Arbitration Board.

Trade Terms(거래조건):

All trade terms provided in this contract shall be interpreted in accordance with the latest Incoterms of the International Chamber of Commerce.

거래조건: 이 계약서상의 모든 거래조건은 ICC의 Incoterms 최신판에 따라 해석되어야 한다.

3. D/A방식 물품매매계약 사례 연구

D/A CONTRACT

WE AS SELLER HEREBY CONFIRM SALES OF THE FOLLOWING

1. CONTRACT NO   : DEC−150822

2. CONTRACT DATE   : AUG, 22, 2015

3. SELLER'S NAME &   : SXXXX CLEANER CO., LTD
   ADDRESS   510−2, DAEYA−DONG, SHIHEUNG−SI,
                          KYUNGGI−DO, KOREA

4. BUYER'S NAME &   : DXXXX S.A.S
   ADDRESS   31, RUE DE LA SOURCE−62149
                          GIVENCHY−LA BASSEE, FRANCE

5. NOTIFY PARTY   : LAURENT DRUGY TEL : 1−49−19−38−38

6. PORT OF LOADING   : BUASN, KOREA

7. PORT OF DISCHARGE   : ANTWERPEN, BELGIUM

8. PAYMENT CONDITIONS   : D/A 60 DAYS FROM B/L DATE

9. DELIVERY TERMS   : CIF ANTWERPEN, BELGIUM

10. CONTRACT PRICE   : EUR 500,000

11. SHIPPING DATE   : SEP. 21, 2015

12. PACKING   : EXPORT STANDARD PACKING

13. ORIGIN   : REPUBLIC OF KOREA

14. DESCRIPTION   : MICRO FIBER GOODS

15. QUANTITY   : 50,000 PCS

16. DOCUMENTS REQUIRED
      : (1) FULL SET OF CLEAN ON BOARD BILLS OF LADING
        (2) SIGNED COMMERCIAL INVOICE IN 3 ORIGINALS
        (3) PACKING LIST IN 3 ORIGINALS

17. FINAL DESTINATION : ANTWERPEN, BELGIUM

18. RESOLUTION IN DISPUTE

: ANY DISPUTE ARISING OUT OF OR IN CONNECTION WITH THIS CONTRACT SHALL BE FINALLY SETTLED BY ARBITRATION IN SEOUL IN ACCORDANCE WITH THE INTERNATIONAL ARBITRATION RULES OF THE KOREAN COMMERCIAL ARBITRATION BOARD.

THE AWARD RENDERED BY THE ARBITRATOR(S) SHALL BE FINAL AND BINDING UPON BOTH PARTIES CONCERNED.

19. GOVERNING LAW : THIS CONTRACT SHALL BE GOVERNED BY THE LAWS OF KOREA

20. REMARKS

: (1) THIS CONTRACT SHALL BE EFFECTIVE AND VALID WHEN BOTH PARTIES SIGN HEREUNDER.

(2) ALL CHARGE AND INTERESTS OUTSIDE KOREA ARE FOR THE ACCOUNT OF THE DRAWEE

(BUYER)   (SELLER)

DXXXX S.A.S   SXXXX CLEANER

CO., LTD

(SIGNATURE)   *(SIGNATURE)*

(보충설명)

1. CONTRACT NO (계약번호)

무역회사는 수많은 계약서를 체결하기 때문에 계약서를 식별하기 위해 계약서 번호를 기재한다. 계약서 번호를 통해 상대방, 계약체결일 등을 알 수 있게 하는 것이 편리하다.

2. CONTRACT DATE (계약일)

3. SELLER'S NAME & ADDRESS (매도인(수출자)의 상호와 주소)

매도인을 특정하기 위해 당사자의 주소를 기재한다. (동일한 상호를 가진 다른 회사

가 있을 수 있기 때문에 당사자 주소를 기재하여 당사자를 특정하는 것이 필요하다)

4. BUYER'S NAME & ADDRESS (매수인(수입자)의 상호와 주소)

매수인을 특정하기 위해 당사자의 주소를 기재한다.

5. NOTIFY PARTY (통지처, 통지수령인)

* 통지처: 물품이 목적항에 도착하면, 운송인은 통지처에 물품도착을 통지한다.

6. PORT OF LOADING (선적항)

7. PORT OF DISCHARGE (양륙항)

8. PAYMENT CONDITIONS (결제조건)

D/A 60 DAYS FROM B/L DATE(선적일로부터 D/A 60일)

9. DELIVERY TERMS (인도조건)

price condition(가격조건), shipment terms(선적조건)

10. CONTRACT PRICE (계약금액)

11. SHIPPING DATE (선적일)

12. PACKING (포장)

EXPORT STANDARD PACKING (수출표준포장)

13. ORIGIN (원산지)

14. DESCRIPTION (물품명세)

15. QUANTITY (수량):

50,000 PCS (5만개, PCS(= pieces)

16. DOCUMENTS REQUIRED (요구서류)

(1) FULL SET OF CLEAN ON BOARD BILLS OF LADING (무하자 본선적재선하
증권 전통)

(2) SIGNED COMMERCIAL INVOICE IN 3 ORIGINALS (서명된 상업송장 3통)

(3) PACKING LIST IN 3 ORIGINALS (포장명세서 원본 3통)

17. FINAL DESTINATION (최종목적지)

18. RESOLUTION IN DISPUTE (분쟁해결):

ANY DISPUTE ARISING OUT OF OR IN CONNECTION WITH THIS
CONTRACT SHALL BE FINALLY SETTLED BY ARBITRATION IN SEOUL IN
ACCORDANCE WITH THE INTERNATIONAL ARBITRATION RULES OF THE
KOREAN COMMERCIAL ARBITRATION BOARD.

THE AWARD RENDERED BY THE ARBITRATOR(S) SHALL BE FINAL AND

BINDING UPON BOTH PARTIES CONCERNED.

　　(이 계약으로부터 또는 이 계약과 관련하여 발생하는 모든 분쟁은 서울에서 대한상사중재원의 국제중재규칙에 따라 중재에 의해 최종 해결한다. 중재인의 의한 중재판정은 최종적이며, 관련 당사자를 구속한다)

19. GOVERNING LAW (준거법)

20. REMARKS (특기사항):

　　(1) THIS CONTRACT SHALL BE EFFECTIVE AND VALID WHEN BOTH PARTIES SIGN HEREUNDER. (이 계약은 양당사자가 여기서 서명을 한 때부터 유효하다)

　　(2) ALL CHARGE AND INTERESTS OUTSIDE KOREA ARE FOR THE ACCOUNT OF THE DRAWEE. (대한민국 밖에서 발생하는 모든 수수료 및 이자는 지급인이 부담한다)

- dispute: 다툼
- controversy: 분쟁
- difference: 이견
- be settled: 해결되다.
- arbitration: 중재
- Korean Commercial Arbitration Board: 대한상사중재원
- drawee: 환어음의 지급인(통상 수입자, 신용장방식에서는 개설은행)
- drawer: 환어음의 발행인(통상 수출자)
- All charges are for the account of the buyer.
- All charges are for the buyer's account.

CHAPTER **8**
특수한 계약

SECTION 01
판매점계약(DISTRIBUTORSHIP AGREEMENT)

1. 판매점계약의 의의

1) 개념

판매점계약(Distributorship Agreement, Distributorship Contract, Distribution Agreement) 또는 판매권계약이란, 수출자(Supplier)가 해외판매점(Distributor)에 대하여 일정 기간 일정 상품에 대한 판매권을 부여하고 판매점은 그 상품의 일정량을 구매할 것을 약정하는 계약이다. 판매점계약의 개념정의로 볼 때, 판매점계약에서 수출자와 해외판매점간 매매계약을 체결하는 것을 내포하기 때문에, 당사자들은 매도인과 매수인의 관계에 대한 특정 사항(즉 가격, 결제조건, 보증 등 매매계약의 주요 내용에 대한 사항)에 대하여 합의가 이루어져야 한다.[1] 통상 이러한 특정 사항에 대한 합의는 양 당사자들 중 일방당사자의 "일반조건"(일반적으로 수출자(Supplier)의 매매계약 일반조건)을 판매점계약에 편입하는 방법을 택한다. 참고로 ICC의 표준판매점계약서에서는 '수출자의 일반매

---

1 ICC, *ICC Model Contract: Distributorship*, ICC Publication No. 766E, 2016, p.8.

매조건(Supplier's general conditions of sale)'의 적용을 받는다고 규정하고 있다.[2]

한편, 실무에서는 "agent(대리점, 대리인)" 또는 "general agent(총판대리점)"의 용어를 사용하는 경우가 있다. 이는 "distributor(판매점)"과 구별해야 하는데, 그 이유는 "agent(대리인)"은 수입국에서 전매자(reseller)가 되지 않기 때문이다.[3]

그 지역의 판매점에게만 판매권을 부여하는 것을 독점판매점계약(Exclusive Distributorship Agreement)이라고 하고, 다른 판매점에게도 판매권을 부여할 수 있는 것을 비독점판매점계약(Non-exclusive Distributorship Agreement, Sole Distributorship Agreement)이라고 한다.

그림 8-1   판매점거래 도해

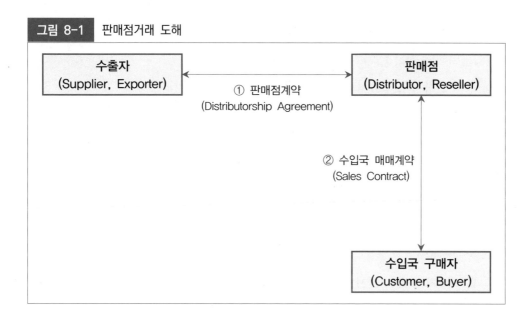

수입국에서는 해외판매점(Distributor)이 직접 수입국의 고객(소매상, 소비자 등)에게 판매하는 것으로 수입국에서의 판매계약의 당사자는 해외판매점과 수입국의 고객이다. 그러나 수출자가 제조자인 경우 소비자에 대해 제조자책임을 부담한다. 판매점계약은 기본계약에 해당되고, 구체적인 계약내용은 당사자의 주문 및 수락에 의해 확

---

2 Article 7 CONDITIONS OF SUPPLY - PRICES

7.3 Sales of the Products to the Distributor shall be governed by the Supplier's general conditions of sale, the currently applicable version of which is attached to this Contract (Annex Ⅴ, §1). In case of conflict between such general conditions and the terms of this Contract, the latter shall prevail.

3 ICC, *supra note 1,* p.8.

정된다. 계약기간은 특정기간(예: 1년)으로 정하며, 기간 만료전에 합의로 연장할 수 있도록 하거나, 특정기간을 정하지 않고 해지될 때까지 지속되는 것으로 정하기도 한다.

2) 판매점의 성격[4]

판매점(Distributor)은 단순한 전매자(reseller)[5]가 아니고, 수출자(supplier)와 밀접한 관계가 있다. 따라서 판매점은 다음과 같은 성격이 있으며, 판매점계약에 이를 반영해야 한다.

① 수입국에서 전매자(reseller)의 역량에서 판매점은 판매지역 내에서 판촉 및/또는 유통조직을 취급할 수 있다.
② 수출자는 판매지역 내에서 판매점에게 특권을 부여한다(통상적으로 수출자로부터 대상 품목을 독점적으로 구매할 권리를 부여한다).
③ 수출자와 판매점의 관계는 일정기간 지속되어야 하고(판매점계약의 기간), 양자 간의 협업을 위한 조건을 설정해야 한다.
④ 수출자와 판매점의 관계는 로열티(loyalty)라는 매우 친밀한 관계를 창출해야 하고, 이에 따라 판매점은 경쟁 품목의 유통을 삼가야 한다.
⑤ 사실상 판매점은 항상 그 브랜드의 품목을 유통하는 것이다.

2. 판매점계약의 주요내용

1) 계약체결일, 당사자, 계약체결 경위, 약인

계약서 서문에 계약체결일, 당사자, 약인 등을 기재한다. 통상 판매점계약은 연간단위로 갱신(또는 연장)되는데(This Agreement shall be renewed(or extended)), 계약체결일은 계약기간의 기산일이 된다. 영미법에서는 계약의 강행요건(enforceability)으로 약인을 요구하므로 약인을 명시한다.

---

4 ICC, *supra note 1*, p.8.

5 참고로 유럽사법재판소(European Court of Justice)에서는 Corman－Collins v. La Madison di Whisky 판결(2013.12.19.자 C－9/12)에서 판매점계약(distributorship agreement)과 매매계약(sales agreement)을 구분된다고 판단하였고, 판매점의 유통에 대한 특정조건을 포함할 것을 요구하는 독점판매점계약은 서비스제공계약(contract for the supply of services)이며, 매매계약(contract for sale)이 아니라고 판단하였다. (ICC, *supra note 1*, p.8.)

2) 용어의 정의

(1) 대상제품

판매점계약의 대상인 제품 및 그 명세를 기재한다. 제품의 명세는 특정될 수 있을 정도로 구체적으로 정하며, 그 내용이 많은 경우에는 부록(appendix)에 기재한다. 수출자는 제품의 디자인이나 형식을 변경할 수 있다고 정하는 경우가 많다.

(2) 판매점계약의 계약기간

계약기간은 계약체결일로부터 (통상 1년)년으로 정한다.

(3) 판매지역

판매점이 제품을 판매할 수 있는 지역('판매지역')을 정한다. 그리고 판매지역은 당사자의 합의로 수시로 변경이 가능하다. 판매점은 판매지역 이외에서는 판매할 수 없으며, 판매지역이외로 판매할 자에게 판매할 수 없다. 이는 우회적으로 판매지역제한을 피하는 것을 금지하기 위한 것이다(예: 수입독점판매지역이 한국인 경우 그 상품을 일본에서 판매할 수 없다).

참고로 독점판매점계약에서는 수출자도 판매지역에서 다른 판매점을 둘 수 없으나, 비독점판매점계약에서는 제한이 없다.

3) 판매점의 지명 및 수락

수출자는 판매지역 내에서 제품을 판매할 수 있는 판매점을 지정하고, 판매점은 이를 수락한다. 이 조항에서는 독점판매점계약 또는 비독점판매점계약 여부를 정한다. 독점판매점계약으로 정한 경우 해당 지역에서는 판매점에게만 판매권이 부여되므로, 수출자는 판매점 이외의 자에게 판매할 수 없다. 판매점은 판매지역 내에서 판매점 대상 제품과 경쟁하거나 유사한 제품을 직·간접적으로 구매, 수입, 수출, 유통, 또는 취급할 수 없다.

4) 발주 및 선적

판매점은 제품 및 수량을 정하여 주문을 한다. 주문한 제품과 수량의 수락여부는 수출자의 재량사항이며, 수출자가 수락한 경우에만 구속력이 있다. 판매점의 최소 주문량을 정한다. 그러나 판매점의 판매실적이 부족한 상태에서 계속하여 주문을 하게 되어 재고량이 지나치게 많이 쌓이게 되면, 판매점의 채무불이행이 발생할 수 있는 바, 최소 주문량을 강요하기보다는 계약을 해지해야 할 것이다.

5) 가격 및 대금결제

가격은 당사자의 합의로 수시로 정한다. 다만, 가격합의가 이루어지지 않은 경우 수출자는 서면통지로 계약을 해지할 수 있다. 판매점계약에서는 대금결제를 신용장방식으로 정하는 경우가 많은데, 이 경우 판매점의 주문을 수출자가 수락하면, 판매점은 수출자에게 신용장을 제공한다. 판매지역 내에서의 판매가격은 판매점이 정할 수 있다.

6) 최소구매량

판매점의 (연도별) 최소구매량과 가격을 정한다.

7) 기술지원

수출자는 판매점에게 기술지원을 하고, 판촉이나 광고를 위한 홍보물을 송부한다. 그리고 판매점의 직원을 교육 또는 훈련하여 판매를 돕는다.

8) A/S 및 부품

A/S는 판매점이 한다. 따라서 판매점은 원활한 A/S를 위해 충분한 부품의 재고를 유지해야 한다. 그리고 수출자는 판매점에게 부품을 공급해야 한다.

9) 검사 및 품질보증

판매점은 제품의 인수 즉시 제품을 검사해야 한다. 그리고 수출자는 제품의 소재 및 제조작업에 하자가 없음을 보장해야 한다.

10) 판매점의 책임

판매점은 자신의 비용으로 판촉, 광고 등을 수행하고, 제품의 최대 판매를 달성할 수 있도록 최선을 다한다. 그리고 판매점은 적정 재고를 유지해야 한다.

11) 정보요청

수출자는 판매점의 판매가격, 판매내역, 판촉, 광고, 가격정책 등에 대한 정보나 자료를 요청할 수 있다.

12) 판매점의 지위

판매점은 대리인이 아니며, 제품의 구매 및 판매는 자신의 계산과 위험으로 한다. 이 점에서 대리점계약과 다르다.

13) 계약기간

판매점계약의 기간은 계약체결일로 기산되며, (1년) 동안 효력이 지속된다. 판매점계약은 특별한 사정이 없으면 갱신(또는 연장)한다. 여기에는 2가지 방법이 있는데, 하나는 계약기간 만료 전에 당사자 간 합의가 있어야 갱신(또는 연장)되는 것으로 정하는 것과 다른 하나는 계약기간 만료 전(예: 만료 3개월 전)에 일방 당사자의 서면해지가 없으면, 자동갱신(또는 연장)되는 것으로 정하는 것이다.

14) 계약해지

판매점에게 일정한 사유가 발생한 경우 수출자는 판매점계약을 해지할 수 있다. 통상 해지사유는 다음과 같다.

- 판매점의 파산, 지급불능, 재산관리인의 지명
- 수출자의 서면동의 없이 판매점이 이 계약 또는 계약상의 권리를 제3자에게 양도
- 판매점의 폐업 또는 정상영업의 중단
- 판매점의 계약위반이 있고, 이에 대한 치유요청을 받은 날로 (일정기간) 이내에 치유하지 않는 경우

3. ICC Model Form of International Sole Distributorship Contract (ICC Distributorship Contract(Sole Importer-Distributor))[6]

Between _____

       whose registered office is at _____

       (hereinafter called "the Supplier")

       Legal form _____

       Registration No. _____

and   _____

       whose registered office is at _____

       (hereinafter called "the Distributor")

       Legal form _____

       Registration No. _____

IT IS AGREED AS FOLLOWS.

Article 1 TERRITORY AND PRODUCTS

1.1 The Supplier grants and the Distributor accepts the exclusive right to market the products listed in Annex Ⅰ, §1(hereinafter called "the Products") in the territory defined in Annex Ⅰ, §2(hereinafter called "the Territory") to the customers(hereinafter called "Contractual Customers"), as defined in Annex Ⅰ, §3. Contractual Customers are all customers, except the Excluded Customers (if any) listed in Annex Ⅰ, §3.

1.2 If the Supplier decides to market any other products in the Territory it shall so inform the Distributor in order to discuss the possibility of including such other products within the Products defined under Article 1.1. However, the above obligation to inform the Distributor does no apply if, in consideration of the characteristics of the new products and

---

6 ICC, ICC MODEL CONTRACT: DISTRIBUTOSHIP, ICC PUBLICATION No. 776E, 2016.

the specialization of the Distributor, it is not to be expected that such products may be marketed by the Distributor (e.g. products of a completely different range).

Article 2 GOOD FAITH AND FAIR DEALING

2.1 In carrying out their obligations under this Contract the parties will act in accordance with good faith and fair dealing.

2.2 The provisions of this Contract, as well as any statements made by the parties in connection with this distributorship relationship, shall be interpreted in good faith.

Article 3 DISTRIBUTOR'S FUNCTIONS

3.1 The Distributor sells in its own name and for its own account, the Products supplied by the Supplier.

3.2 The Distributor agrees to efficiently promote that sale of the Products in the Territory in accordance with the Supplier's policy and shall protect the Supplier's interests with the diligence of a responsible businessperson.

3.3 The Distributor has no authority to act in the name or on behalf of the Supplier or in any way to bind the Supplier towards third parties, unless previously and specifically authorized in writing to do so by the Supplier.

3.4 The Distributor may, in exceptional cases in which it is not in a position to buy and resell, propose such business to the Supplier for a direct sale to the customer. For such activity as in Annex Ⅱ, §1(if completed) or otherwise to be agreed upon case by case, to be calculated and paid according to Annex Ⅱ, §3. It is expressly agreed that such activity as intermediary, to the extent it remains of an accessory character, does not modify the legal status of the Distributor as a trader acting in its own name and for its own account.

Article 4 UNDERTAKING NOT TO COMPETE

4.1 Without the prior written authorization of the Supplier, the Distributor shall not represent, directly or indirectly, manufacture, market or sell in the Territory any products which are in competition with the Products, for the entire term of this Contract.

4.2 The Distributor is entitled to represent, manufacture, market or sell any products which are not competitive with the Products, provided he informs the Supplier in advance of such activity and provided the exercise of such activity does not prejudice the fulfillment of its obligations under this contract.

4.3 The Distributor declares that it represents (and/or manufactures, markets or sells, directly or indirectly) on the date on which this contract is signed the products listed in Annex Ⅲ.

Article 5   SALES ORGANIZATION

The Distributor shall set up and maintain an adequate organization for sales and, where appropriate, after－sales service, with all means and personnel as are reasonably necessary in order to ensure the fufilment of its obligations under this Contract for all Products and throughout the Territory.

Article 6   MARKETING STRATEGIES - ADVERTISING AND FAIRS

6.1 The parties shall discuss in advance the marketing programme for each year. All advertising materials, including digital, must be approved by the Supplier in advance. The costs of agreed advertising and other marketing activities shall be shared between the parties in accordance with Annex Ⅳ, §1(if completed); otherwise each party will bear the marketing expenses it has incurred.

6.2 The Supplier shall provide Distributor, at Supplier's discretion, with brochures, leaflets, technical and commercial information on the Products, as a support for its marketing activity. Parties shall agree on sharing possible costs of translation and adaptation of such materials. All promotional materials delivered shall remain the exclusive property of Supplier, undertaking Distributor to return them to Supplier upon contract termination.

6.3 The parties shall agree on their participation in fairs, exhibitions, and other promotional activities within the Territory. The costs of the Distributor's participation in such fairs, exhibitions and other promotional activities shall be apportioned between the parties as indicated in Annex Ⅳ, §2.

6.4 The parties may agree on a detailed marketing strategy on the basis of the indications contained in Annex Ⅴ.

Article 7 CONDITIONS OF SUPPLY - PRICES

7.1 The Supplier shall supply all Products ordered, subject to their availability, and provided payment of the Products is adequately warranted. The Supplier may not unreasonably reject orders received from the Distributor; in particular, repeated refusal of orders contrary to good faith (e.g. if made for the purpose of hindering the Distributor's activity) shall be considered as breach of contract by the Supplier.

7.2 The Supplier agrees to make its best efforts to fulfil the orders it has accepted.

7.3 Sales of the Products to the Distributor shall be governed by the Supplier's general conditions of sale, the currently applicable version of which is attached to this Contract (Annex Ⅴ, §1). In case of conflict between such general conditions and the terms of this Contract, the latter shall prevail.

7.4 The prices payable by the Distributor shall be those set forth in the Supplier's price list in force at the time the order is received by the Supplier with the discount, delivery conditions and lead time indicated in Annex Ⅵ, §2. Unless otherwise agreed, such prices are subject to change at any time, subject to one month's notice.

7.5 The Distributor agrees to comply, with the utmost care, with the terms of payment agreed upon between the parties.

7.6 It is agreed that the Products delivered remain the Supplier's property until the Supplier has received payment in full.

Article 8 SALES TARGETS - GUARANTEED MINIMUM TARGET

8.1 The parties may agree annually on the sales targets for the forthcoming year.

8.2 The parties shall make their best efforts to attain the targets agreed upon, but the non-attainment shall not be considered as a breach of the contract by a party, unless that party is clearly at fault.

8.3 In Annex VII the parties may agree on a Guaranteed Minimum Target and on the consequences of its non-attainment.

Article 9 SUB-DISTRIBUTORS OR AGENTS

9.1 The Distributor may appoint sub-distributors or agents for the sale of the Products in the Territory, provided the Distributor informs the Supplier before the engagement.

9.2 The Distributor shall be responsible for its sub-distributors or agents.

Article 10 SUPPLIER TO BE KEPT INFORMED

10.1 The Distributor shall exercise due diligence to keep the Supplier informed about the Distributor's activities, market conditions and the state of competition within the Territory. The Distributor shall answer any resonable request for information made by the Supplier.

10.2 The Distributor shall exercise due diligence to keep the Supplier informed about: (i) the laws and regulations which are applicable in the Territory and relate to the Products (e.g. import regulations, labelling, technical specifications, safety requirements, etc.), and (ii) as far as they are relevant for the Supplier, the laws and regulations concerning the Distributor's activity.

Article 11 RESALE PRICES

The Distributor is free to fix the resale prices of the Products, with the only exception of maximum sales prices that the Supplier may impose. The Supplier may indicate "non binding" resale prices, provided this does in no way limit the Distributor's right to grant lower prices.

Article 12 SALE OUTSIDE THE TERRITORY-INTERNET

12.1 A ☐	12.1 B ☐
The Distributor agrees not to actively promote sales(e.g. through advertising, establishing branches or distribution depots) outside the contractual Territory reserved by the Supplier exclusively for itself or allocated by the Supplier to other exclusive distributors or buyers.	CHECK ANTITRUST COMPLIANCE The Distributor shall not sell the Products to customers established outside the Territory or to customers whom the Distributor should reasonably expect to resell such Products outside the Territory. The Distributor shall transmit to the Supplier all enquiries from customers established outside of the Territory.

12.2 The Distributor may promote the Products through the Internet, but may not use the Supplier's trademarks, trade names, symbols and other Intellectual property rights without previously agreeing in writing with the Supplier the details of such use.

Article 13 SUPPLIER'S TRADEMARKS, TRADE NAMES AND SYMBOLS

13.1 The Distributor shall use the Supplier's trademarks, trade names and symbols for the purpose of identifying and advertising the Products, within the scope of this Contract.

13.2 The Distributor shall not register nor have registered on its behalf any trademarks, trade names, or symbols of the Supplier (or which are confusingly similar with the Supplier's), or use such as domain names or metatags, in the Territory or elsewhere.

13.3 The right to use the Supplier's trademarks, trade names and symbols, as provided for under the first paragraph of this Article, shall cease immediately for the Distributor, on the expiration or termination, for any reason, of the present Contract.

13.4 The Distributor shall notify the Supplier of any infringement of the Supplier's trademarks, trade names and symbols as well as of any act of unfair competition or illegal trade practice in relation thereto that comes to its attention the expiration or termination, for any reason, of the present Contract.

Article 14 CONFIDENTIAL INFORMATION

Each part agrees not to disclose to third parties any Confidential information disclosed to it by the other party in the context of this Contract in conformity with the ICC Model Confidentiality Clause at Annex Ⅷ. This Article 14 survives the termination of this Contract.

Article 15 STOCK OF PRODUCTS AND SPARE PARTS-AFTER SALES SERVICE

15.1 The Distributor agrees to maintain at its own expense, for the whole terms of this Contract, a stock of Products and spare parts sufficient for the normal needs of the Territory, and in any case at least as indicated in Annex Ⅸ.

15.2 The Distributor agrees to provide after sales service according to the terms and conditions set out in Annex Ⅸ, provided such Annex has been completed.

Article 16 SOLE DISTRIBUTORSHIP

16.1 The Supplier shall not, during the term of this Contract, grant any other person or undertaking(including a subsidiary of the Supplier) within the Territory the right to represent or market the Products. The Supplier shall furthermore refrain from selling to customers established in the Territory, except pursuant to the conditions set out under Article 17 hereafter.

16.2 A □	16.2 B □
The Supplier is entitled to sell the Product to customers outside the Territory, even if such customers intend to export the Products into the Territory, buy may not actively solicit or otherwise provoke such sales to third parties with the purpose of circumventing the exclusivity under Article 16.1.	CHECK ANTITRUST COMPLIANCE The Supplier shall not sell the Products to customers outside the Territory, when the Supplier knows, or cannot have been unaware, that such customers intend to resell the Products within the Territory. The Supplier will also impose on its other distributors an obligation corresponding to that under this Article 16.2.B.

16.3 A □	16.3 B □
The Supplier is entiltled to sell the Product on the Internet through its own portal or by any other means, without any limitation. The Supplier with take reasonable precautions in order to reduce interference of its promotion through the Internet with the Distributor's activity.	The Supplier is entiltled to sell the Product on the Internet through its own portal or by any other means. However, on sales to Contractual Customers established in the Territory, the Distributor shall be entitled to a reduced commission to be calculated according to Annex Ⅱ, § 3.

Article 17 DIRECT SALES

17.1 The Supplier shall be entitled to deal directly with the special customers listed in Annex Ⅱ, §2; in respect of the sales to such customers the Distributor may be entitled to a commission, if any, as provided for in Annex Ⅱ, §2. This article shall not apply if §2 of Annex Ⅱ (Special customers commission) has not been completed by the parties.

17.2 Whenever a commission is due to the Distributor, it shall be calculated and paid according to Annex Ⅱ, §3.

Article 18 DISTRIBUTOR TO BE KEPT INFORMED

18.1 The Supplier shall provide the Distributor free of charge with all documentation relating to the Products (brochures, etc.) reasonably needed by the Distributor for carrying out its obligations under the Contract. The Distributor shall return to the Supplier at the end of this

Contract, all documents that have been made available to it by the Supplier and that remain in its possession.

18.2 The Supplier shall provide the Distributor with all other information reasonably needed by the Distributor for carrying out its obligations under the Contract including without limitation any information regarding a material decrease in its supply capacity.

18.3 The Supplier shall keep the Distributor informed of any relevant communication with customers in the Territory.

18.4 If the Supplier expects that its capacity of supply will be significantly lower than that which the Distributor could normally expect, it will inform the Distributor within a reasonable time.

Article 19 TERM OF THE CONTRACT

19.1 A □	19.1 B □	19.1 C □
This Contract enters into force on .... and shall remain in force until terminated according to Articles 19.2 or 20, but shall in an case expire (if not terminated earlier) after a period of five years from the date of its entry into force. The parties agree to meet at least three months before the end of five years' period in order to discuss the possibility of entering into a new contract after its expiration.	This Contract is concluded for an indefinite period and enters into force on	This Contract enters into force on the .... and shall remain in force until ....

19.2 A □	19.2 B □	19.2 C □
This Contract may be terminated by either party at any time by notice given in writing by means of communication ensuring evidence and date of receipt (e.g. registered mail with	This Contract may be terminated by either party at any time by notice given in writing by means of communication ensuring evidence and date of receipt (e.g. registered mail with	This Contract shall therafter be automatically renewed for successive periods of one year, unless terminated by either party by notice given in writing by means of communication

19.2 A □	19.2 B □	19.2 C □
return receipt, special courier), not less than 4 months in advance. If the Contract has been replaced by a new contract after the five years' period, the period of notice will be 6 months. The end of the period of notice must coincide with the end of a calendar month.	return receipt, special courier), not less than 4 months in advance. If the Contract has been in force for more than five years, the period of notice will be 6 months. The end of the period of notice must coincide with the end of a calendar month.	ensuring evidence and date of receipt (e.g. registered mail with return receipt, special courier), not less than four months before the date of expiry. If the Contract has been in force for more than five years, the period of notice will be 6 months.

Article 20 EARLIER TERMINATION

20.1 Each party may terminate this Contract with immediate effect, by notice given in writing by means of communication ensuring evidence and date of receipt (e.g. registered mail with return receipt, special courier), in case of a substantial breach by the other party of the obligations arising out of the Contract, or in case of exceptional circumstances justifying the earlier termination.

20.2 Any failure by a party to carry out all or part of its obligations under the Contract resulting in such detriment to the other party as to substantially deprive such other party of what it is entitled to expect under the Contract, shall be considered a substantial breach for the purpose of Article 20.1. above. Circumstances in which it would be unreasonable to require the terminating party to continue to be bound by this Contract, shall be considered as exceptional circumstances for the purpose of Article 20.1. above.

20.3 The parties hereby agree that the violation of the provisions under......... of the present Contract is to be considered, as a substantial breach of the Contract. Moreover, any violation of the contractual obligations may be considered as substantial breach, if such violation is repeated notwithstanding a request by the other party to fulfil the contractual obligations.

20.4 Furthermore, the parties agree that the following situations shall be considered as exceptional circumstances which justify the earlier termination by the other party: bankruptcy, moratorium, receivership, liquidation or any kind of arrangement between debtor and creditors, or any other circumstances which are likely to affect substantially one party's ability to carry out its obligations under this Contract.

20.5 If the parties have filled in Annex XI, the Contract may also be terminated by the Supplier with immediate effect in case of change of control, ownership and/or management of the Distributor company, according to the provisions set forth in Annex XI.

20.6 If a party terminates the Contract according to this Article, but it is thereafter ascertained that the reasons put forward by that party did not justify the earlier termination, the termination will be effective, but the other party will be entitled to damages for the unjustified earlier termination. Such damages will be equal to the gross profits of the sale of the Products for the period the Contract would have lasted in case of normal termination, based on the turnover of the preceding year, unless the damaged party proves that the actual damage is higher(or, respectively, the party having terminated the Contract proves that the actual damage is lower). The above damages are in addition to the indemnity which may be due under Article 21.

Article 21 GOODWILL INDEMNITY

21 A □	21 B □
21.1 The Distributor shall not be entitled to an indemnity for goodwill or similar compensation ('indemnity') in case of the termination of the Contract.	21.1 In case of termination by the Supplier for reasons other than a substantial breach by the Distributor, the latter shall be entitled to an indemnity according to Annex XII. 21.2 The goodwill indemnity under this Article 21("Contractual Indemnity") is in lieu of any goodwill indemnity or equivalent compensation the Distributor may be entitled to by virtue of rules of

21 A □	21 B □
	law applicable to the present Contract ("Statutory Indemnity") and will consequently replace such Statutory Indemnity (if any). However, in case the Distributor's right to the Statutory Indemnity cannot be validly replaced by the Contractual Indemnity under the applicable law. Article 21.1 will not apply and the Distributor will be entitled to the Statutory Indemnity in lieu of the Contractual Indemnity set out in this Article 21.1 hereabove. 21.3 The above provision does not affect the Distributor's right to claim damages for breach of Contract as fas as the termination by the Supplier amounts to such a breach, and is not already covered by Article 20.6

Article 22 RETURN OF DOCUMENTS AND PRODUCTS IN STOCK

22.1 Upon expiry of this Contract the Distributor shall return to the Supplier all promotional material and other documents and samples which have been supplied to it by the Supplier and are in the Distributor's possession.

22.2 At the Distributor's option, the Supplier will buy from the Distributor all Products the latter has in stock, provided they are still currently sold by the Supplier and are in new condition and in original packaging, at the price originally paid by the Distributor. Products not so purchased by the Supplier must be sold by the Distributor in accordance with the Contract on usual terms.

Article 23 RESOLUTION OF DISPUTES

23.1 The parties may at any time, without prejudice to Article 23.2, seek to settle any dispute arising out of or in connection with this Distributorship Contract in accordance with the ICC Mediation Rules.

23.2 A □ Arbitration	21 B □ Litigation (ordinary courts)
Subject to Art 23.1, all disputes arising out of or in connection with the present distributorship Contract shall be submitted to the International Court of Arbitration of the International Chamber of Commerce and shall be finally settled under the Rules of Arbitration of the International Chamber of Commerce by one or more arbitrators appointed in accordance with the said Rules.	In case of dispute the courts if ....(place) ....(country) shall have exclusive jurisdiction.

Article 24 APPLICABLE LAW

24 A □ General principles	24 B □ National law
24.1 Any question relating to this Contract which are not expressly or implicitly settled by the provisions contained in this Contract shall be governed, in the following order. (a) by the principles of law generally recognized in international trade as applicable to international distributorship contracts. (b) by the relevant trade usages, and (c) by the UNIDROIT Principles of International Commercial Contract, with the exclusion – subject to the second paragraph of this clause – of national laws. The parties agree that in any event consideration shall be given to mandatory provision of the law of the country where the Distributor is established which would be applicable event if the Contract is governed by a foreign law (overriding mandatory rules). Any such provisions will be taken into account to the extent they embody principles which are universally recognized and provided their application appears reasonable in the context of international trade.	24.1 This Contract is governed by the law of .... (name of the country the law of which is to apply) regardless of the conflict of law rules of that country.

24.2 Unless otherwise agreed in writing or regulated in the Supplier's general conditions of sale, the sale contracts concluded between the Supplier and the Distributor within this Distributorship Contract will be governed by the United Nations Convention on Contracts for the International Sale of Goods(Vienna Convention of 1980, hereafter referred to as CISG), and to the extent that such questions are not covered by CISG and that no applicable law has been agreed upon, by reference to the law of the country where the Supplier has its business.

Article 25 AUTOMATIC INCLUSION UNDER THE PRESENT CONTRACT

25.1 If the parties have not made a choice between the alternative solutions provided in Articles 12, 16.2, 16.3, 19, 21, 23.2 and 24.1 under the letter A and B, by deleting one of the alternatives, and provided they have not expressly made a choice by other meas, alternative A shall be considered applicable.

25.2 The Annexes attached to this model form an integral part of the Contract. Annexes or parts of Annexes which have not been completed will be effective only to the extent and under the conditions indicated in this Contract.

Article 26 PREVIOUS AGREEMENTS-MODIFICATIONS-NULLITY-ASSIGNMENT

26.1 This Contract replaces any other preceding agreement between the parties on the subject, except for any pre−existing confidentiality agreements.

26.2 No addition or modification to this Contract shall be valid unless agreed in writing. However, a party may be precluded by its conduct from asserting the invalidity of additions or modifications not made in writing to the extent that the other party has relied on such conduct.

26.3 If any provision or clause of this Contract is found to be null or unenforceable, the Contract will be construed as a whole to effect as closely as practicable the original intent of the parties; however, if for good cause, either party would not have entered into the Contract knowing the interpretation of the Contract resulting from the foregoing, the Contract itself shall be null.

26.4 The present Contract cannot be assigned without the prior written agreement of the parties.

Article 27 AUTHENTIC TEXT

The English text of this Contract is the only authentic text.

Made in _____ on the _____

The Supplier _____

The Distributor _____

Annex I

PRODUCTS AND TERRITORY

(Article 1.1)

§1   PRODUCTS

....

....

....

If this paragraph 1 of Annex I has not been filled in, all products manufactured and/or sold by the Supplier at present and in the future shall be considered as "Products" for the purpose of this Contract.

§2   TERRITORY

....

If this paragraph 2 of Annex I has not been filled in, the whole territory of the country where the Distributor has its place of business will be considered as "Territory" for the purpose of this Contract.

§3   CONTRACTUAL CUSTOMERS

The categories of customers to which this distributorship agreement applies are all customers established in the Territory, except the following Excluded Customers;

☐ duty free shops

☐ third—party web portlas

☐ public administration bodies

☐ ....(other)

Excluded Customers remain outside the scope of the distribution contract and in particular of the exclusivity granted in Article 16 and of the right to commission under Article 17.

....

If this paragraph 3 of Annex I has not been filled in, all the customers in the Territory will be considered as "Contractual Customers" for the purpose of this contract.

Annex Ⅱ

Commission on direct sales

§1   NORMAL COMMISSION(ARTICLE 3.4.)

When acting as an intermediary, in conformity with Article 3.4., the Distributor is entitled to a commission of ....%

§2   SPECIAL CUSTOMERS COMMISSION(ARTICLE17)

On all direct sales to the following customers the Distributor is entitled to the following commission:.

....%

....%

....%

....%

§3   CONTRACTUAL CUSTOMERS

3.1 Commission shall be calculated on the EXW Incoterms® rule reference value, irrespective of the Incoterms rule chosen in the contract of sale.

3.2 The Distributor shall acquire the right to commission after full payment by the customers of the invoiced price. In case of partial payment made in compliance with the sales contract, the Distributor shall be entitled to a proportional payment.

3.3 Except as otherwise agreed, the commission shall be calculated in the currency of the sales contract in respect of which the commission is due.

3.4 To the extent allowed by applicable law, any taxes imposed on the Distributor's commission in the Territory are for the Distributor's account.

Annex Ⅲ

Products and suppliers represented by the distributor

(Article 4.3)

The Distributor hereby declares that it represents(and/or manufactures, markets or sell, directly or indirectly) on the date on which this Contract is signed, the following products for the following suppliers:

SUPPLIER   PRODUCTS

....

....

....

....

....

....

Annex Ⅳ

Advertising, fairs and exhibitions

(Article 6)

§1   ADVERTISING AND OTHER MARKETING EXPENSES(ARTICLE 6.1)

Except as otherwise agreed in writing, the costs of agreed advertising and other marketing expenses shall be shared between the parties as follows:

Supplier: ....%

Distributor: ....%

If the spaces left blank in the above paragraph are not filled in by the parties, each party will bear the advertising costs it has incurred.

§2   FAIRS AND EXHIBITIONS(ARTICLE 6.3)

Except as otherwise agreed in writing, the costs for participation in fairs and exhibitions shall be shared between the parties as follows:

Supplier: ....%

Distributor: ....%

If the spaces left blank in the above paragraph are not filled in by the parties, each party will bear the advertising costs it has incurred.

Annex V
Marketing strategies
(Article 6.4)

■   NOTE TO SUPPLIER AND DISTRIBUTOR

Please provide your views to adapt this Annex to your Product and target market.

■   MARKET RESEARCH

Distributor undertakes to accomplish during the six−month term following the date the this Contract enters in force and to provide the Supplier, with a market research, whose minimum scope shall be the following:

- Market trend for the Products in the Territory.
- Product sales in the last three years in the Territory.
- Identification of different market segments.
- Key factors for customer demand, per market segment.
- Comparative analysis with existing competing Products.
- Identification of key opinion leaders, purchase advisors and distribution channels.
- Forecast for similar products for the current year.

■   MARKETING STRATEGIES

Please summarize Distributor's commitments concerning market approach, i.e.:

- Exhibiting the Products in the major exhibitions held in the Territory (if there is any of special relevance for this sector, please indicate)´;
- Advertising and advertising rules such as the Consolidated ICC Code of Advertising and Marketing Communication Practice published on 01/08/2011,available at

  http://www.iccwbo.org/advocacy−codes−and−rules/document−centr

e/2011/advertising−and−marketing−communication−practice−(cons
olidated−icc−code)/ ;

- Carrying out Product demonstrations;
- Drafting technical reviews for specialised media;
- Visiting key opinion leaders;
- Etc.

■ TRAINING COMMITMENTS

Distributor shall maintain competent and skilled staff properly trained by
the Supplier to promote, sell and maintain an adequate after sales
service for the Products (please clarify the Supplier's contribution to this
training in terms of cost, venue, term, etc).

■ TRAINING COMMITMENTS

Distributor shall provide Supplier on a half−yearly basis:

- A six−month forecast of sales.
- A half−yearly sales action plan for the Territory.
- A report of sales in the Territory by channel for the previous
  half−year.

SECTION 02
위탁판매계약(CONSIGNMENT AGREEMENT)

1. 위탁판매계약의 의의

위탁판매계약(Consignment Agreement, Consignment Contract)이란, 위탁자(consignor,
exporter, company)의 위탁에 의해 위탁매매인(consignee)[7]이 자기의 명의로서(즉 직접
계약당사자(seller)가 되어) 위탁자의 계산으로(수입국에서의 판매이익과 위험은 위탁자에게

---

7 "수탁판매인" 또는 "수탁자"라고도 하는데, 대한민국 상법에서는 "위탁매매인"이라는 용어를 사용한
다(상법 제101조).

귀속) 수입국의 구매자(buyer)에게 상품을 판매하는 것을 내용으로 하는 계약이다.

위탁매매인은 위탁자로부터 상품을 구매하는 것이 아니고, 위탁자를 위하여 상품을 판매하는 것일 뿐이다. 따라서 상품의 소유권은 위탁자에게 있고, 위탁매매인은 상품에 대한 소유권이 없다. 판매수익금은 전액 위탁자에게 귀속되고, 판매대금 미결제위험은 위탁자가 부담하며, 위탁매매인은 수수료(위탁수수료)를 받을 뿐이다.

한편, 수입국의 구매자(buyer)와의 관계에 있어 위탁매매인(consignee)은 매도인(seller)으로서 직접 매매계약의 당사자가 되며, 위탁자는 매매계약의 당사자가 아니다. 따라서 수입국 판매 관련 A/S, 클레임 등은 위탁매매인이 부담하고, 위탁자는 수입국의 구매자에게 대금지급청구 또는 손해배상청구를 할 수 없다.[8]

위탁판매계약은, 신속한 납품이 요구되는 것, 고객의 직접 선택이 필요한 것, 고객의 수요에 맞추어 간단한 가공이 필요한 것 등의 경우에 이용된다.

2. 위탁판매계약의 내용

1) 위탁판매계약의 내용

- 판매가격 지정
- Consignee는 Consignor로부터 독립적
- 최소판매물량
- 고객(buyer)으로부터 대금을 수령하여 Consignor에게 송금
- Consignee는 A/S 실시
- 물품의 소유권은 고객에게 인도될 때까지 Consignor에게 있음
- 위탁수수료(commission): 회수·지급된 총판매가의 (   ) %
- Consignor는 Consignee에게 수입관세 송금

※ **대리점계약(Agency Agreement)**

대리점(Agent)이란, 본인의 위임을 받아 본인을 위하여 본인의 영업부류에 속하는 거래를 대리하는 자를 말한다. 무역거래에서 수출자(본인, Company)가 물품의 판매, 구매, 판촉 등을 대리점에 위임하고, 대리점은 수출자(Company)를 위하여 물품의 판매, 구매, 판촉 등을 하며, 그 대가로 수수료를 받는다. 대리점은 수출자(본인)의 명의로 무역계약을 체결하며, 이 계약은 수출

---

8 채권자대위권에 의한 행사는 별론으로 한다.

자(Company)가 직접 계약을 체결한 것과 동일한 효력이 있다(다만, 자신이 수출자의 대리인이라는 것을 계약서에 기재해야 하며, 그렇지 않은 경우 대리인 자신의 계약으로 인정됨). 대리점은 일정량의 견본을 제외하고는 상품의 재고를 보유하지 않으며, 수입국에서 A/S의무를 부담하지도 않는다.

☞ **대리점계약의 특징**: 대리점은 다음의 점에서 판매점(Distributor)과 구별된다.

① 대리점(Agent)은 자신의 명의로 수입국의 buyer와 계약을 체결하는 것이 아니고, 단지 대리인으로서 본인을 위하여 계약을 체결한다. 즉 대리점은 seller가 아니고 seller를 대리하여 계약을 체결한다. 그러나 판매점은 자신이 seller로서 자신의 명의로 수입국의 buyer와 계약을 체결한다.

② 대리점의 수입원(revenue)은 대리수수료이지만, 판매점의 수입은 판매액과 구매액의 차액이다.

③ 수출자(본인)과의 관계에 있어, 대리점은 대리인이다. 그러나 판매점은 수출자와의 관계에서는 buyer가 된다.

④ 대리점(Agent)은 고객으로부터 발주서(order)를 받은 즉시 수출자에게 전달한다.

⑤ 신용장방식에서는 고객으로 하여금 수출자를 수익자로 하는 신용장을 개설하도록 한다.

⑥ 대리점은 수출자의 서면동의와 수권 없이 고객으로부터 대금을 회수할 수 없다.

⑦ 대리점은 지역 내의 제품시장 상황, 경쟁자의 활동이나 가격을 수시로 제공하고, 제품판매의 촉진을 위하여 필요한 가용정보를 제공한다.

⑧ 수수료: 대리점은, 제품판매에 대하여 순현금수령액의 (   )%를 수수료로 받는다.
   * 순현금수령액: 수취한 판매대금 - (세금, 관세, 운임, 보험 등)

• 병행수입(parallel import) •

- 공식수업업체가 아닌 일반수입업체가 합법적인 경로로 제품을 들여와 상대적으로 싼 가격에 판매. 유통업체가 직접 수입. 수입상품시장의 경쟁력활성화를 위해 1995년 도입.
- 제조국 이외의 제3국이나 자유무역항 등을 통해 수입(특정국가에서 독점판매권을 보유한 공식 수입업체가 아닌 제3자가 다른 유통경로를 통해 수입)

3. 위탁판매계약 사례 연구

CONSIGNMENT AGREEMENT

This Agreement, made and entered into this [Date, Month, Year] by and between [회사명   ], a corporation duly organized and existing under the laws of the Republic of Korea, having its principal office at [주소

          ](hereinafter referred to as "COMPANY") and [회사명   ], a corporation duly organized and existing under the laws of [국가명   ], having its principal office at [주소   ](hereinafter referred to as "Consignee").

NOW, THEREFORE, the parties hereto mutually covenant and agree as follows:

Article 1. Appointment

1.1 The Company hereby appoints the Consignee as its [◎] exclusive [◎] non-exclusive Consignee in the territory specified as follows (hereinafter referred to as "Territory"), for the sale of the products as specified as follows(hereinafter referred to as "Products"). Territory and Products may be amended by mutual written consent of the parties.

ITEM NO.	SPECIFICATION	etc.

Article 2. Order and Contract

2.1 Consignee may receive orders and buying offers from customers in Territory and may conclude sales contract on Products on behalf of COMPANY with any person, firm or company within Territory.

2.2 Consignee shall execute any sales contract with customer only by using a sales contract form which is specified by Company. Consignee shall not modify, amend or alter such specified form by and reason whatsoever without a prior written consent of COMPANY.

Article 3. Price

3.1 Price for each item of Products to be sold to customers in Territory shall be provided as follows.

Quantity	Amount

3.2 Notwithstanding provisions of the preceding paragraph 3.1, COMPANY may change any price of Products and, in such case, COMPANY shall inform Consignee of such change along with the valid period of the new price of Products from time to time.

Article 4. Competitive Business

Consignee shall not deal as agent, distributor or representative, or in any other manner, with any goods or equipment competitive or likely to compete with Products during the life of this Agreement.

Article 5. Independent Business

Consignee shall at all times be independent of COMPANY. In the event that Consignee invests or expends any amount for advertisement or business operation or newly employs persons in order to carry out this Agreement, COMPANY in not responsible for such Consignee's expenditure thereon even if this Agreement has been terminated or canceled for any reason whatsoever.

Article 6. Minimum Transaction

6.1 The following minimum sales of Products shall be guaranteed by Consignee under this Agreement.

	Contract Year	Contract Term	Quantity	Amount
◎	First Contract Year			
◎	Second Contract Year			
◎	Third Contract Year			

6.2 If Consignee fails to attain the said minimum sales in any one period, COMPANY is entitled to terminate this Agreement prematurely by giving [thirty (30)] days notice.

6.3 The above minimum sales shall be calculated on the total sales amount of Products for which Consignee has effectively received the payment from its customers and, in addition, of Products for which COMPANY has directly shipped and received the payment in its direct transaction with clients in Territory.

Article 7. Consignee's Services

7.1 During the life of this Agreement, Consignee shall render following services, and bear all costs and expenses incurred arising from such services

(a) To keep Products bailed by COMPANY hereunder in the custody of Consignee or other custody approved by COMPANY at the place agreed between the parties hereto;

(b) To have a showroom where Products shall be displayed to potential customers;

(c) To make contracts as much as possible with customers by using the sales contract form stipulated in the paragraph 2.1 of Article 2 hereon behalf o COMPANY;

(d) To collect whole money from customers under contracts above menand to remit such money to COMPANY, provided that remittance for the money collected in each month shall be made within ten(10) days from the last day of such each month;

(e) To give COMPANY marketing information and report as stipulated herein or as instructed by COMPANY hereunder from time to time;

(f) To render services as stipulated herein or as instructed by COMPANY hereunder from time to time.

7.2 During the life of this Agreement, COMPANY shall furnish Consignee with Products. The quantity, items etc. of Products so furnished and time when COMPANY delivers Products to Consignee shall decided upon by COMPANY at its sole discretion but after negotiation with Consignee on them.

Article 8. Maintenance

8.1 Consignee shall take care of any after−sales service for the customers wit the most careful attention. Consignee shall inform COMPANY of any mechanical or operation trouble with Products as soon as Consignee receives a notice of such trouble from any customer, and shall take any necessary action to be mutually agreed. COMPANY and Consignee shall discuss how COMPANY and/or Consignee shall bear any cost necessitated for such action on a case−by−case basis.

8.2 Consignee shall keep sufficient parts, tools and equipment for the maintenance service of Products to customers. During the warranty period provide in each sales contract between COMPANY and customer, Consignee shall repair any defective Products within the scope of Consignee's technical capability.

Article 9. Technical Training

Consignee shall at its own expense send personnel of its own choice in a number to be agreed upon by the parties hereto to COMPANY for the purpose of being thoroughly trained in the installation, operation repair and maintenance of Products installed in Territory. COMPANY shall train the personnel dispatched by Consignee for a period not to exceed [20   ] days.

Article 10. Title

The absolute title to all Products consigned to Consignee by COMPANY shall remain in COMPANY until such time that Products have been effectively delivered to customers.

| ◎ | Article 11. Insurance

During the period when Products are in the custody of Consignee or other custody as stipulated in (a) of the paragraph 7.1 of Article 7, Consignee shall keep them in sale and in good conditions. Consignee agree to keep Products insured in the name and for the benefit of COMPANY against loss by fire, theft or otherwise with extended coverage. Any policy of such insurance shall be delivered to COMPANY and Consignee shall bear all premiums thereof.

Article 12. Commission

12.1 In consideration of Consignee's services hereunder, COMPANY shall pay Consignee within [one (1)   ] month after the close of each calendar quarter commissions at the rate of [   ] percent on all sales amount which are or become consummated, collected and fully paid for by Consignee or customer during such calendar quarter. COMPANY reserves the right to deduct from any commission due any amount which may be owed by Consignee to COMPANY.

12.2 COMPANY needs not to pay Consignee any commission in case when payment for Products shipped to customers is made between COMPANY and customers under a separate sales contract between them.

Article 13. Expenses and Import Duty

13.1 Consignee shall bear all expenses incurred for unloading charge, storage, transportation and handing of Products in Territory.

13.2 COMPANY shall remit to Consignee the amount for import duty immediately after the amount is fixed.

13.3 Unless otherwise provide herein, no other payment than the above shall be made by COMPANY without any written consent of COMPANY to do so.

Article 14. Sales Promotion

Consignee shall diligently and adequately advertise and promote the sales of Products at its cost throughout Territory. COMPANY may furnish without or with charge to Consignee reasonable quantity of advertising materials.

Article 15. Information and Report

Both COMPANY and Consignee shall periodically and/or on the request of either party furnish information and market reports each other to promote the sales of Product as much as possible. Consignee shall give COMPANY such report as inventory, market conditions and other activities of Consignee.

Article 16. Industrial Property Right

16.1 Consignee shall not register in Territory any patent, utility model, trademark, design or copyright in Products.

16.2 Consignee shall not use COMPANY's signature, monogram, name or any other mark that is now or may henceforth be owned by COMPANY, or similar to them.

Article 17. Confidentiality

The technical and/or commercial information given by COMPANY will be supplied and disclosed to Consignee in confidence. Except where such confidential information otherwise becomes public knowledge, Consignee shall not disclose such confidential information or otherwise use it except for such disclose to employees and buyers as may be necessary in connection with sale and use of Products. The obligations of this Article shall survive termination of this Agreement for the period of [five(5)] years after termination.

Article 18. Term

This Agreement shall be effective as of the date first written above and shall remain in effect for a period of [three (3)] years from the effective date. Upon expiration of the said term, this Agreement shall be automatically renewed, unless no later than [   ] days prior to the date on which this Agreement would otherwise be extended a party gives written notice of termination to the other party hereto.

Article 19. Termination

19.1 If Consignee fails to fully, adequately and in timely manner perform any of its responsibilities or obligations set forth herein, and such failure is not corrected within [thirty(30)] days after written notice thereof is given by COMPANY, then COMPANY shall have the right to immediately terminate this Agreement by giving written notice thereof to Consignee.

19.2 COMPANY shall have the right by written notice to Consignee to immediately terminate this Agreement and all of Consignee's rights and responsibilities hereunder if (i) Consignee shall voluntarily or involuntarily enter into or acquiesce in any dissolution, liquidation, bankruptcy or similar insolvency or winding−up proceedings, or (ii) in the event of the appointment of a receiver for any of the assets of Consignee, the making of an assignment for the benefit of the creditors of Consignee, or the taking of any similar action such as requesting a creditor's assignment or composition of creditors, or (iii) if the present owners of Consignee (or of the corporation which controls Consignee) shall no longer own or control more than fifty percent (50%) of the shares of Consignee (or of the corporation which controls Consignee).

Article 20. Rights and Obligations after Termination

20.1 Upon termination of this Agreement, Consignee shall notify its customers in Territory to the effect that this Agreement has terminated.

20.2 In case Consignee holds a stock of Products at the time of termination hereof, Consignee shall ship back whole of Products stocked to COMPANY.

Article 21. Force Majeure

Neither party shall be liable to the other party for failure to perform parts or whole of this Agreement and/or each individual contract when such failure is due to strikes, labor trouble, riots, storms, fires, explosions, floods, inevitable accidents, war(declared or undeclared), embargoes, blockades, legal restrictions, insurrections, Act of Gods or any other cause similar thereto which is beyond the control of the party.

Article 22. Assignment

This Agreement shall not be assignable by either Consignee or COMPANY without the other party's written consent.

Article 23. Settlement of Dispute and Governing Law

23.1 This Agreement shall be interpreted and governed by the laws of [   ].

23.2 All disputes, controversies, or differences which may arise between the parties, out of or in relation to or in connection with this Contract, or for the breach thereof, shall be finally settled by arbitration in Seoul, Korea in accordance with the Arbitration Rules of the Korean Commercial Arbitration Board. The award rendered by the arbitrator(s) shall be final and binding upon both parties concerned.

Article 24. Miscellaneous Provisions

24.1 This Agreement constitutes the entire understanding of COMPANY and the Agent with respect to the subject matter hereof.

24.2 No amendment, modification or alteration of any terms of this Agreement shall be binding on either party unless the same shall be made in writing, dated subsequent to the date hereof and executed by or on behalf of the parties hereto.

24.3 All waivers hereunder shall be in writing, and the failure of any party at any time to require the other party's performance of any obligations under this Agreement shall not affect the right subsequently to require performance of the obligation. Any waiver of any breach of any provision of this Agreement shall not be construed as a waiver of any continuing or succeeding breach of such provision or a waiver or modification of the provision.

24.4 For the purposes of communication, this Agreement may be translated into another language, but this Agreement, which is executed in the English language, shall be the only binding version.

IN WITNESS WHEREOF, the parties hereto have authorized this Agreement to be executed by their respective duly authorized officers.

	COMPANY		Consignee	
By	[	]	[	]
Address	[	]	[	]
Title	[	]	[	]
Name	[	]	[	]

위탁판매 계약서

한국법인으로서 주소가 [주소   ]인 [회사명   ] (이하 "Company")와 [국가명   ] 법인으로서 주소가 [주소   ]인 [회사명   ] (이하 "Consignee")간에 [년   월   일] 다음과 같이 계약을 체결하기로 약정한다.

제1조(지명)

Company(위탁자)는 Consignee(위탁매매인)를 아래에 명시된 제품(이하 "제품")의 판매를 위해 아래와 같은 지역(이하 "지역")의 ◎   독점   ◎   비독점   Consignee(위탁매매인)으로 지명한다. 아래의 제품과 지역은 당사자의 서면동의로 변경될 수 있다.

품명	판매지역	비고

제2조(발주 및 계약)

① Consignee는 판매지역내의 고객으로부터 발주나 구매청약을 받고 판매지역 내의 어떤 개인이나 회사와 Company를 대신해서 제품판매계약을 체결할 수 있다.
② Consignee는 Company가 정한 계약서 양식을 사용하여야 하며, 본 계약서 양식 이외의 양식을 사용할 수 없다. 또한, Company의 사전서면 동의 없이는 어떤 사유로도 동 양식을 변경·수정할 수 없다.

제3조(가격)

① 판매지역내의 고객에게 판매되는 제품의 가격은 아래와 같다.

단위	단가

② 전항의 규정에도 불구하고, Company는 제품가격을 변경할 수 있고, 이 경우 Company는 동 변경 내용을 제품의 새로운 가격의 적용시기와 함께 Consignee 에게 통보한다.

제4조(경쟁사업)

Consignee는 본 계약기간 중 제품과 경쟁되거나 경쟁이 우려되는 상품이나 장비를 대리점, 판매점, 대리인 또는 여하한 방법으로도 취급하지 아니한다.

제5조(독립사업)

Consignee는 항시 Company로부터 독립되어 있다. Consignee는 본 계약을 이행하기 위하여 광고 또는 영업용 투자나 지급을 하거나 새로이 직원을 고용하는 경우, Company는 본 계약이 어떤 사유로 종료된다 하더라도 Consignee의 지출에 대해 책임이 없다.

제6조(최소거래)

① Consignee는 다음의 제품최소판매물량을 보증한다.

	계약연도	기간	구매량	가격
◎	제1차 계약연도	년 월 일		
◎	제2차 계약연도	년 월 일		
◎	제3차 계약연도	년 월 일		

② Consignee가 어느 한 기간이라도 최소물량을 달성하지 못할 경우, Company 는 [30   ]일 전의 통보로 본 계약을 조기 해지할 수 있다.
③ 위 최소물량 산정은 Consignee가 고객으로부터 지급받은 제품대금과 Company 가 판매지역의 고객과 직접 거래하여 선적 및 대금지급 받은 제품대금의 합계액으로 한다.

제7조(Consignee의 서비스)

① 본 계약기간 중 Consignee는 다음의 서비스를 제공하고 동 서비스로 발생되

는 모든 비용을 부담한다.

1. Company가 위탁한 제품을 쌍방이 합의한 장소에 Consignee의 관리 또는 Company가 인정하는 관리하에 두는 것

2. 제품을 잠재고객에게 전시할 수 있는 전시실(Show room)의 보유

3. 제2조 제1항의 매매계약 양식을 사용하여 고객과 가능한 한 많이 Company를 위해 계약을 체결하는 것

4. 고객으로부터 대금을 수금하여 Company에게 송금하는 것. 단, 매달 동안 수금된 대금은 당해 월 종료 [10   ]일 내에 송금되어야 함

5. Company에게, 본 계약에 따라 또는 Company가 수시로 지시하는 바에 따라, 시장정보 보고를 하는 것

6. 본 계약에 규정되었거나 Company가 수시로 지시하는 기타 서비스의 제공

② 본 계약 기간 중, Company는 Consignee에게 제품을 공급한다. 공급되는 제품의 수량, 스타일이나 모델, 인도시기 및 방법 등은 Company가 Consignee와 협의를 거쳐 임의로 결정한다.

제8조(유지관리)

① Consignee는 최대한의 주의를 다하여 고객에게 A/S한다. Consignee는 고객으로부터 제품에 대한 문제제기를 받은 즉시 이를 Company에게 보고하고, 상호 합의한 바에 따라 필요한 조치를 취한다. Company와 Consignee는 동 조치에 소요된 경비 부담에 대해 건별로 협의한다.

② Consignee는 제품의 유지관리 서비스를 고객에게 제공하는 데 필요한 부품, 도구 및 장비를 충분히 유지해야 한다. Company와 고객 간의 매매계약상의 품질보증기간 중에는 Consignee는 그 기술능력 범위 내에서 하자 제품을 수선한다.

제9조(기술지원)

Consignee는 제품의 설치, 운영, 수리, 유지에 관한 훈련을 받기 위해 당사자 간 합의한 수의 인원을 선정하여 Consignee의 비용으로 Company에게 파견한다. Company는 Consignee가 파견한 직원을 [20   ]일을 초과하지 않는 기간 동안 훈련한다.

제10조(소유권)

Company는 Consignee에게 위탁한 제품의 소유권은 제품이 고객에게 인도 완료될 때까지는 Company에게 있다.

◎ 제11조(보험)

제품이 제7조 제1항에 따라 Consignee 또는 제3자의 관리 하에 있는 기간 동안, Consignee는 제품을 안전하고 양호한 상태로 유지한다. Consignee는 Company를 수혜자로 하여 제품에 대해 화재, 도난 기타 확장 보험에 부보한다. 동 보험증권은 Company에게 제공하고 Consignee는 보험료를 부담한다.

제12조(위탁수수료)

① Consignee의 서비스에 대하여, Company는 매 분기 종료 [1] 개월 내에 동 분기 동안 Consignee이나 고객과 거래하여 회수·지급된 총 판매가의 [   ] %를 수수료로 Consignee에게 지급한다. Company는 이 수수료에서 Consignee가 Company에게 부담하는 금액을 공제할 수 있다.

② Company는 Company와 고객과의 직접거래로 인한 제품 대금에 대해서는 수수료 지급의 의무가 없다.

제13조(비용 및 수입관세)

① Consignee는 판매지역 내에서 제품의 하역, 보관, 운송, 취급을 위해 발생된 비용을 부담한다.

② Company는 수입관세가 확정되는 즉시 동 관세액을 Consignee에게 송금한다.

③ 별도 규정이 없는 한, Company는 서면동의 없이는 위에 언급된 비용 이외에는 지급하지 않는다.

제14조(판촉)

Consignee는 판매지역을 통틀어 제품의 판매를 그 비용으로 광고·판촉한다. Company는 Consignee에게 유·무상으로 적당량의 광고자료를 제공한다.

제15조(정보보고)

Company와 Consignee는 정기적으로 또는 상대방의 요청이 있을 시, 제품의 판매를 촉진하기 위하여 상대방에게 정보나 시장보고를 가능한 한 많이 제공한다. Consignee는 Company에게 재고, 시장상황, Consignee의 기타 활동에 대한 보고를 해야 한다.

제16조(산업재산권)

① Consignee는 판매지역 내에서 제품과 관련하여 특허, 실용신안, 상표, 의장 또는 저작권을 등록할 수 없다.

② Consignee는 Company가 현재 보유하거나 앞으로 보유할 서명, 모노그램, 상호, 기타 표시나 그 유사물을 사용할 수 없다.

제17조(비밀유지)

Company가 Consignee에게 제공하는 기술 및 영업정보는 비밀로 Consignee에게 제공된다. 동 비밀 정보가 특별히 공개 정보로 되지 않는 한, Consignee는 제품의 판매·사용을 위해 그 종업원이나 고객에게 알리는 이외에는 동 비밀정보를 공개하거나 달리 사용할 수 없다. 본 조항은 본 계약 종료 후에도 [5   ]년간 효력을 갖는다.

제18조(계약기간)

본 계약은 양당사자가 서명한 날로부터 [3년간   ] 유효하다. 위 기간이 종료되는 경우, [30   ]일 이전에 계약해지를 상대방에게 서면으로 통지하지 않으면 계약은 자동으로 연장된 것으로 간주한다.

제19조(계약해지)

① Consignee는 그 의무이행을 하지 아니하고 동 불이행이 Company의 통지일로부터 [30   ]일 내에 시정되지 않으면 Company는 Consignee에 대한 서면통보로 즉시 본 계약을 해지할 수 있다.

② Company는 다음 사유가 발생하는 경우 Consignee에 대한 서면 통보로 본 계약 및 본 계약상의 Consignee의 권리·의무를 즉시 종료시킬 수 있다.

1. Consignee가 해산, 청산, 지급불능 또는 폐쇄절차에 자발적 또는 비자발적으로 들어가거나 수인하는 경우

2. Consignee를 위한 관재인의 지명, 채권자 화의, 채권양도와 감액요구 등 유사조치

3. Consignee의 소유주(또는 Consignee를 지배하는 회사)가 Consignee주식(또는 Consignee를 지배하는 회사의 주식)의 50% 이상을 소유·지배할 수 없게 된 경우

제20조(해지 후의 권리·의무)

① 본 계약의 종료 후, Consignee 등 판매지역 내의 고객들에게 본 계약이 종료되었음을 알려야 한다.

② Consignee는 계약종료 시 제품제고를 보유하고 있는 경우 재고를 모두 Company에게 반송한다.

제21조(불가항력)

어느 일방도 본 계약 또는 건별 계약을 파업, 노동분규, 소요, 폭풍, 화재, 폭발, 홍수, 불가피한 사고, 전쟁(선포된 것이든 선전포고 안 된 것이든), 억류 해상봉쇄, 법적 제한, 내란, 천재지변, 기타 당사자가 제어할 수 없는 사유로 이행하지 못하는 경우 그 불이행에 대해 상대방에게 책임이 없다.

제22조(양도)

본 계약은 상대방의 서면 동의 없이는 양도할 수 없다.

제23조(준거법 및 중재)

① 본 계약은 [   ] 법의 적용·해석을 받는다.

② 본 계약 및 그 불이행과 관련하여 발생되는 모든 분쟁은 대한민국 서울에서 대한상사중재원의 중재규칙에 따라 중재로 해결한다. 중재인이 내린 판정은 최종적인 것으로 관련 당사자 쌍방을 구속한다.

제24조(기타규정)

① 본 계약은 본건 사안에 관해 Company와 Consignee 간의 모든 합의를 포함한다.

② 본 계약의 변경 및 수정은 본 계약일 이후에 서면으로 작성되어야 하고, 계약당사자가 서명하지 않는 한 구속력을 갖지 않는다.

③ 계약상의 권리의 포기는 서면으로 하여야 하며 일방당사자가 어느 때에 타방

당사자의 계약상의 의무이행을 요구하지 않았다는 사실 때문에 이후에 타 의무이행을 요구할 수 없는 것은 아니다. 계약조항위반을 한번 용인하였다고 하여 동 조항 위반의 계속적 묵인이나 동 조항의 변경·포기로 간주되지 아니한다.

④ 이 계약서는 영어와 기타의 다른 언어로 작성될 수 있다. 서로 다른 언어로 작성된 계약서 간에 차이 또는 불일치가 있는 경우, 영문 계약서가 모든 면에서 우선한다.

본 계약을 증명하기 위해 당사자들은 본 계약체결의 수권을 받은 각 임원이 서명하게 한다.

SECTION 03
위탁가공계약(CONSIGNMENT PROCESSING CONTRACT)

1. 개념

위탁가공무역이란, 가공임을 지급하는 조건으로 외국에서 가공(제조, 조립, 재생, 개조를 포함)할 원료의 전부 또는 일부를 거래 상대방에게 수출하거나 외국에서 조달하여 이를 가공한 후 가공물품등을 수입하거나 외국으로 인도하는 수출입을 말한다(대외무역관리규정 제2조).

원재료를 수출하고 원재료를 가공한 제품을 수입하게 되므로 수출과 수입이 혼합된 거래로 볼 수 있다. 가공의뢰자의 입장에서는 위탁가공무역이 되고, 가공자의 입장에서는 수탁가공무역이 된다.

2. 주요 계약내용

1) 원재료 공급

위탁자(가공의뢰자)는 자신의 비용으로 가공자에게 원재료를 공급해야 한다. 원재료는 자국에서 조달할 수도 있고, 제3국 또는 수입국에서 조달할 수도 있다.

2) 가공

가공자는 가공의뢰자가 공급한 원재료를 이용해 계약에 따라 가공(또는 제조)해야 한다. 원칙적으로 제품의 변경은 허용되지 않으며, 제품을 변경하는 경우에는 사전에 가공의뢰자의 승인을 얻어야 한다. 그리고 가공자는 직접 가공해야 하며, 제3자와 재위탁가공계약(sub-consignment contract)을 체결할 수 없다.

3) 가공임의 지급

가공의뢰자는 계약에 따라 가공임(processing charge)을 지급해야 한다. 지급방식은 계약서에 정하게 된다. 선수금방식, 기성고방식, 후불방식, 신용장방식 등 일반물품매매와 마찬가지로 다양한 지급방식이 이용된다.

4) 원재료와 가공품의 소유권

원재료와 가공품의 소유권은 가공의뢰자에게 있다. 가공자는 작업장에서 원재료를 부당하게 반출할 수 없으며, 선량한 관리자로서 관리를 해야 한다.

5) 가공품의 인도

계약에 따라 가공이 완료되면, 가공자는 계약내용에 따라 가공품을 인도해야 한다. 매도인의 입장과 유사하게 지정된 장소에서 인도하거나 지정선적항에서 선적을 한다.

3. 위탁가공무역계약 예시

CONSIGNMENT PROCESSING CONTRACT

This contract is made and enters into on May 10, 2010 by and between _____ (hereinafter referred to as 'Party A') and _____ (hereinafter referred to as 'Party B')

☞ Party A(가공의뢰자, 위탁가공자), Party B(가공업체, 수탁가공자)
   Party A가 Party B에게 가공을 의뢰하고 Party A는 가공임을 Party B에게 지급한다.

Article 1 (Products and Processing Charge)

Items	Unit	Spec.	Quantity	Unit Charge	Total Amount

Party B processes and delivers the finished product to PARTY A on the basis of the following Consignment Processing (CMT—Cutting, Making, Trimming) Charge.

☞ Consignment Processing: 가공절차

Article 2 (Raw Materials and Subsidiary Materials)

(1) PARTY A supplies PARTY B the following raw materials and subsidiary materials which are necessary for manufacturing the products under Article 1 at noncommercial value.

(2) PARTY B shall use the above materials only to manufacture and process the products described at Article 1, and shall not take out them outside factory without prior permission of PARTY A.

☞ raw material: 원재료, Subsidiary Materials: 부재료

Article 3 (Management of Raw and Subsidiary Materials)

(1) PARTY B shall admit that the materials under the previous Article are the property of PARTY A and shall not hand them over others, shall not exchange them for others and shall maintain them as a bona—fide manager.

(2) PARTY B shall take an insurance to the insurance company named by PARTY A, at PARTY B's expenses, for the raw and subsidiary materials and products being preserved.

Article 4 (Processing)

(1) PARTY B shall make the products in accordance with the samples & the specifications presented by PARTY A and PARTY B shall obtain prior approval of PARTY A to any small changes.

(2) PARTY B shall not make any other sub—consignment processing contract with others without PARTY A's prior approval.

(3) Party A can give PARTY B technical instructions or working orders at any time, relating to processing, packing and transporting the products, and PARTY B shall follow them.

☞ sub-consignment processing: 2차 가공절차(가공업체가 다른 가공업체에 가공을 위탁하는 것)

Article 5 (Shipment)

(1) PARTY B, manufacturing the products under Article 1, shall make custom clearance and ship them after designated inspection by PARTY A's order in accordance with the shipping schedule in Letter of Credit.

(2) PARTY A shall bear all costs and charges arising from warehouse to shipment.

Article 6 (Payment of Processing Charge)

PARTY A shall pay the processing charge without hesitation as PARTY B presents bill of lading and shipping documents required by Letter of Credit.

Article 7 (Claims)

On receiving disputes or complaint by buyer arising from Party B's export of the Products, PARTY A shall notify it in writing to Party B and when such claims are to be certified as resulting from PARTY B's fault, PARTY B shall take all liabilities. In this case, Party A shall make an effort to reduce the claims as much as possible in consultation with PARTY B.

Article 8 (Arbitration)

All disputes, controversies, or differences which arise between the parties out of or in relation to or in connection with this contract or for the breach thereof, shall be finally settled by arbitration in Seoul, Korea in accordance with Commercial Arbitration Rules of the Korean Commercial Arbitration Board and under the Laws of Korea. The award rendered by arbitrator(s) shall be final and binding upon both parties concerned.

After both parties make and sign two copies of contract, PARTY A keeps original copy stamped on and PARTY B keeps the duplicate.

PARTY A   PARTY B
─ ─ ─ ─ ─   ─ ─ ─ ─ ─ ─ ─ ─ ─ ─ ─ ─ ─ ─ ─

《보충설명》
- consignment processing contract: 위탁가공계약(CMT contract - Cutting Making Trimming contract)
  - 위탁가공무역이란, 가공임을 지급하는 조건으로 외국에서 가공(제조, 조립, 재생, 개조를 포함함)할 원료의 전부 또는 일부를 거래 상대방에게 수출하거나 외국에서 조달하여 이를 가공한 후 가공물품등을 수입하거나 외국으로 인도하는 수출입을 말한다.
- trim: 다듬다, 손질하다.
- noncommercial value: 비상업적 가치(통상 가공의뢰자가 가공업자에게 무상으로 원재료를 공급하기 때문에, 비상업적 가치로 제공한다고 기술한 것이다)

- raw material: 원재료
- subsidiary material: 부재료
- property: 재산
- bona-fide manager: 선량한 관리자
- sub-consignment processing contract: 재위탁가공계약(가공업체가 직접 가공하지 않고, 다른 업체에게 가공을 의뢰하는 것)
- technical instruction: 기술적 지시
- working order: 작업지시
- custom clearance: 통관
- bear: 부담하다, 지니다, 소지하다
- liability: 책임, 부채(주로 재산상의 책임을 말함)
- award: 중재판정

(해설)

위탁가공계약

이 계약은 _____(이하 "Party A")와 _____(이하 "Party B")간에 2010년 5월 10일자에 체결되었다.

제1조 (제품 및 가공임)

품목	단가	사양	수량	단위가공임	합계

Party B는 다음의 위탁가공임에 근거하여 가공하고 완성된 제품을 Party A에게 인도한다.

제2조 (원재료 및 부재료)

(1) Party A는, 비상업적 가치로 제1조의 제품을 제조하는 데 필요한 다음의 원재료 및 부재료를 Party B에게 공급한다.

(2) Party B는, 상기의 재료를 제1조에 기술된 제품을 제조 및 가공하는 데에만 사용해야 하고, Party A의 사전허가 없이는 재료를 공장 밖으로 반출할 수 없다.

제3조 (원재료 및 부재료의 관리)

(1) Party B는, 전조의 재료가 Party A의 재산임을 인정해야 하고, 재료를 타인에게 양도할 수 없고, 다른 것과 교환할 수 없고, 선량한 관리자로 관리해야 한다.

(2) Party B는, 원재료 및 부재료, 그리고 제품에 대해, Party A가 지정한 보험회사에, Party B의 비용으로, 보험을 가입해야 한다.

제4조 (가공)

(1) Party B는, Party A가 제시한 견본과 사양에 따라 제품을 제조해야 하고,

Party B는 어떠한 변경에 대해서도 Party A의 사전승인을 득해야 한다.

(2) Party B는, Party A의 사전승인 없이는, 타인과 재위탁가공계약(2차 위탁가공 계약)을 체결할 수 없다.

(3) Party A는 Party B에게 아무때나 기술적 지시 또는 작업지시를 줄 수 있다.

제5조 (선적)

(1) 제1조의 제품을 제조한 후, Party B는 통관을 하고, Party A의 지시에 의한 지정검사 후에, 신용장의 선적일정에 따라 제품을 선적해야 한다.

(2) Party A는 보세창고에서 선적까지의 모든 비용과 수수료를 부담한다.

제6조 (가공임의 지급)

Party B가 신용장에서 요구되는 선하증권 및 선적서류를 제시하면, Party A는 지체없이 가공임을 지급해야 한다.

제7조 (클레임)

Party B의 제품수출로부터 분쟁 또는 클레임을 받으면, Party A는 이 사실을 서면으로 Party B에게 통지하고, 이러한 클레임이 Party B의 귀책으로 확인되면, Party B는 모든 책임을 부담한다. 이 경우, Party A는 PArty B와 상의하여 가능한 클레임금액을 감액하기 위해 노력해야 한다.

제8조 (중재)

이 계약과 관련하여 또는 이 계약의 위반과 관련하여 당사자들 간에 발생하는 모든 분쟁, 다툼 또는 이견은 대한상사중재원의 상사중재규칙 및 대한민국 법에 따라 대한민국, 서울에서 중재로 최종적으로 해결되어야 한다. 중재인에 의한 중재판정은 최종적이고 양당사자들을 구속한다.

양당사자들의 계약서 작성 및 서명 후에 Party A는 날인된 원본을 보관하고, Party B는 복본을 보관한다.

▣ SECTION 04
기술이전계약

1. 서비스무역 개요

1) 서비스무역의 의의

서비스무역(Trade in Services)이란, 거주자와 비거주자간의 서비스를 공급하거나 공급받는 거래를 말한다(대외무역법). 다시 말해, 서비스의 공급 또는 소비가 서로 다른 국가 간에 이루어지는 것이다.

서비스무역계약은 대상 서비스의 내용에 따라 국제고용계약, 국제용역제공계약, 국제컨설팅계약, 해외건설(국제건설), 국제자원개발 등으로 분류하기도 한다.

WTO "서비스무역에 관한 일반협정(General Agreement on Trade in Services: GATS)"에서는 다음과 같이 규정하고 있다.

a) 한 회원국의 영토로부터 그 밖의 회원국의 영토내로의 서비스공급(서비스의 국경이동)
   – 서비스 제공자나 구매자는 장소적 이동 없이(다른 국가로 이동하지 않고) 국경을 넘어 서비스만 이동한다.
   예시 원격교육(한국인이 한국에서 미국 기업이 제공하는 온라인 교육을 수강함)
   원격의료(한국 의사가 한국에서 베트남에 소재하는 베트남 환자에게 원격 의료진료를 실시함)

b) 한 회원국의 영토 내에서 그 밖의 회원국의 서비스 소비자에 대한 서비스공급(서비스의 해외소비)
   예시 의료관광(몽골인이 한국에서 관광을 하면서 진료를 받음)
   외국유학생(중국 학생이 한국의 대학에서 교육을 받음, 한국 학생이 미국 대학으로 유학을 가서 교육을 받음)

c) 한 회원국의 서비스공급자에 의한 그 밖의 회원국의 영토내에서의 상업적 주재를 통한 서비스공급(서비스의 상업적 주재)

– 서비스공급의 목적으로 수입국에 법인 설립, 지사 설립 등

예시 서울대 병원이 사우디에 병원을 설립하여 의료서비스를 제공함

d) 한 회원국의 서비스공급자에 의한 그 밖의 회원국 영토내에서의 자연인의 주재를 통한 서비스공급(자연인의 이동)

– 수입국으로 인력을 파견하여 그 인력으로 하여금 서비스를 제공함

예시 베트남에 의사를 파견, 베트남에 강사 파견 등

2) 서비스무역의 특징

– 물품무역의 대상은 물품 즉 유체물인데, 서비스는 무형이다.

– 물품은 거래에 의해 소유권이 이전되지만, 서비스는 소유권이전이 발생하지 않는다. 다만, 기술을 서비스에 포함시키는 경우 기술은 지식재산권으로서 소유권의 대상이 된다.

3) WTO 서비스무역에 관한 일반협정(GATS)

WTO 협정 중 하나인 "서비스무역에 관한 일반협정(GATS)"은 29개 조항 및 8개 부속서로 구성되어 있다. GATS에서 규정하고 있는 서비스는 유통, 광고, 금융, 통신, 건설, 프랜차이즈, 관광, 운송, 법률, 건강, 회계, 엔지니어링 등이며, 온라인을 통한 각종 서비스도 포함하고 있다.

2. 기술무역

1) 기술무역의 개념

기술무역은 지식재산권의 사용을 허락하거나 이전을 목적으로 하는 거래로 넓은 의미에서는 서비스무역에 포함된다. 전자를 라이센스계약, 후자를 기술이전계약이라고 한다.

– 기술이전계약: 협의로는 기술의 소유권을 이전(또는 양도)하는 것을 말하고, 광의로는 기술의 사용권만을 허여하는 것까지 포함한다.

– 라이센스 계약(license agreement): 특정한 조건하에 일정한 계약기간 동안 기

술, 특허 등 라이센스 대상인 지식재산권의 사용권을 허여하는 계약을 말한다. 특허 라이센스 계약시에는 기술이전계약이 필요한 지 여부를 검토하는 것이 필요하다. 또한 기술이전을 목적으로 하는 라이센스 계약에서는 어떠한 기술의 이전을 요구하는지 상세히 명기할 필요가 있다.

2) 기술무역의 특징

- 기술무역거래는 계약으로만 효력이 발생하는 것이 아니고 정부의 승인이 필요한 경우가 많다.
- 기술무역계약의 목적이나 내용이 지식재산권의 보호 목적에 부적합하거나 강행법규에 반하는 경우 계약의 효력이 인정되지 않을 수 있다.
- 기술무역거래는 영미법의 영향이 큰 편이다.

3) 기술도입계약

기술도입계약이란, 외국으로부터 산업재산권, 기타 기술을 양수하거나 그 사용에 관한 권리를 도입하는 계약을 말한다(외국인투자촉진법 제2조).

(1) 기술료지급방식

- 정액기술료(fixed royalty): 기술료가, 기술을 이용한 제품의 생산량이나 판매량에 관계없이 일정하다.
- 경상기술료(running royalty): 기술료가, 기술을 이용한 제품의 생산량이나 판매량의 일정률로 정해진다.

(2) 기술도입계약체결 시 확인사항

- 특허권의 경우 특허등록원부를 통해서 라이센스 계약의 법적인 권리자가 누구인지, 유효하게 존속하고 있는 권리인지, 존속기간이 얼마나 남았는지, 심판 또는 소송이 진행 중인지, 전용실시권의 설정 여부 등
- 계약 상대방이 계약을 체결할 정당한 권한이 있는지
- 계약 대상물이 특정되어 있는지
- 계약기간
- 제공되는 기술의 범위 및 종류
- 도입기술의 사용범위

- 도입기술과 관련되는 노하우의 전수 여부
- 개량기술에 대한 제공 여부
- 개량기술에 대한 특허출원의 명의 및 비용분담
- 등록상표 사용 및 라이센스권자 표시 허용 문제
- 불공정거래 해당 여부

4) 국제라이센스 계약

- 전용실시권(독점적 라이센스, exclusive license): 기술제공자(licensor)는 기술도입자(licensee)에게만 라이센스의 실시허락을 하며, 제3자에게는 라이센스의 실시허락을 할 수 없다. 기술도입자에는 유리하지만, 기술사용료가 높다.
- 통상실시권(비독점적 라이센스, non-exclusive license): 기술제공자(licensor)는 기술도입자(licensee) 이외에 제3자에게도 라이센스의 실시허락을 할 수 있다.
- 재라이센스(sub-license): 기술도입자가 라이센스를 통해 받은 기술을 제3자에게 다시 라이센스하는 것을 말한다.
- 소극적 실시권(negative license)과 적극적 실시권(positive license)
  • 소극적 실시권: 단지 특허권의 실시만을 허여하고, 적극적으로 기술을 제공할 의무를 부담하지 않는다. 그리고 기술제공자가 권리침해에 대하여 책임을 지지 않는다.
  • 적극적 실시권: 특허권자가 적극적으로 특허기술을 제공할 의무를 부담한다.

5) 국제프랜차이즈 계약

(1) 프랜차이즈계약의 의의

가맹사업(franchise(프랜차이즈))이란, 가맹본부(franchisor)가 가맹점사업자(franchisee (가맹점))로 하여금 자기의 상표, 서비스표, 상호, 휘장(徽章) 또는 그 밖의 영업표지를 사용하여 일정한 품질기준이나 영업방식에 따라 상품 또는 용역을 판매하도록 하면서 이에 따른 경영 및 영업활동 등에 대한 지원·교육과 통제를 하고, 가맹점사업자는 이에 대한 대가로 가맹본부에 금전을 지급하는 계속적인 거래관계를 말한다(가맹사업진흥에 관한 법률 제2조).

프랜차이즈계약에는 영업표지 외에 영업노하우, 상품·서비스의 공급이나 영업관리도 포함된다. 이 점에서 라이센스 계약보다 당사자 간의 관계가 밀접하다.

프랜차이즈계약의 특징

- 가맹점은 가맹본부와는 별개의 사업주체(회사)이다. 가맹점은 자기의 계산으로 사업을 하는 것이며, 가맹본부의 지사나 계열사가 아니다.
- 가맹본부는 가맹점을 지도·관리한다. 그러나 가맹점의 독립성을 침해할 수 없다.
- 가맹점은 가맹본부와 동일한 영업표지(상표, 로고, 간판 등)를 사용한다.
- 가맹점은 가맹본부의 영업표지의 사용료(royalty)를 지급한다.

(2) 당사자의 의무

- 가맹본부(franchisor)
  - 상호, 상표, 로고, 노하우 등의 사업 수행에 필요한 모든 지식재산권을 가맹점이 사용할 수 있도록 한다.
  - 노하우 관련 기술정보, 운영방침, 시방서 등을 제공한다.
  - 프랜차이즈사업의 수행에 필요한 정보를 제공하고 교육훈련을 실시한다.
  - 가맹본부가 제공하는 물품·서비스에 대하여 일정한 품질을 유지하고 관리한다.

- 가맹점(franchisee)
  - 가맹료를 지급한다.
  - 가맹본부에서 정한 기준을 준수한다.
  - 가맹본부에게 정보를 제공한다.
  - 프랜차이즈사업의 평판을 유지하기 위하여 노력한다.
  - 가맹점이 영업을 할 수 있는 지역을 정한다.

(3) 프랜차이즈의 장단점

- 장점
  - 가맹본부(franchisor)의 브랜드가치가 높으면, 적은 자본으로 해외시장 진출

이 가능하다.
- 가맹사업자(franchisee)는 일정 수수료만 지급하고, 나머지 수익은 자신에게 귀속된다.
- 표준화된 영업전략과 통일된 사업을 지니고 있어 전 세계적으로 동일한 상품 또는 서비스의 제공이 가능하다.

▪ 단점
- 기술이나 영업전략이 유출될 수 있다.
- 브랜드 가치가 훼손될 수 있다.
- 프랜차이즈에 대한 수입국 규제가 있을 수 있다.

3. 특허 및 기술도입 계약 예시

(자료: 한국무역협회)

LICENSE AND TECHNICAL ASSISTANCE AGREEMENT

LICENSE AND TECHNICAL ASSISTANCE AGREEMENT made by and between [the American Widget Co.,] a corporation organized and existing under [the laws of the State of New York, U.S.A], having an office at [150, 51st West, New York, N.Y., U.S.A.] (hereinafter referred to as "LICENSOR"); and [Korean manufacturing Co., Ltd.], a corporation organized and existing under the laws of the Republic of Korea, having an office at [159, Samsung−dong, Kangnam−ku, Seoul, Korea] (hereinafter referred to as "LICENSEE").

WITNESSETH:

WHEREAS, LICENSOR now manufactures and sells, in [the United States of America] and elsewhere, a proprietary line of [widget sets formed from glass], and a proprietary line of [grosbeaks formed from carbon fibers]; and

WHEREAS, LICENSOR owns certain trademarks, patent rights, and technological information including know−how, skill and experience relating to said Products as hereinafter defined; and

WHEREAS, LICENSEE desires to obtain from LICENSOR the right to use such trademarks, patent rights and technological information to manufacture, use and sell the Products; and also desires to obtain technical assistance from LICENSOR in the use of such patent rights and technological information, and LICENSOR is willing to grant such rights and to provide such technical assistance to LICENSEE all as hereinafter more fully provided,

NOW THEREFORE, in consideration of the covenants herein contained, the parties agree as follows;

Section 1. Definitions

For the purpose of this Agreement:

(1) "Products" means the following LICENSOR products:

[(i) all widget sets formed from molten glass and glass fiber, including all series A frames and bottoms, and (ii) all grosbeaks formed from carbon fibers, but not including grosbeak casings, bearing or seals.   ]

(2) "Territory" means [the Republic of Korea   ].

(3) "Trademarks" means those trademarks specifically identified in Schedule (B) attached hereto which is made a part of this Agreement and such other trademarks as may be inserted in Schedule (B) by mutual agreement from time to time during the life of this Agreement.

(4) "Patent rights" means all patents and patent applications for inventions, designs processes, models, or anything patentable, for any country in the world, granted or made at any time prior to the expiration or termination of this Agreement, and which can be used in the manufacture, use, or sale of the Products.

(5) "Proprietary Information" means the inventions, specification, production data, engineering drawings, specialized know−how, skill and other secret and confidential technical information which are owned or controlled by LICENSOR and can be used in the manufacture, use, or sale of the Products.

(6) "Effective Date" means the date on which (i) this Agreement is executed by LICENSOR and LICENSEE, or (ii) this Agreement is approved by [the Government of the Republic of Korea   ] as contemplated in Section 19 herein whichever is later.

Section 2. Technology License

(1) For the duration of this Agreement, and upon the terms and conditions more specific set forth herein, LICENSOR hereby grants to LICENSEE a

license with the exclusive right to use the Patent Rights, Proprietary Information, and Trademarks to manufacture, use, and sell the Products in the Territory.

(2) LICENSEE may sublicense others to use the Proprietary Information, Trademarks, and Patent Rights to manufacture, use, or sell the Products with prior written consent of LICENSOR, which consent shall not be unreasonable withheld. All of LICENSEE hold their rights contingent on LICENSEE's rights under this Agreement. Any loss by LICENSEE of its rights under this Agreement due to termination for breach, or due to any other reason, automatically causes a loss of the same rights by all of LICENSEE's sublicensees.

Section 3. Technical Information

Upon receipt of payment of [one hundred thousand United States Dollars(US$ 100,000)], the initial disclosure fee referred to in Section 6 hereof, LICENSOR shall furnish to LICENSEE the following technical information and Proprietary Information regarding the Products in such amounts and at such times as shall be necessary for the expeditious production and sale of the Products.

(1) Advice and assistance with respect to the layout of plant and equipment. together with detailed description of equipment, flow charts, locations and other data to enable LICENSEE to design a suitable factory;

(2) Relevant general manufacturing information including designs, specifications and drawings for the Products, specifications for raw materials, and detailed drawings and descriptions for the manufacturing process of the Products as well as parts, molds, jigs and fixtures.

(3) Relevant performance testing and operating data including information on test equipment, test procedures and other quality control methods; and

(4) All other information as may be required to understand and/or interpret any of the aforementioned information which information shall be furnished upon request by letter or through personal contact between personnel of LICENSOR and LICENSEE during inter−company visits as

herein—after described.

Section 4. Technical Assistance

(1) LICENSOR shall grant access to its facilities in [the United States of America] to personnel of LICENSEE for the purpose of training such personnel in the methods of manufacture of the Products. It is understood by the parties that as many employees of LICENSEE as are agreed upon by LICENSOR and LICENSEE will be sent to LICENSOR. LICENSOR shall be solely responsible for the training of such personnel. The training shall be conducted in the English language and necessary interpreters may be furnished by LICENSEE at its own expense. In addition, LICENSEE shall bear all incidental costs and expenses of such personnel such as travel, hotel and meal expenses. LICENSOR shall assist such LICENSEE personnel in obtaining any visas required by [the U. S. A] immigration authorities.

(2) LICENSOR shall, upon request of LICENSEE, as soon as possible, furnish on location at the plant of LICENSEE to train LICENSEE personnel in the methods of manufacture of the Products, technically qualified personnel of LICENSOR upon notice for no more than an aggregate of [ten] man working days in [twelve (12) months] period. LICENSEE shall pay to LICENSOR a per diem for each of such personnel while in the Territory in accordance with Schedule A attached hereto and made a part of this Agreement. LICENSEE shall also provide a round trip air ticket from and to the point of origin for each such personnel. In addition, LICENSEE shall pay pursuant to mutual agreement local transportation and reasonable living expenses in Korea, including room and meal charges, incurred by such personnel in Korea won if it so desires. LICENSOR shall notify LICENSEE within [fifteen (15) days] of receipt of a request for such technical assistance of the date when such personnel will be sent to LICENSEE. The round trip air ticket to be provided for each LICENSOR personnel to be sent to LICENSEE upon

request of LICENSEE shall be economy class. LICENSEE shall assist such LICENSOR personnel in obtaining any visas required by the Korea authorities.

Section 5. Protection of Proprietary Information

LICENSEE agrees to keep all Proprietary Information relating to the Products confidential. LICENSEE may communicate Proprietary Information to its officers, employees, agents, subcontractors, or sublicensees for the proper manufacture, use, and sale of the products. LICENSEE agrees to take reasonable precautions to keep said Proprietary Information secret.

Section 6. Disclosure Fee and Royalties

(1) LICENSEE shall pay to LICENSOR a disclosure fee of [one hundred thousand United States Dollars(US$100,000)   ], which shall be paid in cash within [thirty (30) days] after the Effective Date of this Agreement.

(2) LICENSEE shall also pay to LICENSOR [three percent(3%)   ] of the total net sales by LICENSEE of the Products up to net sales of amount equal to [one million United States Dollars (US$1,000,000)   ] per year; and [two percent (2%)   ] of the total net sales of the Products over [one million United States Dollars(US$1,000,000)   ] up to net sales of [two million U.S. Dollars (US$2,000,000)   ] per year; and [one percent(1%)   ] of the total net sales of the Products in excess of net sales of [two Million United States Dollars (US$2,000,000)   ] per year.

(3) For purposes of Subsection (2) hereof the term "net sales" shall mean gross sales less only (i) sales discounts pursuant to applicable trade discount terms, (ii) sales price of the defective Products returned, including the value added tax or similar turnover tax, (iii) import prices of LICENSOR's parts components and semi−finished products purchased by LICENSEE form LICENSOR, (iv) indirect taxes relating to the sales of the Products, (v) carriage charges and insurance premiums incurred in connection with the sale of the Products. For purposes of this Section

6(3), import prices shall mean the CIF prices of such parts, components, and semi—finished products imported by LICENSEE, plus expenses for customs clearance.

(4) Payment of the royalties to be made pursuant to Subsection (2) hereof shall be made within [　sixty (60) days　] after [　June 30 and December 31　]of each year for the full amount of royalties in respect of the previous [　six months　] or part thereof.

(5) LICENSEE shall take all necessary steps and pay all necessary fees and expenses to satisfy the laws and requirements of the Republic of Korea in respect of (i) the payment of fees and royalties or remittance of money hereunder and (ii) registering, declaring, reporting and rendering valid this Agreement and any license granted hereunder.

(6) All payments due hereunder shall be made in United States currency at [　a bank in the United States　] to be designated by LICENSOR.

(7) All payments due to LICENSOR hereunder shall be converted from Korean currency into United States currency at [　the telegraphic transfer selling rate　] of [　the (xx) Bank for the purchase of United States dollars　] on the date of remittance.

(8) All income tax and other taxes required by the laws of the republic of Korea to be withheld form any payment to be made to LICENSOR pursuant to this Agreement shall be for account of LICENSOR.

Section 7. Accounting Records

At the time it pays the royalties under Section 6 hereof, LICENSEE will render to LICENSOR a written statement of account regarding LICENSEE's sales of the Products with respect to which royalties shall have accrued during the preceding six months, including the type of products and amount sold. In addition, LICENSEE will keep records and books of account showing the amount of royalties due to LICENSOR hereunder.

Section 8. Purchase of Semi-Finished Products from LICENSOR

LICENSOR hereby grants LICENSEE an exclusive right to purchase and import for resale in the Territory any and all types of LICENSOR's widget sets and grosbeaks except those which shall have been actually manufactured by LICENSEE under this Agreement, and LICENSEE will use its best efforts to promote their sale. LICENSOR will supply the same in such quantity as required by LICENSEE at a price to be agreed upon by the parties.

Section 9. Purchase of Tools and Equipment from LICENSOR

LICENSOR will sell to LICENSEE upon LICENSEE's request parts, molds, jigs, fixtures and other tools and equipment used in the manufacture of the Products. In such event, LICENSOR will sell such tools and equipment to LICENSEE at a price equal to manufacturing cost to LICENSOR.

Section 10. Export of LICENSEE's Products

(1) LICENSEE may export to other countries, with the exception of [United States], the Products manufactured by LICENSEE under this Agreement.

(2) It is understood that parties hereto will enter into a long−term distributorship agreement under which LICENSOR will purchase from LICENSEE Products manufactured by LICENSEE under this Agreement in order to supply the Products to the [United States] markets.

Section 11. Suits for Infringement

In the event that any suit, action or other proceeding shall be brought against LICENSEE involving any claim of patent and other industrial property right infringement based upon LICENSEE's permitted use hereunder of the Trademarks, Patent Rights, or Proprietary Information, LICENSOR shall at its own expense take charge of the defense of any such claim and of the settlement thereof through counsel of its own choice, but if LICENSOR fails to defend any such claim, LICENSEE may do so at LICENSOR's expense. LICENSEE will notify LICENSOR promptly in the event that any such suit, action or other preceeding shall be threatened or instituted against LICENSEE and shall send to LICENSOR all the documents or the copies thereof related to such suit, action or other preceeding. LICENSEE is hereby permitted to sue any third party who infringes the Trademarks, Patent Rights, or Proprietary Information within the Territory.

Section 12. Developments and Improvements

(1) LICENSOR shall communicate to LICENSEE full details and particulars of all of commercially utilized developments and improvements relating to the Products and the tools and equipment used to manufacture the Products which, during the life of this Agreements, it owns or controls, or may discover, or may come under its control, or it may receive from other licensees, whether patented or not, and LICENSEE shall be entitled to the non−exclusive use and benefit thereof without any further payments during and after the life of this Agreement.

(2) If at any time subsequent to the Effective Date of this Agreement, any invention, development or improvement, relating to the Products licensed hereunder and the tools and equipment used to manufacture the Products, shall become available to LICENSEE or any of its employees, LICENSEE shall promptly disclose the same to LICENSOR, whether patentable or not, shall furnish to LICENSOR all relevant information pertaining thereto. LICENSEE shall have the right to obtain patent protection therefor throughout the world in its own name and at its own expense; provided, however, that LICENSOR may use such patents throughout the world, except in the Territory, free of charge and non−exclusively, during and after the life of this Agreement.

Section 13. Quality Control

(1) LICENSEE shall maintain such standards of quality and workmanship as used by LICENSOR in its manufacture of products.

(2) LICENSEE shall report promptly to LICENSOR any changes in the design, specifications, material or similar characteristics of the Products.

(3) LICENSEE shall (i) permit the duly authorized representatives of LICENSOR to inspect during normal working hours the plant(s) of LICENSEE, the process of manufacture of the Products, and any Products manufactured by LICENSEE and (ii) cause to be inspected by the duly authorized representatives of LICENSOR the plant(s) of any contract manufacturer producing the Products or any part thereof.

Section 14. Warranty on Proprietary Information

(1) LICENSOR warrants that the proprietary Information furnished to LICENSEE pursuant to this Agreement is at least equal to that used by LICENSOR to produce products in [the United States].

(2) During the terms of this Agreement, LICENSOR shall be responsible for damages resulting from defective proprietary information and parts furnished to LICENSEE by LICENSOR.

(3) LICENSOR shall not be responsible for consequential damages resulting from the faulty application of proprietary information by LICENSEE.

Section 15. Exclusive Use of Trademark in Territory

LICENSOR shall not permit or license others in the Territory to use the Trademarks with respect to the products whether manufactured by LICENSEE or not.

Section 16. Effective Date and Term

(1) This Agreement shall take effect as of the Effective Date hereof.

(2) Unless sooner terminated as hereinafter provided, this Agreement shall enter into full force and effect on the Effective Date hereof and shall remain in full force and effect for a period of [five years] from the Effective Date, after which it shall terminate. This Agreement may, however, be renewed, subject to any necessary government approval, by mutual agreement of the parties hereto for an additional period of [three years].

Section 17. Termination

(1) At any time if either party to this Agreement shall have defaulted in the performance of its obligations hereunder, the other party may give written notice of such default and such default shall continue, without remedy, for a period of [ninety(90) days] after such notice, the party who has so given notice of default may thereupon terminate this Agreement forthwith by giving to the other party hereto written notice of termination.

(2) This Agreement shall terminate forthwith without notice when any of following events occurs to either party: (i) bankruptcy or insolvency; (ii) the filing of a petition therefor; (iii) the making of an assignment for the benefit of creditors; (iv) the appointment of a receiver over any of its assets which appointment shall not be vacated in [sixty(60) days] thereafter, or (v) the filing of any other petition based upon the alleged bankruptcy or insolvency which shall not be dismissed within [ninety (90) days] thereafter.

Section 18. Effect of Termination

(1) Upon termination of this Agreement for any reason, LICENSEE shall not make any use of any trade name or trademarks owned by or associated with LICENSOR.

(2) Upon termination of this Agreement for breach by LICENSEE of this Agreement, LICENSEE shall also make no further use of any of the Proprietary Information or Patent Rights licensed hereunder.

(3) Upon termination of this Agreement by expiration as provided in Section 17 or, for breach by LICENSOR of this Agreement, LICENSEE shall have a permanent, non−exclusive, free license to all of the Proprietary Information or Patent Rights licensed hereunder.

Section 19. Government Approval

(1) It shall be the responsibility of LICENSEE to LICENSEE to obtain promptly

from the proper authorities in the Republic of Korea any required governmental approval of this Agreement and this Agreement shall not take effect until such approval is obtained on terms and conditions acceptable to LICENSOR, LICENSEE shall advise LICENSOR immediately of the date of approval of the Government of the Republic of Korea.

(2) Either party may terminate this Agreement forthwith by written notice if the Government of the Republic of Korea does not approve it as contemplated in Subsection (1) within [six (6) months] from the date of its execution by both parties.

Section 20. Arbitration

Any dispute arising out of or in connection with this contract shall be finally settled by arbitration in Seoul in accordance with the Arbitration Rules of the Korean Commercial Arbitration Board.

Section 21. Governing Law

This Agreement shall construed in accordance with, and all the rights, powers and liabilities of the parties hereunder shall be governed by the laws of the Republic of Korea.

Section 22. Notice

Any notice given by either party hereto to the other party shall be deemed to have been sufficiently given by mailing thereof by registered airmail or by the sending therof by cable, telex or facsimile confirmed by registered airmail to the last known address of such other party. If a party changes its address, notice thereof must be given to the other party.

Section 23. Assignment and Succession

(1) This Agreement shall not, without the prior written consent of the other party, be assigned by either party, whether in whole or in part.

(2) This Agreement shall be binding upon and inure to the benefit of either

party and its successors and assignees.

Section 24. Entire Agreement

This Agreement constitutes the entire agreement between the parties, all prior representations having been merged herein, and may not be modified except by a writing signed by a duly authorized representative of both parties.

Section 25. Miscellaneous

(1) In the event any terms or provisions of this Agreement shall for any reason be invalid, illegal or unenforceable in any respect, such invalidity, illegality or unenforceability shall not affect any other terms or provisions hereof; in such event, this Agreement shall be interpreted and construed as if such term or provision, to the extent same shall have been held invalid, illegal or unenforceable, had never been contained herein.

(2) The failure of either party hereto to insist upon a strict performance of any of the terms and provisions herein shall not operate as a waiver of any subsequent or future breach of such terms and provisions.

(3) LICENSOR or LICENSEE shall not be liable for non−observance or non−performance of any of the convenents or agreements herein entered into resulting from or caused by labor disputes, riots or civil commotion, fire, war, the elements, embargoes, failure of carriers, inability to obtain material, inability to obtain transportation facilities, acts of God or acts of enemies of the State, compliance with any law, regulation or other governmental command, whether or not valid, or other cause beyond the control of either party whether or not similar to the foregoing.

(4) The parties hereto shall act in all matters pertaining to this Agreement as independent contractors and nothing contained herein shall constitute either party as the agent of the other.

(5) LICENSOR agrees that no other licensee of the Trademarks, Patent Rights, or Proprietary Information for the manufacture of the Products has been

or will be offered more favorable terms.

(6) This Agreement may be executed in English and in other languages (including Korean). In the event of any difference or inconsistency among different versions of this Agreement, the English version shall prevail over in all respect.

In the event LICENSOR has offered or offers, during the time this Agreement is in force, more favorable terms than the terms than the terms in this Agreement to any licensee anywhere in the world, this Agreement will be deemed to have been amended to the extent necessary to incorporate such more favorable terms in substitution for said terms of this Agreement. LICENSEE shall be the sole judge of whether terms offered to another licensee are more favorable than the terms of this Agreement.

IN WITNESS WHEREOF, the parties have caused this Agreement to be executed in their corporate names by their duly authorized representatives.

Signed at   AMERICAN WIDGET CO.
[This 1st day of June 2010] By :
                             As its :

Signed at   KOREAN MANUFACTURING CO., LTD.
[This 5th day of June 2010] By :
                             As its :

SCHEDLE A

PER DIEM RATES FOR LICENSOR PERSONNEL
WHO VISIT LICENSEE PURSUANT TO
SECTION 4(2)

Senior Supervisor	U.S.S
Technician	U.S.S
Skilled Labor	U.S.S

These rates are subject to change by LICENSOR upon sixty (60) days notice to LICENSEE and by consent of LICENSEE to it. Any such change shall be subject to any necessary approval of the Government of the Republic of Korea.

SCHEDULE B

DESCRIPTION OF TRADEMARKS

특허 및 기술도입계약서

[미국, 뉴욕주법]에 의해 설립, 존속하며 그 본점 소재지가 [미국 뉴욕주 뉴욕시 웨스트 51가 140]인 [American Widget Co.   ](이하 '기술제공자'라 한다)와 [한국 서울특별시 강남구 삼성동 159]에 본점을 두고 한국법에 의해 설립, 존속하는 [한국제조주식회사] (이하 '기술도입자'라 한다) 간에 본 기술도입계약이 체결되었다.

기술제공자는 현재 [미국 및 기타 지역   ]에서 [유리   ]로 만든 [Widget Sets와 탄소섬유로 만든 Grosbeaks   ]의 독점판매권을 가지고 동 제품들의 제조 및 판매를 하고 있고 동 제품들에 관련된 상표, 특허권, Know-How, 기술 및 경험을 포함한 기술정보를 소유하고 있으며, 기술도입자는 위 제품을 제조, 판매하기 위하여 기술제공자로부터 위 제품에 관련된 상표, 특허권 및 기술정보를 사용할 권리 및 그러한 특허 및 정보를 사용하는 데 필요한 기술자원을 받기를 희망하고 있는바, 기술제공자는 다음에서 규정하는 바와 같이 기술도입자에게 위 권리와 기술지원을 제공하려고 한다. 따라서 양 당사자는 다음과 같이 약정한다.

제1조 (정의)

이 계약의 적용을 위한 용어의 정의는 다음과 같다.

1. 「계약제품」이란 다음에 열거하는 바와 같이 기술제공자의 생산제품을 말한다.

    가. [모든 Series A Frames 및 Bottoms를 포함하여 녹은 유리 및 Glass Fiber로 주조된 모든 Widget Sets   ]

    나. [탄소섬유로 제조된 모든 Grosbeak, 그러나 Grosbeak의 케이스, 축받이 및 봉인은 제외된다]

2. "계약지역"이란 [한국   ]을 의미한다.

3. "계약상표"란 이 계약의 일부분으로서 첨부된 Schedule B에 특별히 정의된 상표 및 이 계약의 존속기간 중 상호 약정에 따라 Schedule B에 삽입될 다른 상표를 뜻한다.

4. "계약특허권"이란 이 계약의 종료시점 이전에 세계 어느 나라를 막론하고, 계약제품의 제조, 사용, 판매에 이용될 수 있는 모든 특허권과 발명, 의장, 실용신안 및 기타 특허대상이 될 수 있는 모든 것을 위한 특허신청권을 의미한다.

5. "계약정보"란 기술제공자에 의해 소요되거나, 통제되고, 계약제품의 제조, 사용 또는 판매에 이용될 수 있는 발명, 시방서, 제조정보, 기술도면, 전문화된

Know−How, 기술 및 기타 모든 비밀기술정보를 뜻한다.

6. "계약발효일"이란 이 계약이 기술제공자와 기술도입자에 의하여 이행되는 날과 이 계약 제19조에 규정된 바에 따라 [대한민국 정부]가 이 계약을 인가한날 중 나중에 도래한 날을 뜻한다.

제2조 (기술실시권의 부여)

① 기술제공자는 이 계약의 존속기간중, 이 계약에 규정된 조건에 따라서 계약지역 내에서의 계약제품의 제조, 사용, 판매와 관련된 계약특허권, 계약정보, 상표를 사용할 수 있는 독점적 실시권을 기술도입자에게 부여한다.

② 기술도입자는 기술제공자의 사전 서면승인을 얻으면 계약제품의 제조, 사용 및 판매와 관련된 계약정보, 상표, 특허권의 실시권을 제3자에게 재부여할 수 있으며, 기술제공자는 정당한 이유없이 위 승인을 보류할 수 없다.

기술도입자로부터 실시권을 부여받은 재실시권자의 권리는 이 계약에 규정된 기술도입자의 권리에 종속된다. 기술도입자의 위약 기타 어떠한 이유로 인해서든지 기술도입자의 이 계약에 따른 권리가 상실되면 자동적으로 기술도입자의 재실시권자의 권리도 같은 범위 내에서 상실된다.

제3조 (기술정보)

이 계약 제6조에 정해진 바에 따른 선수금 [미화 일십만불(US$100,000)]의 수령과 동시에, 기술제공자는 기술도입자의 계약물품의 신속한 제조 및 판매에 필요한 범위 및 시간에 맞추어 다음에 열거하는 기술정보 및 계약정보를 기술도입자에게 제공하여야 한다.

1. 기술도입자가 적절한 공장 및 설비를 설치하는데 필요한 설계상의 조언 및 기타 협조, 특히 적절한 공장을 설치할 수 있도록 하기 위한 설비기구, 설비의 명세서, 공정도면, 위치 및 기타 자료

2. 계약제품의 형태, 시방서, 설계도를 포함한 계약제품제조와 관련된 일반적인 제작정보 및 원료의 명세서, 계약제품의 부분품, 주조, 비품을 포함한 계약제품 제조과정의 명세서

3. 시험기구, 시험절차와 기타 품질관리방법에 관련된 정보를 포함한 가동시험 및 작동자료

4. 기술제공자와 기술도입자의 임·직원들의 상호 방문을 통한 개인 접촉 또는 서면을 통해 요청되어 제공되어질 위 정보들의 해석과 이해에 필요한 기타정보

제4조 (기술 원조)

① 기술제공자는 기술도입자의 임·직원들의 계약제품 제조훈련을 위해 그들로 하여금 [미국]의 기술제공자 공장에서 연수하도록 하여야 한다. 기술도입자가 기술제공자에게 파견할 임·직원의 수는 양 당사자의 합의에 의하여 정하기로 한다. 기술제공자는 그들 임 직원의 연수에 대해서만 책임을 진다. 연수과정에서는 영어가 사용되며, 기술도입자는 자기의 비용으로 필요한 통역인을 제공할 수 있다. 또한 기술도입자는 그러한 임·직원의 여행, 숙박 및 식사비용을 포함한 모든 체재비용을 부담하여야 한다. 기술제공자는 기술도입자 임·직원이 [미국] 이민당국에 의해서 요구되는 모든 비자를 발급받을 수 있도록 도와주어야 한다.

② 기술도입자의 요청이 있을 경우 조속한 시일내에 기술제공자는 계약제품의 제조방법에 관하여 기술도입자의 임·직원을 지도, 자문하기 위하여 [10명]을 넘지 않는 범위 내에서 기술제공자의 기술적인 면에서 자격을 갖춘 임·직원을 파견하여 공휴일을 제외한 [12개월] 동안 기술도입자 임·직원의 지도에 종사하도록 하여야 한다. 기술도입자는 이 계약의 일부로 첨부된 Schedule A에 정해진 바에 따라 위 임·직원의 계약지역 내 체재기간동안 일당을 지급하여야 한다.

기술도입자는 위 파견 임·직원의 왕복항공비, 현지교통비 및 합리적인 범위 내에서의 숙식비 등 국내생활비를 지급하여야 한다.

기술도입자는 교통수단 및 원하는 바에 따라 그 임·직원의 생활비를 [한국] 통화로 제공하여야 한다.

기술제공자는, 그들의 임·직원이 기술도입자에 파견될 경우에는, 파견요청을 받은 [15일] 이내에 기술도입자에게 그 사실을 알려 주어야 한다. 기술도입자의 요청에 의하여 기술도입자에 파견되는 임·직원의 왕복항공권은 상급임원의 경우를 제외하고는 보통석의 것이어야 한다.

기술도입자는 위 기술제공자 임·직원의 한국방문에 필요한 모든 비자의 발급을 협조하여야 한다.

제5조 (계약정보의 보호)

기술도입자는 계약내용에 관련된 계약정보의 비밀을 유지하여야 한다. 기술도입자는 계약제품의 제조, 사용 및 판매를 위하여 기술도입자의 임원, 피고용인, 대리인, 재계약자, 재실시권자에게 계약정보를 제공할 수 있다. 이 경우 기술도입자는 계약정보의 비밀보장을 위해 필요한 합리적인 예방조치를 취하여야 한다.

제6조 (선수금 및 실시료)

① 기술도입자는 선수금으로서 이 계약의 발효일로부터 [30일]이내에 [미화 일십만불]을 현금으로 기술제공자에게 지급하여야 한다.

② 기술도입자는 기술도입자에 의해 판매된 계약물품의 연간 순판매액이 [미화 일백만불] 이하인 경우에는 그 순판매액의 [3%]를 매년 기술제공자에게 지급하여야 하며, 연간 순판매액이 [미화 일백만불]을 초과하여 [미화 이백만불] 이하인 때에는 순판매액의 초과부분의 [2%]를 추가 지급하되, 순판매액이 [미화 이백만불]을 초과시, 다시 그 초과된 순판매액 부분의 [1%]를 추가지급한다.

③ 제2항의 순판매액이란 총판매액에서 다음의 금액을 공제한 금액을 뜻한다.

　　가. 통상의 거래할인규정에 따라 행해진 할인액

　　나. 제품의 하자로 인해 반환된 물품가격(부가가치세 및 기타 전가세 포함)

　　다. 기술제공자의 부품, 반제품, 부속 등을 기술도입자가 구매한 경우 그 수입가액

　　라. 계약제품의 판매와 관련된 간접세

　　마. 계약제품의 판매와 관련하여 야기된 보험료 및 수송비

　　이 조항에서 수입가액이라 함은 위와 같이 기술도입자가 수입한 부품, 반제품, 부속들의 통관비용을 포함한 CIF가격을 뜻한다.

④ 실시료는 위 제 2항에 규정된 바에 따라 매년 [6월 30일]과 [12월 31일]을 기준으로 그때까지의 [반기]마다의 실적을 토대로 하여 그로부터 [60일] 이내에 지급되어야 한다.

⑤ 기술도입자는 이 계약에서 규정된 선수금 및 실시료의 지급과 송금 및 이 계약 및 이 계약과 관련된 모든 기술, 특허의 등록, 공시, 보고, 발효 등에 대하여 한국법에서 요구하는 요건들을 충족시키기 위하여 필요한 모든 비용의 지급 및 필요한 조치를 취하여야 한다.

⑥ 이 계약에 의한 모든 지급은 기술제공자에 의해 지명된 [　미국　] 내의 [　××은행　]에서 [　미국통화　]로 이루어져야 한다.

⑦ 기술제공자에 지급될 모든 금액은 송금일 현재의 [　××은행　]의 미화구매를 위한 [　전신환매도율　]에 따라 한국통화를 미국통화로 환전되어야 한다.

⑧ 이 계약에 의하여 기술제공자에게 지급된 금액에 대하여 한국법에 의하여 원천과세될 모든 소득세 및 기타 세금은 기술제공자가 부담하기로 한다.

제7조 (합계자료)

제6조에 따라 기술도입자가 기술제공자에게 실시료를 지급할 때에는 기술도입자는 [　6개월　] 간의 단위기간에 발생한 실시료의 근거자료로서 판매제품의 유형, 판매액이 기재된 회계서류를 기술제공자에게 제시하여야 한다. 또한 기술도입자는 기술제공자에게 지급될 실시료의 총액에 관한 회계장부 및 기록을 보관하여야 한다.

제8조 (기술제공자로부터의 반제품구매)

기술도입자는 이 계약에 의해 스스로 제작한 것을 제외하고 계약지역 내에 재판매하기 위해 기술제공자의 [　Widget Sets와 Grosbeaks　]를 기술제공자로부터 구매·수입할 독점적 권리를 가지며, 기술도입자는 그것의 판매를 촉진하기 위하여 최대의 노력을 경주하여야 한다. 기술제공자는 기술도입자가 요구하는 만큼의 위 제품들을 약정된 가격으로 기술도입자에게 제공한다.

제9조 (기술제공자로부터의 기구 및 설비구매)

기술제공자는 기술도입자가 요청하는 경우, 계약제품 제조에 필요한 부품, 주형, 설비 및 기구 등을 기술도입자에게 판매하되 그 가격은 기술제공자의 생산가액과 동일하여야 한다.

제10조 (기술도입자의 계약제품 수출)

① 기술도입자는 이 계약에 의해 제조된 계약제품을 [　미국　]을 제외한 모든 국가에 수출할 수 있다.

② 기술도입자와 기술제공자는 기술도입자가 이 계약에 의해 제조한 계약물품을 기술제공자가 수입하여 [　미국　]시장에 판매할 수 있도록 하는 장기판매점 계약을 체결하기로 한다.

제11조 (침해소송)

기술제공자는 기술도입자의 상표권, 특허권 또는 계약정보의 사용에 있어서 특허권, 기타 산업재산권 침해에 기한 클레임을 포함하여 기술도입자에게 제기된 모든 소송이나 청구를 스스로 선택한 변호사를 통하여 자신의 비용과 책임이므로 방어해야 하며, 만일 기술제공자가 그러한 클레임에 대한 방어를 하지 아니하는 경우에는 기술도입자는 기술제공자의 계산으로 이를 방어할 수 있다.

기술도입자에게 위와 같은 소송 등이 제기되었을 때에는 기술도입자는 즉시 기술제공자에게 이 사실을 알리고 그 소송 등의 과정에서 제출된 모든 자료의 사본을 송부하여야 한다.

계약지역 내에서 제3자가 계약상표, 특허권, 계약정보를 침해했을 때에는 기술도입자는 그 제3자를 상대로 소송을 제기할 권리가 있다.

제12조 (기술개발)

① 본 계약기간 중 계약제품 및 도구, 시설 등 계약제품과 관련된 기술개발이 이루어졌을 경우에는 기술제공자가 개량기술의 명세를 기술도입자에게 통보하여야 하는데, 그 기술개량이 스스로에 의해 이루어진 것이든 발견한 것이든, 제3의 기술도입자로 부터 얻은 것이든, 특허된 것인지의 여부를 불문한다. 기술도입자는 위 통보된 개량기술을 계약의 존속 중과 그 종료 이후에도 추가적인 지급이 없어도 사용할 수 있는 비독점적 권리를 갖는다.

② 이 계약발효일 이후 계약제품 제조와 관련하여 기술도입자 및 그 고용인에 의해 계약기간 중 이루어진 모든 기술개량은 기술제공자에게 제공된다. 기술도입자는 세계 각국에서 그의 명의와 비용으로 위 개량기술의 특허권을 등록할 권리를 가진다. 다만, 기술제공자가 계약의 존속 중 및 그 종료 이후에도 계약지역을 제외한 모든 지역에서 위 특허권을 무료로 사용할 수 있는 비독점적 권리를 가진다는 것을 조건으로 한다.

제13조 (품질관리)

① 기술도입자는 기술제공자의 계약제품 제조 수준에 상당하는 품질수준을 유지하여야 한다.

② 기술도입자는 계약제품의 의장, 시방서, 자재 또는 이와 유사한 특징 등에 변동이 있을 때에는 이것을 신속히 기술제공자에게 알려야 한다.

③ 기술도입자는 그들의 근무시간 중 기술제공자의 정당한 대표권자에게 그들의 공장 및 공정, 계약제품 그 자체를 검사할 것을 허용하여야 하며, 부품 또는 계약제품을 제조하는 하도급자가 있을 때에는 그들의 공장도 검사할 수 있도록 조치하여야 한다.

제14조 (계약정보의 보증)

① 기술제공자는 이 계약에 따라 기술도입자에게 제공되는 계약기술정보가 기술제공자가 [미국] 내에 사용하는 기술정보와 동일한 것임을 보증한다.

② 이 계약기간 동안 기술제공자는 기술도입자에게 제공자 결함 있는 기술정보 및 부품으로 인하여 발생한 손해에 대하여 책임을 진다.

③ 기술제공자는 기술도입자가 기술정보를 잘못 사용함으로써 발생하는 파생적 손해에 대하여 책임을 지지 않는다.

제15조 (계약지역 내에서의 상표의 독점적 사용권)

기술제공자는 기술도입자에 의해 제조된 것인가의 여부를 막론하고 계약제품과 관련하여 제3자에게 계약지역 내에서 상표를 사용할 것을 허락해서는 안 된다.

제16조 (발효일 및 존속기간)

① 이 계약은 이 계약이 정한 발효일로부터 그 효력을 발생한다.

② 이 계약은 다음에 규정한 바에 따라 종료되지 않는 한 발효일로부터 [5년]간 존속하며 필요한 정부의 인가와 당사자간의 합의에 따라 갱신되어 [3년] 간 존속될 수 있다.

제17조 (계약의 종료)

① 만약 어느 일방당사자가 본 계약의 의무를 이행하지 아니한 것을 이유로 타방당사자로부터 이행최고를 받은 때부터 [90일] 이내에 이행하지 아니하면 타방당사자는 그것을 이유로 서면상의 계약해제 통고를 할 수 있고 계약은 종료된다.

② 이 계약은 다음 각 호의 사유가 어느 일방 당사자에게 발생했을 때에는 아무런 통고 없이 종료된다.

1. 파산 및 무자력

2. 그로 인한 파산 등 청구

3. 일부 채권자들만의 이익을 확보해 주기 위한 사해행위

4. 파산관재인이 임명되고 그로부터 [60일] 이내에 임명이 취소되지 않을 때

5. 파산 또는 무자력을 이유로 제3자로부터 제기된 청구가 그로부터 [90일] 이내에 기각되지 않았을 때

제18조 (계약종료의 효과)

① 어떤 이유로든지 이 계약이 종료된 이후에는 기술도입자는 기술제공자에 의해 소유되거나 기술제공자와 연관되는 상호나 상표를 사용할 수 없다.

② 기술도입자의 계약위반으로 인해 계약이 종료된 때로부터 기술도입자는 계약특허권과 기술정보를 실시, 사용할 수 없다.

③ 제17조에 따라 혹은 기술제공자의 계약위반으로 인하여 이 계약이 종료되면, 그때로부터 기술도입자는 계약특허권과 기술정보를 아무런 대가없이 영구적으로 사용할 수 있는 비독점적인 권리를 취득한다.

제19조 (정부의 인가)

① 기술도입자는 한국 내에서 이 계약에 관하여 필요한 정부인가를 신속히 받아야 할 책임이 있으며, 또 이 계약은 기술제공자가 받아들일 수 있는 조건하에 정부인가가 날 때까지는 그 효력이 발생하지 않는다. 정부인가가 나면 즉시 기술도입자는 기술제공자에게 한국정부의 계약인가일을 통지하여야 한다.

② 만약 양 당사자에 의한 계약서작성일로부터 [6개월] 이내에 정부인가가 나지 않으면 일방 당사자는 서면통지로써 계약을 종료시킬 수 있다.

제20조 (중재)

이 계약으로부터, 또는 이 계약과 관련하여 또는 이 계약의 불이행으로 말미암아 당사자 간에 발생하는 모든 분쟁, 논쟁 또는 의견차이는 대한민국 서울특별시에서 대한상사중재원의 중재규칙에 따라 중재에 의하여 최종적으로 해결한다. 중재인(들)에 의하여 내려지는 판정은 최종적인 것으로 당사자 쌍방에 대하여 구속력을 가진다.

제21조 (준거법)

이 계약 및 이 계약으로부터 발생하는 당사자 간의 권리, 의무관계는 대한민국

법률에 의하여 해석된다.

제22조 (통지)

　양당사자 간의 통지는 항공등기우편 또는 항공등기로 확인된 전신, 텔렉스, 모사전보에 의해 상대방 주소 중 가장 최근의 주소로 보내져야 하며, 어느 당사자가 그들의 주소나 연락장소를 변경했을 때에는 상대방에게 그 사실을 알려야 한다.

제23조 (양도 및 승계)

① 상대방의 사전 서면승인이 없는 한 어느 일방의 자의로 계약의 일부 또는 전부를 양도할 수 없다.
② 이 계약은 양당사자 및 그 양수인과 승계인을 구속하며 그들에게 효력을 미친다.

제24조 (완전조항)

　이 계약은 당사자가 합의한 모든 내용을 포함하는 완전합의를 구성하며, 종전의 모든 표시는 이 계약에 통합되어 있다. 또 이 계약은 양 당사자 간의 정당한 권한을 가진 대리인의 서명이 있는 서면에 의하지 않고는 변경될 수 없다.

제25조 (기타)

① 이 계약의 어느 조건 또는 조항이 어떠한 이유로든지 간에 무효, 부적법, 집행불능일 경우에는 그 무효, 부적법, 집행불능은 이 계약의 다른 조건 또는 조항에는 아무런 영향을 미치지 아니한다. 이 경우에는 그 조건 또는 조항이 무효, 부적법, 집행불능으로 인정되는 한도 안에서 그 조건 또는 조항이 이 계약에 포함되지 아니한 것으로 해석되어야 한다.
② 일방당사자가 상대방에게 이 계약의 어느 조건 및 조항의 엄격한 이행을 요구하지 않은 것은 그 이후 또는 장래에 있어서의 다른 조건 및 조항위반의 경우에 행사할 수 있는 권리를 포기한 것으로 간주되지 아니한다.
③ 노동쟁의, 폭풍, 민란, 화재, 전쟁, 폭풍우, 수출금지, 운송인의 불이행, 운송수단, 혹은 원료의 수급불능 기타 불가항력적 사유, 적대행위 및 법령, 정부가 행한 조치(유효여부불문) 및 당사자의 능력 범위 밖의 기타 사유로 기술도입자나 기술제공자가 계약을 이행하지 않았을 때에는 그로 인한 책임을 부담

하지 않는다.

④ 이 계약의 당사자는 이 계약상의 모든 문제에 대하여 독립된 당사자로서 행동하며 이 계약의 어느 조항도 어느 한 당사자가 다른 당사자의 대리인이 되는 것으로 해석하는 근거로 될 수 없다.

⑤ 기술제공자는 기술도입자 이외의 다른 기술도입자에게 계약상표, 특허권, 정보에 대하여 기술도입자보다 유리한 조건을 제시해서는 안 되며, 만약 이 계약의 존속기간 중 기술제공자가 새로운 기술도입자와 더 유리한 조건으로 기술을 제공하기로 약정한 경우에는 이 계약도 자동적으로 그러한 조건으로 수정된 것으로 간주된다. 다른 기술도입자와의 계약이 이 계약보다 유리한 조건으로 체결되었는가의 여부는, 기술도입자가 단독으로 판정한다.

⑥ 이 계약서는 영어와 기타의 다른 언어로 작성될 수 있다. 서로 다른 언어로 작성된 계약서 간에 차이 또는 불일치가 있는 경우, 영문 계약서가 모든 면에서 우선한다.

이상의 증거로서, 양 당사자는 그들을 적법하게 대표하는 자로 하여금 양 회사의 이름으로 이 계약을 발효시키고자 한다.

서명일   AMERICAN WIDGET CO.
[2010. 6. 1]   대표자명 :
                                직   책 :

서명일   한국제조주식회사
[2010. 6. 5]   대표자명 :
                                직   책 :

SCHEDULE A

_____

본 계약 제4조 제2항에 의하여 한국을 방문할 AMERICAN 회사의 임·직원에 대한 일당 지급

상 급 감 독 자	미화	불
기 술 자	미화	불
숙련된 노동자	미화	불

이상의 비율은, AMERICAN이 60일 전에 통지하여 한국제조(주)로부터 승인받으면 변경가능하다. 그러한 변경은 대한민국 정부의 필요한 인가를 받아야 한다.

SCHEDULE B

_____

상품의 명세

_____

SECTION 05
해외건설공사계약(플랜트수출계약)

1. 개요

해외건설공사계약과 플랜트수출계약은 상당 부분 중복된다. 순수한 토목공사(도로공사, 교량공사, 댐건설, 아파트건설 등)를 제외하고는 대부분의 해외건설공사는 플랜트수출계약에 해당된다. 해외건설공사계약(또는 플랜트수출계약)은 FIDIC 표준계약서를 활용하는 경우가 많다.

2. 특징

해외건설공사계약 또는 플랜트수출계약의 특징을 정리하면 다음과 같다.
• 물품수출과 서비스수출이 혼합된 형태의 종합수출거래이다.
• 완성을 목적으로 하므로 계약의 유형중 도급계약에 해당된다.
• 계약금액이 거액이다.
• 고도의 기술을 필요로 하며 부가가치가 높다.
• 외화가득효과, 산업연관효과가 높다.
• 이행성보증서가 요구된다. (bid bond(입찰보증), performance bond(계약이행보증), advance payment bond(선수금환급보증), warranty bond(하자보수보증))

3. 해외건설공사계약(플랜트수출계약)의 유형

1) 건설유형에 따른 분류

• 단순시공계약: 발주자가 제공한 설계대로 시공하는 계약이다.
• 일괄수주계약 또는 턴키(turnkey)계약: 시공사(또는 수주자)가 설계에서부터 조달·건설·시운전 등 전 과정을 일괄해서 맡는 계약방식이다. 즉 시공사가 설계 및 시공을 일괄해서 한다. 시공사(또는 수주자)는 열쇠만 있으면 공장을 곧바로 작동시킬 수 있는 상태에서 인도한다는 의미에서 유래되었다.
• FOB계약: 일반 물품과 마찬가지로 플랜트를 선적함으로써 의무이행이 완료되는

계약이다. 해외건설에는 없고, 플랜트수출계약에만 해당된다.

2) 대금지급방식에 의한 분류

- 확정가격(총액방식)(fixed lump sum contract): 계약 시에 계약금액을 확정한다.
- 실비정산계약(cost plus fee contract): 공사완료 후 또는 공사진행 중에 실제 소요된 공사비를 계약금액으로 정한다. 시공사가 공사와 항목별 단가와 예상물량을 기입하는 물량명세서가 계약서에 첨부된다.

3) 계약자 선정에 방식에 의한 분류

- 수의계약(negotiated contract): 일대일로 당사자가 협의하여 계약서를 체결하는 방식이다. 수주자가 월등한 기술 및 노하우를 보유하고 있는 경우, 수주자와 거래경험이 있어 신뢰가 구축된 경우에 주로 이용된다.
- 경쟁입찰계약(competitive bid contract): 입찰을 통하여 최적의 상대방을 정하는 방식이다.
  * 경쟁입찰계약 진행 절차: 입찰공고 → 입찰서식 → 계약의향서(letter of intent) → 낙찰 (계약자 선정) → 계약체결

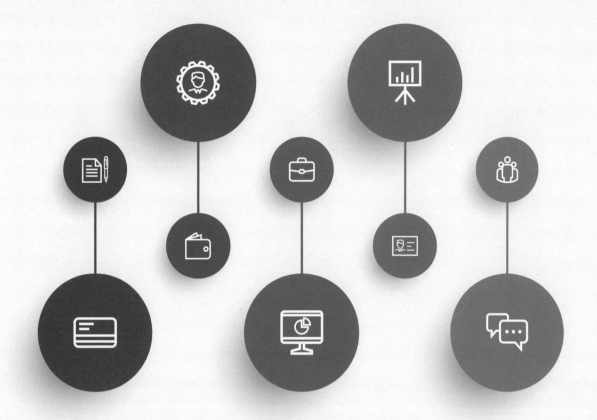

PART
04

국제물품매매계약에 관한
유엔협약(CISG)

CHAPTER 09
협약(CISG) 개관

SECTION 01
협약(CISG)의 성립

1. 헤이그협약의 성립

국제물품매매에 관한 통일법을 제정하려는 노력은 1920년대부터 시작되었으며, 기대 이상의 성과를 달성하였다.[1] UNIDROIT(International Institute for the Unification of Private Law: 사법통일을 위한 국제기구)에서는 일군의 유럽법학자들에게 국제물품매매에 적용할 통일법 작성을 요청하였고, 1935년에 그 예비초안이 발표되었다.[2] 그러나 제2차 세계대전의 발발로 중단되었다가 제2차 세계대전 종료 후 다시 진행되어 1956년과 1963년에 각각 수정 초안이 발표되었고, 같은 기간에 계약 성립에 관한 통일법 작업도 진행되어 1958년에 통일법 초안이 회람되었다.[3]

---

[1] Schlechtriem & Schwenzer, *Commentary on the UN Convention on the International Sale of Goods (CISG)*, 4th ed., Oxford University Press, 2016, p.1.

[2] Schlechtriem & Schwenzer, supra note 1, p.1.; John O. Honnold, *Uniform Law for International Sales under the 1980 United Nations Convention*, 4th ed, Wolters Kluwer, 2009, p.5.

[3] John O. Honnold, *supra note 2,* p.5.

UNIDROIT에서 작성한 두 가지 통일법 초안인 「국제물품매매에 관한 통일법 협약(Convention Relating to a Uniform Law on the International Sale of Goods: ULIS)」[4]과 「국제물품매매계약의 성립에 관한 통일법 협약(Convention Relating to a Uniform Law on the Formation of Contract for the International Sale of Goods: ULFC[5])」[6]은 1964년 4월 헤이그에서 개최된 28개국 외교회의에서 채택되었다.[7] 이 두 협약은 헤이그회의에서 채택되어 '헤이그협약(the Hague Convention)'이라고 불린다. 헤이그협약은 주로 유럽국가들의 지지를 받았고, 1972년에 발효되었다. 가입국은 최대 9개국(벨기에, 잠비아, 독일, 이스라엘, 이탈리아, 룩셈부르크, 네덜란드, 샌마리노, 영국)이었으나, 대부분 탈퇴하여 2021년 4월 현재 체약국은 영국과 잠비아뿐이다.

그러나 이 회의에 참석한 국가가 28개국에 불과하였고, 적용범위가 너무 넓고, 당사자의 자치를 허용하지 않아 유연성이 떨어지고, 서유럽국가의 법을 기초로 하였고, 매도인의 이익을 보호하는 데 중점을 두었는데, 무역거래에서는 주로 선진국이 매도인이므로 후진국 및 제3세계의 지지를 받지 못했다. 특히 헤이그협약은 개발도상국의 입장을 고려하지 않았는데, ① 초안작성 과정에서 개발도상국이 참여하지 못했고, ② 초안작성 참여국들의 접근방식은 계약일반원칙에 대해 객관성이 결여되었다.[8] 그 결과 1972년 발효되었지만, 현재까지 총 가입국이 9개국에 불과하여 세계적인 통일법으로 자리를 잡지 못했다. 또한, 서유럽국가들의 법률 전통과 경제 현실을 반영하고 있다는 비판을 받게 되었다.[9]

2. 협약(CISG)의 성립

UNIDROIT의 헤이그협약이 통일매매법의 역할을 못하게 됨에 따라 UNCITRAL에서는 1968년 제1차 회기에서 실체법으로서의 국제매매에 관한 통일법의 제정에 우선순위를 두기로 의결하였고, 1969년의 제2차 회기에서 이를 확인하였다.[10] 그 후 14개국으

---

[4] UNIDROIT 웹사이트 https://www.unidroit.org/의 "Instrument"에서 전문 검색 가능

[5] UNIDROIT 웹사이트에서는 "ULFC"라고 함

[6] UNIDROIT 웹사이트 https://www.unidroit.org/의 "Instrument"에서 전문 검색 가능

[7] United Nations, *United Nations Convention on Contracts for the International Sale of Goods*, United Nations Publication Sales No. E.10.v.14, 2010, p.33.; John O. Honnold, supra note 2, p.6.

[8] Peter Schlechtriem · Petra Butler, *UN Law on International Sales*, Springer, 2009, p.1.

[9] United Nations, *supra note* 7, p.33.

로 구성된 작업반(working group)을 구성하여 통일법 작성에 착수하였다. 작업반은 1976년에는 '국제물품매매에 관한 통일법 협약(ULIS)'에 기초한 '매매협약 초안(Draft Convention on Sales)'을 작성하였고, 1977년에는 '국제물품매매계약의 성립에 관한 통일법 협약(ULFC)'에 기초한 '계약성립 초안(Draft Convention on Formation)'을 작성하였다.[11]

그리고 1978년 UNCITRAL 전체 회의에서 이 두 개의 협약 초안을 심의하여 "국제물품매매계약에 관한 협약 초안(Draft Convention on Contracts for the International Sale of Goods)"이라는 단일협약으로 통합하였고, 이 협약 초안은 1980년 4월 11일 비엔나에서 열린 외교회의에서 「국제물품매매계약에 관한 유엔협약(United Nations Convention on Contracts for the International Sale of Goods)」으로 채택되었다.[12] 이 협약은 아랍어, 중국어, 영어, 프랑스어, 러시아어, 스페인어 등 6개 국어로 작성되었다. 이 협약 제2편 계약의 성립은 '국제물품매매계약의 성립에 관한 통일법 협약(ULFC)'에 기초하였고, 제3편 물품의 매매는 '국제물품매매에 관한 통일법 협약(ULIS)'에 기초하고 있다.[13]

이 협약은 비엔나회의에서 채택되었기 때문에 "비엔나협약(Vienna Convention)"으로 불리고, 약자로 "CISG"라고도 한다. CISG는 1988년 1월 1일에 발효되었다.[14]

3. 협약(CISG) 체약국 현황

2021년 6월 현재 체약국은 94개국[15]이고, 이들 국가의 무역규모는 전체의 80% 이상을 차지하고 있다.[16] 우리나라도 2004년 2월 17일에 동 협약에 가입하여 2005년 3월 1일부터 발효되었다.[17] 우리나라와 무역거래 비중이 높은 중국, 미국, 일본, 그리고 베트남은 모두 CISG 체약국이다. 따라서 우리나라와 이들 국가들 간의 상품무역에는 CISG가 적용될 가능성이 높다.

---

10 United Nations, *supra note* 7, p.33.; John O. Honnold, *supra note* 2, p.9.

11 Schlechtriem & Schwenzer, *supra note* 1, p.2.; John O. Honnold, *supra note* 2, p.10.

12 United Nations, *supra note* 7, pp.33−34.; John O. Honnold, *supra note* 2, p.10.

13 John O. Honnold, *supra note* 2, p.10.

14 제99조 제1항에 따라 10번째의 비준서, 수락서, 승인서 또는 가입서가 기탁된 날로 12개월이 경과한 다음달 1일에 효력을 발생한다.

15 체약국 현황은 다음의 UNCITRAL 홈페이지에서 검색 가능 (http://www.uncitral.org/uncitral/en/uncitral_texts/sale_goods/1980CISG.html).

16 무역규모 20위권 국가 중에서는 영국, 홍콩, 대만, U.A.E., 인도 등을 제외한 모든 국가가 CISG의 체약국임. 참고로 북한도 2019년 3월 가입하여 2020년 4월부터 발효됨.

17 2003년 8월 18일 국무회의에서 국회에 상정했고, 2004년 2월 9일 제245회 국회 제4차 본회의에서 비준되어, 2005년 3월 1일부터 발효되었다.

📖 SECTION 02
협약(CISG)의 구성 및 특징

1. 협약(CISG)의 구성

　　CISG는 전문, 총 4편(Part), 101개 조항(Article)으로 구성되어 있다. 제2편 계약의 성립은 '국제물품매매계약의 성립에 관한 통일법 협약(ULF)'에 기초하였고, 제3편 물품의 매매는 '국제물품매매에 관한 통일법 협약(ULIS)'에 기초하고 있다.[18]

제1편 적용범위와 총칙 **(13개 조문)**	제1장 적용범위(제1조~제6조) 제2장 총칙(제7조~제13조)
제2편 계약의 성립 **(11개 조문)**	제14조~제24조
제3편 물품의 매매 **(64개 조문)**	제1장 총칙(제25조~제29조)
	제2장 매도인의 의무(제30조~제52조) 제1절 물품의 인도와 서류의 교부(제31조~제34조) 제2절 물품의 적합성과 제3자의 권리주장(제35조~제44조) 제3절 매도인의 계약위반에 대한 구제(제45조~제52조)
	제3장 매수인의 의무(제53조~제65조) 제1절 대금의 지급(제54조~제59조) 제2절 인도의 수령(제60조) 제3절 매수인의 계약위반에 대한 구제(제61조~제65조)
	제4장 위험의 이전(제66조~제70조)
	제5장 매도인과 매수인의 의무에 공통되는 규정 제1절 이행기전의 계약위반과 분할인도계약(제71조~제73조) 제2절 손해배상액(제74조~제77조) 제3절 이자(제78조) 제4절 면책(제79조, 제80조) 제5절 해제의 효과(제81조~제84조) 제6절 물품의 보관(제85조~제88조)
제4편 최종규정 **(13개 조문)**	제89조~제101조 　CISG의 효력발생, 가입, 탈퇴, 일부조항의 유보 등

---

[18] John O. Honnold, *supra note* 2, p.10.; Schlechtriem & Schwenzer, *supra note* 1, p.2

2. 협약(CISG)의 특징

CISG의 특징을 정리하면 다음과 같다.

① 매매당사자의 이익을 균형 있게 보장하고 있다.

☞ **UNIDROIT의 헤이그협약:** 매도인의 보호에 중점(선진국 입장)

② 적용범위를 매매계약의 성립에 관한 문제(제2편)와 매매계약에서 발생하는 매도인과 매수인의 권리 및 의무(제3편)에 한정한다. 계약 자체의 효력이나 소유권에 관하여 계약이 가지는 효력은 규율 대상에서 제외하고 있다.

☞ **UNIDROIT의 헤이그협약:** 모든 분야를 대상으로 함.

③ 국제매매법의 절차적인 면과 실체적인 면을 통합하였다.[19] 계약의 성립과 계약의 효과로서의 당사자의 권리·의무를 모두 규율한다.

④ 당사자자치 보장(party autonomy): 계약자유의 원칙에 입각하여 당사자의 의사로 CISG의 적용을 배제할 수 있도록 하는 등 당사자자치를 보장한다.[20] 또한, 비체약국 당사자도 CISG 적용에 합의함으로써 CISG를 적용할 수 있다.

⑤ 가입국의 유보허용: 가입국은 유보선언을 통해 일부 조항의 적용을 배제할 수 있다. (유보조항: 제1조제1항의 간접적용, 제11조, 제12조 등의 서면성 등)

⑥ 자동집행조약(self-executing treaty)으로 별도의 입법 없이도 국내법과 동일한 효력이 있다.[21]

CISG는 다수의 국가가 체결한 통일매매법이라는 점에서 호평을 받고 있으나, CISG가 적용되더라도 계약불이행이 발생하는 경우 각국 법원의 판결이 상이할 수 있고, 계약의 유효성을 규정하지 않고 있으며, 전자상거래도 규정하지 않고 있다는 비판도 있다.[22]

---

19 Peter Schlechtriem·Petra Butler, *supra note* 8, p.2.

20 United Nations, *supra note* 7, pp.35-36.; John O. Honnold, *supra note* 2. cit., p.10.

21 Ralph H. Folsom, et. al, *International Business Transactions*, 8th ed, West Group, 2009, p.21.

22 Michele Donnelly, *Certificate in International Trade and Finance*, ifs School of Finance, 2010, pp.31-32.

3. 협약(CISG)의 성격

직접성	CISG는 국제물품매매계약에 적용되는 직접법이며 실체법이다. CISG는 우리 민법과 마찬가지로 국제물품매매계약에 직접 적용된다.
국제성	CISG는 국제물품매매계약에 적용되는 법이다. (원칙적으로 영업소를 달리하는 당사자 간의 물품매매계약에 적용된다.)
통일법	CISG는 국제물품매매계약에 적용되는 통일법이다. (준거법에 우선하여 적용되어 국제물품매매계약에 적용되는 법을 통일함을 목적으로 한다.)

CHAPTER 10
협약(CISG)의 적용범위
및 해석원칙

SECTION 01
협약(CISG) 적용의 공통조건

CISG의 명칭(국제물품매매계약에 관한 유엔협약)에서 알 수 있듯이 CISG의 적용대상은 '국제물품매매계약(contract of international sale of goods)'이다. 세부적으로 보면, ① 거래 유형은 "매매"이고, ② 매매의 목적물은 "물품"이며, ③ 당사자의 영업소가 서로 다른 국가에 소재하여야 한다. 적용요건은 거래 자체에 대한 요건(① 거래 유형: 매매 ② 매매의 목적물: 물품)과 당사자에 대한 요건(③ 당사자의 영업소가 서로 다른 국가에 소재)으로 구분할 수 있다.[1]

* 다만, CISG의 객관적인 적용요건이 충족되는 경우에도 당사자는 합의로 CISG의 적용을 배제할 수 있다.

---

1 Peter Schlechtriem · Petra Butler, *UN Law on International Sales*, Springer, 2009, p.11.

> **· 제1조 ·**
>
> (1) 이 협약은 다음의 경우에, 영업소가 서로 다른 국가에 있는 당사자간의 물품매매계약에 적용된다.
>
> 　(가) 해당 국가가 모두 체약국인 경우, 또는
>
> 　(나) 국제사법 규칙에 의하여 체약국법이 적용되는 경우
>
> (2) 당사자가 서로 다른 국가에 영업소를 가지고 있다는 사실은, 계약으로부터 또는 계약체결 전이나 그 체결 시에 당사자 간의 거래나 당사자에 의하여 밝혀진 정보로부터 드러나지 아니하는 경우에는 고려되지 아니한다.
>
> (3) 당사자의 국적 또는 당사자나 계약의 민사적·상사적 성격은 이 협약의 적용 여부를 결정하는 데에 고려되지 아니한다.

1. 거래유형은 매매계약일 것

거래유형은 매매계약이어야 한다. 다만, 계약의 민사적·상사적 성격은 고려되지 않으므로 민사계약 및 상사계약 모두 CISG의 적용대상이 된다. 증여, 임대차, 사용대차, 교환 등에 의한 국제적 물품의 이동은 무역거래에는 포함되지만, 매매계약이 아니므로 CISG의 적용대상이 아니다.[2]

2. 매매계약의 목적물은 물품일 것

매매계약의 목적물은 물품이어야 한다. 용역(service) 또는 지식재산권은 적용대상이 아니다.[3] 참고로 CISG는 물품의 개념에 대해 정의하고 있지 않아 물품 여부에 대해 분쟁이 발생할 수 있으므로 모호한 경우에는 계약서에 CISG의 적용 여부를 명시하는 것이 바람직하다.

---

2 Schlechtriem & Schwenzer, *Commentary on the UN Convention on the International Sale of Goods (CISG)*, 4th ed., Oxford University Press, 2016, p.10.

3 UNCITRAL, UNCITRAL Digest of Case Law on the United Nations Convention on the International Sale of Goods, 2016, p.5. (이하, "UNCITRAL Digest on the CISG (2016)")

3. 당사자의 영업소가 서로 다른 국가에 소재할 것("국제성")

CISG가 적용되기 위해서는 원칙적으로 '당사자의 영업소가 서로 다른 국가에 소재'해야 한다. 이것을 CISG의 적용요건으로서의 '국제성(internationality, international character)'이라고 한다.[4] 국제성은 당사자의 '영업소(place of business)'를 기준으로 하며, '국적(nationality)'을 기준으로 하지 않는다. 이에 따라 당사자의 국적이 다르지만, 영업소가 동일한 국가에 소재하는 경우에는 국제성은 충족되지 않고, 당사자의 국적이 동일하지만 영업소가 서로 다른 경우에는 국제성은 충족된다.[5] 한편, 국제성은 당사자의 영업소가 서로 다른 국가에 있으면 인정되며, 실제로 국경을 넘어 물품 인도가 이루어질 것을 요구하지 않는다.

 사례연구

사례1 한국에 영업소를 두고 있는 매도인과 중국에 영업소를 두고 있는 매수인간 매매계약에서 물품이 한국 내에서만 이동하는 경우(즉 물품이 중국으로 이동하지 않음) → 당사자의 영업소가 서로 다른 국가에 소재하므로 CISG 적용(다만, 물품이 다른 국가로 이동하지 않기 때문에 이 거래는 무역에 해당되지 않음)

사례2 한국에 영업소를 두고 있는 매도인과 한국에 영업소를 두고 있는 매수인간 매매계약 체결하고, 물품은 한국에서 중국으로 이동하는 경우 → 당사자의 영업소가 동일한 국가(한국)에 소재하고 있으므로 CISG 미적용(다만, 물품이 중국으로 이동하였으므로 이 거래는 무역에 해당)

---

4 UNCITRAL Digest on the CISG (2016), p.4.; John O. Honnold, *Uniform Law for International Sales under the 1980 United Nations Convention*, 4th ed, Wolters Kluwer, 2009, p.30.; Schlechtriem & Schwenzer, supra note 2, p.37.

5 UNCITRAL, Case Law on UNCITRAL Texts(CLOUT) User Guide, 2010, p.5.; John O. Honnold, *supra note 4*, p.34.

1) 영업소의 개념

CISG에서는 영업소의 개념에 대해 규정하지 않고 있으며,[6] 영업소를 결정하는 기준으로 '설립지', '주소지' 등과 같은 하나의 고정된 기준을 규정하고 있지 않다.[7] 다만, 영업소가 없는 경우 상거소(habitual residence)를 영업소로 본다고 규정하고 있다 (제10조 (나)호).

· 제10조 ·

이 협약의 적용상,

(가) 당사자 일방이 둘 이상의 영업소를 가지고 있는 경우에는, 계약체결 전이나 그 체결 시에 당사자 쌍방에 알려지거나 예기된 상황을 고려하여 계약 및 그 이행과 가장 밀접한 관련이 있는 곳이 영업소로 된다.

(나) 당사자 일방이 영업소를 가지고 있지 아니한 경우에는 그의 상거소를 영업소로 본다.

2) 복수의 영업소

당사자가 복수의 영업소를 가지고 있는 경우 "계약과 가장 밀접한 관련이 있는 영업소"를 기준으로 국제성을 결정해야 한다(제10조 (가)호). 컨소시엄을 구성하는 계약의 경우 당사자의 영업소가 다수이기 때문에 CISG 적용요건인 국제성을 판단하는 데 어려움이 있는데, 통상 컨소시엄을 통한 계약은 그 종류가 많고 내용이 복잡하므로 각 계약서에 CISG의 적용여부 및 준거법에 대해 명시하는 것이 필요하다.[8]

---

6 오석웅, "국제물품매매계약에 관한 UN협약의 적용에 있어서 당사자자치의 원칙(Parteiautonomie in der Anwendung des UN-Kaufrechts)", 법학논집, 제31권 제1호, 2009, p.26.

7 John O. Honnold, *supra note 4*, p.31.

8 John O. Honnold, *supra note 4*, p.33.

1) 영업소(place of business) 해당 여부

CISG에서는 영업소의 개념에 대해 규정하지 않고 있다. 영업소의 개념에 대한 CLOUT Case(판례)를 살펴보면, 영업소를 영업활동(business activity)이 사실상 수행되는 장소로 정의한 판결[9]이 다수 있고, 연락사무소(liasion office)는 포함되지 않는다는 판결[10]이 있다. 영업소로 인정되기 위해서는 고정사업장(permanent establishment: PE)이 요구되며, 창고나 매도인측 대리인의 사무실은 영업소가 되지 않는 것으로 보고 있다.[11]

해외사무소, 해외지사 등은 영업소로 인정되고, 계약 협상을 위해 호텔객실에 상당기간 체류한 경우, 대리인(agent)의 사무실, 창고, 공장, 1개월간 사무실 임차한 경우 등은 영업소로 인정되지 않는다.

2) 사례연구

사례1 매도인은 A국과 B국에 모두 영업소를 보유하고, 매수인은 B국에만 영업소를 보유하고 있는 경우

　ⅰ) 매도인의 A국 영업소가 매매계약을 체결한 경우 → CISG 적용

　ⅱ) 매도인의 B국 영업소가 매매계약을 체결한 경우 → CISG 미적용

사례2 한국의 A사와 중국의 B사간의 물품매매계약에서 A사의 한국 본사와 B사의 중국 본사 간 매매계약 체결 → CISG 적용

사례3 한국의 A사와 중국의 B사간의 물품매매계약에서 A사의 중국 지사와 B사의 중국 본사 간 매매계약이 체결되고 계약 이행 → CISG 미적용(당사자 모두 중국의 영업소이므로)

---

9 CLOUT case No. 378 [Tribunale di Vigevano, Italy, 12 July 2000]; CLOUT case No. 608 [Trib. Rimini, Italy, 26 November 2002]; CLOUT case No. 106 [Oberster Gerichtshof, Austria, 10 November 1994].

10 CLOUT case No. 158 [Cour d'appel Paris, France, 22 April 1992].

11 Ralph H. Folsom, et. al, *International Business Transactions*, 8th Ed, West Group, 2009, 24.

CLOUT Case에 대해

- CLOUT는 'Case Law on UNCITRAL Texts'의 약자로, UNCITRAL에서 제정한 협약이나 모델법과 관련된 각국의 법원판결 및 중재판정을 정리한 것이다.[12]

- 1988년의 UNCITRAL 제21차 회기(1988.4.11~4.20)에서의 UNCITRAL 결정[13]에 근거하여, UNCITRAL 사무국에서는 UNCITRAL의 협약과 모델법과 관련된 각국의 법원판결과 중재 결정에 대한 정보를 수집하고 배포하는 시스템을 도입하였다.[14] CLOUT 판례(각 법원판결 및 중재판정)는 UNCITRAL의 홈페이지에서 검색이 가능하다.[15]

- CLOUT 시스템의 도입목적은 UNCITRAL에서 채택한 법규에 대한 인식을 제고하고, 판사, 중재인, 변호사, 상사거래의 당사자, 기타 이해관계자들이 그들의 책임안에서 문제를 취급하는 데 있어 그 법규와 관련된 법원판결과 중재판정을 고려하게 하고, 법규의 통일적 해석과 적용을 증진하기 위한 것이다.[16] 그리고 나아가 변화되는 무역환경에 대처하기 위한 것이다.

4. 협약의 직접적용 및 간접적용

• 제1조 •

(1) 이 협약은 다음의 경우에, 영업소가 서로 다른 국가에 있는 당사자 간의 물품매매계약에 적용된다.

   (가) 해당 국가가 모두 체약국인 경우, 또는

   (나) 국제사법 규칙에 의하여 체약국법이 적용되는 경우

---

12 UNCITRAL, Case Law on UNCITRAL Texts(CLOUT) User Guide, 2010, p.2.
13 UNCITRAL Commission Documents, Commission Sessions 21st session, A/43/17, paras. 98－109.
14 UNCITRAL, Case Law on UNCITRAL Texts(CLOUT) User Guide, 2010, p.2.
15 http://www.uncitral.org/uncitral/en/case_law.html
16 UNCITRAL, Case Law on UNCITRAL Texts(CLOUT) User Guide, 2010, p.2.

1) 직접적용(양당사국이 모두 체약국)

매도인의 영업소와 매수인의 영업소가 상이한 국가에 소재하고 양국이 모두 CISG의 체약국인 경우 CISG가 적용되는데(제1조 제1항 (가)호), 이를 '직접적용(direct applicability)' 또는 '자동적용(autonomous applicability)'이라고 한다.[17] 이 경우 계약서 등에서 당사자가 CISG의 적용을 배제하지 않았다면, CISG가 적용된다. 직접적용의 요건은 ① 양당사자의 영업소가 서로 다른 국가에 소재할 것 ② 해당 당사국이 모두 체약국일 것 그리고 ③ CISG의 배제합의가 없을 것이다.

CISG의 주된 목적은 법 적용의 불확실성을 줄이기 위한 것인바, 직접적용 규정은 이에 부합한다. 당사자들의 영업소가 서로 다른 국가에 소재하는 경우 매도인의 국내법, 매수인의 국내법, 기타 제3국법이 적용될 수 있는바, CISG는 이러한 법적용 불확실성의 제거 및 통일화를 목적으로 하고 있다.

2) 간접적용(체약국의 법이 준거법인 경우 CISG 적용)

매도인의 영업소와 매수인의 영업소가 소재하는 국가 중 CISG의 체약국이 없는 경우, 또는 하나의 국가만 체약국인 경우에도 체약국의 법이 준거법이 되는 경우 CISG가 적용될 수 있는데, 이를 '간접적용(indirect applicability)'[18] 또는 '국제사법의 규칙에 의한 적용(applicability under rules of private international law)'[19]이라고 한다. 간접적용에 의한 CISG의 적용을 원하지 않는 체약국은 제95조에 따라 적용을 유보하는 선언을 할 수 있다(간접적용 유보선언국: 미국,[20] 중국, 싱가포르, 아르메니아, 세인트빈센트, 슬로바키아).

---

[17] UNCITRAL Digest on the CISG (2016), p.5.

[18] UNCITRAL Digest on the CISG (2016), p.5.; United Nations Conference on Contracts for the International Sale of Goods, Vienna, 10 March – 11 April 1980, Official Records, Documents of the Conference and Summary Records of the Plenary Meetings and of the Meetings of the Main Committee, 1981, p.15.

[19] John O. Honnold, *supra note 4*, p.36.

[20] 미국에서 유보를 한 이유는 당시 미국대표자들은 매매법에 대해서는 미국통일상법전이 CISG보다 우월하다고 믿었기 때문이라고 한다(Ralph H. Folsom, et. al, *supra note 11*, p.27.).

사례연구

■ 유형 1: 유보선언 없는 경우(간접적용 방식을 배제한 국가가 포함되지 않은 경우)

사례1 한국(체약국)과 영국(비체약국)간의 국제물품매매계약에서 한국 법원에 소송이 제기되어 한국법이 준거법으로 결정된 경우: CISG 적용(간접적용)

사례2 한국(체약국)과 영국(비체약국)간의 국제물품매매계약에서 한국 법원에 소송이 제기되어 영국법이 준거법으로 결정된 경우: CISG 미적용

사례3 인도(비체약국)과 영국(비체약국)간의 국제물품매매계약에서 한국법원에 소송이 제기되어 한국법이 준거법으로 결정된 경우: CISG 적용

■ 유형 2: 유보선언 있는 경우(간접적용 방식을 배제한 국가가 포함된 경우)

사례2 미국(체약국, 유보선언국)과 영국(비체약국) 간의 국제물품매매계약에서 미국 법원에 소송이 제기되어 미국법이 준거법으로 결정된 경우: CISG 미적용/미국법 적용(미국은 유보선언국이므로 간접적용 불인정)

사례2 미국(체약국, 유보선언국)과 영국(비체약국) 간의 국제물품매매계약에서 미국 법원에 소송이 제기되어 영국법이 준거법으로 결정된 경우: CISG 미적용/영국법 적용(영국은 비체약국이므로)

SECTION 02
CISG 적용배제

CISG 제2조에서는 적용이 배제되는 거래유형을 규정하고 있고, 제6조에서는 합의에 의해 CISG의 전부를 배제하거나 일부의 내용을 변경할 수 있다고 규정하고 있다. 현실적으로 글로벌 벤더들은 표준계약서에서 CISG의 적용배제를 명시하는 경우가 많다. CISG는 강행법규가 아니므로 당사자들이 CISG의 배제를 합의한 경우 CISG는 적용되지 않는다.

1. 거래대상(또는 거래성격)에 의한 적용배제(제2조)

· 제2조 ·

이 협약은 다음의 매매에는 적용되지 아니한다.

(가) 개인용·가족용 또는 가정용으로 구입된 물품의 매매
　　 다만, 매도인이 계약체결 전이나 그 체결 시에 물품이 그와 같은 용도로 구입된 사실을 알지 못하였고, 알았어야 했던 것도 아닌 경우에는 그러하지 아니하다.

(나) 경매에 의한 매매

(다) 강제집행 그 밖의 법령에 의한 매매

(라) 주식, 지분, 투자증권, 유통증권 또는 통화의 매매

(마) 선박, 소선(小船), 부선(浮船), 또는 항공기의 매매

(바) 전기의 매매

제2조에서는 적용배제되는 거래를 규정하고 있는데, 적용배제되는 유형은 ① 매매의 용도에 의한 배제(제(가)호) ② 매매의 속성(또는 거래의 유형)에 의한 배제((나)호, (다)호) ③ 물품의 속성(또는 매매의 대상)에 의한 배제((라)호 ~ (바)호)로 구분할 수 있다.[21]

1) 소비자계약((가)호)

개인용, 가정용으로 구입된 물품의 매매에는 적용되지 않는다. 다만, 매도인이 계약의 체결 시 또는 그 이전에 물품이 그런 용도로 구입된다는 사실을 알지 못하였고, 알았어야만 했던 것도 아닌 경우에는 CISG가 적용된다. 적용대상에서 제외시킨 이유는 소비자계약은 각국이 소비자보호를 위해 제정한 강행규정의 적용을 받는 경우가 많기 때문에 이를 통일하는 것이 어렵기 때문이다.[22]

---

[21] United Nations, *United Nations Convention on Contracts for the International Sale of Goods*, United Nations Publication Sales No. E.10.v.14, 2010, p.35; John O. Honnold, supra note 4, p.48.

[22] John O. Honnold, *supra note 4*, p.49.

2) 경매에 의한 매매((나)호)

경매에 의한 매매에는 적용되지 않는다. 경매의 경우 매도인은 낙찰 시까지는 매수인이 누구로 결정될 지 알 수 없어 CISG의 적용여부가 불확실하고, 각국이 경매에 대한 특별규정을 두고 있기 때문이다.[23]

3) 강제집행 그 밖의 법령에 의한 매매((다)호)

강제집행 그 밖의 법령에 의한 매매에는 적용되지 않는다. 배제시킨 사유는 각국의 집행법에 의한 규제를 받고[24], 당사자 간의 자유로운 계약조건의 협상이 제한되기 때문이다. 또한, 강제집행은 매도인 스스로 매도하는 것이 아니라, 국가기관이 강제적으로 처분하는 것이기 때문이다.[25]

4) 주식, 지분, 투자증권, 유통증권, 통화의 매매((라)호)

주식, 지분, 투자증권, 유통증권, 통화의 매매에는 적용되지 않는다. 이러한 것들은 무체물로 대부분의 국가에서 물품의 개념에서 제외하기 때문이다. 참고로 물품의 인도를 지배하는 서류(B/L, warehouse receipt 등)는 여기의 예외에 해당되지 않는다.[26] 물품을 표창하는 서류(B/L 등)의 매매는 실질적으로는 유통증권의 매매가 아니고 물품 그 자체의 매매로 보아야 할 것이다.[27]

5) 선박, 부선, 또는 항공기의 매매((마)호)

선박(ship, vessel), 부선(hovercraft), 항공기(aircraft)는 적용되지 않는다. 이러한 목적물은 각국이 선박법, 항공법과 같은 강행법적 성질을 갖는 특별법을 통해 등록, 등기 등 양도 관련 절차를 정하고 있고, 거래의 범위 및 성질이 다르기 때문이다.[28]

---

[23] John O. Honnold, *supra note 4*, p.51.

[24] United Nations, *supra note 21*, p.13.

[25] 최홍섭, 국제물품매매계약에 관한 유엔협약 해설, 법무부, 2005, p.11.

[26] United Nations, *supra note 21*, p.13.; John O. Honnold, supra note 4, p.52−53.; Schlechtriem & Schwenzer, *supra note 2*, p.56.

[27] Schlechtriem & Schwenzer, *supra note 2*, p.56.

[28] John O. Honnold, *supra note 4*, p.53.

6) 전기의 매매((바)호)

전기의 매매에는 적용되지 않는다. 배제시킨 사유는 전기공급계약은 종종 특별조건을 포함하고 있는데, CISG는 이러한 특별조건에 적합하지 않기 때문이다.[29] 한편, 가스, 원유 기타 에너지 공급계약은 CISG 적용이 배제되지 않는다.[30]

 CISG 적용대상

- 적용대상: 원유, 가스, 석탄, 중장비, 전차, 이동식건축물(mobile building), 기념주화, 고화, 가축, 선박·항공기의 부품
- 적용배제: 전기, 선박, 부선, 항공기, 주식, 지분, 사채권, 투자증권, 통화, 수표, 환어음, 약속어음, know-how, 부동산

사례연구

매도인(한국)과 매수인(일본)은 고가의 촬영장비 매매계약을 체결하였다. 이 장비는 주로 전문가가 사용하는 장비였다. 이 계약에 대해 분쟁이 발생하였고, 매도인은 CISG의 적용을 주장하였으나, 매수인은 개인적 용도로 구매하였기 때문에 CISG가 적용되지 않는다고 항변하였다.

해설

CISG 제2조 (가)호에 의해 개인용의 매매에는 CISG가 적용되지 않는다. 다만, 매도인이 계약체결 전이나 그 체결 시에 개인용도로 구입된 사실을 알지 못하였고, 알았어야 했던 것도 아닌 경우에는 CISG가 적용될 수 있다. 증명책임을 보면, 1) 매수인은 개인용도로 구매했다는 것을 증명해야 하고, 2) 매도인은 이러한 사실을 몰랐다는 것을 증명해야 한다.[31]

---

29 Schlechtriem & Schwenzer, *supra note 2*, p.59.

30 Schlechtriem & Schwenzer, *supra note 2*, p.59.; UNCITRAL Digest on the CISG (2016), p.18.

31 John O. Honnold, *supra note 4*, pp.50-51.

2. 재료공급 및 서비스공급에의 적용배제(제3조)

• 제3조 •

(1) 물품을 제조 또는 생산하여 공급하는 계약은 이를 매매로 본다. 다만, 물품을 주문한 당사자가 그 제조 또는 생산에 필요한 재료의 중요한 부분을 공급하는 경우에는 그러하지 아니하다.

(2) 이 협약은 물품을 공급하는 당사자의 의무의 주된 부분이 노무 그 밖의 서비스의 공급에 있는 계약에는 적용되지 아니한다.

물품을 제조하거나 생산하여 공급하는 계약도 매매로 보기 때문에 CISG의 적용 대상이 되지만, 물품 주문자가 재료의 '중요한 부분(substantial part)'을 공급하는 경우에는 CISG가 적용되지 않는다. 다만, CISG에서는 '중요한 부분(substantial part)'에 대한 기준을 규정하지 않고 있다.[32] 한편, 노무(labor) 또는 서비스가 포함되는 물품공급의 경우 당사자의 의무의 '주된 부분(preponderant part)'이 노무 또는 서비스 공급인 경우 CISG가 적용되지 않는다.[33]

 사례연구

1) 직물 표백 및 염색 계약

A는 완제품이 아닌 직물을 소유하고 있었는데, 이 직물을 표백 및 염색하여 A에게 반환하는 내용의 계약을 B와 체결하였다. CISG가 적용되는가?

해설 이 계약은 제3조 제1항에 해당되지 않으며, 비록 가공하는 동안에 B가 직물을 소유하고 있다고 하더라도 마찬가지이다. 그 이유는 중요한 부분을 A가 제공했기 때문이다.[34]

---

32 UNCITRAL Digest on the CISG (2016), p.20.

33 매도인의 의무 중 용역 또는 노무가 50% 이상을 차지하는 경우 CISG는 적용되지 않는다. (UNCITRAL Digest on the CISG (2016), p.20.)

34 John O. Honnold, *supra note 4*, p.64.

2) 제조기계 인도 및 설치 계약

A는 B와 제조기계 수출계약을 체결하였다. 제조기계를 제조하여 선적하고, 현지에서 이를 설치하여 시운전을 하여 인도하는 방식이었다. 그리고 기술자를 1년간 파견하여 현지직원을 교육시키고 제조기계를 관리하도록 하였다. 전체 계약금액 100만 달러 중에서 제조기계 금액은 70만 달러이고, 설치비용이 10만 달러, 기술자 비용이 20만 달러였다.

> **해설** CISG가 적용된다. 제조기계(물품)의 가액이 전체 계약금액의 70%를 차지하고, 설치비용 및 기술자 노무비용은 30% 정도이기 때문에 제3조 제2항의 주된 부분에 해당되지 않는다.[35] (참고로 플랜트 등을 현지에서 설치하여 시운전 후 인도하는 방식의 수출거래를 턴키(turnkey)방식이라고 한다)

3) 턴키방식의 플랜트 수출거래[36]

일반적으로 턴키방식(turn-key)의 플랜트 수출거래(예: 발전소건설, 정유공장건설, 석유화학단지건설 등)에서는 CISG가 적용되지 않는다. 이런 계약에도 물품이 공급되지만, 물품은 계약의 핵심이 아니기 때문이다. 매매계약이 아니고 도급계약에 해당된다.

3. 계약의 효력 등에 대한 적용배제(제4조)

• 제4조 •

이 협약은 매매계약의 성립 및 그 계약으로부터 발생하는 매도인과 매수인의 권리의무만을 규율한다. 이 협약에 별도의 명시규정이 있는 경우를 제외하고, 이 협약은 특히 다음과 관련이 없다.

(가) 계약이나 그 조항 또는 관행의 유효성

(나) 매매된 물품의 소유권에 관하여 계약이 미치는 효력

---

[35] John O. Honnold, *supra note 4*, pp.66-67.
[36] John O. Honnold, *supra note 4*, p.69.

CISG는 매매계약의 모든 사항을 규정하는 것이 아니다. CISG는 ⅰ) 매매계약의 성립 ⅱ) 그 계약으로부터 발생하는 매도인과 매수인의 권리의무만을 규율한다. CISG에서 별도의 명시규정이 있는 경우를 제외하고, 계약이나 그 조항 또는 관행의 유효성, 그리고 매매된 물품의 소유권에 관하여 계약이 미치는 효력에는 적용되지 않는다.

① 매매계약의 성립 여부 ② 매매계약상 매도인과 매수인의 권리의무에 대해서는 CISG가 적용된다.[37] 그러나 CISG는 계약성립을 위한 객관적인 요건만 규율하므로 계약이 유효하게 성립되었는지는 국내법의 적용을 받는다.[38] 따라서 계약체결능력, 착오, 강박 및 사기의 효과에는 CISG가 적용되지 않고 해당 계약의 준거법이 적용된다.[39]

1) 계약이나 그 조항 또는 관행의 유효성 적용배제

CISG는 계약(또는 그 조항, 또는 관행)의 유효성에 대하여 적용되지 않는다. 이에 따라 당사자의 계약체결능력, 착오, 사기, 강박 또는 공서양속위반 등의 이유로 계약이 무효 또는 취소의 대상이 되는지에 대해서는 CISG가 적용되지 않고 준거법이 적용된다.[40] 특정한 유형의 거래에서 통용되는 관행이 그 계약의 해석과 관련하여 갖는 효력도 CISG에 의하지 않고, 해당 계약의 준거법에 따른다.

2) 매매된 물품의 소유권에 관하여 계약이 미치는 효력 적용배제

CISG는 매매된 물품의 소유권에 관하여 그 계약이 미치는 효력에 대하여 적용되지 않는다. 그 이유는 협약 문안의 입안 과정에서 이점에 대한 규칙들을 통일하는 것이 불가능한 것으로 보였기 때문이다.[41] 따라서 계약이 유효하게 성립된 경우 그에 따른 물품의 소유권 이전 시기 또는 소유권의 구체적 내용 등은 CISG가 적용되지 않고 준거법에 의한다.[42]

---

[37] UNCITRAL Digest on the CISG (2016), p.24.
[38] UNCITRAL Digest on the CISG (2016), p.24.
[39] UNCITRAL Digest on the CISG (2016), p.24.
[40] UNCITRAL Digest on the CISG (2016), p.24.
[41] UNCITRAL Digest on the CISG (2016), p.25.
[42] UNCITRAL Digest on the CISG (2016), p.25.

4. 제조물책임에 의한 인적 손해의 적용배제(제5조)

• 제5조 •

이 협약은 물품으로 인하여 발생한 사람의 사망 또는 상해에 대한 매도인의 책임에는 적용되지 아니한다.

물품으로 인하여 발생한 사람의 사망 또는 상해에 대한 매도인의 책임에는 적용되지 않는다. 여기서의 피해자는 매수인뿐만 아니라 제3자를 포함한다.[43] 이 조항은 제조물책임(Product Liability: "PL책임") 중에서 인적 손해에 대해서는 CISG가 적용되지 않는다는 것이며, 재산에 대한 피해에 대해서는 CISG가 적용된다.[44]

5. 합의에 의한 적용배제(제6조)

• 제6조 •

당사자는 이 협약의 적용을 배제할 수 있고, 제12조에 따를 것을 조건으로 하여 이 협약의 어떠한 규정에 대하여도 그 적용을 배제하거나 효과를 변경할 수 있다.

1) 당사자자치의 인정

CISG에서는 당사자자치(party autonomy)를 인정하고 있다.[45] 당사자는 계약상 합의에 의하여 CISG의 전체 또는 일부 규정의 적용을 배제하거나 그 규정의 효과를 변경할 수 있다. 또한, 당사국이 비체약국인 경우에도 당사자는 CISG의 적용을 합의할 수 있다. CISG에서 당사자자치를 규정한 것은 CISG가 강행법규가 아님을 인정하는 것으로 볼 수 있다.[46]

---

[43] UNCITRAL Digest on the CISG (2016), p.32.; Schlechtriem & Schwenzer, *supra note 2*, p.96.

[44] Schlechtriem & Schwenzer, *supra note 2*, p.98.; 석광현, "국제물품매매협약(CISG)과 국제사법", 「서울대학교법학」, 2009, p.253.

[45] 당사자자치의 원칙은 법률행위 또는 계약의 준거법을 당사자의 합의로 정할 수 있다는 국제사법상의 원칙을 말한다. CISG와 당사자자치의 상세한 내용은 (김상만, "무역거래에서 국제물품매매계약에 관한 유엔협약(CISG)의 적용범위로서 당사자자치의 원칙 및 그 한계에 대한 고찰", 통상법률 통권 제105호, 2012.) 참고하길 바람.

[46] UNCITRAL Digest on the CISG (2016), p.33.

2) 합의에 의한 적용배제

CISG는 강행법규가 아니므로 당사자들은 CISG의 일부 또는 전부를 배제할 수 있다.[47] CISG가 적용되는 거래의 경우에도 당사자들은 CISG의 적용을 전부 배제 또는 일부 배제할 수 있고, 일부 규정을 변경할 수 있다. 다만, 일부를 배제하거나 변경하는 것은 제12조에 의한 제한이 따른다.

합의에 의한 적용배제에는 '명시적 적용배제(express exclusion)'[48]와 '묵시적 적용배제(implicit exclusion)'[49]가 있다. 묵시적 적용배제의 경우 개별 건별로 판단해야 하고,[50] CISG의 적용 여부에 대하여 다툼이 될 수 있으므로 주의를 요한다.

3) 합의에 의한 적용

체약국이 아닌 경우에도 당사자들은 계약의 준거법으로 CISG를 선택할 수 있고, 이 경우 CISG가 적용된다.[51] 이는 CISG가 UNIDROIT 원칙, 신용장통일규칙(UCP), 인코텀즈(Incoterms) 등과 마찬가지로 CISG가 국제적 통일규칙의 기능을 하게 되는 것으로 볼 수 있다.

 CISG의 적용배제는 묵시적으로도 가능한가?[52]

당사자들이 CISG를 전부 적용 배제하는 것은 특별한 제한이 없고, 다수의 판결에서는 묵시적으로도 CISG의 적용을 배제할 수 있다고 판단하였다. 그러나 몇몇 판결에서는 당사자의 의도가 분명히 표시되어야 한다고 판단하였고, 몇몇 법원판결 및 중재판정에서는 묵시적 적용배제를 부정하고 있는데, 그 이유는

---

[47] Peter Schlechtriem·Petra Butler, *supra note 1*, p.19.; UNCITRAL Digest on the CISG (2016), p.33.

[48] 명시적 적용배제 예시: This contract shall not be governed by the CISG.

[49] 묵시적 적용배제 예시:
　① 비체약국법을 준거법으로 지정: This contract shall be governed by the laws of England.
　② 체약국법을 준거법으로 지정: This contract shall be governed by the laws of Korea.

[50] UNCITRAL Digest on the CISG (2016), p.34.

[51] Digest on the CISG (2016), p.34. (문구예시: "This Contract shall be governed by the 1980 Convention on Contracts for the International Sale of Goods.")

[52] UNCITRAL Digest on the CISG (2016), p.34.

CISG에서는 묵시적 적용배제에 대한 명문 규정이 없다는 것이다.

(적용 관련 사례연구)[53]

사례1 스페인(체약국)과 페루(체약국) 간의 국제물품매매계약에서 영국법(비체약국)을 준거법으로 정한 경우 → 묵시적 적용배제(스페인 판결 등 다수)

사례2 독일(체약국)과 영국(비체약국) 간의 국제물품매매계약에서 독일법(체약국)을 준거법으로 정한 경우 → CISG 적용(묵시적 적용배제 부정 – 독일 판결, 프랑스 판결, 오스트리아 판결 등 다수)(그러나 스위스 판결, 이탈리아 판결에서는 묵시적 적용배제 인정하여 CISG는 적용배제되고, 독일법만 적용된다고 판단)

사례3 영국(비체약국)과 태국(비체약국)과의 국제물품매매계약에서 CISG의 적용을 합의한 경우 → CISG 적용

(CISG의 적용 여부 정리)

■ CISG 적용
  • 매매계약의 성립, 매매계약 당사자의 권리와 의무
  • 계약해제의 효과, 손해배상, 위험의 이전, 이자
  • 소유권 이전 의무
  • 제조물책임(물적손해)
  • 제작물공급계약

다만, 생산에 필요한 재료의 중요한 부분을 매수인이 공급하는 주문생산계약에는 CISG 적용배제(예: 주문자로부터 제공받은 직물에 특수염색하여 공급하는 계약)

■ CISG 적용배제
  • 계약의 유효성, 관행의 유효성
  • 소유권의 이전
    – 제30조에서 매도인의 소유권 이전의무를 규정하고 있으나, 소유권 이전의 내용에 대해서는 규정하고 있지 않다.

---

53 UNCITRAL Digest on the CISG (2016), p.34.

- 소유권에 관한 계약의 효력, 소유권의 이전방식
- 계약당사자의 능력, 사기·강박·착오의 효력
- 제조물책임(인적손해), 분쟁의 재판관할권

■ CLOUT Case로 본 CISG 적용배제[54]
- 법정지 선택조항(choice of forum clause)의 유효성(독일 판결)
- 분쟁해결합의(settlement of agreement)의 유효성(독일 판결)
- 매출채권의 양도(assignment of receivables)(독일 판결, 스위스 판결, 러시아 중재판정 등)
- 계약 양도(assignment of a contract)(독일 판결)
- 소멸시효(statute of limitations)(독일 판결, 스위스 판결, 러시아 중재판정 등)

SECTION 03
협약의 해석원칙

1. 협약의 해석원칙 및 흠결시의 보충원칙(제7조)

· 제7조 ·

(1) 이 협약의 해석에는 그 국제적 성격 및 적용상의 통일과 국제거래상의 신의 준수를 증진할 필요성을 고려하여야 한다.

(2) 이 협약에 의하여 규율되는 사항으로서 협약에서 명시적으로 해결되지 아니하는 문제는, 이 협약이 기초하고 있는 일반원칙, 그 원칙이 없는 경우에는 국제사법 규칙에 의하여 적용되는 법에 따라 해결되어야 한다.

1) 협약의 해석원칙

협약(CISG)의 해석에는 ① CISG의 국제적 성격 ② CISG의 적용상의 통일 ③ 국제거래상의 신의준수 증진필요성을 고려하여야 한다.

---

54 UNCITRAL Digest on the CISG (2016), p.25.

표 10-1	협약 해석시의 고려사항
국제적 성격	현지법원이 국내법에 의해 CISG를 해석하는 것을 방지하기 위함
적용상의 통일	적용상의 통일을 도모하여 당사자들이 '자신에게 유리한 법정지를 선택하는 것(forum shopping)'을 막기 위함
국제거래상의 신의성실	국제거래상의 신의성실을 기준으로(국내법 기준이 아님)

2) 협약흠결시의 보충원칙

협약에 의하여 규율되는 사항으로서 협약에서 명시적으로 해결되지 아니하는 문제는, ① 1차적으로 CISG가 기초하고 있는 일반원칙에 따르고, ② 2차적으로(일반원칙이 없는 경우) 준거법에 따라 해결되어야 한다.

 CISG의 적용(또는 해석) 순위

① 협약의 명시적 규정 → ② 협약이 기초하고 있는 일반원칙 → ③ 준거법

---

2. 당사자의사의 해석기준(제8조)

• 제8조 •

(1) 이 협약의 적용상, 당사자의 진술 그 밖의 행위는 상대방이 그 당사자의 의도를 알았거나 모를 수 없었던 경우에는 그 의도에 따라 해석되어야 한다.

(2) 제1항이 적용되지 아니하는 경우에 당사자의 진술 그 밖의 행위는, 상대방과 동일한 부류의 합리적인 사람이 동일한 상황에서 이해하였을 바에 따라 해석되어야 한다.

(3) 당사자의 의도 또는 합리적인 사람이 이해하였을 바를 결정함에 있어서는 교섭, 당사자 간에 확립된 관례, 관행 및 당사자의 후속 행위를 포함하여 관련된 모든 사항을 적절히 고려하여야 한다.

CISG는 당사자의 진술 그 밖의 행위에 대한 해석의 기준은 ① 주관적 의도 ② 객관적 의도 ③ 관련 상황 고려 등의 순위에 의한다.

표 12-2	당사자의 진술 등 해석
① 주관적 의도	당사자의 진술 기타의 행위는 상대방이 그 의도를 알았거나 모를 수 없었던 경우에는 그 의도에 따라 해석되어야 한다.
② 객관적 의도	당사자의 진술 기타의 행위는 상대방과 같은 부류에 속하는 합리적인 사람이 동일한 상황에서 가졌을 이해 정도에 따라 해석되어야 한다.
③ 관련 상황 고려	당사자의 의도 또는 합리적인 사람이 이해하였을 바를 결정함에 있어서는 교섭, 당사자 간에 확립된 관례, 관행 및 당사자의 후속 행위를 포함하여 관련된 모든 사항을 적절히 고려하여야 한다.

3. 관행 및 관례의 존중(제9조)

• 제9조 •

(1) 당사자는 합의한 관행과 당사자 간에 확립된 관례에 구속된다.

(2) 별도의 합의가 없는 한, 당사자가 알았거나 알 수 있었던 관행으로서 국제거래에서 당해 거래와 동종의 계약을 하는 사람에게 널리 알려져 있고 통상적으로 준수되고 있는 관행은 당사자의 계약 또는 그 성립에 묵시적으로 적용되는 것으로 본다.

CISG에서는 ① 당사자가 합의한 관행 ② 당사자 간에 확립된 관례 ③ 국제거래에서 널리 인정된 관행에 대해 구속력을 인정하고 있다

1) 합의한 관행 및 당사자 간 확립된 관례

당사자는 합의한 관행(usage)과 당사자 간의 확립된 관례(practices)에 구속된다. 계약이나 CISG 자체에 명시적인 규정이 없는 경우 당사자들은 그들이 합의한 관행 및 그들 간의 확립된 관례에 구속된다(이는 당사자의 의사가 우선한다는 당사자자치의 연장이라고 볼 수 있다). 당사자들의 합의로 관행을 포함시키는 경우 그 관행은 계약의 일부가 되고, 이러한 합의된 관행은 CISG보다 우선한다. 이러한 합의는 명시적일 필요

는 없고, 묵시적 합의도 가능하다.[55] 국제관행뿐만 아니라 '국내관행'에 대한 합의도 가능하다. 합의를 통해 관행이 포함되었다면, 그 관행은 명시적 계약 내용의 일부가 되며, 계약의 준거법이 되는 것은 아니라고 보아야 한다.[56]

2) 합의되지 않은 관행의 효력

별도의 합의가 없는 한, ① 당사자가 알았거나 알 수 있었던 관행으로서 ② 국제 거래에서 당해 거래와 동종의 계약을 하는 사람에게 널리 알려져 있고 ③ 통상적으로 준수되고 있는 관행은 당사자의 계약 또는 그 성립에 묵시적으로 적용되는 것으로 본다. CISG에서는 국제거래에서 널리 인정되고 준수되는 관행의 구속력을 인정하고 있고, 관행은 이와 상충되는 CISG 조항에 우선한다.[57]

1. Incoterms의 적용
국제물품매매에서 가장 널리 이용되는 국제관행은 Incoterms이다. Incoterms는 CISG 제6조 또는 제9조에 의거 CISG에 우선하여 적용될 수 있다.

 1) 계약서에 Incoterms의 적용을 명시한 경우 → 제6조(계약자유의 원칙)[58] 또는 제9조제1항의 당사자간 합의한 관행('명시적 합의 관행')에 의하여 CISG에 우선
 2) 계약서에 Incoterms의 적용을 명시하지 않은 경우
  ① 당사자 간 합의한 관행('묵시적 합의 관행') 또는 당사자 간에 확립된 관례로서 적용 가능(제9조 제1항)
  ② 국제거래에서 널리 알려지고 통상적으로 준수되는 관행으로서 적용 가능(제9조 제2항)

---

[55] UNCITRAL Digest on the CISG (2016), p.68.
[56] Ralph H. Folsom, et. al, *supra note 11,* p.35
[57] UNCITRAL Digest on the CISG (2016), p.64, para.10.
[58] UNCITRAL Digest on the CISG (2016), p.128.

2. Incoterms와 CISG의 관계

CISG와 Incoterms의 적용순위에 대해 살펴보면, 앞에서 살펴본 대로 CISG 제6조에 따라 당사자는 CISG의 적용을 배제하거나 일부 내용을 변경할 수 있는 바, 당사자가 Incoterms의 적용을 합의한 경우 Incoterms가 계약의 내용에 편입되어 CISG에 우선한다고 해석할 수 있고, 아울러 당사자자치의 원칙에 의거 Incoterms는 기타 다른 관행이나 관례보다 우선한다고 볼 수 있다.[59]

3. CISG의 해석원칙

1) 인정되는 해석원칙
- 협약의 국제성, 통일적 해석, 신의성실의 준수
- 협약상 일반원칙에 의한 규정흠결보완의 원칙
- 당사자자치의 존중

2) 인정되지 않는 해석원칙: 절대적 강행규정성, 국제사법 우선적용의 원칙

4. 매매계약의 방식과 입증방법(제11조-제13조, 제96조)

· 제11조~제13조 ·

제11조

매매계약은 서면에 의하여 체결되거나 입증될 필요가 없고, 방식에 관한 그 밖의 어떠한 요건도 요구되지 아니한다. 매매계약은 증인을 포함하여 어떠한 방법에 의하여도 입증될 수 있다.

제12조

매매계약, 합의에 의한 매매계약의 변경이나 종료, 청약·승낙 그 밖의 의사표시를 서면 이외의 방법으로 할 수 있도록 허용하는 이 협약 제11조, 제29조 또는 제2편은 당사자가 이 협약 제96조에 따라 유보선언을 한 체약국에 영업소를 가지고 있는 경우에는 적용되지 아니한다. 당사자는 이 조를 배제하거나 그 효과를 변경할 수 없다.

---

[59] UNCITRAL Digest on the CISG (2016), pp.65−66.

제13조

이 협약의 적용상 『서면』에는 전보와 텔렉스가 포함된다.

1) 매매계약방식의 자유(서면성 불필요)

CISG에 의하면 원칙적으로 계약방식은 자유이다. 서면에 의하여 체결되거나 입증될 필요가 없으며, 방식에 관한 그 밖의 어떠한 요건도 요구되지 않는다. 따라서 CISG의 적용대상이 되는 매매계약은 낙성계약·불요식계약이다. 그러나 제12조 및 제96조에서는 '당사자가 그 국가에 영업소를 가지고 있는 경우 체약국의 국내법이 매매계약의 형식을 규정'하도록 선언하는 것을 허용하고 있다. 이러한 유보를 하는 국가의 국내법상 '매매계약의 서면성'이 요구되면, 계약은 서면으로 작성되어야 한다.

2) 유보선언(제96조)

· 제96조 ·

그 국가의 법률상 매매계약의 체결 또는 입증에 서면을 요구하는 체약국은 제12조에 따라 매매계약, 합의에 의한 매매계약의 변경이나 종료, 청약, 승낙 기타의 의사표시를 서면 이외의 방법으로 하는 것을 허용하는 이 협약 제11조, 제29조 또는 제2편의 어떠한 규정도 당사자 일방이 그 국가에 영업소를 가지고 있는 경우에는 적용하지 아니한다는 취지의 선언을 언제든지 행할 수 있다.

그 국가의 법률상 매매계약의 체결 또는 입증에 서면을 요구하는 체약국은 제12조에 따라 매매계약, 합의에 의한 매매계약의 변경이나 종료, 청약, 승낙 기타의 의사표시를 서면 이외의 방법으로 하는 것을 허용하는 이 협약 제11조, 제29조 또는 제2편(계약의 성립: 제14조~제24조)의 어떠한 규정도 당사자 일방이 그 국가에 영업소를 가지고 있는 경우에는 적용하지 아니한다는 취지의 선언을 언제든지 행할 수 있다. 다만, 국내법에서 계약체결의 서면성이 요구되는 국가만 제96조의 유보선언을 할 수 있다.[60]

당사자들은 제12조를 배제하거나 그 효과를 변경할 수 없다. 따라서 당사자국 중 1개국이 제96조에서 유보선언을 한 경우 계약은 반드시 서면으로 체결해야 하고,

---

[60] UNCITRAL Digest on the CISG (2016), p.74, para.1.

당사자들의 합의로 서면성 요구를 배제할 수 없다. 유보선언에 의해 서면성을 요구하는 것은, 제11조, 제29조 또는 제2편(계약의 성립: 제14조~제24조)에만 적용된다. 그 이외의 조항에 대해서는 서면성을 필요로 한다는 내용의 유보선언을 할 수 없다.

이상을 종합해 보면, 계약의 서면성을 요구하는 국가가 제96조에 의거 제11조(계약방식의 자유)를 배제한다는 유보선언을 한 경우, 당사자 일방이 이러한 국가에 영업소를 가지고 있는 경우 계약은 서면으로 작성되어야 한다(다만, 비유보선언체약국의 법이 준거법으로 지정되는 경우 제11조가 적용되어 계약의 서면성이 불필요하다고 보는 국가도 있다).

1. 유보선언 가능 조항: 서면성을 요구하는 유보선언을 할 수 있는 조항

제11조: 계약의 방식

제29조: 계약의 변경, 종료

제14조~제24조: 계약의 성립(청약, 승낙 등)

2. 제96조 유보선언국 - 서면성 배제 유보

아르헨티나, 칠레, 러시아,[61] 아르메니아, 벨라루시, 파라과이, 우크라이나, 베트남, 북한

※ 미국은 제96조에 의거 제11조의 유보선언을 하지 않았으므로 서면에 의하지 않고도 매매계약을 체결할 수 있다. 그 결과 미국 통일상법전(UCC 2-201)의 사기방지법 (Statute of Frauds)[62] 규정은 CISG의 계약에 적용되지 않는다.[63]

---

61 러시아 연방법에서는 무역계약에 대한 엄격한 형식요건을 요구하였고, CISG 입안단계에서 러시아 연방은 이를 강조하였다(John O. Honnold, *supra note 2*, p.186.).

62 영미법상 Statute of Fraud(사기방지법)
사기방지법은 일정한 계약은 반드시 서면으로 작성되어야 강행가능(enforceable)하다는 것이다. 1677년 영국의 An Act for the Prevention of Frauds and Perjuries에서 최초로 규정하였고, 이는 미국법에 영향을 주었다. 사기방지법은 1893년의 영국 물품매매법(Sale of Goods Act(1893)) 제4조에 반영되었으나, 1954년 영국에서는 동 조항을 폐지하였다. 미국법에서 규정하고 있는 사기방지법의 대상은 다음과 같다. 1) 토지에 관한 권리의 양도 2) 1년 내에 이행될 수 없는 계약 3) U$500 이상의 물품매매계약(UCC 2－201) 4) 타인의 채무나 의무에 대한 보증계약 등)

63 Ralph H. Folsom, et. al, *supra note 11,* p.37.

그러나 서면성의 판단에 있어 유보선언을 한 국가가 텔렉스나 전보의 서면성을 인정하는지 여부와 관계없이 제13조에 의거 텔렉스와 전보는 서면으로 인정된다. 즉 텔렉스나 전보로 합의된 계약은 유효하다.

보충설명[64]

제96조에 의해 유보선언을 하고 제12조의 적용요건이 충족되면, 계약방식의 자유는 적용되지 않는다. 그렇다고 반드시 서면으로 계약을 체결해야 한다는 것을 의미하는 것은 아니다.[65] 제96조의 유보선언과 제12조의 효과에 대해서는 논쟁이 되고 있다.[66] 다시 말해 당사자 중 일방이 제96조의 유보선언국에 영업소를 두고 있는 경우에 서면성 등 계약의 방식이 당연히 요구되는 것인지 다툼이 되고 있다.

법정지의 국제사법에 의해 정해지는 준거법에 따라야 된다고 보는 견해에 의하면 법정지의 국제사법에 따라 유보선언국의 법이 준거법으로 정해지면, 그 법에서 정하고 있는 계약방식의 요건이 요구되지만, 제96조에 따라 유보선언을 하지 않은 체약국의 법이 준거법으로 정해지면, 제11조의 계약체결방식의 자유가 적용된다고 본다.[67] (예를 들어, A국법에서는 계약은 서면으로 작성되어야 한다고 규정하고 있고, 이에 따라 A국은 제96조에 따라 유보선언을 한 경우, 법정지에서 A국법이 준거법으로 정해지면 계약체결은 서면에 의해야 하지만, 법정지에서 제96조에 따라 유보선언을 하지 않은 B국법이 준거법으로 정해지면, CISG 제11조가 적용되어 계약체결은 서면에 의하지 않아도 된다)

---

[64] 김상만, "CISG에서 계약방식자유의 원칙 및 그 제한으로서 제12조에 대한 고찰", 영남법학 제34호, 2012, pp.10-11.

[65] Larry A. DiMatteo, Lucien J. Dhooge, Stephanie Greene, Virginia G. Maurer, Marisa Anne Pagnattaro, International Sales Law(A Critical Analysis of CISG Jurisprudence), Cambridge University Press, 2005, p.42.

[66] Peter Schlechtriem & Peter Butler, *supra note 1,* p.62.

[67] UNCITRAL Digest on the CISG (2016), p.74, para.4.

사례연구: 계약의 서면성

1) A국의 법에서는 계약은 서면으로 작성되어야 한다. 이에 따라 A국은 "당사자 중 하나가 A국에 영업소를 가지고 있는 경우 계약은 서면으로 작성되어야 한다"고 유보선언을 하였다. A국법상 계약은 서면으로 작성되어야 하므로 A국은 이러한 유보선언을 할 수 있고 이러한 유보선언은 국제물품매매계약에 적용된다.

2) A국은 제96조의 유보선언을 하였고, 당사자 일방은 A국에 영업소를 두고 있다. 그러나 국제사법의 규칙에 따른 준거법은 B국법(유보선언 없음)이다. 이 경우에 계약은 서면으로 작성되어야 하는가?[68]

2-1) B국법 및 CISG가 적용된다. 따라서 제11조(계약형식자유의 원칙)가 적용되어 계약은 서면으로 작성될 필요가 없다. (네덜란드 판례)

2-2) 당사자 일방은 A국에 영업소를 두고 있으므로, 제96조의 유보선언에 따라 제11조가 적용되지 않아 계약의 서면성이 필요하다. (러시아 판례, 벨기에 판례)

3) B국의 법에서는 계약은 반드시 서면으로 작성되어야 하는 것은 아니다. 이에 따라 B국은 "당사자 중 하나가 B국에 영업소를 가지고 있는 경우 계약은 서면으로 작성되어야 한다"고 유보선언을 할 수 없다. 설령 이러한 유보선언을 했다고 하더라도, 이러한 유보선언은 국제물품매매계약에 적용되지 않는다. 다시 말해, 계약은 서면으로 작성되지 않아도 된다.

---

68 UNCITRAL Digest on the CISG (2016), p.74.

CHAPTER 11
계약의 성립

📑 SECTION 01
청약(OFFER)

1. 개설

계약은 청약과 승낙에 의해 성립된다. 제14조~제24조에는 계약의 성립에 대하여 규정하고 있다. CISG는 대륙법 요소를 많이 반영하였기 때문에 영미법에서의 약인(consideration)은 요구되지 않는다.

2. 청약의 의의(제14조)

• 제14조 •

(1) 1인 또는 그 이상의 특정인에 대한 계약체결의 제안은 충분히 확정적이고, 승낙시 그에 구속된다는 청약자의 의사가 표시되어 있는 경우에 청약이 된다. 제안이 물품을 표시하고, 명시적 또는 묵시적으로 수량과 대금을 지정하거나 그 결정을 위한 조항을 두고 있는 경우에, 그 제안은 충분히 확정적인 것으로 한다.

(2) 불특정 다수인에 대한 제안은 제안자가 반대 의사를 명확히 표시하지 아니하는
한, 단지 청약의 유인으로 본다.

청약(offer)이란, 거래당사자 일방(청약자, offeror)이 일정한 내용의 계약을 체결할
것을 상대방(피청약자, offeree)에게 제의하는 의사표시이다. 이 청약에 대해 상대방이
승낙하여야 법률행위로서의 계약이 성립된다.

청약은 충분히 확정적이고, 승낙 시 그에 구속된다는 청약자의 의사가 표시되어
있어야 한다. 그리고 청약은 1인 또는 그 이상의 특정인에게 해야 한다. 제14조 제1
항에서 규정하는 청약의 정의 및 요건은 다음과 같다.

① 계약체결을 위한 제안일 것

청약은 계약체결을 위한 제안이어야 한다.

② 청약의 상대방은 특정인일 것

청약의 상대방은 특정인이어야 한다. 따라서 불특정 다수인에 대한 제안은 청약이
아니며, 제안자가 반대 의사를 명확히 표시하지 않는 한, 단지 청약의 유인(invitation
to make offers)[1]으로 본다. 한편, 청약의 상대방은 반드시 1인일 필요는 없으며, 2인
이상의 특정인에 대한 청약도 가능하다.

③ 청약의 내용은 확정적일 것

청약은 충분히 확정적이어야 한다. 그러나 청약에 반드시 계약의 모든 조건이 포
함되어 있어야 하는 것은 아니다.[2] 예를 들어 청약에서 인도장소 또는 운송수단을 정
하지 않았다면, 앞에서 살펴본 CISG의 해석원칙에 의거 그 흠결을 보충할 수 있을 것
이다.

---

1 청약의 유인(invitation for offer): 청약은 그에 대응하는 승낙만 있으면 곧 계약이 성립하는 확정적
의사표시이지만, 청약의 유인은 타인으로 하여금 자기에게 청약을 하게 하려는 의도에서 이루어지
는 것으로 청약의 유인을 받은 자의 의사표시가 청약이 되며, 이에 대해 청약을 유인한 자가 다시
승낙을 해야 계약이 성립된다(무역거래에서 offer sheet의 발송은 청약으로 볼 수 있으며, 가격표나
견적서, 가격이 적힌 카탈로그의 송부나 전시장 진열은 청약의 유인으로 볼 수 있다).

2 UNCITRAL, UNCITRAL Digest of Case Law on the United Nations Convention on the International
Sale of Goods, 2016, p.87. (이하, "UNCITRAL Digest on the CISG (2016)")

청약의 기본적인 내용

청약의 가장 기본적인 내용은 물품명세, 수량, 대금 등이고, 세부적으로 살펴보면 다음과 같다.[3]

- **물품명세**: 청약에는 물품이 표시되어야 한다. 그러나 품질에 대해서는 규정이 없다. 특별히 기술해야 할 것으로 보이지 않는 물품의 경우 "지정(indicated)"만 해도 청약은 충분히 확정되는 것으로 본다.
- **수량**: 수량을 정하고 있거나 이를 정하는 조항을 두고 있어야 한다. 이러한 조항은 명시적 또는 묵시적으로도 가능하다. 예를 들어 '매도인이 생산하는 수량 전체', 또는 '매수인이 요구하는 수량'이라고 기재하는 것도 가능하다.
- **대금**: 대금을 지정하거나 결정할 수 있어야 한다. 대금을 확정하지 않고 지정할 수 있는 조항을 두는 것도 가능하다. 또한, 가격신축조항(escalation clause)의 포함도 허용된다.

④ 승낙 시 구속된다는 의사가 표시될 것

청약은 승낙이 있는 경우 그에 구속될 의사표시가 나타나야 한다(구속의 의사표시는 관련 상황, 진술 또는 행위 등을 고려하여 판단되며, 명시적일 것을 요구하지는 않는다). 이것은 청약을 일반적인 물품판매 카탈로그나 광고 또는 구매문의와 구별시킨다. 제14조 제2항에서는 불특정 다수인에게 발표한 제안은 반대의 의사를 표시하지 않는 한 청약이 아니며, 청약의 유인이라고 규정함으로써 이를 분명히 하고 있다.

3. 청약의 효력발생시기(도달주의) 및 청약의 회수(제15조)

· 제15조 ·

(1) 청약은 상대방에게 도달한 때에 효력이 발생한다.
(2) 청약은 철회될 수 없는 것이더라도, 회수의 의사표시가 청약의 도달 전 또는 그와 동시에 상대방에게 도달하는 경우에는 회수될 수 있다.

---

[3] Digest on the CISG (2016), p.87.

청약은 상대방에게 도달한 때에 효력이 발생한다(도달주의). 청약은 철회될 수 없는 것이더라도, 회수(withdrawal)의 의사표시가 청약의 도달 전 또는 그와 동시에 상대방에게 도달하는 경우에는 회수될 수 있다. 여기서의 '청약의 회수(withdrawal)'란, 청약의 효력이 발생하기 전(즉 청약은 상대방에게 도달한 때에 효력이 발생하므로 '청약이 상대방에게 도달하기 전')으로 아직 청약의 구속력이 발생하기 전에 취하는 조치이다. 이점에서 청약의 효력이 발생한 후(즉 '청약이 상대방에게 도달한 후')에 취하는 조치인 '청약의 철회(revocation)'와 구분된다.

4. 청약의 철회(제16조): 원칙적으로 철회가능

• 제16조 •

(1) 청약은 계약이 체결되기까지는 철회될 수 있다. 다만, 상대방이 승낙의 통지를 발송하기 전에 철회의 의사표시가 상대방에게 도달되어야 한다.

(2) 그러나 다음의 경우에는 청약은 철회될 수 없다.

   (가) 승낙기간의 지정 그 밖의 방법으로 청약이 철회될 수 없음이 청약에 표시되어 있는 경우, 또는

   (나) 상대방이 청약이 철회될 수 없음을 신뢰하는 것이 합리적이고, 상대방이 그 청약을 신뢰하여 행동한 경우

청약은 계약이 체결되기까지는 철회될 수 있다. 단, 상대방이 승낙의 통지를 발송하기 전에 철회(revocation)의 의사표시가 상대방에게 도달되어야 한다. 그러나 다음의 경우에는 청약은 철회될 수 없다. 이를 'firm offer'[4]라고 한다.

   ① 승낙기간의 지정 그 밖의 방법으로 청약이 철회될 수 없음이 청약에 표시되어 있는 경우

   ② 상대방이 청약이 철회될 수 없음을 신뢰하는 것이 합리적이고, 상대방이 그 청약을 신뢰하여 행동한 경우

---

4 "확정청약" 또는 "철회불능청약"

5. 청약의 거절(제17조)

• 제17조 •

청약은 철회될 수 없는 것이더라도, 거절의 의사표시가 청약자에게 도달한 때에는 효력을 상실한다.

청약은 철회될 수 없는 것이더라도, 거절의 의사표시가 청약자에게 도달한 때에는 효력을 상실한다. 거절의 통지가 청약자에게 도달한 때에 청약의 효력이 상실되므로 피청약자는 더 빠른 수단을 이용하여 승낙의 의사표시를 청약자에게 도달시켜 계약을 성립시킬 수 있다. 피청약자의 거절의 의사표시가 청약자에게 도달한 후에는 피청약자가 다시 승낙해도 계약은 성립되지 않는다. 이 경우 피청약자의 승낙의 의사표시는 반대청약으로서 새로운 청약이 될 수 있을 것이다.

 사례연구

2018.4.2자에 매도인 A는 매수인 B에게 물품매매를 위한 offer sheet를 발송하였으며, 승낙기간은 2018.4.30로 지정되었다. 2018.4.4자에 매수인 B는 offer sheet를 접수하였다.

1) offer sheet의 효력발생시기는?

   해설 2018.4.4.자 (청약의 효력발생은 도달주의)

2) 매도인 A는 위 청약을 철회할 수 있는가?

   해설 철회불가 (승낙기간을 지정하였으므로 승낙기간(2018.4.30.) 이전에는 철회 불가)

3) 2018.4.16자에 매수인 B는 위 offer sheet에 대해 거절통지를 발송하였고, 2018.4.19자에 매도인 A는 이 거절통지를 접수하였다. ① 이 경우 offer sheet의 효력은 언제 소멸되는가? ② 거절통지 발송 후 B는 승낙하여 계약 체결할 수 있는가?

① **해설** 2018.4.19.자에 효력 소멸(상대방의 거절의 의사표시가 청약자에게
도달한 때, 청약의 효력 소멸)

② **해설** 2018.4.19.자에 청약의 효력이 소멸하므로 B는 승낙의 통지가 2018.
4.19.자 이전에 청약자에게 도달하는 경우 계약의 성립이 가능하다.

(청약 종합정리)

1. 청약의 상대방은 특정인일 것(청약의 상대방은 불특정 다수인이 아닐 것)

2. 청약의 상대방은 2인 이상도 가능

3. 청약의 회수(withdrawal) 가능(회수란, 청약이 상대방에게 도달하기 전에
청약을 회수하는 것으로, 청약이 상대방에 도달하기 전에 회수의 의사표시
가 상대방에게 도달할 것)

4. 청약의 효력발생: 도달주의

5. 청약은 원칙적으로 철회가능(단, 상대방이 승낙의 통지를 발송하기 전에 철
회의 의사표시가 상대방에 도달할 것)

6. firm offer는 철회불가

7. firm offer: 1) 승낙기간을 정함 2) 청약이 철회될 수 없음을 표시 3) 상대방
이 확정청약으로 신뢰하여(그 신뢰가 합리적이고) 행동함

📑 SECTION 02
승낙(ACCEPTANCE)

1. 승낙의 의의와 효력발생(제18조, 제19조)

· 제18조, 제19조 ·

제18조

(1) 청약에 대한 동의를 표시하는 상대방의 진술 그 밖의 행위는 승낙이 된다. 침묵
또는 부작위는 그 자체만으로 승낙이 되지 아니한다.

(2) 청약에 대한 승낙은 동의의 의사표시가 청약자에게 도달하는 시점에 효력이

발생한다. 동의의 의사표시가 청약자가 지정한 기간 내에, 기간의 지정이 없는 경우에는 청약자가 사용한 통신수단의 신속성 등 거래의 상황을 적절히 고려하여 합리적인 기간 내에 도달하지 아니하는 때에는, 승낙은 효력이 발생하지 아니한다. 구두의 청약은 특별한 사정이 없는 한 즉시 승낙되어야 한다.

(3) 청약에 의하여 또는 당사자 간에 확립된 관례나 관행의 결과로 상대방이 청약자에 대한 통지없이, 물품의 발송이나 대금지급과 같은 행위를 함으로써 동의를 표시할 수 있는 경우에는, 승낙은 그 행위가 이루어진 시점에 효력이 발생한다. 다만, 그 행위는 제2항에서 정한 기간 내에 이루어져야 한다.

제19조

(1) 승낙을 의도하고 있으나, 부가, 제한 그 밖의 변경을 포함하는 청약에 대한 응답은 청약에 대한 거절이면서 또한 새로운 청약(counter offer)이 된다.

(2) 승낙을 의도하고 있고, 청약의 조건을 실질적으로 변경하지 아니하는 부가적 조건 또는 상이한 조건을 포함하는 청약에 대한 응답은 승낙이 된다. 다만, 청약자가 부당한 지체없이 그 상위(相違)에 구두로 이의를 제기하거나 그러한 취지의 통지를 발송하는 경우에는 그러하지 아니하다. 청약자가 이의를 제기하지 아니하는 경우에는 승낙에 포함된 변경이 가하여진 청약 조건이 계약 조건이 된다.

(3) 특히 대금, 대금지급, 물품의 품질과 수량, 인도의 장소와 시기, 당사자 일방의 상대방에 대한 책임범위 또는 분쟁해결에 관한 부가적 조건 또는 상이한 조건은 청약 조건을 실질적으로 변경하는 것으로 본다.

1) 승낙의 의의(제19조 제1항)

승낙(acceptance)이란, 청약에 대한 동의를 표시하는 상대방의 진술 그 밖의 행위이다. 승낙은 청약에 대응하여 계약을 성립시킬 목적으로 피청약자가 청약자에게 행하는 의사표시이다. 계약은 당사자의 의사의 합치로 성립되기 때문에 승낙은 청약에 대한 무조건·절대적 동의이어야 한다. 침묵 또는 부작위는 그 자체만으로 승낙이 되지 아니한다. 승낙의 요건은 다음과 같다.

(1) 청약에 대한 동의를 표시하는 진술 또는 행위일 것(제18조)

승낙은 청약에 대한 동의를 표시하는 진술 또는 행위이어야 한다. 청약에 의하여 또는 당사자 간에 확립된 관례나 관행의 결과로 상대방이 청약자에 대한 통지 없이,

물품의 발송이나 대금지급과 같은 행위를 함으로써 동의를 표시를 하는 것도 승낙이 된다. 승낙은 청약에 대한 동의를 표시하는 것으로 반드시 진술로 해야 하는 것은 아니며, 기타 청약의 내용을 수락한다는 취지의 행위(예: 물품의 인도, 물품의 수령, 대금 지급, 신용장개설 등)도 승낙이 될 수 있다.

청약은 상대방(피청약자)에게 응답해야하는 의무를 부과하지 않으므로 상대방(피청약자)의 단순한 침묵 또는 부작위는 그 자체로 승낙이 되지 않는다.

[2] 청약의 내용과 일치할 것(제19조)

승낙의 내용은 청약의 내용과 일치해야 한다. CISG는 청약의 내용을 변경한 '응답(reply)'[5]에 대해서는 그 변경의 정도에 따라 "실질적 변경"과 "사소한 변경"으로 구분하여 다른 법적효과를 규정하고 있다.

① 실질적 변경(material modifications)의 경우 → 반대청약, 계약불성립

승낙을 의도하고 있으나, 부가, 제한 그 밖의 변경을 포함하는 청약에 대한 응답은 청약에 대한 거절이면서, 새로운 청약이 된다. 청약의 내용을 변경한 응답으로는 계약이 성립되지 않고, 이러한 응답은 반대청약(counter offer)[6]으로서 새로운 청약이 된다.

대금, 대금지급, 물품의 품질과 수량, 인도의 장소와 시기, 당사자 일방의 상대방에 대한 책임범위 또는 분쟁해결에 관한 부가적 조건 또는 상이한 조건은 '실질적 변경'으로 규정하고 있는바, 이러한 변경을 포함하는 응답은 승낙이 되지 않는다(제19조 제3항).

② 사소한 변경(immaterial modifications)의 경우

승낙을 의도하고 있고, 청약의 조건을 실질적으로 변경하지 아니하는 부가적 조

---

5 '승낙(acceptance)'과 구별하기 위해 '응답(reply)'으로 표현함.

6 반대청약(counter offer)이란, 피청약자가 청약의 내용의 일부를 변경해서 원래의 청약자에게 다시 청약하는 것을 말한다. 반대청약은 기존 청약에 대한 거절이면서, 새로운 청약이 된다. 따라서 반대청약에 의해 기존 청약은 효력이 소멸된다.

예) Seller(매도인)가 Buyer(매수인)에게 노트북 100개를 단가 U$500에 팔겠다고 제의하였는데, Buyer가 이에 대해 노트북 100개를 단가 U$400에 사겠다고 통보하였다면 계약은 성립되는가? → 1) Seller가 Buyer에게 제시한 내용(노트북 100개를 단가 U$500에 판매)은 청약이며, 이에 대해 2) Buyer가 Seller에게 제시한 내용(노트북 100개를 단가 U$400에 구매)은 승낙이 아니고 반대청약(counter offer)이 된다.

건 또는 상이한 조건을 포함하는 청약에 대한 응답은 승낙이 된다. 다만, 청약자가 부당한 지체 없이 그 상위(相違, discrepancy)에 구두로 이의를 제기하거나 그러한 취지의 통지를 발송하는 경우에는 그러하지 아니하다. 그러나 변경(사소한 변경)된 승낙에 대해 청약자가 이의를 제기하지 아니하는 경우에는 승낙에 포함된 변경이 가하여진 청약 조건이 계약조건이 된다(이상 제19조 제2항).**7**

 사례연구

1. 5.1자에 매도인 A는 매수인 B에게 물품매매를 위한 offer sheet를 발송하였으며, 물품의 단가는 U$100, 대금지급은 T/T 30 Days로 정하였다. 이에 대해 매수인 B는 5.20자에 승낙의 통지를 발송하였으며(5.25자에 매도인 수령), 대금지급은 T/T 60 Days로 수정하였다. 6.10자에 매도인 A는 T/T 60 Days 조건을 수락한다는 통지를 발송하였다(6.15자에 매수인 수령). 매매계약은 언제 성립되는가?

   해설 6.15자에 성립(B는 청약의 내용을 변경하여 승낙하였으며, 변경내용은 대금지급에 관한 것이므로 이는 승낙이 아니고 새로운 청약이 된다(counter offer). 이 counter offer에 대해 매도인의 수락의 의사표시가 승낙이 되며, 이 승낙은 6.15자에 효력이 발생된다(도달주의).

2. 매도인 A는 매수인 B에게 물품매매를 위한 offer sheet를 발송하였으며, 물품단가 U$100, 대금지급 T/T 30 Days, 수량 1,000개 등으로 정하였고, 기타 매매계약에 필요한 내용들이 모두 포함되어 있었다. 이에 대해 매수인 B는 5.20자에 승낙의 통지를 발송하였으며(5.25자에 매도인 수령), 무료견본(free sample) 20개를 요구하였다. 이 승낙의 통지를 받고 매도인 A는 아무런 회신이 없었다. 이 경우 계약은 어떤 내용으로 체결되었는가?

---

7 제19조 제2항은 대륙법계 요소를 반영하여 영미법계 계약법원칙인 완전일치의 원칙(mirror image rule)을 수정한 것이다. 영미법계의 완전일치의 원칙에 의하면 청약에 대한 승낙은 거울에 비추듯이 청약내용과 완전히 일치해야 하며, 사소한 변경이 있어도 계약은 성립하지 않는다.

> **해설** 무료 견본 20개는 제19조 제1항의 청약의 내용의 실질적 변경으로 볼
> 수 없고, 제19조 제2항의 사소한 변경에 해당된다고 볼 수 있다. 따라
> 서 B의 응답은 승낙이 된다. 또한, 무료견본 20개 제공이라는 부가조
> 건이 포함된 승낙의 통지를 받고 매도인 A는 아무런 이의를 제기하지
> 아니하였으므로 제19조 제2항에 의거 무료견본 20개 제공이 포함된
> 내용대로 계약이 성립된다.

2) 승낙의 효력발생(제18조): 도달주의

청약에 대한 승낙은 동의의 의사표시가 청약자에게 도달하는 시점에 효력이 발생한다(제18조 제2항). CISG에서는 청약과 승낙 모두 도달주의를 취하고 있다.

한편, 청약에 의하여 또는 당사자 간에 확립된 관례나 관행의 결과로 상대방이 청약자에 대한 통지 없이, 물품의 발송이나 대금지급과 같은 행위를 함으로써 동의를 표시를 하는 것도 승낙이 되며, 승낙은 그 행위가 이루어진 시점에 효력이 발생한다(제18조 제3항).

🛠 사례연구

2018.4.2자에 매도인 A는 매수인 B에게 물품매매를 위한 offer sheet를 발송하였으며, 승낙기간은 2018.4.30로 지정하였다. 2018.4.4자에 매수인 B는 offer sheet를 접수하였다. 매수인 B는 2018.4.16자에 승낙의 통지를 발송하였고, 2018.4.19자에 매도인 A는 승낙통지를 접수하였다.

1) 청약의 효력발생시기는 언제인가? 2) 매매계약은 언제 체결되었는가?

> **해설1** 2018.4.4자(청약이 상대방에 도달한 때)
>
> **해설2** 2018.4.19자(승낙의 효력은 청약자에게 도달한 때, 효력이 발생하고,
> 계약은 승낙의 효력이 발생한 때 성립됨)

민법상 승낙의 효력발생시기

민법에서는 승낙의 효력발생시기 관련 대화자 간은 승낙의 의사표시가 상대방에게 도달한 때 효력이 발생하고, 격지자 간에는 승낙의 의사표시를 상대방에게 보낸 때 효력이 발생한다고 규정하고 있다(민법 제529조). 즉, 대화자 간에는 도달주의, 격지자 간에는 발신주의를 채택하고 있다. 그러나 CISG에서는 격지자 간에도 도달주의로 정하고 있어 민법과는 차이가 있다.

2. 승낙기간(제18조, 제20조)

• 제20조 •

(1) 청약자가 전보 또는 서신에서 지정한 승낙기간은 전보가 발송을 위하여 교부된 시점 또는 서신에 표시되어 있는 일자, 서신에 일자가 표시되지 아니한 경우에는 봉투에 표시된 일자로부터 기산한다. 청약자가 전화, 텔렉스 그 밖의 동시적 통신수단에 의하여 지정한 승낙기간은 청약이 상대방에게 도달한 시점으로부터 기산한다.

(2) 승낙기간중의 공휴일 또는 비영업일은 기간의 계산에 산입한다. 다만, 기간의 말일이 청약자의 영업소 소재지의 공휴일 또는 비영업일에 해당하여 승낙의 통지가 기간의 말일에 청약자에게 도달될 수 없는 경우에는, 기간은 그 다음의 최초 영업일까지 연장된다.

1) 승낙기간(제18조 제2항)

승낙기간은 ① 청약자가 승낙기간을 정한 때에는 '청약자가 정한 기간'이고 ② 청약자가 승낙기간을 정하지 않은 경우에는 청약자가 사용한 통신수간의 신속성 등 거래의 상황을 적절히 고려한 '합리적인 기간'이다.

2) 승낙기간의 기산

① 청약자가 전보 또는 서신에서 지정한 승낙기간은 전보가 발송을 위하여 교부

된 시점 또는 서신에 표시되어 있는 일자, 서신에 일자가 표시되지 아니한 경우에는 봉투에 표시된 일자로부터 기산한다. ② 청약자가 전화, 텔렉스 그 밖의 동시적 통신수단에 의하여 지정한 승낙기간은 청약이 상대방에게 도달한 시점으로부터 기산한다.

3) 공휴일과 비영업일

승낙기간중의 공휴일 또는 비영업일은 기간의 계산에 산입한다. 다만, 기간의 말일이 청약자의 영업소 소재지의 공휴일 또는 비영업일에 해당하여 승낙의 통지가 기간의 말일에 청약자에게 도달될 수 없는 경우에는, 기간은 그 다음의 최초 영업일까지 연장된다.

3. 지연된 승낙(제21조)

· 제21조 ·

(1) 연착된 승낙은 청약자가 상대방에게 지체 없이 승낙으로서 효력을 가진다는 취지를 구두로 통고하거나 그러한 취지의 통지를 발송하는 경우에는 승낙으로서의 효력이 있다.

(2) 연착된 승낙이 포함된 서신 그 밖의 서면에 의하여, 전달이 정상적이었다면 기간 내에 청약자에게 도달되었을 상황에서 승낙이 발송되었다고 인정되는 경우에는, 그 연착된 승낙은 승낙으로서의 효력이 있다. 다만, 청약자가 상대방에게 지체 없이 청약이 실효되었다는 취지를 구두로 통고하거나 그러한 취지의 통지를 발송하는 경우에는 그러하지 아니하다.

연착된 승낙(late acceptance)은 원칙적으로 승낙의 효력이 없어 계약이 성립되지 않는다. 그러나 예외적으로 다음의 경우에는 연착된 승낙도 효력이 있다.

1) 청약자의 유효통지

청약자가 상대방에게 지체 없이 승낙으로서 효력을 가진다는 취지를 구두로 통고하거나 그러한 취지의 통지를 발송하는 경우에는 승낙으로서의 효력이 있다(제21조 제1항).

ㄹ) 특별한 사정에 의한 연착

연착된 승낙이 포함된 서신 그 밖의 서면에 의하여, 전달이 정상적이었다면 기간 내에 청약자에게 도달되었을 상황에서 승낙이 발송되었다고 인정되는 경우에는, 그 연착된 승낙은 승낙으로서의 효력이 있다. 다만, 청약자가 상대방에게 지체 없이 청약이 실효되었다는 취지를 구두로 통고하거나 그러한 취지의 통지를 발송하는 경우에는 그러하지 아니하다(제21조 제2항).

 사례연구

1. 5.1자에 A는 B에게 청약서를 보냈는데, 승낙기한을 5.30자(도착기준)로 정하였다. B는 5.29자에 승낙의 통지를 발송하였고, 6.2자에 A에게 도착되었다. 다음의 경우 계약이 성립되는가?

   1) A는 B의 승낙이 승낙으로서 효력을 갖는다고 즉시 통보하였다.
   해설 계약이 성립된다. B의 승낙은 승낙기간을 경과하여 도착하였기 때문에 원칙적으로 효력이 없으나, A는 승낙을 받고 즉시 승낙으로서 효력을 갖는다고 통지하였다.

   2) A는 아무런 통지가 없다가 6.30자에 A는 B에게 계약성립 및 계약이행을 주장하였다. 그러나 B는 계약의 불성립항변을 제기하였다.
   해설 B의 승낙은 승낙기간을 경과하여 도착하였기 때문에 원칙적으로 효력이 없다. 그리고 A는 B의 승낙을 인정하는 통지를 지체없이 발송하지도 않았다.

---

4. 승낙의 회수(제22조)

• 제22조 •

승낙은 그 효력이 발생하기 전 또는 그와 동시에 회수의 의사표시가 청약자에게 도달하는 경우에는 회수될 수 있다.

승낙은 상대방에 도달하면 효력이 발생하고, 계약이 성립된다. 따라서 승낙은 철회가 불가능하다. 그러나 승낙의 효력이 발생하기 전(즉 승낙의 의사표시가 청약자에게 도달하기 전)에는 승낙의 회수는 가능하다. 다만, 회수의 의사표시는 승낙의 의사표시보다 먼저 또는 동시에 청약자에게 도달해야 한다.

 사례연구

1. 5.1자에 B는 승낙의 의사표시를 A에게 발송하였다(5.4자에 A에게 도달). 그리고 B는 5.2자에 승낙을 회수하였다(5.3자에 A에게 도달). ☞ **계약불성립**

2. 5.1자에 B는 승낙의 의사표시를 A에게 발송하였다(5.4자에 A에게 도달). 그리고 B는 5.2자에 승낙을 회수하였다(5.5자에 A에게 도달). ☞ **계약성립**

3. 5.1자에 B는 승낙의 의사표시를 A에게 발송하였다(5.4자에 A에게 도달). 그리고 B는 5.2자에 승낙을 회수하였다(5.4자에 A에게 도달(승낙과 동시에 도달)). ☞ **계약불성립**

 SECTION 03
계약의 성립

1. 계약의 성립(제23조)

• 제23조 •

계약은 청약에 대한 승낙이 이 협약에 따라 효력을 발생하는 시점에 성립된다.

계약은 청약에 대한 승낙이 이 협약에 따라 효력을 발생하는 시점에 성립된다. 1) 원칙적으로 승낙은 그 의사표시가 청약자에게 도달한 때에 그 효력이 발생하므로 (제18조 제3항), 계약은 승낙의 의사표시가 청약자에게 도달한 때에 성립한다. 2) 다만,

청약자에 대하여 승낙의 통지 없이 행위로 동의를 표시하는 경우에는(제18조제3항), 그 행위가 이루어진 시점에 승낙의 효력이 발생하므로 이 경우에는 그 행위가 이루어진 시점에 계약이 성립한다.

2. 도달의 의미(제24조)

• 제24조 •

이 협약 제2편의 적용상, 청약, 승낙 그 밖의 의사표시는 상대방에게 구두로 통고된 때 또는 그 밖의 방법으로 상대방 본인, 상대방의 영업소나 우편주소에 전달된 때, 상대방이 영업소나 우편주소를 가지지 아니한 경우에는 그의 상거소에 전달된 때에 상대방에게 "도달"된다.

제24조는 제2편 계약의 성립에서의 청약, 승낙 등의 의사표시의 '도달주의 원칙(the receipt principle)'을 규정하고 있다. 도달의 의미는 의사표시의 전달방법에 따라 다음과 같다.

① **구두의 의사표시**: 상대방에게 구두로 통보된 때(사실상 발신시점과 도달시점 동일)
② **구두 이외의 의사표시**
  • 상대방 본인에게 전달된 때
  • 상대방의 영업소나 우편주소에 전달된 때
  • 상대방의 영업소나 우편주소가 없는 경우 - 상거소에 전달된 때

표 11-1 의사표시(청약, 승낙, 기타)의 효력 발생 및 철회

구 분	내 용
CISG	1. 청약의 효력발생: 도달주의 • 상대방에 도달한 때에 효력이 발생(제15조 제1항) 2. 청약의 철회 가능 여부: 원칙적으로 철회가능 • 청약은 계약이 체결되기까지는 철회될 수 있다. 단, 청약의 철회가 승낙의 통지 발송전에 상대방에게 도달해야 한다(제16조 제1항). • 그러나 다음은 철회불가('firm offer')(제16조 제2항) 　- 승낙기간의 지정 그 밖의 방법으로 청약이 철회될 수 없음이 청약에 표시되어 있는 경우 　- 상대방이 청약이 철회될 수 없음을 신뢰하는 것이 합리적이고, 상대방이 그 청약을 신뢰하여 행동한 경우 3. 승낙의 효력발생: 도달주의

구 분	내 용
	• 승낙은 동의의 의사표시가 청약자에게 도달한 때에 효력 발생(제18조 제2항)
	4. 승낙의 회수 가능 여부: 원칙적으로 회수 가능 • 승낙은 그 효력이 발생하기 전 또는 그와 동시에 회수의 의사표시가 청약자에게 도달하는 경우에는 회수될 수 있다(제22조).
	5. 기타 의사표시(제3편 물품의 매매)의 효력발생: 발신주의(제27조)
대한민국 민법	1. 청약의 효력발생: 도달주의 • 청약은 상대방 있는 의사표시이므로 상대방에게 도달한 때에 그 효력이 발생한다(민법 제111조 제1항).
	2. 청약의 철회 가능 여부: 철회불가 • 계약의 청약은 원칙적으로 이를 철회하지 못한다(민법 제527조). • 승낙기간을 정한 청약: 그 기간 내에 승낙의 통지를 받지 못하면 청약의 효력 상실(민법 제528조) • 승낙기간을 정하지 않은 청약: 상당한 기간 내에 승낙의 통지를 받지 못하면 청약의 효력 상실(민법 제529조)
	3. 승낙의 효력발생: • 승낙의 의사표시가 청약자에게 도달한 때에 승낙의 효력이 발생하고 계약 성립(명문규정 없어 도달주의 일반원칙 적용: 도달주의) • 그러나 격지자 간에는 승낙의 통지를 발송한 때에 효력 발생(발신주의)(민법 제531조)(즉 격지자 간에는 미국 보통법상의 mail box rule과 동일한 발신주의)
	4. 승낙의 철회 가능 여부: 철회불가 • 승낙의 철회가능여부에 대해 명문규정 없음 • 격지자 간에는 승낙의 효력은 발신주의를 택하므로 이 경우 승낙은 철회할 수 없는 것으로 보아야 함 • 대화자 간에는 승낙의 효력은 도달주의를 택하는데, 대화자 간에는 승낙의 의사표시 즉시 상대방에게 효력이 미치므로 이 경우에도 승낙은 철회할 수 없는 것으로 보아야 함
	5. 기타 의사표시의 효력발생: 도달주의(제111조)

CHAPTER 12
물품의 매매

SECTION 01
총칙

1. 개설

제3편(물품의 매매)은 제2편(계약의 성립)에 따라 성립된 계약에서 매도인과 매수인의 권리의무관계를 규정하고 있다. 구체적으로 보면, 제1장 총칙, 제2장 매도인의 의무, 제3장 매수인의 의무, 제4장 위험의 이전, 제5장 매도인과 매수인의 의무에 공통되는 규정으로 구성되어 있다. 제1장 총칙에서는 본질적 계약위반, 계약해제의 통지, 의사전달에서의 발신주의, 특정이행청구와 법정지의 국내법, 계약의 변경에 대해 규정하고 있다.

2. 본질적 계약위반(제25조)

• 제25조 •

당사자 일방의 계약위반은, 그 계약에서 상대방이 기대할 수 있는 바를 실질적으로 박탈할 정도의 손실을 상대방에게 주는 경우에 본질적인 것으로 한다. 다만, 위반 당사자가 그러한 결과를 예견하지 못하였고, 동일한 부류의 합리적인 사람도 동일한 상황에서 그러한 결과를 예견하지 못하였을 경우에는 그러하지 아니하다.

이 조항에서는 '본질적 계약위반(fundamental breach)'에 대해 규정하고 있다. '본질적 계약위반(fundamental breach)'이란, 계약에서 상대방이 기대할 수 있는 바를 실질적으로 박탈할 정도의 손실을 상대방에게 주는 것이다. 다만, 예외적으로 ① 위반한 당사자가 그러한 결과를 예측하지 못하였고, ② 동일한 부류의 합리적인 사람도 동일한 상황에서 그러한 결과를 예견하지 못하였을 경우에는 '본질적 계약위반'을 부정하고 있다.

본질적 계약위반이 되기 위해서는 ① 어느 당사자의 계약위반이 있고, ② 그 계약위반이 피해당사자(aggrieved party)의 기대를 실질적으로 박탈할 정도의 손실을 주고, ③ 위반당사자(breaching party)가 그 기대의 실질적 박탈을 예견할 수 있어야 한다.[1]

참고로 ULIS에서는 예견가능성의 판단시점을 계약체결시라고 명시하였으나, CISG에서는 이를 명시하지 않고 있다. 이에 따라 계약체결 시 기준설,[2] 계약위반 시 기준설, 원칙적으로 계약체결 시를 기준으로 하되 계약체결 후 제공된 정보를 고려한다는 절충설 등 다툼이 되고 있다.

CISG에서는 본질적 계약위반의 경우에만 계약해제권(제49조 제1항, 제64조 제1항), 대체물인도청구권(제46조 제2항)을 인정하는 등 본질적 계약위반은 CISG의 다른 조항들의 해석에 필요한 개념이다.

---

[1] UNCITRAL, UNCITRAL Digest of Case Law on the United Nations Convention on the International Sale of Goods, 2016, p.114. (이하, "UNCITRAL Digest on the CISG (2016)"); 석광현, 「국제물품매매계약의 법리」, 박영사, 2010, p.101.

[2] 석광현, "국제물품매매계약에 관한 국제연합협약(CISG)상의 본질적 계약위반", 법학논총, 제23집 제2호, 한양대 법학연구소, 2006, p.448; 석광현, 전게서, p.106.; 안강현, 「로스쿨 국제거래법」 제4판, 박영사, 2018, p.48.

본질적 계약위반 적용조항

- 제49조 제1항 (가)호: 매도인의 본질적 계약위반 시 매수인의 계약해제
- 제64조 제1항 (가)호: 매수인의 본질적 계약위반 시 매도인의 계약해제
- 제46조 제2항: 물품이 부적합하고 그 부적합이 본질적 계약위반 시 매수인의 대체물인도청구
- 제51조 제2항: 일부인도 또는 불완전인도가 본질적 계약위반 시 계약해제
- 제72조 제1항: 이행기 전에 일방이 본질적 계약위반을 할 것이 명백한 경우에만, 계약해제
- 제73조 제1항: 분할인도 시에 일방의 의무이행이 그 분할부분에 본질적 계약위반 시 그 분할부분의 계약해제
- 제73조 제2항: 분할부분에 대한 불이행이 장래의 분할부분에 본질적 계약위반 시 장래에 향하여 그 분할부분의 계약해제
- 제70조: 매도인의 본질적 계약위반 시 매수인은 제67조−제69조의 구제권리를 방해받지 않음

 사례연구[3]

1. 본질적 계약위반에 해당
1) 최종 인도불이행(final non−delivery)
2) 최종 미지급(final non−payment)
3) 최종적·부당한 이행거절 선언(final and unjustified announcement not to fulfil obligations)
4) 매수인의 신용장개설 거절
5) 분할매매(installment sale)에서 첫 번째 분할인도를 불이행하고, 이것이 매수인으로 하여금 차회의 분할인도가 불이행될 것으로 신뢰하게 한 경우

---

3 UNCITRAL Digest on the CISG (2016), pp.114−115.

6) 매수인의 도산(insolvency), 관리절차개시(administration)

7) 이행기한이 확정되어 있는 매매에서 그 기한을 지키지 못하는 경우

8) 물품의 하자가 심하여 사용할 수 없게 된 경우

2. 본질적 계약위반에 미해당

1) 물품에 약간의 하자가 있는 경우로 통상적 목적의 사용이 가능한 경우

2) 수회 인도분 중 1회분만 인도 못한 경우(6회분은 인도)

3) 지연인도(late delivery)(일반적으로 본질적 계약위반 아님. 인도기일이 본질적으로 중요한 경우에만 본질적 계약위반이 됨)

4) 지연결제(late payment)(일반적으로 본질적 계약위반 아님. 지급기일이 본질적으로 중요한 경우에만 본질적 계약위반이 됨)

☞ 참고로 민법에서는 계약의 성질 또는 당사자의 의사표시에 의하여 일정한 시일 또는 일정한 기한 내에 이행하지 아니하면 계약의 목적을 달성할 수 없을 경우에 그 시기에 이행하지 아니한 때에는 이행의 최고 없이 계약을 해제할 수 있다고 규정하고 있다(제545조).

3. 계약해제의 통지(제26조)

· 제26조 ·

계약해제의 의사표시는 상대방에 대한 통지로 행하여진 경우에만 효력이 있다.

1) 해제의 의사통지 요구

계약해제의 의사표시는 상대방에 대한 통지로 행하여진 경우에만 효력이 있다. 본질적 계약위반이 있는 경우 당연히 계약이 해제되는 것이 아니고 상대방에 대한 해제의 의사표시가 있어야 계약이 해제된다.[4] 해제의 통지를 요구하는 이유는 상대방으로 하여금 계약의 상태에 대해 알리기 위함이다.[5]

---

[4] 민법 제544조에서는 계약을 해제하기 위하여 상당기간을 정한 이행의 최고를 요건으로 규정하고 있으나, CISG에서는 계약해제를 위해 이행의 최고를 요건으로 하고 있지 않다.

[5] UNCITRAL Digest on the CISG (2016), p.118.

2) 해제통지의 발신주의

해제의 통지는 '발신주의'를 원칙으로 하고 있다. 이는 제2편(계약의 성립)에서 청약, 승낙 등의 도달주의와는 대조된다. 해제는 특별한 형식을 요구하지 않는바, 서면 또는 구두에 의한 통지도 가능하며, 법원에 소를 제기하는 것도 인정된다.[6]

3) 해제 시한

제49조 제2항 및 제64조 제2항에서는 해제통지는 합리적인 시한 내(within a reasonable time)에 이루어져야 한다고 규정하고 있다. 그리고 합리적인 시한 내에 통지를 발송하면 충족되며, 합리적인 시한 내에 상대방에 도달해야 하는 것은 아니다. 참고로 독일 법원에서는 수개월(several months) 후에 통지한 것은 제49조 제2항의 합리적인 시한을 벗어난 것으로 판단하였다.[7]

4) 묵시적 해제

CISG에서는 묵시적 계약해제에 대해서는 규정이 없다. 참고로 독일 법원에서는 '매수인이 단순히 대체물을 구매하는 것', '추가 설명없이 인도된 물품을 반송하는 것'은 유효한 계약해제의 통지가 되지 않는다고 판단한 바 있다.[8]

☞ 참고로 민법에서는 상대방 있는 의사표시는 그 통지가 상대방에 도달한 때로부터 그 효력이 생긴다고 규정하고 있는 바(제111조), 이 조항에 의거 계약해제의 의사표시도 도달주의로 보아야 하며, 이점에서 CISG의 발신주의와는 대조적이다.

4. 통신의 지연·오류·미착: 의사통지의 발신주의(제27조)

• 제27조 •

이 협약 제3편에 별도의 명시규정이 있는 경우를 제외하고, 당사자가 이 협약 제3편에 따라 상황에 맞는 적절한 방법으로 통지, 청구 그 밖의 통신을 한 경우에, 당

---

[6] UNCITRAL Digest on the CISG (2016), p.118.
[7] UNCITRAL Digest on the CISG (2016), p.118.
[8] UNCITRAL Digest on the CISG (2016), p.118.

사자는 통신의 전달 중에 지연이나 오류가 있거나 또는 통신이 도달되지 아니하더라도 그 통신을 주장할 권리를 상실하지 아니한다.

제27조에서는 통신의 지연, 오류, 미착(도달불능)의 위험을 상대방에게 부담시킴으로써 실질적으로 의사표시에 있어서 발신주의(the dispatch principle)를 채택하고 있다.[9] 제3편에서는 계약의 이행 관련 통지는 발신 후 수신되기 전에 그 위험을 수신인에게 부담시키는 발신주의를 규정하여 제2편(계약의 성립)에서의 도달주의와 대비된다. 제27조의 적용요건으로는 ① 당사자가 제3편에 따라 상황에 맞는 적절한 방법으로 통지할 것 ② 제3편에 별도의 규정이 없을 것이 요구된다.

제27조에서 규정하고 있는 발신주의는 제3편(제25조~제29조)의 통신(communication)에 적용되는 일반원칙이다.[10] 따라서 제3편에서 예외적으로 도달주의를 규정한 경우를 제외하고 일반적 통지는 당사자가 적절한 통신수단으로 발송한 시점에 효력이 발생된다. 발신을 주장하는 당사자에게 발신 및 적절한 수단에 대해 증명책임이 있으나, 상대방에 도달하였다는 것까지 증명할 필요는 없다.[11]

 제3편에서 규정한 도달주의: 제27조의 예외

① 계약을 위반한 매도인의 부가기간 내 불이행의 통지(제47조 제2항)
② 계약을 위반한 매도인의 하자치유의 통지(제48조 제4항)
③ 매수인의 부가기간 내 이행거절 통지(제63조 제2항)
④ 매도인의 사양지정요구(제65조 제1항)
⑤ 매도인의 사양지정통고(제65조 제2항)
⑥ 불가항력적 장애의 통지(제79조 제4항))

---

9 UNCITRAL Digest on the CISG (2016), p.120.; 석광현, 전게서, p.106.
10 UNCITRAL Digest on the CISG (2016), p.120.
11 UNCITRAL Digest on the CISG (2016), p.120.

5. 특정이행과 법정지주의 국내법(제28조)

· 제28조 ·

당사자 일방이 이 협약에 따라 상대방의 의무이행을 요구할 수 있는 경우에도, 법원은 이 협약이 적용되지 아니하는 유사한 매매계약에 관하여 자국법에 따라 특정이행을 명하는 판결을 하여야 하는 경우가 아닌 한, 특정이행을 명하는 판결을 할 의무가 없다.

CISG는 계약위반에 대한 구제수단으로 '위반 당사자(breaching party)에게 그 의무를 이행하도록 강제하는 것(specific performance: 특정이행)'을 원칙으로 하고 있다. '특정이행(specific performance)'이란, 법원을 통하여 상대방에게 계약상 의무를 이행할 것을 요구하는 것이다.[12] 한편, 법원은 이 협약이 적용되지 아니하는 유사한 매매계약에 관하여 자국법에 따라 특정이행을 명하는 판결을 하여야 하는 경우가 아닌 한, 특정이행을 명하는 판결을 할 의무가 없다고 규정하여 특정이행에 대한 예외를 인정하고 있다. 이는 체약국에서도 특정이행을 인정하지 않음에도 불구하고 그 체약국 법원으로 하여금 특정이행판결을 강제하는 것은 합당하지 않기 때문이다.

표 12-1   계약위반시 특정이행과 손해배상

대륙법계	영미법계	CISG
• 특정이행 원칙	• 손해배상 원칙(손해배상이 곤란한 경우에만 특정이행)	• 특정이행 원칙(법정지에서 특정이행이 인정되지 않는 경우 법원은 특정이행 거부 가능)

6. 계약의 변경 · 종료(제29조)

· 제29조 ·

(1) 계약은 당사자의 합의만으로 변경 또는 종료될 수 있다.

(2) 서면에 의한 계약에 합의에 의한 변경 또는 종료는 서면에 의하여야 한다는 규

---

12 UNCITRAL Digest on the CISG (2016), p.122.

정이 있는 경우에, 다른 방법으로 합의 변경 또는 합의 종료될 수 없다. 다만, 당사자는 상대방이 자신의 행동을 신뢰한 한도까지는 그러한 규정을 원용할 수 없다.

계약은 당사자의 합의만으로 변경 또는 종료될 수 있다. 따라서 원칙적으로 계약의 변경(또는 종료)은 서면에 의하지 않아도 된다. 다만, 제96조에 따라 유보선언을 한 체약국에 대해서는 계약의 변경·종료는 서면에 의해야 한다.

한편, ① 계약을 서면으로 체결하였고, ② 그 서면계약서에서 합의에 의한 변경 또는 종료는 서면에 의하여야 한다는 규정이 있는 경우, 반드시 서면에 의해 변경 또는 종료해야 한다. 다만, 이 경우에도 신뢰의 이익을 보호하기 위해 당사자는 상대방이 자신의 행동을 신뢰한 한도까지는 그러한 규정을 원용할 수 없다(상대방으로 하여금 자신의 행동을 신뢰하게 한 경우 서면이 없었다는 사유로 합의변경 또는 합의종료가 효력이 없다는 주장을 할 수 없다).

 사례연구

1. A와 B는 서면으로 매매계약을 체결하였다. 계약서에는 계약변경의 방식에 대한 조항이 없었다. 이 경우 계약변경은 서면에 의해야 하는가?

   해설 계약변경의 방식은 자유이므로 서면을 필요로 하지 않는다. 구두변경도 가능하다.

2. A와 B는 서면으로 매매계약을 체결하였다. B의 영업소가 소재하는 국가(Y국)는 제96조에 의해 유보선언을 하였다. 계약서에는 계약변경의 방식에 대한 조항이 없었다. 이 경우 계약변경은 서면에 의해야 하는가?

   해설 제29조에 의해 계약변경의 방식은 자유이지만, Y국은 이를 배제하는 유보선언을 했으므로 제29조는 적용되지 않으며, 계약변경은 서면에 의해야 한다. 다만, 제96조에 의거 유보선언을 한 국가에 대해서는 계약변경은 서면에 의해야 한다.

3. A와 B는 구두로 매매계약을 체결하였다. 구두계약내용에 계약변경은 서면으로 해야 한다는 내용이 포함되어 있었다. 이 경우 계약변경은 서면에 의해야 하는가?

   해설 본 계약이 서면으로 체결되지 않았기 때문에, 계약변경은 서면을 필요로 하지 않는다(다만, 계약이 변경되기 위해서는 당사자의 합의가 있어야 한다).

4. A와 B는 서면으로 매매계약을 체결하였다. 계약서에는 계약변경은 서면에 의한다고 규정하고 있었다. 이 경우 계약변경은 서면에 의해야 하는가?

   해설 본 계약이 서면으로 작성되었고, 계약서에 계약변경은 서면에 의한다는 조항이 있으므로 계약변경은 서면에 의해야 한다.

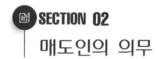

SECTION 02
매도인의 의무

1. 개설

CISG 제3편에서는 매도인과 매수인의 기본적인 의무를 규정하고 있다.

1) 매도인의 기본적인 의무에는 ① 물품인도의무 ② 서류의 교부의무 ③ 소유권이전의무를 규정하고 있고, 2) 매수인의 기본적인 의무에는 ① 대금지급의무 ② 인도수령의무 ③ 물품검사 및 통지의무를 규정히고 있디.

제3편 제5장에서 매도인과 매수인의 의무에 공통되는 의무로 손실경감의무(제77조), 면책사유통지의무(제79조), 계약해제로 인한 대금반환 시의 이자지급의무(제84조), 물품보관의무(제85조, 제86조) 등을 규정하고 있는데, 이들 의무는 매매계약 자체에서 발생하는 의무가 아니고 당사자의 계약위반에 따른 효과로서 부수되는 의무이다.

표 12-2

매도인의 의무	매수인의 의무
① 물품인도의무(제30조)	① 대금지급의무(제53조)
② 서류교부의무(제30조, 제34조)	② 물품수령의무(제53조)
③ 소유권이전의무(제30조)	③ 물품검사의무(제38조)
④ 물품의 계약적합의무(제35조, 제41조)	④ 부적합통지의무(제39조)
⑤ 대금반환 시 이자지급의무(제84조 제1항)	⑤ 물품반환 시 이익지급의무(제84조 제2항)

매도인과 매수인의 공통 의무	
① 손실경감의무(제77조)	② 면책사유통지의무(제79조)
③ 물품보관의무(제85조, 제86조)	

2. 매도인의 의무

• 제30조 •

매도인은 계약과 이 협약에 따라 물품을 인도하고, 관련 서류를 교부하며 물품의 소유권을 이전하여야 한다.

매도인은 계약과 CISG의 규정에 따라 매수인에게 ① 물품의 인도 ② 서류의 교부 ③ 소유권 이전을 이행해야 한다. 소유권이 실제 이전되었는지 여부는 CISG가 적용되지 않고, 해당 계약의 준거법에 의한다(제4조 (나)호).[13]

한편, 물품인도의무는 소유권 이전의무와는 별개의 의무이므로 소유권이 매수인에게 이전되었다고 하더라도 물품이 인도되지 않았으면 매도인은 여전히 물품인도의무를 부담한다. 특정물매매의 경우 그 특정물을 인도하면 되고, 불특정물매매의 경우 계약에서 정한 물품과 일반적으로 성질상 같은 종류의 물품을 인도하면 된다.

---

[13] UNCITRAL Digest on the CISG (2016), p.126.

3. 물품의 인도와 서류의 교부

1) 인도의 장소와 방법(제31조)

(1) 계약서에서 인도장소를 정한 경우(제31조 본문)

• 제31조 •

매도인이 물품을 다른 특정한 장소에서 인도할 의무가 없는 경우에, 매도인의 인도의무는 다음과 같다.

(가) 매매계약에 물품의 운송이 포함된 경우에는, 매수인에게 전달하기 위하여 물품을 제1운송인에게 교부하는 것.

(나) (가)호에 해당되지 아니하는 경우로서 계약이 특정물에 관련되거나 또는 특정한 재고품에서 인출되는 불특정물이나 제조 또는 생산되는 불특정물에 관련되어 있고, 당사자 쌍방이 계약 체결 시에 그 물품이 특정한 장소에 있거나 그 장소에서 제조 또는 생산되는 것을 알고 있었던 경우에는, 그 장소에서 물품을 매수인의 처분하에 두는 것.

(다) 그 밖의 경우에는, 계약 체결시에 매도인이 영업소를 가지고 있던 장소에서 물품을 매수인의 처분하에 두는 것.

당사자자치의 원칙이 우선하므로, 제31조는 당사자들이 달리 정하지 않은 경우에 적용된다.[14] 계약서에서 인도장소를 정한 경우에는 그 지정된 장소에서 인도해야 한다. 그러나 계약서에서 인도장소를 정하지 않은 경우에는 매매계약이 물품운송을 포함하고 있는지 여부에 따라 달리 규정하고 있다.

실제 대부분의 무역계약에서는 Incoterms의 적용을 명시하는데, 이 경우 Incoterms가 CISG보다 우선 적용된다.[15] 이런 면에서 CISG 제31조가 적용되는 경우는 많지 않다.

---

[14] UNCITRAL Digest on the CISG (2016), p.128.

[15] UNCITRAL Digest on the CISG (2016), p.128.; 김상만, "Incoterms 2010이 적용되는 국제물품매매 거래에서 CISG상 매도인의 물품인도의무 및 서류인도의무에 대한 고찰", 통상법률, 통권 제102호, 2011, p.129.

(2) 계약서에서 인도장소를 정하지 않은 경우

① 매매계약이 물품운송을 포함하고 있는 경우(제31조 (가)호)

매매계약이 물품운송을 포함하고 있는 경우에는 매도인은 제1운송인에게 물품을 인도함으로써 물품인도의무를 다한 것이 되며, 제1운송인(first carrier)에게 물품을 현실적으로 인도한 장소가 인도장소가 된다. 제1운송인에게 인도함으로써 인도의무를 다한 것이 되기 때문에 다른 명시적 합의가 없는 한, 물품을 목적지에서 인도하거나 또는 물품을 매수인이 처분할 수 있는 상태에 두는 것은 요구되지 않는다. 한편, 여기서 운송인이란, 단순히 운송주선만 하는 운송중개인은 해당되지 않는다.

② 매매계약에서 물품운송을 포함하고 있지 않은 경우(제31조 (나)호)

매매계약에서 물품운송을 포함하고 있지 않은 경우에는 특정물은 그 물품이 있는 장소(특정한 재고품에서 인출되는 불특정물이나 제조 또는 생산되는 불특정물에 관련되어 있는 경우에는 제조 또는 생산되는 장소)가 인도장소가 되며, 매도인이 그 장소에서 매수인이 처분할 수 있는 상태(at buyer's disposal)에 두었을 때에 인도의무를 다한 것으로 된다(제37조 (나)호). 다만, 당사자 쌍방이 계약체결 시에 그 물품이 있던 특정장소(특정한 재고품에서 인출되는 불특정물이나 제조 또는 생산되는 불특정물에 관련되어 있는 경우에는 제조 또는 생산되는 장소)를 알고 있어야 한다.

매수인이 처분할 수 있는 상태에 둔다는 것은 매수인이 점유취득이 가능한 상태에 두는 것을 의미하는 것으로, 매도인이 점유이전행위 자체를 할 필요는 없고, 물품을 특정하고 포장하는 등 인도에 필요한 준비를 마친 후 매수인에게 통지하는 방법 등을 통하여 매수인이 처분하는 것을 가능하게 하는 것으로 충분하다.

③ 기타의 경우(제31조 (다)호)

기타의 경우(불특정물)에는 계약체결 시 매도인의 영업소에서 물품을 매수인의 처분하에 두면 된다. 영업소가 2개 이상이거나 없는 경우에는 제10조에 따라 영업소를 정한다.

표 12-3 CISG와 Incoterms에서 물품의 인도

구 분		물품의 인도 규정
CISG 제31조	1. 매도인이 특정장소에서 인도할 의무가 있는 경우(제31조 본문)	그 특정장소에서 인도
	2. 매도인이 특정장소에서 인도할 의무가 있는 없는 경우	
	① 계약이 물품의 운송을 포함하는 경우(제31조(가호))	매수인에게 전달하기 위하여 물품을 제1운송인에게 교부
	② 계약이 물품의 운송을 포함하지 않는 경우 (제31조 (나)호)	계약체결 시 그 특정물품의 장소(특정한 재고품에서 인출되는 불특정물이나 제조 또는 생산되는 불특정물에 관련되어 있는 경우에는 제조 또는 생산되는 장소)에서 물품을 매수인의 처분하에 둠
	③ 기타(제31조(다)호)	계약체결 시 매도인의 영업소에서 물품을 매수인의 처분하에 둠
Incoterms 2020	EXW	물품을 지정인도장소(그 지정인도장소에 합의된 지점이 있는 경우에는 그 지점)에서 수취용 차량에 적재하지 않은 채로 매수인의 처분하에 둠으로써 인도
	FCA	물품을 지정장소(그 지정장소에 지정된 지점이 있는 경우에는 그 지점)에서 매수인이 지정한 운송인(또는 제3자)에게 인도(또는 그렇게 인도된 물품 조달) ① 지정장소가 매도인의 영업구내인 경우 → 물품이 매수인이 마련한 운송수단에 적재된 때 인도 ② 지정장소가 매도인의 영업구내가 아닌 경우 → 물품이 매도인의 운송수단에 적재되어 지정장소에 도착하고 매도인의 운송수단에 실린 채 양하준비상태로 매수인이 지정한 운송인(또는 제3자)의 처분하에 놓인 때에 인도 ③ 매도인은 "①" 또는 "②"에 의해 인도된 물품을 조달할 수 있음.
	CPT	인도장소(그 인도장소에 합의된 지점이 있는 경우에는 그 지점)에서 물품을 매도인과 운송계약을 체결한 운송인에게 교부함으로써 인도(또는 그렇게 인도된 물품 조달) • 인도장소가 합의되지 않은 경우 물품을 제1운송인에게 교부한 때 인도
	CIP	인도장소(그 인도장소에 합의된 지점이 있는 경우에는 그 지점)에서 물품을 매도인과 운송계약을 체결한 운송인에게 교부함으로써 인도(또는 그렇게 인도된 물품 조달) • 인도장소가 합의되지 않은 경우 물품을 제1운송인에게 교부한 때 인도
Incoterms		

구 분		물품의 인도 규정
2020	DAP	물품을 지정목적지에서 도착운송수단에 실어둔 채 양하준비된 상태로 매수인의 처분하에 둠으로써 인도(또는 그렇게 인도된 물품 조달)
	DPU	물품을 지정목적지에서 도착운송수단으로부터 양하하여 매수인의 처분하에 둠으로써 인도(또는 그렇게 인도된 물품 조달)
	DDP	수입통관하고 물품을 지정목적지에서 도착운송수단에 실어둔 채 양하준비된 상태로 매수인의 처분하에 둠으로써 인도(또는 그렇게 인도된 물품 조달)
	FAS	물품을 지정선적항에서 매수인이 지정한 선박의 선측(예: 부두 또는 바지(barge))에 둠으로써 인도(또는 그렇게 인도된 물품 조달)
	FOB	물품을 지정선적항에서 매수인이 지정한 본선에 적재함으로 인도(또는 본선에 적재된 물품 조달)
	CFR	물품을 선적항에서 매도인이 지정한 본선에 적재함으로써 인도(또는 그렇게 인도된 물품 조달)
	CIF	물품을 선적항에서 매도인이 지정한 본선에 적재함으로써 인도(또는 그렇게 인도된 물품 조달)

· 민법상 변제의 장소 ·

민법에서는 채무의 성질 또는 당사자의 의사표시로 변제장소를 정하지 아니한 때에는 특정물의 인도는 채권성립당시에 그 물건이 있던 장소에서 하여야 하고, 특정물 이외의 채무변제는 채권자의 현주소(영업에 관한 채무의 변제는 채권자의 현영업소, 즉 '지참채무')에서 하여야 한다고 규정하고 있어 CISG와는 차이가 있다 (제467조).

2) 물품인도에 부수하는 의무(제32조)

· 제32조 ·

(1) 매도인이 계약 또는 이 협약에 따라 물품을 운송인에게 교부한 경우에, 물품이 하인(荷印), 선적서류 그 밖의 방법에 의하여 그 계약의 목적물로서 명확히 특정되어 있지 아니한 때에는, 매도인은 매수인에게 물품을 특정하는 탁송통지를 하여야 한다.

(2) 매도인이 물품의 운송을 주선하여야 하는 경우에, 매도인은 상황에 맞는 적절한 운송수단 및 그 운송에서의 통상의 조건으로, 지정된 장소까지 운송하는 데 필요한 계약을 체결하여야 한다.

(3) 매도인이 물품의 운송에 관하여 부보(附保)할 의무가 없는 경우에도, 매도인은 매수인의 요구가 있으면 매수인이 부보하는 데 필요한 모든 가능한 정보를 매수인에게 제공하여야 한다.

계약이 물품운송을 포함하고 있는 경우 제32조에서는 제31조에 규정된 매도인의 의무 이외의 부수적인 의무를 규정하고 있다. 이러한 부수적인 의무에는 매도인의 물품특정 및 탁송통지의무, 운송계약체결의무, 운송보험에 대한 정보제공의무가 있다(운송계약체결의무, 운송보험에 관련한 정보제공의무 등에 대해서는 Incoterms에서 상세하게 규정하고 있고, 계약서에 Incoterms의 적용을 명시한 경우 Incoterms가 CISG에 우선한다).

[1] 물품특정 및 탁송통지의무

하인, 선적서류, 또는 그 밖의 방법으로 물품이 특정되지(identified) 않은 경우 매도인은 매수인에게 보내는 탁송통지서에 물품을 특정해야 한다. 이 의무를 이행하지 않는 경우 위험부담이 매수인에게 이전되지 않으며(제67조 제2항, 제69조 제3항), 매도인은 매수인에게 계약위반에 따른 손해배상책임을 부담할 수 있다(제45조, 제74조).

[2] 운송계약체결의무

매도인에게 운송계약체결의무가 있는 경우(인코텀즈에서 CPT, CIP, CFR, CIF) 매도인은 합리적인 운송계약을 체결해야 한다(적절한 운송수단, 통상의 조건 등).

[3] 운송보험에 대한 정보제공의무

매도인에게 운송보험계약을 체결할 의무가 없는 경우에도, 매수인의 요구가 있으면, 운송보험부보에 필요한 모든 가능한 정보를 매수인에게 제공해야 한다.

3) 물품인도 시기(제33조)

• 제33조 •

매도인은 다음의 시기에 물품을 인도하여야 한다.

(가) 인도기일이 계약에 의하여 지정되어 있거나 확정될 수 있는 경우에는 그 기일

(나) 인도기간이 계약에 의하여 지정되어 있거나 확정될 수 있는 경우에는 그 기간 내의 어느 시기. 다만, 매수인이 기일을 선택하여야 할 사정이 있는 경우에는 그러하지 아니하다.

(다) 그 밖의 경우에는 계약 체결 후 합리적인 기간 내

매도인은 다음의 시기에 물품을 인도하여야 한다.

① 인도기일이 계약에 의하여 지정되어 있거나 확정될 수 있는 경우에는 그 기일

② 인도기간이 계약에 의하여 지정되어 있거나 확정될 수 있는 경우에는 그 기간 내의 어느 시기. 다만, 매수인이 기일을 선택하여야 할 사정이 있는 경우에는 그러하지 아니하다.

③ 그 밖의 경우에는 계약 체결 후 합리적인 기간 내

 보충설명

1. 인도기일을 4.15로 정한 경우 그 날짜에 인도해야 한다.
2. 인도기일을 4.30까지로 정한 경우 그 기간 내에 인도해야 한다.
3. 인도기일을 정하지 않은 경우 "계약체결 후 합리적인 기간" 내[16]
 1) 매도인이 1회의 분할대금수령 후 2주일 후 불도저 인도(O) (스위스 판결)

---

16 UNCITRAL Digest on the CISG (2016), p.133.

4) 서류교부의무(제34조)

· 제34조 ·

매도인이 물품에 관한 서류를 교부하여야 하는 경우에, 매도인은 계약에서 정한 시기, 장소 및 방식에 따라 이를 교부하여야 한다. 매도인이 교부하여야 할 시기 전에 서류를 교부한 경우에는, 매도인은 매수인에게 불합리한 불편 또는 비용을 초래하지 아니하는 한, 계약에서 정한 시기까지 서류상의 부적합을 치유할 수 있다. 다만, 매수인은 이 협약에서 정한 손해배상을 청구할 권리를 보유한다.

(1) 서류의 교부

매도인이 물품에 관한 서류를 교부하여야 하는 경우에, 매도인은 계약에서 정한 시기, 장소 및 방식에 따라 이를 교부하여야 한다.

(2) 서류의 부적합 치유(서류교부시한 전에 교부하는 경우)

매도인이 교부하여야 할 시기 전에 서류를 교부한 경우에는, 매도인은 매수인에게 불합리한 불편 또는 비용을 초래하지 아니하는 한, 계약에서 정한 시기까지 서류상의 부적합을 치유할 수 있다. 다만, 매수인은 이 협약에서 정한 손해배상을 청구할 권리를 보유한다.

4. 물품의 적합성과 제3자의 권리주장

매도인은 매수인에게 계약에서 정한 수량, 품질, 종류의 물품을 인도해야 하며 (제35조), 권리행사에 아무런 지장이 없는 물품을 인도해야 한다(제41조). 전자를 '물품의 적합성', 후자를 '권리의 적합성'이라고 한다.

1) 물품의 적합성(제35조)

· 제35조 ·

(1) 매도인은 계약에서 정한 수량, 품질 및 종류에 적합하고, 계약에서 정한 방법으로 용기에 담겨지거나 포장된 물품을 인도하여야 한다.

(2) 당사자가 달리 합의한 경우를 제외하고, 물품은 다음의 경우에 계약에 적합하지 아니한 것으로 한다.

(가) 동종 물품의 통상 사용목적에 맞지 아니한 경우.

(나) 계약 체결 시 매도인에게 명시적 또는 묵시적으로 알려진 특별한 목적에 맞지 아니한 경우. 다만, 그 상황에서 매수인이 매도인의 기술과 판단을 신뢰하지 아니하였거나 또는 신뢰하는 것이 불합리하였다고 인정되는 경우에는 그러하지 아니하다.

(다) 매도인이 견본 또는 모형으로 매수인에게 제시한 물품의 품질을 가지고 있지 아니한 경우.

(라) 그러한 물품에 대하여 통상의 방법으로, 통상의 방법이 없는 경우에는 그 물품을 보존하고 보호하는 데 적절한 방법으로 용기에 담겨지거나 포장되어 있지 아니한 경우.

(3) 매수인이 계약 체결 시에 물품의 부적합을 알았거나 또는 모를 수 없었던 경우에는, 매도인은 그 부적합에 대하여 제2항의 (가)호 내지 (라)호에 따른 책임을 지지 아니한다.

[1] 계약에서 정한 물품의 인도

매도인은 계약에서 정한 수량, 품질 및 종류에 적합하고, 계약에서 정한 방법으로 용기에 담겨지거나 포장된 물품을 인도하여야 한다.

[2] 물품부적합의 기준

당사자가 달리 합의한 경우를 제외하고, 물품은 다음의 경우에 계약에 적합하지 아니한 것으로 한다.

① 동종 물품의 통상 사용목적에 맞지 아니한 경우('통상사용목적')

② 계약 체결 시 매도인에게 명시적 또는 묵시적으로 알려진 특별한 목적에 맞지 아니한 경우(다만, 그 상황에서 매수인이 매도인의 기술과 판단을 신뢰하지 아니하였거나 또는 신뢰하는 것이 불합리하였다고 인정되는 경우 제외) ('특별사용목적')

③ 매도인이 견본 또는 모형으로 매수인에게 제시한 물품의 품질을 가지고 있지 아니한 경우 ('견본품')

④ 그러한 물품에 대하여 통상의 방법으로, 통상의 방법이 없는 경우에는 그 물품을 보존하고 보호하는 데 적절한 방법으로 용기에 담겨지거나 포장되어 있

CHAPTER 12 **물품의 매매** 327

지 아니한 경우 ('포장')

[3] 물품부적합의 면책

매수인이 계약 체결 시에 물품의 부적합을 알았거나 또는 모를 수 없었던 경우에는, 매도인은 그 부적합에 대하여 상기의 ①~④에 대해 책임이 없다.

2] 위험의 이전과 물품의 적합성 판단시기(제36조)

• 제36조 •

(1) 매도인은 위험이 매수인에게 이전하는 때에 존재하는 물품의 부적합에 대하여, 그 부적합이 위험 이전 후에 판명된 경우라도, 계약과 이 협약에 따라 책임을 진다.

(2) 매도인은 제1항에서 정한 때보다 후에 발생한 부적합이라도 매도인의 위무위반에 기인하는 경우에는 그 부적합에 대하여 책임을 진다. 이 의무위반에는 물품이 일정기간 통상의 목적이나 특별한 목적에 맞는 상태를 유지한다는 보증 또는 특정한 품질이나 특성을 유지한다는 보증에 위반한 경우도 포함된다.

매도인은 위험의 이전시점 이전에 존재하였던 물품의 부적합성에 대해서만 책임을 부담하며, 위험의 이전시점 이후에 발생한 물품의 부적합성에 대해서는 책임이 없다(다만, 위험의 이전시점에 물품의 부적합성이 존재하였다면, 위험의 이전 이후에 그 부적합성이 발견된 경우에도 매도인은 부적합성에 대해 책임이 있다).

한편, 위험의 이전 이후에 발생한 물품의 부적합성인 경우에도 이것이 매도인의 의무위반에 기인한 경우에는 매도인은 책임을 진다(예를 들어 포장을 잘못하여 위험의 이전이후에 물품이 손상 또는 변질된 경우). 그리고 이 의무위반에는 일정기간 통상의 목적이나 특별한 목적에 맞는 상태를 유지한다는 보증 또는 특정한 품질이나 특성을 유지한다는 보증에 위반한 경우도 포함된다(예를 들어 품질보증기간을 12개월(또는 10만 마일)로 정한 경우 12개월(10만 마일) 이내에 물품의 부적합사유가 발생하면, 매도인은 물품의 적합성의무를 위반하게 된다).

📖 보충설명

1. Incoterms에서는 위험의 이전에 대해 상세하게 규정하고 있다. FOB, CFR, CIF에서는 '물품이 본선에 적재된 때', 위험이 매수인에게 이전되며, FCA, CPT, CIP에서는 '운송인에게 물품을 인도한 때', 위험이 매수인에게 이전된다. 따라서 위험의 이전시점 이후(본선적재 또는 운송인에게 물품을 인도한 이후)에 새로 발생한 물품의 부적합에 대해서는 매도인은 책임이 없다.

2. 계약상의 가격조건은 'FOB Busan Incoterms 2010'이고, 목적지는 미국 LA항이다. 매도인이 물품을 선적한 이후 운송중에 물품이 손상되었다. 이 경우 매도인은 대금을 지급받을 수 있는가?

   해설 FOB 조건이므로 물품이 본선에 적재된 때, 위험이 매수인에게 이전된다. 물품적재 시에 물품의 부적합은 없었고, 그 이후에 발생하였으므로 원칙적으로 매도인은 물품부적합에 대해 책임이 없다. 다만, 물품이 손상된 것에 대해 매도인에게 책임이 있다면(포장불량 등), 매도인은 물품의 부적합에 대해 책임이 있다.

3) 인도한 물품의 부적합 치유(제37조)

• 제37조 •

매도인이 인도기일 전에 물품을 인도한 경우에는, 매수인에게 불합리한 불편 또는 비용을 초래하지 아니하는 한, 매도인은 그 기일까지 누락분을 인도하거나 부족한 수량을 보충하거나 부적합한 물품에 갈음하여 물품을 인도하거나 또는 물품의 부적합을 치유할 수 있다. 다만, 매수인은 이 협약에서 정한 손해배상을 청구할 권리를 보유한다.

인도기일 전에 부적합한 물품을 인도한 경우, 매도인은 인도기일 전에 부족한 수량의 보충 또는 부적합한 물품의 교환 등을 통해 부적합을 치유할 수 있다. 다만, 매수인에게 불합리한 불편이나 비용을 초래하지 않아야 하며, 이로 인해 매수인이 입은 손해도 배상해야 한다.

　제34조에서는 서류의 부적합 치유권, 제37조에서는 물품의 부적합 치유권을 규정하고 있다.

　4) 물품의 검사(제38조)

• 제38조 •

(1) 매수인은 그 상황에서 실행가능한 단기간 내에 물품을 검사하거나 검사하게 하여야 한다.

(2) 계약에 물품의 운송이 포함되는 경우에는, 검사는 물품이 목적지에 도착한 후까지 연기될 수 있다.

(3) 매수인이 검사할 합리적인 기회를 가지지 못한 채 운송중에 물품의 목적지를 변경하거나 물품을 전송(轉送)하고, 매도인이 계약 체결시에 그 변경 또는 전송의 가능성을 알았거나 알 수 있었던 경우에는, 검사는 물품이 새로운 목적지에 도착한 후까지 연기될 수 있다.

　매수인의 물품검사의무를 부담한다. ① 원칙적으로 매수인은 그 상황에서 실행가능한 단기간 내에 검사해야 한다. ② 계약에 물품의 운송이 포함된 경우 매수인은, 물품이 목적지에 도착한 후까지 검사를 연기할 수 있다. ③ 매수인이 검사의 기회를 갖지 못한 상황에서 매수인에 의한 목적지의 변경 또는 전송(redispatch)이 있고 매도인이 그러한 가능성을 알았거나 알 수 있었던 경우 검사는 새로운 목적지에 도착한 후까지 연기될 수 있다(참고로 CISG 공식번역문에는 '매수인에 의한 목적지의 변경 또는 전송'에서 '매수인에 의한'이 누락되어 있다).

　5) 물품의 부적합 통지(제39조, 제40조, 제44조)

• 제39조, 제40조, 제44조 •

제39조

(1) 매수인이 물품의 부적합을 발견하였거나 발견할 수 있었던 때로부터 합리적인 기간 내에 매도인에게 그 부적합한 성질을 특정하여 통지하지 아니한 경우에

는, 매수인은 물품의 부적합을 주장할 권리를 상실한다.

(2) 매수인은 물품이 매수인에게 현실로 교부된 날부터 늦어도 2년 내에 매도인에게 제1항의 통지를 하지 아니한 경우에는, 물품의 부적합을 주장할 권리를 상실한다. 다만, 이 기간제한이 계약상의 보증기간과 양립하지 아니하는 경우에는 그러하지 아니하다.

제40조

물품의 부적합이 매도인이 알았거나 모를 수 없었던 사실에 관한 것이고, 매도인이 매수인에게 이를 밝히지 아니한 경우에는, 매도인은 제38조와 제39조를 원용할 수 없다.

제44조

제39조 제1항과 제43조 제1항에도 불구하고, 매수인은 정하여진 통지를 하지 못한 데에 합리적인 이유가 있는 경우에는 제50조에 따라 대금을 감액하거나 이익의 상실을 제외한 손해배상을 청구할 수 있다.

(1) 부적합 통지의무

매수인은 합리적인 기간 내에 물품의 부적합을 매도인에게 통지해야 한다. 부적합 통지의무를 규정한 취지는 매수인이 물품을 수취하여 사용하다가 뒤늦게 물품의 부적합을 사유로 계약해제, 대금감액, 대금지급거절, 손해배상청구를 주장하는 경우 매수인의 행위의 정당성을 확인하기 곤란하기 때문이다. 부적합 통지의무의 구체적인 요건 및 방법은 다음과 같다(다음 요건을 모두 충족해야 한다).

① 합리적인 기간 내에 통지할 것

　물품의 부적합을 발견하였거나 발견할 수 있었던 때로부터 합리적인 기간 내

② 매수인이 물품의 부적합을 발견하였거나 발견할 수 있었을 것

③ 그 부적합한 성질을 특정하여 통지할 것

④ 물품이 매수인에게 현실로 교부된 날로부터 2년 이내에 통지할 것(다만, 계약상의 보증기간이 2년을 초과하는 경우에는 그 보증기간 내). 이 기간은 제척기간이다.

☞ 부적합통지는 늦어도 물품이 교부된 날로 2년 이내에 통지해야 한다. 다만, 보증기간이 2년을 초과하는 경우에는 늦어도 그 보증기간 내에 통지해야 한다.

(2) 부적합 통지의무위반의 효과

① 원칙

매수인은 제39조에 규정된 바에 따라 물품의 부적합을 통지하지 아니한 경우 매수인은 물품의 부적합을 주장할 권리를 상실한다.

· 상실되는 권리 ·

① 손해배상청구권(제45조 제1항 (나)호, 제74조 내지 제77조)
② 매도인에 대한 이행청구권(제46조)
③ 계약해제권(제49조)
④ 대금감액청구권(제50조)

② 예외

다음의 경우에는 매수인이 물품의 부적합 통지의무를 위반한 경우에도 매수인은 물품의 부적합을 주장할 권리를 상실하지 않는다.

　㉠ 물품의 부적합이 매도인이 알았거나 모를 수 없었던 사실에 관한 것이고, 매도인이 매수인에게 이를 밝히지 아니한 경우(제40조)
　㉡ 매수인은 정하여진 통지를 하지 못한 데에 합리적인 이유가 있는 경우 매수인은 대금감액청구권(제50조)과 손해배상청구권(단, 이익의 상실 제외)을 보유한다. 이 경우 계약해제권은 인정되지 않는다.

6) 권리의 적합성(제41조~제44조)

· 제41조~제44조 ·

제41조

매수인이 제3자의 권리나 권리주장의 대상이 된 물품을 수령하는 데 동의한 경우를 제외하고, 매도인은 제3자의 권리나 권리주장의 대상이 아닌 물품을 인도하여야 한다. 다만, 그러한 제3자의 권리나 권리주장이 공업소유권 그 밖의 지적재산권에 기초하는 경우에는, 매도인의 의무는 제42조에 의하여 규율된다.

332 PART 04 국제물품매매계약에 관한 유엔협약(CISG)

제42조

(1) 매도인은, 계약 체결시에 자신이 알았거나 모를 수 없었던 공업소유권 그 밖의 지적재산권에 기초한 제3자의 권리나 권리주장의 대상이 아닌 물품을 인도하여야 한다. 다만, 제3자의 권리나 권리주장이 다음 국가의 법에 의한 공업소유권 그 밖의 지적재산권에 기초한 경우에 한한다.

 (가) 당사자 쌍방이 계약 체결시에 물품이 어느 국가에서 전매되거나 그 밖의 방법으로 사용될 것을 예상하였던 경우에는, 물품이 전매되거나 그 밖의 방법으로 사용될 국가의 법

 (나) 그 밖의 경우에는 매수인이 영업소를 가지는 국가의 법

(2) 제1항의 매도인의 의무는 다음의 경우에는 적용되지 아니한다.

 (가) 매수인이 계약 체결시에 그 권리나 권리주장을 알았거나 모를 수 없었던 경우

 (나) 그 권리나 권리주장이 매수인에 의하여 제공된 기술설계, 디자인, 방식 그 밖의 지정에 매도인이 따른 결과로 발생한 경우

제43조

(1) 매수인이 제3자의 권리나 권리주장을 알았거나 알았어야 했던 때로부터 합리적인 기간 내에 매도인에게 제3자의 권리나 권리주장의 성질을 특정하여 통지하지 아니한 경우에는, 매수인은 제41조 또는 제42조를 원용할 권리를 상실한다.

(2) 매도인이 제3자의 권리나 권리주장 및 그 성질을 알고 있었던 경우에는 제1항을 원용할 수 없다.

제44조

제39조 제1항과 제43조 제1항에도 불구하고, 매수인은 정하여진 통지를 하지 못한 데에 합리적인 이유가 있는 경우에는 제50조에 따라 대금을 감액하거나 이익의 상실을 제외한 손해배상을 청구할 수 있다.

[1] 권리의 적합성이 있는 물품의 인도(제41조)

매수인이 제3자의 권리나 권리주장의 대상이 된 물품을 수령하는 데 동의한 경우를 제외하고, 매도인은 제3자의 권리나 권리주장의 대상이 아닌 물품을 인도하여야

한다(예: 제3자에게 소유권이 있는 물품이나, 제한물권이 설정된 물품을 인도해서는 안 된다). 이 조항은 매매의 목적이 된 물품 관련 소유권(또는 제한물권)에 대한 분쟁으로부터 매수인을 보호하고 있다.

(2) 지식재산권 침해가 없는 물품의 인도(제42조)

지식재산권에 근거한 제3자의 클레임에 대해서는 제42조에서 규정하고 있는데, 이는 제41조에 대한 특칙이다. 매도인은 공업소유권, 기타 지적재산권 등에 기초한 제3자의 권리주장이 없는 물품을 인도해야 한다. 그러나 ① 이러한 권리침해를 매수인이 명백히 알았거나 모를 수 없었던 경우에는 매도인은 책임이 없으며 ② 그 권리나 권리주장이 매수인에 의하여 제공된 기술설계, 디자인, 방식 그 밖의 지정에 매도인이 따른 결과로 발생한 경우에도 매도인은 책임이 없다. 이는 제41조의 일반적인 권리하자에 비해 매도인의 책임을 완화하였다.

지식재산권침해 여부의 판단기준은 ① 당사자 쌍방이 계약 체결 시에 물품이 어느 국가에서 전매되거나 그 밖의 방법으로 사용될 것을 예상하였던 경우에는, 물품이 전매되거나 그 밖의 방법으로 사용될 국가의 법 ② 그 밖의 경우에는 매수인이 영업소를 가지는 국가의 법을 기준으로 한다.

제41조 일반적인 권리하자	권리의 하자에 대한 매도인의 인식 불필요
제42조 지적재산권 등에 의한 권리침해	권리의 하자에 대한 매도인의 인식 필요

(3) 매수인의 권리의 부적합성 통지의무(제43조, 제44조)

매수인은 권리의 부적합성에 대해 합리적인 기간 내에 매도인에게 통지해야 한다. 합리적인 기간은 제39조 제1항의 내용과 동일하지만, 제39조 제2항의 2년의 제척기간은 권리의 부적합 통지에는 적용되지 않는다(즉 2년이 경과했어도 합리적인 기간 내라면 권리의 부적합통지를 할 수 있다). 합리적인 기간 내에 통지를 하지 못한 경우에는 제41조(권리의 부적합성이 없는 물품의 인도)나 제42조(지식재산권침해가 없는 물품의 인도)를 원용할 수 없다.

매수인이 통지의무를 위반한 경우에도 그 위반에 대해 합리적인 이유가 있는 경우에는 매수인에게는 대금감액청구권(제50조)과 손해배상청구권(단, 이익상실 제외)이 인정된다(제44조).

 **사례연구**

A국에 소재하는 매도인은 B국에 소재하는 매수인와 매매계약을 체결하였다. 물품인도 후에 제3자가 물품의 사용 또는 전매(resale)는 자신의 특허권을 침해한다고 주장하였다. 이 경우 다음의 사례에 따라 차이가 있다.

1) 매수인이 A국(수출국)에서 물품을 사용 또는 전매하고, A국에 출원된 특허권에 기해 권리침해가 주장된 경우
2) 매수인이 B국(수입국)에서 물품을 사용 또는 전매하고, A국에 출원된 특허권에 기해 권리침해가 주장된 경우
3) 매수인이 C국(제3국)에서 물품을 사용 또는 전매하고, C국에 출원된 특허권에 기해 권리침해가 주장된 경우

특허가 최초에 다른 국가에 출원될 수 있으나, 조약에 의해 물품의 사용 또는 전매하는 국가에서 그 특허가 인정되어야 한다.[17]

SECTION 03
매도인의 계약위반에 대한 매수인의 구제권리

제3절(제45조~제52조)에서는 매도인의 계약위반 시 매수인의 다양한 구제에 대해 규정하고 있다. 제45조에서는 매수인의 구제방법을 목록화하고 그 권리를 인정하고 있으며, 다른 구제권리와의 관계를 규정하고 있다. 매수인의 구제권리는 매도인의 구제권리와 병행한다.

---

[17] John O. Honnold, *Uniform Law for International Sales under the 1980 United Nations Convention*, 4th ed, Wolters Kluwer, p.269.

표 12-4 각 조항별 매수인의 구제권리 개요

조 항	내 용
제45조	매수인의 구제권리 개요, 다른 구제권리와의 관계
제46조	매수인의 특정이행청구권(specific performance)
제47조-제49조	매수인의 계약해제권
제47조	매수인의 부가기간지정권(인도지연에 따른 계약해제권을 명확히 하기 위한 절차)
제48조	매도인의 불이행치유권을 통해 계약해제를 피할 수 있도록 함
제49조	매수인의 계약해제권 근거(사유)
제50조	매수인의 대금감액청구권
제51조	일부에 대해서만 구제권리의 적용(일부불이행 또는 일부부적합)
제52조	이행기 전 인도 또는 초과인도 시의 매수인의 권리

1. 매수인의 구제권리 개관(제45조)

• 제45조 •

(1) 매도인이 계약 또는 이 협약상의 의무를 이행하지 아니하는 경우에 매수인은 다음을 할 수 있다.

(가) 제46조 내지 제52조에서 정한 권리의 행사

(나) 제74조 내지 제77조에서 정한 손해배상의 청구

(2) 매수인이 손해배상을 청구하는 권리는 다른 구제를 구하는 권리를 행사함으로써 상실되지 아니한다.

(3) 매수인이 계약위반에 대한 구제를 구하는 경우에, 법원 또는 중재판정부는 매도인에게 유예기간을 부여할 수 없다.

매도인이 계약위반하는 경우 매수인은 제46조~제52조에서 정한 권리를 행사할 수 있고, 제74조~제77조에서 정한 손해배상의 청구도 할 수 있다. 제45조 제1항 (가)호에서는 매수인이 행사할 수 있는 다른 조항을 언급하는 것에 불과하지만, 제45조 제1항 (나)호에서는 매수인의 손해배상청구권의 근거가 되고 있다.[18] 다만, 손해배상

---

[18] UNCITRAL Digest on the CISG (2016), p.218.

금액은 제74조~제76조에 따라 조정되어야 한다. 제45조 제2항에서는 손해배상청구권과 다른 구제권리의 병합을 인정하고 있다. 한편, 매수인이 계약위반에 대한 구제를 구하는 경우에, 법원 또는 중재판정부는 매도인에게 유예기간을 부여할 수 없다.

참고로 매수인의 구제권리는 제45조에서만 규정하고 있는 것이 아니라, 제71조~제73조, 제81조 제1항에서도 규정하고 있다.

• 매수인의 구제권리 •

① 특정이행청구권(제46조 제1항)
② 대체물인도청구권(제46조 제2항)
③ 수리에 의한 부적합치유 청구권(제46조 제3항)
④ 부가기간지정권(제47조 제1항)
⑤ 계약해제권(제49조 제1항)
⑥ 대금감액권(제50조)
⑦ 손해배상청구권(제45조 제1항, 제74조~제77조)

---

2. 특정이행청구권 · 대체물인도청구권 · 수리에 의한 부적합치유청구권(제46조)

• 제46조 •

(1) 매수인은 매도인에게 의무의 이행을 청구할 수 있다. 다만, 매수인이 그 청구와 양립하지 아니하는 구제를 구한 경우에는 그러하지 아니하다.

(2) 물품이 계약에 부적합한 경우에, 매수인은 대체물의 인도를 청구할 수 있다. 다만, 그 부적합이 본질적 계약위반을 구성하고, 그 청구가 제39조의 통지와 동시에 또는 그 후 합리적인 기간 내에 행하여진 경우에 한한다.

(3) 물품이 계약에 부적합한 경우에, 매수인은 모든 상황을 고려하여 불합리한 경우를 제외하고, 매도인에게 수리에 의한 부적합의 치유를 청구할 수 있다. 수리 청구는 제39조의 통지와 동시에 또는 그 후 합리적인 기간 내에 행하여져야 한다.

1) 특정이행청구권

매수인은 매도인에게 의무의 이행을 청구할 수 있다. 이는 특정이행청구권 (specific performance)을 규정한 것이므로 제28조의 제한을 받는다.[19] 이 청구권을 행사하기 위해서는 매도인의 이행의무가 존재하고, 그 의무가 이행되지 않아야 한다. 제46조 제1항은 매도인의 계약상 의무의 이행을 청구할 수 있는 일반적인 권리를 규정하고 있다.[20] 특정이행청구권은 계약해제권, 손해배상청구권, 대금감액권 등 양립될 수 없는 청구권과 동시에 행사할 수 없다.

2) 대체물인도청구권

물품이 계약에 부적합한 경우 매수인에게 대체물인도청구권이 부여되는데, 대체물인도청구권의 요건으로 ① 그 부적합이 본질적 계약위반이 되고, ② 대체물인도청구가 제39조의 부적합 통지와 동시 또는 그 후 합리적인 기간 내에 행하여져야 한다.

3) 수리에 의한 부적합치유청구권

물품의 부적합이 본질적 계약위반이 되지 않는 경우 매수인에게는 수리(repair)에 의한 부적합치유청구권이 인정된다. 이 청구권이 인정되기 위해서는 ① 모든 상황을 고려하여 그 부적합치유청구권이 부적합하지 않아야 하고 ② 그 청구가 제39조의 부적합 통지와 동시 또는 그 후 합리적인 기간 내에 행하여져야 한다.

3. 부가기간의 지정권(제47조)

• 제47조 •

(1) 매수인은 매도인의 의무이행을 위하여 합리적인 부가기간을 정할 수 있다.

(2) 매도인으로부터 그 부가기간 내에 이행을 하지 아니하겠다는 통지를 수령한 경우를 제외하고, 매수인은 그 기간중 계약위반에 대한 구제를 구할 수 없다. 다만, 매수인은 이행지체에 대한 손해배상을 청구할 권리를 상실하지 아니한다.

---

[19] UNCITRAL Digest on the CISG (2016), p.221.

[20] UNCITRAL Digest on the CISG (2016), p.221.

매수인은 매도인에게 매도인의 의무이행을 위한 합리적인 부가기간을 지정할 수 있다. 매도인이 이행하지 않은 어떠한 의무에 대해서도 매수인은 부가기간을 지정할 수 있다.[21] 이는 계약이 해제되는 것을 피하기 위한 목적이다. 부가기간의 지정으로 이행지체에 대한 손해배상청구권이 상실되지는 않는다.

4. 매도인의 불이행치유권(제48조)

• 제48조 •

(1) 제49조를 따를 것을 조건으로, 매도인은 인도기일 후에도 불합리하게 지체하지 아니하고 매수인에게 불합리한 불편 또는 매수인의 선급 비용을 매도인으로부터 상환받는 데 대한 불안을 초래하지 아니하는 경우에는, 자신의 비용으로 의무의 불이행을 치유할 수 있다. 다만, 매수인은 이 협약에서 정한 손해배상을 청구할 권리를 보유한다.

(2) 매도인이 매수인에게 이행의 수령 여부를 알려 달라고 요구하였으나 매수인이 합리적인 기간 내에 그 요구에 응하지 아니한 경우에는, 매도인은 그 요구에서 정한 기간 내에 이행을 할 수 있다. 매수인은 그 기간중에는 매도인의 이행과 양립하지 아니하는 구제를 구할 수 없다.

(3) 특정한 기간 내에 이행을 하겠다는 매도인의 통지는 매수인이 그 결정을 알려야 한다는 제2항의 요구를 포함하는 것으로 추정한다.

(4) 이 조 제2항 또는 제3항의 매도인의 요구 또는 통지는 매수인에 의하여 수령되지 아니하는 한 그 효력이 발생하지 아니한다.

제48조는 매도인에게 인도기일 후에도 의무불이행을 치유할 수 있는 권리를 인정하고 있는데, 이 치유권을 행사하기 위해서는 ① 인도기일 후에 불합리하게 지체하지 않고 ② 매수인에게 불합리한 불편 또는 매수인이 선급비용을 매수인으로부터 상환받는 데 대한 불안을 초래하지 않아야 하고 ③ 매도인이 자신의 비용으로 치유해야 한다.

매도인의 하자치유권은 제49조의 매수인의 계약해제권에 종속된다. 따라서 매수

---

[21] UNCITRAL Digest on the CISG (2016), p.225.

인이 제49조에 따라 계약을 해제하는 경우에는 매수인은 제48조의 하자치유권을 행사할 수 없다.[22]

매도인이 매수인에게 이행의 수령 여부를 알려 줄 것을 요구하였으나 매수인이 합리적인 기간 내에 그 요구에 응하지 아니한 경우에는, 매도인은 그 요구에서 정한 기간 내에 이행할 수 있다. 매수인은 그 기간 중에는 매도인의 이행과 양립하지 아니하는 구제(예: 계약해제권 행사 불가)를 구할 수 없다. 한편, 매도인이 하자를 치유한 경우에도 매수인은 손해배상청구권을 보유한다.

5. 계약해제권(제49조)

• 제49조 •

(1) 매수인은 다음의 경우에 계약을 해제할 수 있다.
   (가) 계약 또는 이 협약상 매도인의 의무 불이행이 본질적 계약위반으로 되는 경우
   (나) 인도 불이행의 경우에는, 매도인이 제47조 제1항에 따라 매수인이 정한 부가기간 내에 물품을 인도하지 아니하거나 그 기간 내에 인도하지 아니하겠다고 선언한 경우

(2) 그러나 매도인이 물품을 인도한 경우에는, 매수인은 다음의 기간 내에 계약을 해제하지 아니하는 한 계약해제권을 상실한다.
   (가) 인도지체의 경우, 매수인이 인도가 이루어진 것을 안 후 합리적인 기간 내
   (나) 인도지체 이외의 위반의 경우, 다음의 시기로부터 합리적인 기간 내
      ① 매수인이 그 위반을 알았거나 또는 알 수 있었던 때
      ② 매수인이 제47조 제1항에 따라 정한 부가기간이 경과한 때 또는 매도인이 그 부가기간 내에 의무를 이행하지 아니하겠다고 선언한 때

(3) 매도인이 제48조 제2항에 따라 정한 부가기간이 경과한 때 또는 매수인이 이행을 수령하지 아니하겠다고 선언한 때

---

[22] UNCITRAL Digest on the CISG (2016), p.228.

제49조에서는 매수인이 계약해제권을 행사할 수 있는 경우와 해제권을 상실하는 경우를 규정하고 있다.

1) 계약의 해제사유

① 매도인의 의무불이행이 제25조에서 규정하고 있는 "본질적 계약위반"이 되는 경우
② 인도불이행의 경우에는 제47조 제1항에 따라 매수인이 정한 부가기간 내에 물품을 인도하지 않거나 인도하지 않겠다고 선언한 경우(본질적 계약위반이 아닌 경우에는 매수인이 합리적인 부가기간을 지정하고 그 부가기간이 경과한 경우에만 계약을 해제할 수 있다)

2) 해제권의 상실

매도인이 물품을 인도한 경우에는 매수인이 아래의 기간 내에 계약을 해제하지 않으면, 해제권을 상실한다.
  (1) 인도지체의 경우: 매수인이 인도가 이루어진 것을 안 후 합리적인 기간 내
  (2) 인도지체 이외의 경우: 다음의 시기로부터 합리적인 기간 내
    ① 매수인이 그 위반을 알았거나 또는 알 수 있었던 때
    ② 매수인이 제47조 제1항에 따라 정한 부가기간이 경과한 때 또는 매도인이 그 부가기간 내에 의무를 이행하지 아니하겠다고 선언한 때
    ③ 매도인이 제48조 제2항에 따라 정한 부가기간이 경과한 때 또는 매수인이 이행을 수령하지 아니하겠다고 선언한 때

☞ 이행기일전의 계약해제권(제72조)(매도인과 매수인 공통)

원칙적으로 계약해제는 상대방의 계약위반의 의무불이행이 본질적 계약위반이 되는 경우에 한한다. 따라서 이행기일 전에는 아직 의무불이행이 발생하지 않기 때문에 원칙적으로 이행기일 전에는 계약해제가 불가하다. 그러나 이행기일 전이라고 하더라도 상대방의 본질적 계약위반이 확실히 예견되는 경우에는 이행기일까지 기다릴 필요 없이 계약을 해제할 수 있다. 다만, 이 경우에는 계약을 해제하기 전에 상대방에게 적절한 보장을 제공할 기회를 부여해야 한다.

구 분	제49조의 계약해제	제72조의 계약해제
이행기일 전/후	이행기일 후 해제	이행기일 전 해제
계약위반 발생여부	상대방의 계약위반 발생 후	상대방의 계약위반 발생 전 (발생 예상)
사전 통지(이행최고) 여부	사전 통지(이행최고) 불필요	사전 통지 필요 (상대방이 적절한 보장을 제공할 수 있는 기회 부여)

6. 대금감액권(제50조)

· 제50조 ·

물품이 계약에 부적합한 경우에, 대금의 지급 여부에 관계없이 매수인은 현실로 인도된 물품이 인도시에 가지고 있던 가액이 계약에 적합한 물품이 그때에 가지고 있었을 가액에 대하여 가지는 비율에 따라 대금을 감액할 수 있다. 다만, 매도인이 제37조나 제48조에 따라 의무의 불이행을 치유하거나 매수인이 동 조항에 따라 매도인의 이행 수령을 거절한 경우에는 대금을 감액할 수 없다.

물품이 계약에 부적합한 경우에, 대금의 지급 여부에 관계없이 매수인은 현실로 인도된 물품이 인도 시에 가지고 있던 가액이 계약에 적합한 물품이 그때(인도 시)에 가지고 있었을 가액에 대하여 가지는 비율에 따라 대금을 감액할 수 있다.

감액금액은 계약에 적합한 물품과 현실로 인도된 물품간의 가치 차이이며, 가치의 기준시점은 계약체결 시가 아니고 인도 시이다. 그러나 매도인이 자신의 의무의 불이행을 치유하거나 매수인이 동 조항에 따라 매도인의 이행 수령을 거절한 경우에는 대금을 감액할 수 없다. 대금감액청구권은 대륙법계 국가에서만 인정하고, 영미법계 국가에서는 인정하지 않는 제도인데, CISG에서는 대륙법계 국가의 입장을 반영하였다.

☞ **대금감액금액: (C-B)/C × A**
- 계약금액(A)
- 인도시 기준 인도된 물품가액(B)

- 인도시 기준 인도된 정상물품가액(C)

(사례연구)

1) 매도인이 다음과 같은 하자있는 물품을 인도한 경우, 매수인은 얼마의 감액을 청구할 수 있는가?
   - 계약금액 U$10만, 인도된 물품의 시가 U$9만(인도시 기준), 정상물품의 시가 U$12만(인도시 기준)

   해설 (12만−9만)/12만×10만 = U$2.5만

2) 무황연료(sulphur free oil)의 계약금액은 32유로인데, 인도된 무황연료의 시가는 15유로이고, 정상 무황연료의 시가는 30유로인 경우 매수인의 감액청구금액은?[23]

   해설 (30−15)/30×32 = 16유로

7. 물품의 일부불이행 또는 일부부적합, 이행기 전 인도 및 초과인도 (제51조, 제52조)

• 제51조~제52조 •

제51조

(1) 매도인이 물품의 일부만을 인도하거나 인도된 물품의 일부만이 계약에 적합한 경우에, 제46조 내지 제50조는 부족 또는 부적합한 부분에 적용된다.

(2) 매수인은 인도가 완전하게 또는 계약에 적합하게 이루어지지 아니한 것이 본질적 계약위반으로 되는 경우에 한하여 계약 전체를 해제할 수 있다.

제52조

(1) 매도인이 이행기 전에 물품을 인도한 경우에, 매수인은 이를 수령하거나 거절할 수 있다.

(2) 매도인이 계약에서 정한 것보다 다량의 물품을 인도한 경우에, 매수인은 초과

---

23 Peter Schlechtriem·Petra Butler, UN Law on International Sales, Springer, 2009, p.88.

분을 수령하거나 이를 거절할 수 있다. 매수인이 초과분의 전부 또는 일부를 수령한 경우에는 계약대금의 비율에 따라 그 대금을 지급하여야 한다.

1) 물품의 일부 불이행 또는 일부 부적합

물품의 일부 불이행 또는 일부 부적합이 있는 경우에 제46조~제50조의 규정이 적용된다. 불이행부분에 대해서는 특정이행청구권, 부적합부분에 대해서는 대체물인도청구권과 부적합치유청구권(제46조), 부가기간지정권(제47조), 계약해제권(제49조), 대금감액권(제50조)이 인정되고, 매도인에게는 불이행치유권(제48조)이 인정된다.

일부 불이행 또는 일부 부적합이 본질적 계약위반이 되는 경우 매수인은 계약 전체를 해제할 수 있다(일부 불이행 또는 일부 부적합이 본질적 계약위반이 되는 경우에만 계약 전체를 해제할 수 있다[24]). 본질적 계약위반에 대한 입증책임은 매수인에게 있다.

2) 이행기전 인도

매도인이 이행기 전에 물품을 인도한 경우, 매수인은 이를 수령하거나 거절할 수 있으며, 선택권은 매수인에게 있다. 이는 계약에서 이행기일을 특정기간(shipment period: April 1~April 15)으로 정한 경우에만 적용되며, 이행기일을 특정기한(shipment: until April 15)으로 정한 경우에는 적용되지 않는다(즉, 이 경우에는 4.15자 이전에 선적 하는 것은 계약위반이 아니다).[25] 이 규정은 서류의 인도기일 전에 서류를 인도한 경우에도 적용된다. 한편, 이행기 전에 인도된 물품을 매수인이 수령하는 경우 매수인은 대금을 지급해야 한다.

3) 초과인도

매도인이 계약에서 정한 것을 초과하여 인도한 경우, ① 계약에서 정한 양은 수령해야 한다. ② 초과분에 대해서는 수령할 수도 있고 거절할 수도 있다. 다만, 초과분을 수령한 경우에는 계약금액의 비율에 따라 그 대금을 지급해야 한다. 초과분에 대해 수령을 원하지 않는 경우 매수인은 수량의 부정확성을 매도인에게 통지해야 하며(제39조 적용), 제86조에 따라 초과수량을 보관해야 한다.[26]

---

[24] UNCITRAL Digest on the CISG (2016), p.241.
[25] UNCITRAL Digest on the CISG (2016), p.243.

사례연구

1) 매매계약의 목적물이 자동차 100대인데, 매도인은 80대만 인도함.
   - 매수인은 80대를 인수하고, 20대에 대해 대금감액 청구
2) 동계올림픽 선수단 1,000명의 단체복을 주문하였는데, 800벌만 도착하여 단체복의 사용이 곤란한 경우
   - 본질적 계약위반으로 매수인은 계약 전체를 해제할 수 있다.
3) 선적기일을 2011.4.1 - 4.15로 정한 경우 2011.3.15자에 선적이 이루어진 경우
   - 매수인은 물품을 수령할 수 있고, 수령을 거절할 수도 있다.
4) 선적기한을 2011.4.1.까지로 정한 경우 2011.3.15자에 선적이 이루어진 경우
   - 매수인은 수령을 거절할 수 없다.
5) 중고자동차 100대를 계약했는데, 120대를 선적한 경우
   - 매수인은 100대만 수령할 수 있다(이 경우 20대가 초과했다는 사실을 매도인에게 통지하고, 20대를 보관하고 있어야 한다).
   - 매수인은 120대 전체를 수령할 수 있다(계약금액의 비율에 따라 20대분에 대해 추가로 대금을 지급해야 한다. 계약금액이 U$100만인 경우 U$20만(= 20대/100대 * U$100만) 추가지급).

---

26 UNCITRAL Digest on the CISG (2016), p.243.

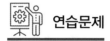 연습문제

1. 매도인이 특정장소에서 물품을 인도할 의무가 없는 경우, 물품의 운송이 매매계약에 포함된 때에 물품인도의 장소는? (사법시험 제43회)
   (제1운송인에게 현실적으로 인도하는 장소)

2. 매매계약에서 인도장소를 정하지 않고, 매매계약에서 물품운송을 포함하고 있지 않은 경우 특정물의 물품인도장소는?
   (그 물품이 있는 장소)

3. 매매계약에서 인도장소를 정하지 않고, 매매계약에서 물품운송을 포함하고 있지 않은 경우 불특정물의 물품인도장소는?
   (계약체결 시 매도인의 영업소)

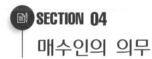 SECTION 04
매수인의 의무

1. 개설

제3장 매수인의 의무는 제2장의 매도인의 의무(제30조~제52조)와 대칭적으로 규정되어 있다. 따라서 제53조에서는 매수인의 기본적인 의무를 규정하고 있으며, 그 이하에서 3개의 절에서 매수인의 의무를 세부적으로 규정하고 있다.

매수인의 가장 주된 의무는 ① 대금지급의무와 ② 인도수령의무이다. 제53조의 '계약에 따라'의 문구와 '제6조의 당사자자치'에 의하여 CISG와 계약내용이 상이한 경우 계약내용이 우선한다. 계약에서는, 대금지급의무와 인도수령의무 외에 대금지급에 대한 담보제공의무, 제조에 필요한 재료의 공급의무(제3조 제1항), 물품의 형태, 규격, 그 밖의 특징을 지정해야 하는 의무(제65조) 등을 정할 수 있다.[27]

---

[27] UNCITRAL Digest on the CISG (2016), p.245.

> **· 제53조 ·**
>
> 계약과 이 협약에 따라, 물품의 대금을 지급하고 물품의 인도를 수령하여야 한다.

2. 대금의 지급

제1절은 제53조에서 규정하고 있는 매수인의 가장 본질적 의무 중 하나인 대금의 지급을 규정하고 있는 6개의 조문으로 구성되어 있다. 매수인이 지급해야 하는 계약금액은 통상 계약서에서 정하지만, CISG에서는 특별한 경우에 계약금액을 정하는 2개의 조항을 두고 있다(계약서에서 대금미정인 경우 대금의 결정(제55조), 대금이 중량에 따라 결정되는 경우의 대금의 결정(제57조)). 기타 4개의 조항은 대금지급을 위한 조치(제54조), 대금지급장소(제57조), 대금지급시기(제58조), 매도인의 공식 지급청구의 불필요(제59조)와 관련된 조항이다.

1) 대금지급을 위한 조치(제54조)

> **· 제54조 ·**
>
> 매수인의 대금지급의무에는 그 지급을 위하여 계약 또는 법령에서 정한 조치를 취하고 절차를 따르는 것이 포함된다.

매수인은 대금지급을 위한 조치를 취하고 절차를 따라야 한다. 여기에는 계약내용에 따른 신용장의 개설, 지급보증서의 제공, 환어음의 인수 등이 포함된다.[28] 매도인이 대금지급을 위한 조치를 취할 최종시한을 지정하여 통지하였음에도 불구하고, 매수인이 그 시한까지 조치를 취하지 않은 경우, 매도인은 계약을 해제할 수 있다(제64조). (이 경우 매수인의 의무불이행이 본질적 계약위반이 된다는 것을 증명할 필요는 없다)[29]

---

28 UNCITRAL Digest on the CISG (2016), p.256.

29 John O. Honnold, *supra note 17*, p.269.

사례연구

계약서상 대금지급은 "by irrevocable at sight L/C(일람불취소불능신용장)"로 정했다. 계약체결 후 30일이 경과해도 매수인이 신용장을 제공하지 않자, 매도인은 20일 이내에 신용장을 제공할 것을 요청하는 내용의 통지서를 매수인에게 송부했다. 그러나 매수인은 그 기한까지 신용장을 제공하지 못했다. 이 경우 매도인이 취할 수 있는 조치는?

해설 매수인의 신용장 제공은 제54조의 대금지급을 위한 조치에 해당된다. 이에 따라 매수인이 신용장을 제공하지 못한 것은 의무불이행(또는 계약위반)에 해당된다. 매도인은 제63조 제1항에 따라 매수인의 신용장제공을 위한 부가기간을 지정하여 통지하였으나, 매수인이 부가기간 내에 신용장을 제공하지 못하였으므로, 제64조 제2항에 의거 매도인은 계약을 해제할 수 있으며, 매수인이 신용장을 제공하지 못한 것이 본질적 계약위반을 구성한다는 것을 증명할 필요도 없다.

2) 대금미확정계약(제55조)

• 제55조 •

계약이 유효하게 성립되었으나 그 대금을 명시적 또는 묵시적으로 정하고 있지 아니하거나 이를 정하기 위한 조항을 두지 아니한 경우에는, 당사자는 반대의 표시가 없는 한, 계약 체결 시에 당해 거래와 유사한 상황에서 매도되는 그러한 종류의 물품에 대하여 일반적으로 청구되는 대금을 묵시적으로 정한 것으로 본다.

　이 조항에서는 대금미정계약(open-price contract)의 경우 대금을 정하는 방법을 규정하고 있다. 대금미정인 계약과 대금에 대한 합의가 없는 계약은 구별되어야 한다. 대금미정인 계약은 제55조에 따라 대금을 정할 수 있지만, 대금에 대한 합의가 없는 계약은 계약불성립으로 전혀 효력이 없다.

　계약에서 대금을 정하지 않은 경우(대금을 명시적 또는 묵시적으로 정하고 있지 아니하거나 이를 정하기 위한 조항을 두지 아니한 경우: open-price contract) 계약체결 시를 기준으로 유사한 거래에서 매도되는 물품에 대하여 일반적으로 청구되는 대금을 기준으로 한다. 대금을 정함에 있어서 당사자의 의도를 최우선으로 해야 한다.[30]

3) 순중량에 의한 대금의 결정(제56조)

> **• 제56조 •**
>
> 대금이 물품의 중량에 따라 정하여지는 경우에, 의심이 있는 때에는 순중량에 의하여 대금을 결정하는 것으로 한다.

중량에 의해 대금을 결정하는 경우로서 '중량'이 총중량(gross weight)을 의미하는 것인지, 순중량(net weight)을 의미하는 것인지 명확하지 않은 경우 순중량을 기준으로 한다.

4) 대금지급장소(제57조)

> **• 제57조 •**
>
> (1) 매수인이 다른 특정한 장소에서 대금을 지급할 의무가 없는 경우에는, 다음의 장소에서 매도인에게 이를 지급하여야 한다.
>
> (가) 매도인의 영업소, 또는
> (나) 대금이 물품 또는 서류의 교부와 상환하여 지급되어야 하는 경우에는 그 교부가 이루어지는 장소
>
> (2) 매도인은 계약 체결 후에 자신의 영업소를 변경함으로써 발생하는 대금지급에 대한 부수비용의 증가액을 부담하여야 한다.

계약서에서 대금지급장소를 정하지 않은 경우 대금지급장소는 원칙적으로 매도인의 영업소가 된다. 이는 민법(제467조 제2항)과 마찬가지로 지참채무의 원칙을 채택한 것이다. 예외적으로 대금이 물품 또는 서류의 교부와 상환하여 지급되어야 하는

---

[30] UNCITRAL Digest on the CISG (2016), p.260.

경우에는 그 교부가 이루어지는 장소에서 대금을 지급할 수 있다(이 경우에도 매도인의 영업소에서 지급할 수도 있다).

☞ **민법의 지참채무**

제467조 (변제의 장소) ① 채무의 성질 또는 당사자의 의사표시로 변제장소를 정하지 아니한 때에는 특정물의 인도는 채권성립당시에 그 물건이 있던 장소에서 하여야 한다.

② 전항의 경우에 특정물인도이외의 채무변제는 채권자의 현주소에서 하여야 한다. 그러나 영업에 관한 채무의 변제는 채권자의 현영업소에서 하여야 한다.

5) 대금지급시기(제58조, 제59조)

• **제58조~제59조** •

제58조

(1) 매수인이 다른 특정한 시기에 대금을 지급할 의무가 없는 경우에는, 매수인은 매도인이 계약과 이 협약에 따라 물품 또는 그 처분을 지배하는 서류를 매수인의 처분하에 두는 때에 대금을 지급하여야 한다. 매도인은 그 지급을 물품 또는 서류의 교부를 위한 조건으로 할 수 있다.

(2) 계약에 물품의 운송이 포함되는 경우에는, 매도인은 대금의 지급과 상환하여서만 물품 또는 그 처분을 지배하는 서류를 매수인에게 교부한다는 조건으로 물품을 발송할 수 있다.

(3) 매수인은 물품을 검사할 기회를 가질 때까지는 대금을 지급할 의무가 없다. 다만, 당사자간에 합의된 인도 또는 지급절차가 매수인이 검사 기회를 가지는 것과 양립하지 아니하는 경우에는 그러하지 아니하다.

제59조

매수인은 계약 또는 이 협약에서 지정되거나 확정될 수 있는 기일에 대금을 지급하여야 하며, 이 경우 매도인의 입장에서는 어떠한 요구를 하거나 절차를 따를 필요가 없다.

계약서에서 대금기일을 정하지 않은 경우 매도인이 물품 또는 그 처분을 지배하는 서류(예: 선하증권)를 매수인의 처분하에 둔 때가 지급기일이 된다. 이에 따라 물품 또는 그 처분을 지배하는 서류가 매수인의 처분하에 놓일 때까지 매수인은 대금지급을 거절할 수 있으며, 대금이 지급될 때까지 매도인은 물품을 보유할 수 있다.

한편, 매수인은 물품을 검사할 기회를 가질 때까지 대금의 지급을 거절할 수 있는데, 이는 합의된 대금지급방법이 매수인의 사전검사와 양립하지 않아야 한다(예를 들어, "payment against handing over of documents", 또는 "payment against handing over of the delivery slip"인 경우 매수인이 사전검사를 주장할 수 없다[31]).

매도인의 지급청구, 최고 등과 관계없이 매수인은 정해진 조건에 따라 대금을 지급해야 한다. 매수인이 대금지급을 못한 경우, 매도인은 사전지급청구 없이도 구제수단을 가지며(매수인의 대금미지급 시 최고 없이 계약해제 가능), 제78조에 따라 대금결제기일부터 이자도 기산된다.

3. 인도의 수령(제60조)

• 제60조 •

매수인의 수령의무는 다음과 같다.
(가) 매도인의 인도를 가능하게 하기 위하여 매수인에게 합리적으로 기대될 수 있는 모든 행위를 하는 것, 및
(나) 물품을 수령하는 것

제2절에서는 인도의 수령 1개의 조문만 규정하고 있다. 매수인의 인도수령에 대한 많은 내용들은 본절에서 규정하지 않고, 매도인의 인도의무를 규정하는 조항들에서 규정하고 있다. 제31조에서는 매도인의 물품인도장소, 제33조에서는 매도인의 인도시기를 규정하고 있다.

매수인의 인도수령의무는 ① 매도인의 인도를 가능하게 하기 위하여 매수인에게 합리적으로 기대될 수 있는 모든 행위를 하는 것(예: FOB 조건에서 선박의 저정의무 등)과 ② 물품을 수령하는 것이다.

---

[31] UNCITRAL Digest on the CISG (2016), p.276.

📖 SECTION 05
매수인의 계약위반에 대한 매도인의 구제권리

제3절(제61조~제65조)에서는 매수인이 계약을 위반한 경우 매도인에게 인정되는 구제방법에 대해 규정하고 있다(특정이행청구권(제62조), 부가기간지정권(제63조 제1항), 계약해제권(제64조), 물품명세지정권(제65조), 손해배상청구권(제61조 제1항 (나)호, 제77조 내지 제77조). 참고로 손해배상청구권은 다른 구제방법과 병존한다.

표 12-5 매수인의 구제와 매도인의 구제방법 비교

구 분	매수인의 구제방법(매도인의 계약위반 시)	매도인의 구제방법(매수인의 계약위반 시)
공통	• 특정이행청구권(제46조 제1항) • 부가기간지정권(제47조 제1항) • 계약해제권(제49조 제1항)	• 특정이행청구권(제62조) • 부가기간지정권(제63조 제1항) • 계약해제권(제64조)

공통	• 손해배상청구권(제45조 제1항 (나)호,
	  제74조-제77조)
		• 손해배상청구권(제61조 제1항 (나)호,
		  제74조-제77조)

차이	• 대체물인도청구권(제46조 제2항) • 부적합치유청구권(제46조 제3항) • 대금감액권(제50조) • 이행기 전 인도 시 수령거절권(제50조) • 초과인도 시 수령거절권(제50조)	• 불이행치유권(제48조) • 물품명세지정권(제65조)

1. 매도인에게 인정되는 구제(제61조)

• 제61조 •

(1) 매수인이 계약 또는 이 협약상의 의무를 이행하지 아니하는 경우에 매도인은 다음을 할 수 있다.

  (가) 제62조 내지 제65조에서 정한 권리의 행사

  (나) 제74조 내지 제77조에서 정한 손해배상의 청구

(2) 매도인이 손해배상을 청구하는 권리는 다른 구제를 구하는 권리를 행사함으로써 상실되지 아니한다.

(3) 매도인이 계약위반에 대한 구제를 구하는 경우에, 법원 또는 중재판정부는 매수인에게 유예기간을 부여할 수 없다.

　　제61조 제1항에서는 매도인의 원칙적인 구제방법을 규정하고 있다. 제1항 (가)호는 독립적인 법적 효력을 부여함이 없이 제62조 내지 제65조의 권리를 행사할 수 있다고 규정하고 있다. 한편, 제1항 (나)호는 매도인이 제74조 내지 제77조에서 정한 손해배상청구권을 행사할 수 있다고 규정하여 매도인의 손해배상청구권의 근거를 제공하고 있다. 제74조 내지 제77조에서는 손해배상청구권이 인정되는 경우 손해배상액을 정하는 방법을 규정하고 있다. 제2항에서는 손해배상청구권은 다른 구제권리와 병존할 수 있다고 규정하고 있다.

2. 특정이행청구권(제62조)

• 제62조 •

매도인은 매수인에게 대금의 지급, 인도의 수령 또는 그 밖의 의무의 이행을 청구할 수 있다. 다만, 매도인이 그 청구와 양립하지 아니하는 구제를 구한 경우에는 그러하지 아니하다.

　　매수인의 특정이행청구권(의무이행청구권)은 계약해제권이나 부가기간지정권 등 특정이행청구권과 양립할 수 없는 구제를 행사한 경우에는 인정되지 않는다.

3. 부가기간지정권(제63조)

• 제63조 •

(1) 매도인은 매수인의 의무이행을 위하여 합리적인 부가기간을 정할 수 있다.

(2) 매수인으로부터 그 부가기간 내에 이행을 하지 아니하겠다는 통지를 수령한 경우를 제외하고, 매도인은 그 기간 중 계약위반에 대한 구제를 구할 수 없다. 다만, 매도인은 이행지체에 대한 손해배상을 청구할 권리를 상실하지 아니한다.

매도인은 매수인으로 하여금 의무를 이행하게 하기 위해 합리적인 부가기간[32]을 정할 수 있으며, 부가기간 중에는 계약위반에 대한 구제수단을 행사할 수 없다(단, 부가기간 중에 매수인으로부터 이행거절의 통지를 수령한 경우에는 계약위반에 대한 구제권리를 행사할 수 있다). 부가기간을 지정한 경우에도 매도인은 이행지체에 대한 손해배상을 청구할 수 있다.

4. 계약해제권(제64조)

· 제64조 ·

(1) 매도인은 다음의 경우에 계약을 해제할 수 있다.
 (가) 계약 또는 이 협약상 매수인의 의무 불이행이 본질적 계약위반으로 되는 경우
 (나) 매수인이 제63조 제1항에 따라 매도인이 정한 부가기간 내에 대금지급 또는 물품수령 의무를 이행하지 아니하거나 그 기간 내에 그러한 의무를 이행하지 아니하겠다고 선언한 경우

(2) 그러나 매수인이 대금을 지급한 경우에는, 매도인은 다음의 기간 내에 계약을 해제하지 아니하는 한 계약해제권을 상실한다.
 (가) 매수인의 이행지체의 경우, 매도인이 이행이 이루어진 것을 알기 전
 (나) 매수인의 이행지체 이외의 위반의 경우, 다음의 시기로부터 합리적인 기간 내
  (1) 매도인이 그 위반을 알았거나 또는 알 수 있었던 때
  (2) 매도인이 제63조 제1항에 따라 정한 부가기간이 경과한 때 또는 매수인이 그 부가기간 내에 의무를 이행하지 아니하겠다고 선언한 때

1) 매도인의 계약해제

이 규정은 매도인이 계약을 해제할 수 있는 경우를 규정하고 있다. 매수인의 해제권을 규정한 제49조에 대응하는 내용이다. 제1항에서는 계약해제의 요건(계약해제사유)을 규정하고 있고, 제2항에서는 계약해제권의 상실사유를 규정하고 있다.

---

[32] CISG에서는 '합리적인 부가기간'에 대해 규정하고 있지 않으며, 이와 관련된 판례는 매우 드물다 (UNCITRAL Digest on the CISG (2016), p.291.).

2) 계약해제의 요건(제1항)

제1항에서는 계약해제의 요건을 규정하고 있다. 다음 중 하나의 요건에 해당되는 경우 매도인은 계약을 해제할 수 있다.

① 본질적 계약위반

계약 또는 이 협약상 매수인의 의무 불이행이 "본질적 계약위반"이 되는 경우

② 부기가간의 경과

매수인이 제63조 제1항에 따라 매도인이 정한 부가기간 내에 대금지급 또는 물품수령 의무를 이행하지 아니하거나 그 기간 내에 그러한 의무를 이행하지 아니하겠다고 선언한 경우(②의 경우에는 매수인의 대금지급의무 위반 또는 물품수령의무 위반의 경우에만 적용되고, 매수인의 계약위반이 본질적 계약위반일 것을 요구하지 않음)

3) 해제권행사의 기한(해제권 상실사유)(제2항)

매수인이 대금을 지급한 경우에는 매도인은 다음 기간 내에 계약을 해제하지 않으면 해제권을 상실한다(즉 다음의 기간 내에는 매수인이 대금을 지급한 경우에도 매도인은 계약을 해제할 수 있다).

① 매수인의 이행지체의 경우, 매도인이 이행이 이루어진 것을 알기 전
② 매수인의 이행지체 이외의 위반의 경우, 다음의 시기로부터 합리적인 기간 내
  - 매도인이 그 위반을 알았거나 또는 알 수 있었던 때
  - 매도인이 제63조 제1항에 따라 정한 부가기간이 경과한 때 또는 매수인이 그 부가기간 내에 의무를 이행하지 아니하겠다고 선언한 때

☞ 이행기일전의 계약해제권(제72조)

원칙적으로 계약해제는 상대방의 계약위반의 의무불이행이 본질적 계약위반이 되는 경우에 한한다. 따라서 이행기일 전에는 아직 의무불이행이 발생하지 않기 때문에 원칙적으로 이행기일 전에는 계약해제가 불가하다. 그러나 이행기일 전이라고 하더라도 상대방의 본질적 계약위반이 확실히 예견되는 경우에는 이행기일까지 기다릴 필요 없이 계약을 해제할 수 있다. 다만, 이 경우에는 계약을 해제하기 전에 상대방에게 적절한 보장을 제공할 기회를 부여해야 한다.

구 분	제64조의 계약해제	제72조의 계약해제
이행기일 전/후	이행기일 후 해제	이행기일 전 해제
계약위반 발생여부	상대방의 계약위반 발생 후	상대방의 계약위반 발생 전 (발생 예상)
사전 통지(이행최고) 여부	사전 통지(이행최고) 불필요	사전 통지 필요 (상대방이 적절한 보장을 제공할 수 있는 기회 부여)

 사례연구

1. 매매계약상 대금지급기일이 4.10.이었다. 그러나 매수인은 대금지급기일에 대금을 지급하지 못하였고, 매도인은 대금지급의 최고 없이 4.20자에 매매계약을 해제하였다. 매도인의 계약해제권은 유효한가?

   해설 매수인이 대금지급의무는 가장 중요한 의무이다(제53조). 일반적으로 매수인의 명백한 대금지급거절은 본질적 계약위반에 해당되지만, 단순한 대금지급기일의 경과는 지급지체에 해당되며, 본질적 계약위반에 해당되지 않을 것이다. 따라서 단순한 대금지급기일의 경과를 사유로 계약해제권을 행사하는 것은 정당하지 않다. 그러나 매도인이 대금지급을 위한 부가기간을 지정하였음에도 불구하고 그 부가기간 내에도 대금지급이 없는 경우 매도인은 계약해제권을 행사할 수 있을 것이다.

2. 매매계약상 대금지급기일이 4.10.이었다. 매도인은 매수인에게 4.30까지 대금을 지급할 것을 독촉하였다.
   1) 매도인은 부가기간(4.30.)을 지정하였으므로 매도인은 4.30까지는 계약을 해제할 수 없다(제63조 제2항).
   2) 매도인은 대금지급독촉에 대하여 4.15자에 매수인은 위 기간 내에 대금을 지급할 수 없다고 통지하였다. → 매도인이 부가기간을 정하였지만, 매수

인이 그 기간 내에 이행거절의 통지를 했으므로, 매도인은 계약을 해제할 수 있다(제64조 제2항).

5. 물품명세지정권(제65조)

• 제65조 •

(1) 계약상 매수인이 물품의 형태, 규격 그 밖의 특징을 지정하여야 하는 경우에, 매수인이 합의된 기일 또는 매도인으로부터 요구를 수령한 후 합리적인 기간 내에 그 지정을 하지 아니한 경우에는, 매도인은 자신이 보유하는 다른 권리를 해함이 없이, 자신이 알고 있는 매수인의 필요에 따라 스스로 지정할 수 있다.

(2) 매도인은 스스로 지정하는 경우에 매수인에게 그 상세한 사정을 통고하고, 매수인이 그와 다른 지정을 할 수 있도록 합리적인 기간을 정하여야 한다. 매수인이 그 통지를 수령한 후 정하여진 기간 내에 다른 지정을 하지 아니하는 경우에는, 매도인의 지정이 구속력을 가진다.

계약상 매수인이 물품의 명세(형태, 규격 그 밖의 특징 등)를 지정하도록 정하였음에도 불구하고, 매수인이 물품의 명세를 지정하지 않는 경우 매도인은 물품의 명세를 지정할 수 있다.

매도인의 물품명세지정권의 요건은 다음과 같다.

① 계약상 매수인이 물품의 명세를 지정하도록 정할 것
② (합의된 기일 또는 매도인으로부터 요구를 수령한 날로 합리적인 기간 내) 매수인이 지정하지 않을 것
③ 매도인이 알고 있는 매수인의 필요에 따라 지정할 것
④ 매수인에게 상세한 사정을 통보할 것
⑤ 위 통보시 매수인이 다른 지정을 할 수 있도록 합리적인 기간을 정할 것
⑥ 매수인이 위 통보를 수령한 후 정한기간 내에 다른 지정을 하지 않을 것

CHAPTER 13
기타

SECTION 01
위험의 이전

1. 개설

제4장은 물품의 멸실 또는 훼손위험이 매수인에게 이전되는 것을 규정하고 있다. 제66조에서는 이러한 위험이 매수인에게 이전된 경우의 결과를 규정한다. 그리고 제67조~제69조는 위험의 이전시점에 대해 규정하고 있다. 마지막으로 제70조는 매도인의 본질적 계약위반 시 멸실 또는 훼손위험의 배분에 대해 규정하고 있다.[1] 일반적으로 매도인이 물품 또는 서류를 인도할 의무를 이행한 경우, 그 이후에는 매도인은 물품의 멸실 또는 훼손위험을 부담하지 않는다.

위험의 이전에 대한 당사자의 약정은 제6조에 따라 CISG에 우선하므로 당사자가 계약서에 Incoterms의 적용을 명시하면 Incoterms가 CISG에 우선한다.[2] 대부분의 계약서에서 Incoterms의 적용을 명시하고 있고, 위험의 이전에 대해서는 Incoterms에서

---

1 UNCITRAL, UNCITRAL Digest of Case Law on the United Nations Convention on the International Sale of Goods, 2016, p.303. (이하, "UNCITRAL Digest on the CISG (2016)").

2 UNCITRAL Digest on the CISG (2016), p.303.

상세히 규정하고 있으므로, 실제 무역거래에서 위험의 이전에 대한 제3장의 규정이 적용될 여지는 크지 않다.

2. 위험이전의 내용(제66조)

· 제66조 ·

위험이 매수인에게 이전된 후에 물품이 멸실 또는 훼손되더라도 매수인은 대금지급의무를 면하지 못한다. 다만, 그 멸실 또는 훼손이 매도인의 작위 또는 부작위로 인한 경우에는 그러하지 아니하다.

위험이 매수인에게 이전된 후에는 물품의 멸실 또는 훼손은 매수인의 부담이며 이에 대해 매도인은 책임이 없으며, 매수인은 대금을 지급해야 한다. 다만, 위험이 매수인에 이전된 후에도 매도인의 책임 있는 사유(예: 포장불량 등)로 물품이 멸실 또는 훼손된 경우에는 매수인은 대금지급의무를 부담하지 않는다. 결론적으로 위험이 매수인에게 이전된 이후 물품이 멸실 또는 훼손되었고, 이에 대해 매도인에게 책임이 있다는 것이 밝혀지지 않았다면, 매수인은 대금지급책임이 있다.

3. 위험의 이전 - 운송계약을 포함한 매매(제67조)

· 제67조 ·

(1) 매매계약에 물품의 운송이 포함되어 있고, 매도인이 특정한 장소에서 이를 교부할 의무가 없는 경우에, 위험은 매매계약에 따라 매수인에게 전달하기 위하여 물품이 제1운송인에게 교부된 때에 매수인에게 이전한다. 매도인이 특정한 장소에서 물품을 운송인에게 교부하여야 하는 경우에는, 위험은 그 장소에서 물품이 운송인에게 교부될 때까지 매수인에게 이전하지 아니한다. 매도인이 물품의 처분을 지배하는 서류를 보유할 권한이 있다는 사실은 위험의 이전에 영향을 미치지 아니한다.

(2) 제1항에도 불구하고 위험은 물품이 하인(荷印), 선적서류, 매수인에 대한 통지 그 밖의 방법에 의하여 계약상 명확히 특정될 때까지 매수인에게 이전하지 아니한다.

1) 계약상 특정장소에서 물품을 교부할 의무가 없는 경우

매수인에게 물품을 전달하기 위하여 물품이 제1운송인에게 교부된 때, 위험이 매수인에게 이전된다.

2) 계약상 특정장소에서 물품을 교부할 의무가 있는 경우

특정장소에서 운송인에게 교부된 때, 위험이 매수인에게 이전된다.

3) 기타

매도인이 물품의 처분을 지배하는 서류를 보유할 권한이 있다는 사실은 위험의 이전에 영향을 미치지 않는다. 물품의 소유권을 누가 보유하고 있는지, 운송계약이나 보험계약의 책임이 누구에게 있는 지는 위험의 이전에 영향을 주지 않는다.[3]
위에서 규정한 내용에도 불구하고, 물품이 특정될 때까지는 위험은 매수인에게 이전되지 않는다. 제68조에서는 운송중의 물품의 매매에 대한 특칙을 규정하고 있는 바, '운송중의 물품의 매매'는 제67조에서의 '물품의 운송을 포함하는 계약'에 포함되지 않는다.[4]

 보충설명

CFR, CIF에서는 물품을 본선에 적재 후 매도인이 운송인으로부터 선하증권을 받는다. 그리고 계약에 따라 매도인은 매수인에 선하증권을 교부한다. 이 경우 매도인이 선하증권을 매수인에게 교부하지 않은 상태에 있다고 하더라도 물품이 본선에 적재되면, 위험은 매수인에게 이전된다. 즉 위험의 이전과 물품의 소유권은 별개이다. CISG 제67조에서도 동일한 취지의 내용을 규정하고 있다.

3 UNCITRAL Digest on the CISG (2016), p.309.
4 UNCITRAL Digest on the CISG (2016), p.309.

4. 위험의 이전 - 운송중의 물품의 매매(제68조)

• 제68조 •

운송중에 매도된 물품에 관한 위험은 계약 체결시에 매수인에게 이전한다. 다만, 특별한 사정이 있는 경우에는, 위험은 운송계약을 표창하는 서류를 발행한 운송인에게 물품이 교부된 때부터 매수인이 부담한다. 그럼에도 불구하고, 매도인이 매매계약의 체결시에 물품이 멸실 또는 훼손된 것을 알았거나 알았어야 했고, 매수인에게 이를 밝히지 아니한 경우에는, 그 멸실 또는 훼손은 매도인의 위험으로 한다.

1) 운송중의 물품이 매매된 경우에는 위험은 원칙적으로 계약체결 시에 매수인에게 이전된다. 2) 운송계약을 표창하는 서류(선하증권 등)를 발행한 운송인에게 물품이 교부된 때로부터 매수인에게 위험이 이전되는 것으로 볼만한 정황이 있는 경우에는 그 시점부터 위험이 이전된다. 3) 다만, 매매계약체결 시에 물품이 멸실 또는 훼손된 것을 매도인이 알았거나 알았어야 했고, 이 사실을 매수인에게 밝히지 않은 경우에는 그 멸실 또는 훼손은 매도인의 위험으로 한다.

5. 위험의 이전 - 운송을 포함하지 않는 매매(제69조)

• 제69조 •

(1) 제67조와 제68조가 적용되지 아니하는 경우에, 위험은 매수인이 물품을 수령한 때, 매수인이 적시에 이를 수령하지 아니한 경우에는 물품이 매수인의 처분하에 놓여지고 매수인이 이를 수령하지 아니하여 계약을 위반하는 때에 매수인에게 이전한다.

(2) 매수인이 매도인의 영업소 이외의 장소에서 물품을 수령하여야 하는 경우에는, 위험은 인도기일이 도래하고 물품이 그 장소에서 매수인의 처분하에 놓여진 것을 매수인이 안 때에 이전한다.

(3) 불특정물에 관한 계약의 경우에, 물품은 계약상 명확히 특정될 때까지 매수인의 처분 하에 놓이지 아니한 것으로 본다.

제69조는 제67 및 제68조가 적용되지 않는 경우 위험의 이전을 규정하고 있다.

1) 매도인의 영업소에서 물품의 인도가 이루어지는 경우

매도인의 영업소에서 물품의 인도가 이루어지는 경우 다음 시기에 위험이 이전된다. ① 매수인이 물품을 수령한 때 ② 매수인이 적시에 이를 수령하지 아니한 경우에는 물품이 매수인의 처분 하에 놓이고 매수인이 이를 수령하지 아니하여 계약을 위반하는 때

한편, 불특정물에 관한 계약의 경우에, 물품은 계약상 명확히 특정될 때까지 매수인의 처분하에 놓이지 아니한 것으로 본다.

2) 매도인의 영업소 이외에서 물품의 인도가 이루어지는 경우

인도기일이 도래하고 물품이 그 장소에서 매수인의 처분하에 놓여진 것을 매수인이 안 때에 이전한다. 한편, 불특정물에 관한 계약의 경우에, 물품은 계약상 명확히 특정될 때까지 매수인의 처분하에 놓이지 아니한 것으로 본다.

표 13-1 CISG와 Incoterms에서 위험의 이전 시기

구 분		위험의 이전시기 규정
CISG 제67조 ~ 제69조	1. 매매계약이 물품의 운송을 포함하는 경우(제67조)	
	① 특정장소에서 물품을 운송인에게 교부할 의무가 없는 경우(제67조 제1항)	매수인에게 전달되기 위하여 물품을 제1운송인에게 교부한 때
	② 특정장소에서 물품을 운송인에게 교부할 의무가 있는 경우(제67조 제1항)	그 특정장소에서 물품을 운송인에게 교부한 때
	2. 운송 중에 매도된 물품 (제68조)	
	① 원칙(제68조 본문)	계약 체결 시
	② 특별한 사정(예외) (제68조 단서)	(운송계약을 표창하는 서류를 발행한) 운송인에게 물품이 교부된 때
	3. 그 밖의 경우(운송을 포함하지 않는 경우)(제69조)	
	① 인도장소가 매도인의 영업소인 경우(제69조 제1항)	매수인이 물품을 수령한 때(다만, 매수인이 물품을 수령하지 않는 경우 물품이 매수인의 처분하에 놓여지고 매수인이 물품을 수령하지 아니하여 계약을 위반한 때)
	② 인도장소가 매도인의 영업소 이외의 장소인 경우(제69조 제2항)	인도기일이 도래하고 물품이 그 장소에서 매수인의 처분하에 놓여진 것을 매수인이 안 때

구 분		위험의 이전시기 규정
Incoterms 2020	EXW	물품을 지정인도장소(그 지정인도장소에 합의된 지점이 있는 경우에는 그 지점)에서 수취용 차량에 적재하지 않은 채로 매수인의 처분하에 둔 때
	FCA	물품을 지정장소(그 지정장소에 지정된 지점이 있는 경우에는 그 지점)에서 매수인이 지정한 운송인(또는 제3자)에게 인도(또는 그렇게 인도된 물품 조달)한 때 ① 지정장소가 매도인의 영업구내인 경우 → 물품이 매수인이 마련한 운송수단에 적재된 때 ② 지정장소가 매도인의 영업구내가 아닌 경우 → 물품이 매도인의 운송수단에 적재되어 지정장소에 도착하고 매도인의 운송수단에 실린 채 양하준비상태로 매수인이 지정한 운송인(또는 제3자)의 처분하에 놓인 때
	CPT	인도장소(그 인도장소에 합의된 지점이 있는 경우에는 그 지점)에서 물품을 매도인과 운송계약을 체결한 운송인에게 교부한 때(또는 그렇게 인도된 물품 조달) • 인도장소가 합의되지 않은 경우 물품을 제1운송인에게 교부한 때
	CIP	인도장소(그 인도장소에 합의된 지점이 있는 경우에는 그 지점)에서 물품을 매도인과 운송계약을 체결한 운송인에게 교부한 때(또는 그렇게 인도된 물품 조달) • 인도장소가 합의되지 않은 경우 물품을 제1운송인에게 교부한 때
	DAP	물품을 지정목적지에서 도착운송수단에 실어둔 채 양하준비된 상태로 매수인의 처분하에 둔 때(또는 그렇게 인도된 물품 조달)
	DPU	물품을 지정목적지에서 도착운송수단으로부터 양하하여 매수인의 처분하에 둔 때(또는 그렇게 인도된 물품 조달)
	DDP	수입통관하고 물품을 지정목적지에서 도착운송수단에 실어둔 채 양하준비된 상태로 매수인의 처분하에 둔 때(또는 그렇게 인도된 물품 조달)
	FAS	물품을 지정선적항에서 매수인이 지정한 선박의 선측(예: 부두 또는 바지(barge))에 둔 때(또는 그렇게 인도된 물품 조달)
	FOB	물품을 지정선적항에서 매수인이 지정한 본선에 적재한 때(또는 본선에 적재된 물품 조달)
	CFR	물품을 선적항에서 매도인이 지정한 본선에 적재한 때(또는 그렇게 인도된 물품 조달)
	CIF	물품을 선적항에서 매도인이 지정한 본선에 적재한 때(또는 그렇게 인도된 물품 조달)

6. 매도인의 계약위반과 위험의 이전(제70조)

• 제70조 •

매도인이 본질적 계약위반을 한 경우에는, 제67조, 제68조 및 제69조는 매수인이 그 위반을 이유로 구할 수 있는 구제를 방해하지 아니한다.

매도인이 본질적 계약위반을 한 경우 위험의 이전에 관한 제67조 내지 제69조는 매수인이 가지는 권리(계약해제(제49조), 손해배상청구권(제45조제1항(나)호), 대금감액권(제50조))에 영향을 주지 않는다. 즉 매도인의 본질적 계약위반 후 물품의 위험이 매수인에게 이전된 경우에도 매수인은 매도인의 본질적 계약위반을 사유로 계약을 해제할 수 있으며,[5] 손해배상청구도 가능하다.

SECTION 02
매도인과 매수인의 의무에 공통되는 규정

1. 이행이전의 계약위반과 분할인도계약

본 절에서는 매도인과 매수인의 의무에 공통되는 3개의 조항을 규정하고 있다.

1) 의무이행정지(제71조)

• 제71조 •

(1) 당사자는 계약체결 후 다음의 사유로 상대방이 의무의 실질적 부분을 이행하지 아니할 것이 판명된 경우에는, 자신의 의무 이행을 정지할 수 있다.
   (가) 상대방의 이행능력 또는 신용도의 중대한 결함
   (나) 계약의 이행 준비 또는 이행에 관한 상대방의 행위

---

5 John O. Honnold, *Uniform Law for International Sales under the 1980 United Nations Convention*, 4th ed, Wolters Kluwer, 2009, pp.381－382.

(2) 제1항의 사유가 명백하게 되기 전에 매도인이 물품을 발송한 경우에는, 매수인
이 물품을 취득할 수 있는 증권을 소지하고 있더라도 매도인은 물품이 매수인
에게 교부되는 것을 저지할 수 있다. 이 항은 매도인과 매수인간의 물품에 관
한 권리에 대하여만 적용된다.

(3) 이행을 정지한 당사자는 물품의 발송 전후에 관계없이 즉시 상대방에게 그 정
지를 통지하여야 하고, 상대방이 그 이행에 관하여 적절한 보장을 제공한 경우
에는 이행을 계속하여야 한다.

계약체결 후 ① 상대방의 이행능력 또는 신용도의 중대한 결함 ② 계약의 이행
준비 또는 이행에 관한 상대방의 행위의 사유로, 상대방에게 의무의 실질적 부분을
이행하지 아니할 것이 판명된 경우에는 자신의 의무이행을 정지할 수 있다. 따라서
제71조에 의해 의무이행의 정지가 정당한 경우에는, 이행정지 당사자(suspending
party)는 계약을 위반하지 않는다.[6] 또한, 상기의 ① 또는 ②의 사유가 발생하기 전에
매도인이 물품을 발송한 경우에는 매수인이 물품을 취득할 수 있는 증권(선하증권 등)
을 소지하고 있더라도 매도인은 물품이 매수인에게 인도되는 것을 저지할 수 있다.

상기의 이행정지 당사자(suspending party)는 즉시 상대방에게 자신의 이행정지를
통지하여야 하고, 이에 대하여 상대방이 적절한 보장을 제공한 경우[7]에는 이행을 계
속하여야 한다.

사례연구

1) Open Account방식, D/A방식, D/P방식 등의 계약에서 매수인이 지급불능
(insolvency)에 처한 경우 매도인은 물품의 선적을 정지할 수 있다. ① 이미
선적이 이루어졌다면, 매도인은 선하증권을 매수인에게 교부하지 않을 수

---

[6] UNCITRAL Digest on the CISG (2016), p.320.

[7] "이행의 적절한 보장(adequate assurance of performance)"에 대한 CLOUT Case는 없지만(UNCITRAL Digest on the CISG (2016), p.321.), 매수인의 지급보증서 제공, 매수인의 신용장 제공, 매도인의 계약이행보증서 제공 등은 그 예가 될 수 있을 것이다(John O. Honnold, *supra note 5*, pp.391 -393).

있다. ② 매수인에게 선하증권이 교부되었다면, 매수인에게 물품이 인도되는 것을 저지할 수 있다(제71조 제1항).

2) 선수금방식에서 매도인이 지급불능(insolvency)에 처한 경우 매수인은 선수금의 지급을 정지할 수 있다(제71조 제1항).

3) 매도인이 물품을 선적하여 B/L을 매수인에게 송부한 후, 매수인이 지급불능(insolvency)에 처한 경우, 매도인은 운송인에게 물품의 인도정지를 지시할 수 있다(제71조 제2항).

4) 대금결제방식을 신용장으로 정한 경우 매수인이 신용장을 제공하지 않는 경우 매도인은 물품의 선적을 정지할 수 있는가? (제54조, 제71조)

5) 매수인이 지급불능(insolvency)에 처해 물품의 선적을 정지한다는 내용을 매수인에게 통지하였다. 이에 대해 매수인이 지급보증서 또는 신용장을 제공한 경우 매도인은 물품의 선적을 정지할 수 없다(제71조 제3항).

6) 매도인 甲과 매수인 乙은 국제물품매매계약을 체결하면서 乙이 물품 수령일로부터 30일 후에 대금을 지급하기로 약정하였다. 계약 체결 후 사정의 변경으로 乙의 신용도에 중대한 결함이 발생하였다. 다음의 기술 중 옳지 않은 것은?

① 물품의 발송 전이라면, 甲은 물품인도의무의 이행을 정지할 수 있다.

② 물품이 발송되었고 乙이 물품을 취득할 수 있는 증권을 소지하고 있는 경우에 甲은 물품의 교부를 저지할 수 없다.

③ 乙이 물품대금지급의무를 이행한 경우에 甲은 자신의 의무 이행을 더 이상 정지할 수 없다.

④ 신뢰할 수 있는 은행으로부터 발급받은 대금지급보증서를 乙이 제출한 경우에 甲은 물품인도의무를 이행하여야 한다.

⑤ 甲이 자신의 의무 이행을 정지한 경우에는 즉시 乙에게 그 정지를 통지하여야 한다.

(정답 ②)

2) 이행기일전 계약해제(제72조)

· 제72조 ·

(1) 계약의 이행기일 전에 당사자 일방이 본질적 계약위반을 할 것이 명백한 경우에는, 상대방은 계약을 해제할 수 있다.

(2) 시간이 허용하는 경우에는, 계약을 해제하려고 하는 당사자는 상대방이 이행에 관하여 적절한 보장을 제공할 수 있도록 상대방에게 합리적인 통지를 하여야 한다.

(3) 제2항의 요건은 상대방이 그 의무를 이행하지 아니하겠다고 선언한 경우에는 적용되지 아니한다.

이행기일 전에라도 상대방이 본질적 계약위반을 할 것이 명백한 경우에는 계약을 해제할 수 있다. 다만, 시간이 허용된다면, 상대방이 이행에 대해 적절한 보장(지급보증서, 신용장 제공 등)을 제공할 수 있도록 상대방에게 합리적인 통지를 해야 한다. 상대방이 이행거절을 선언한 경우에는 이러한 통지 없이 계약을 해제할 수 있다.

 ### 제71조와 제72조의 비교[8]

1) 제71조의 이행정지는 당사자의 계약관계 존속을 장려하기 위한 조항으로 제72조의 계약해제와는 구분된다.

2) 제72조의 계약해제의 요건은 제71조의 이행정지 보다 엄격(중대)하다(제72조에서는 이행불능의 가능성이 제71조보다 높아야 한다).

3) 제72조에서는 시간이 허용되는 경우에만 합리적인 통지(해제의 통지)를 요구하지만, 제71조에서는 즉시 통지(이행정지의 통지)할 것을 요구하고 있다.

---

[8] UNCITRAL Digest on the CISG (2016), p.320, p.324.

3) 분할인도계약과 계약해제(제73조)

· 제73조 ·

(1) 물품을 분할하여 인도하는 계약에서 어느 분할부분에 관한 당사자 일방의 의무 불이행이 그 분할부분에 관하여 본질적 계약위반이 되는 경우에는, 상대방은 그 분할부분에 관하여 계약을 해제할 수 있다.

(2) 어느 분할부분에 관한 당사자 일방의 의무 불이행이 장래의 분할부분에 대한 본질적 계약위반의 발생을 추단하는 데에 충분한 근거가 되는 경우에는, 상대방은 장래에 향하여 계약을 해제할 수 있다. 다만, 그 해제는 합리적인 기간 내에 이루어져야 한다.

(3) 어느 인도에 대하여 계약을 해제하는 매수인은, 이미 행하여진 인도 또는 장래의 인도가 그 인도와의 상호 의존관계로 인하여 계약 체결시에 당사자 쌍방이 예상했던 목적으로 사용될 수 없는 경우에는, 이미 행하여진 인도 또는 장래의 인도에 대하여도 동시에 계약을 해제할 수 있다.

　　분할인도(installment delivery)[9]란, 물품을 수회에 나누어 인도하는 것을 말한다.(예를 들어, 1월에 100개, 2월에 100개, 3월에 100개를 인도하는 계약) 어느 분할부분에 관한 의무불이행이 그 분할부분에 본질적 계약위반이 되는 경우 그 분할부분에 관하여 계약을 해제할 수 있다(위의 예시에서 매도인이 2월에 100개를 인도하지 못하는 경우 매수인은 2월분에 대해 계약을 해제할 수 있다). 그 분할부분에 대한 의무불이행이 장래의 분할부분에 대한 본질적 계약위반의 발생을 추단하는 데 충분한 근거가 되는 경우에는 장래에 관하여 계약을 해제할 수 있으며, 이 해제는 합리적인 기간 내에 이루어져야 한다(위의 예시에서 매도인의 생산시설 붕괴로 2월에 100개를 인도하지 못하였고, 3월분 100개도 인도하지 못할 것으로 보이는 경우, 매수인은 2월분은 물론 3월분에 대해서도 계약을 해제할 수 있다. 다만, 매수인은 합리적인 기간 내에 해제권을 행사해야 한다).

　　어느 분할인도분에 대해 매수인이 계약을 해제하는 경우 이미 이행된 인도 또는 장래의 인도가 그 인도와의 상호의존관계로 인하여 계약체결 시에 당사자 쌍방이 예상했던 목적으로 사용할 수 없는 경우에는, 이미 행하여진 인도 또는 장래의 인도에

9 CISG 번역본에서는 "installment"를 "분할"로 번역하였고, 신용장통일규칙에서는 "installment"를 "할부", "partial"을 "분할"로 번역하였다(UCP 600 제31조, 제32조).

대하여도 동시에 계약을 해제할 수 있다(위의 예시에서 물품 300개가 모두 인도되어야만 계획했던 목적을 이룰 수 있는 경우, 1~2월분 200개는 인도되었으나, 3월분 100개의 인도가 이루어지지 않는 경우 매수인은 3월분은 물론 이미 인도된 1~2월분에 대해서도 계약을 해제할 수 있다. 또한, 1월분 100개는 인도되었으나, 2월분 100개가 인도되지 않는 경우 매수인은 3월분에 대해서도 계약을 해제할 수 있다).

2. 손해배상

상대방이 의무를 불이행한 경우, 제45조 제1항 (나)호 및 제61조 제1항 (나)호에서는 손해를 입은 매수인과 매도인은 각각 제74조 내지 제77조에 따라 손해배상을 청구할 수 있다고 규정하고 있다. 제74조 내지 제77조는 손해를 입은 양당사자에게 적용될 수 있는 손해산정공식을 규정하고 있다. 이 규정은 완전하기 때문에 국내법에 의한 청구를 배제한다.[10]

1) 계약불이행에 의한 손해배상(제74조)

• 제74조 •

당사자 일방의 계약위반으로 인한 손해배상액은 이익의 상실을 포함하여 그 위반의 결과 상대방이 입은 손실과 동등한 금액으로 한다. 그 손해배상액은 위반 당사자가 계약 체결시에 알았거나 알 수 있었던 사실과 사정에 비추어, 계약위반의 가능한 결과로서 발생할 것을 예견하였거나 예견할 수 있었던 손실을 초과할 수 없다.

제74조는 모든 경우에 적용될 수 있는 손해배상의 일반원칙을 규정하고 있다. ① 손해배상은 금전배상을 원칙으로 한다. ② 손해배상액은 계약위반으로 인하여 발생된 모든 손실을 말한다. ③ 손해배상액에는 이익의 상실도 포함된다. ④ 손해배상액은 계약체결 시에, 상대방(계약위반자)이 알았거나 알 수 있었던 사정에 비추어 계약위반의 가능한 결과로서 발생할 것을 예견하였거나 예견할 수 있었던 손실을 초과할 수 없다.

---

[10] UNCITRAL Digest on the CISG (2016), p.331.

2) 대체물 매수 또는 재매각의 경우 손해액 산정(제75조)

• 제75조 •

계약이 해제되고 계약해제 후 합리적인 방법으로, 합리적인 기간 내에 매수인이 대체물을 매수하거나 매도인이 물품을 재매각한 경우에, 손해배상을 청구하는 당사자는 계약대금과 대체거래대금과의 차액 및 그 외에 제74조에 따른 손해액을 배상받을 수 있다.

[1] 매수인이 대체물을 구매한 경우의 손해배상액: (대체물 구매대금 − 계약금액)

① 계약이 해제되고, ② 계약해제 후 합리적인 방법으로 ③ 합리적인 기간 내에 ④ 매수인이 대체물을 구매할 것

(대체물 구매대금 − 계약금액) 외에 추가로 매수인은 제74조에 따른 손해액을 배상받을 수 있다.

[2] 매도인이 재매각(resale)한 경우의 손해배상액: (계약금액 − 재매각대금)

① 계약이 해제되고, ② 계약해제 후 합리적인 방법으로 ③ 합리적인 기간 내에 ④ 매도인이 재매각(resale)할 것

(계약금액 − 재매각대금) 외에 추가로 매수인은 제74조에 따른 손해액을 배상받을 수 있다.

 사례연구

1) 계약금액 U\$100, 매수인의 계약불이행으로 매도인이 계약해제, 매도인은 U\$90에 재매각(resale)하였다. 재매각비용 U\$10 발생, 손해배상액은?

   해설 U\$20 = ① (U\$100 − U\$90)(제75조) + ② U\$10(제74조)

2) 계약금액 U\$100, 매도인의 계약불이행으로 매수인이 계약해제, 매수인은 U\$120에 대체물을 매수하였다. 대체물매수비용 U\$10 발생, 손해배상액은?

   해설 U\$30 = ① (U\$120 − U\$100)(제75조) + ② U\$10(제74조)

3) 시가에 의한 손해액 산정(제76조)

• 제76조 •

(1) 계약이 해제되고 물품에 시가가 있는 경우에, 손해배상을 청구하는 당사자는 제75조에 따라 구입 또는 재매각하지 아니하였다면 계약대금과 계약해제시의 시가와의 차액 및 그 외에 제74조에 따른 손해액을 배상받을 수 있다. 다만, 손해배상을 청구하는 당사자가 물품을 수령한 후에 계약을 해제한 경우에는, 해제시의 시가에 갈음하여 물품 수령시의 시가를 적용한다.

(2) 제1항의 적용상, 시가는 물품이 인도되었어야 했던 장소에서의 지배적인 가격, 그 장소에 시가가 없는 경우에는 물품 운송비용의 차액을 적절히 고려하여 합리적으로 대체할 수 있는 다른 장소에서의 가격을 말한다.

제1항에서는 일반적 손해배상공식을 규정하고 있다. 계약이 해제되었으나, 제75조에 따라 매수인의 구매 또는 매도인의 재매각이 없는 경우 손해배상액은 ① 계약금액과 계약해제 시점의 시가(단, 손해배상청구권자가 물품을 수령한 후 계약을 해제하는 경우에는 물품수령 시의 시가)의 차액 및 ② 제74조에 따른 손해액이다.

☞ **시가의 기준**

물품이 인도되었어야 했던 장소에서의 지배적인 가격(그 장소에 시가가 없는 경우에는 물품 운송비용의 차액을 적절히 고려하여 합리적으로 대체할 수 있는 다른 장소에서의 가격)

📖 **사례연구**

1) 계약금액 U$100, 매도인의 인도불능으로 인해 매수인은 계약해제, 계약해제 시의 시가 U$110(물품인도장소인 선적항에서의 계약해제시점의 시가), 계약해제 조치 등에 대해 U$10 비용발생, 손해배상액은?

    해설 U$20 = ① (U$110 – U$100)(제76조) + ② U$10(제74조)

2) 계약금액 U$100, 매수인은 물품 인수 후 중대한 하자를 사유로 계약 해제, 물품 인수 시의 시가 U$120(물품인도장소인 선적항에서의 시가), 계약해제 시의 시가 U$110(물품인도장소인 선적항에서의 계약해제시점의 시가), 계약해제 등에 대해 U$10 비용발생, 손해배상액은?

해설 U$30 = ① (U$120 - U$100)(제76조) + ② U$10(제74조)

4) 손실경감의무(제77조)

• 제77조 •

계약위반을 주장하는 당사자는 이익의 상실을 포함하여 그 위반으로 인한 손실을 경감하기 위하여 그 상황에서 합리적인 조치를 취하여야 한다. 계약위반을 주장하는 당사자가 그 조치를 취하지 아니한 경우에는, 위반 당사자는 경감되었어야 했던 손실액만큼 손해배상액의 감액을 청구할 수 있다.

계약위반을 주장하는 자는 자신의 손실을 경감하기 위해 합리적인 조치를 취해야 한다. 이를 위반한 경우에는 상대방은 경감되었어야 하는 손실액만큼 손해배상액의 감액을 청구할 수 있다.

3. 이자

• 제78조 •

당사자가 대금 그 밖의 연체된 금액을 지급하지 아니하는 경우에, 상대방은 제74조에 따른 손해배상청구권을 해함이 없이, 그 금액에 대한 이자를 청구할 수 있다.

당사자가 대금이나 그 밖의 연체된 금액을 지급하지 않는 경우, 상대방은 이자를 청구할 수 있다. 지연이자청구권은 손해배상청구권과는 별개이다. 이자청구권이 발생하기 위해서는 대금의 만기일이 도래하고 당사자가 대금지급을 지체하고 있어야 한다.

☞ **이자율**

제78조에서는 이자율에 대해서는 규정하지 않고 있어 이자율이 CISG 규율대상

인지, 국내법 규율대상인지에 대해 다툼이 되고 있다.[11]

4. 면책

면책(exemption)이란, 일정한 사유의 발생 또는 일정한 조건의 충족으로 당사자의 책임이 면제되는 것을 말한다. 제79조는, 본질상 불가항력(force majeure) 조항으로, 일정한 요건을 충족하는 장애(impediment)로 이행을 못하는 경우 불이행당사자(non-performing party)의 손해배상책임을 면제한다.[12]

1) 불가항력에 의한 면책(제79조)

• 제79조 •

(1) 당사자는 그 의무의 불이행이 자신이 통제할 수 없는 장애에 기인하였다는 것과 계약 체결시에 그 장애를 고려하거나 또는 그 장애나 그로 인한 결과를 회피하거나 극복하는 것이 합리적으로 기대될 수 없었다는 것을 증명하는 경우에는, 그 의무불이행에 대하여 책임이 없다.

(2) 당사자의 불이행이 계약의 전부 또는 일부의 이행을 위하여 사용한 제3자의 불이행으로 인한 경우에는, 그 당사자는 다음의 경우에 한하여 그 책임을 면한다.
  (가) 당사자가 제1항의 규정에 의하여 면책되고, 또한
  (나) 당사자가 사용한 제3자도 그에게 제1항이 적용된다면 면책되는 경우

(3) 이 조에 규정된 면책은 장애가 존재하는 기간 동안에 효력을 가진다.

(4) 불이행 당사자는 장애가 존재한다는 것과 그 장애가 자신의 이행능력에 미치는 영향을 상대방에게 통지하여야 한다. 불이행 당사자가 장애를 알았거나 알았어야 했던 때로부터 합리적인 기간 내에 상대방이 그 통지를 수령하지 못한 경우에는, 불이행 당사자는 불수령으로 인한 손해에 대하여 책임이 있다.

(5) 이 조는 어느 당사자가 이 협약에 따라 손해배상 청구권 이외의 권리를 행사하는 것을 방해하지 아니한다.

---

11 UNCITRAL Digest on the CISG (2016), p.364.
12 UNCITRAL Digest on the CISG (2016), p.373.

(1) 면책요건

원칙적으로 당사자는 불가항력사유에 의한 의무불이행을 증명한 경우에는 그 의무불이행에 대해 책임이 없다. 면책의 구체적 요건은 다음과 같다.

① 의무불이행이 불이행당사자의 통제할 수 없는 장애(impediment)에 기인할 것
② 불이행당사자가 계약체결 시에 그 장애를 고려하거나 그로 인한 결과를 회피하거나 극복하는 것이 합리적으로 기대할 수 없을 것
③ 불이행당사자가 상기의 조건들을 증명할 것
④ 불이행당사자는 장애가 존재한다는 것과 그 장애가 자신의 이행능력에 미치는 영향을 상대방에게 통지할 것(이 통지는 도달주의이므로 불이행당사자가 장애를 알았거나 알았어야 했던 때로부터 합리적인 기간 내에 상대방이 그 통지를 수령하지 못한 경우에는 불이행당사자는 미수령으로 인한 손해에 대하여 책임이 있다)

불가항력에 의한 면책은 그 장애가 존재하는 기간 동안에만 효력을 갖는다. 따라서 장애사유가 해소되면 다시 이행의무를 부담한다.

(2) 제3자에 대한 책임(제2항)

계약의 전부 또는 일부의 이행을 위하여 제3자를 사용한 경우, 당사자 및 제3자에게 모두 제1항의 요건(상기의 ①~③)이 충족되면, 당사자는 책임을 면하게 된다. 본래의 제3자는 하청업체(subcontractor)를 의도했던 것이며, 원칙적으로 매도인에게 물품을 공급하는 납품업체(supplier)는 제79조 제2항의 제3자에 해당되지 않는다.[13] 따라서 수출자가 물품을 구매하여 수출하는 경우 납품업체가 불가항력 사유로 인하여 물품을 납품하지 못한 경우 수출자는 제79조 제2항에 의해 면책되지 않는다. 또한, 독립적인 제3자라도 채무자의 계약채무를 이행하는 자가 아니라면 여기에 해당되지 않는바, 매도인의 사용인(employees)이나 납품업체(supplier)는 제79조 제2항의 제3자에 해당되지 않는다.[14]

제79조 제2항의 제3자에 해당하는 예로는 매도인에게 물품을 인도하는 운송인, 매도인이 할당한 마무리 작업(finish work)을 수행하는 하청업체(subcontractor) 등이 있다.[15]

---

13 UNCITRAL Digest on the CISG (2016), para. 14.
14 UNCITRAL Digest on the CISG (2016), para. 21.
15 UNCITRAL Digest on the CISG (2016), para. 21.

(3) 면책내용

이 조항에서 면책되는 것은 손해배상책임뿐이며, 다른 구제수단에는 영향을 미치지 않는다. 이에 따라 불가항력에 의한 불이행당사자에 대해 손해배상청구를 할 수는 없게 되지만, 특정이행청구, 계약해제, 대금감액청구, 이자 청구 등은 행사할 수 있다.

1. 통제할 수 없는 장애 여부

1) 제3의 납품업자(third-party supplier)가 매도인에게 물품을 공급하지 못한 경우[16]

제3의 납품업자(원재료, 완제품 등의 공급자)의 채무불이행이 매도인의 계약이행에 대한 장애가 되어 제79조에 의해 매도인은 면책되는지에 대해서는 통상 제3의 납품업자(원재료, 완제품 등의 공급자)의 채무불이행의 위험은 매도인이 부담을 하므로 매도인은 제79조에 의해 면책될 수 없음

2) 제79조제2항의 제3자(third person) 해당 여부[17]

(1) 제3자에 미해당: 매도인의 사용인(employee), 납품업체(suppliers)

(2) 제3장에 해당: 매도인에게 물품을 인도하는 운송인, 마무리작업을 수행하는 하청업체(sub-contractor)

2. 당사자의 면책요건

1) 불이행당사자 및 제3자에게 다음의 면책요건이 모두 충족될 것

(1) 불이행당사자의 면책요건 충족

① 의무불이행이 불이행당사자의 통제할 수 없는 장애(impediment)에 기인할 것

② 불이행당사자가 계약체결 시에 그 장애를 고려하거나 그로 인한 결과를 회피하거나 극복하는 것이 합리적으로 기대할 수 없을 것

③ 불이행당사자가 상기의 조건들을 증명할 것

(2) 제3자의 면책요건 충족

      ① 제3자의 의무불이행이 자신의 통제할 수 없는 장애(impediment)에 기인할 것

      ② 제3자가 계약체결 시에 그 장애를 고려하거나 그로 인한 결과를 회피하거나 극복하는 것이 합리적으로 기대할 수 없을 것

      ③ 제3자가 상기의 조건들을 증명할 것

2) 제3자 계약의 전부 또는 일부의 이행에 참여할 것

3. 기타

1) 불이행당사자와 제3자와의 계약에는 CISG가 적용될 것은 요구되지 않음

2) 제3자가 불가항력에 의한 면책을 주장할 것을 요구하지 않음(즉, 제3자가 불가항력에 의한 자신의 면책을 주장하지 않아도, 불이행당사자는 자신의 면책을 주장할 수 있음)

2) 자신의 행위에 의한 상대방의 불이행(제80조)

• 제80조 •

당사자는 상대방의 불이행이 자신의 작위 또는 부작위에 기인하는 한, 상대방의 불이행을 주장할 수 없다.

상대방의 의무불이행이 자신의 행위로 인한 경우, 상대방의 불이행을 주장할 수 없다. 따라서 상대방의 의무불이행을 전제로 하는 특정이행청구, 손해배상청구, 계약해제를 할 수 없다.

---

16 UNCITRAL Digest on the CISG (2016), p.378. para. 14.
17 UNCITRAL Digest on the CISG (2016), p.378, para. 21.

📋 사례연구

1) 인도조건이 FOB인 계약에서 매도인은 매수인이 지정한 선박에 적재할 의무가 있다. 그러나 매수인이 선박을 지정하지 못하여 매도인이 본선 적재를 못한 경우 매수인은 의무불이행을 주장할 수 없다(매수인은 특정이행청구, 선적지연에 대한 손해배상청구, 계약해제 불가).

2) 매수인이 인도장소를 잘못 통지하여, 물품이 인도되지 못한 경우 매수인은 매도인의 의무이행을 청구할 수 없다.

---

5. 해제의 효력

계약이 해제되면, 더 이상의 계약이행의무가 없고, 이미 이행된 부분에 대해서는 원상회복해야 한다. 원상회복 후에도 손해가 남아있는 경우 상대방에 대해 손해배상을 청구할 수 있다.

1) 이행의무의 면제 및 원상회복(제81조)

• 제81조 •

(1) 계약의 해제는 손해배상의무를 제외하고 당사자 쌍방을 계약상의 의무로부터 면하게 한다. 해제는 계약상의 분쟁해결조항 또는 해제의 결과 발생하는 당사자의 권리의무를 규율하는 그 밖의 계약조항에 영향을 미치지 아니한다.

(2) 계약의 전부 또는 일부를 이행한 당사자는 상대방에게 자신이 계약상 공급 또는 지급한 것의 반환을 청구할 수 있다. 당사자 쌍방이 반환하여야 하는 경우에는 동시에 반환하여야 한다.

(1) 의무이행의 면제

계약이 해제되면, 당사자 쌍방은 계약상 의무이행이 면제된다. 그러나 손해배상의무는 여전히 남는다.

한편, 해제는 계약상의 분쟁해결조항(중재조항, 재판관할권조항 등) 또는 해제의 결과 발생하는 당사자의 권리의무를 규율하는 그 밖의 계약조항(손해배상의 예정 조항 등)에 영향을 미치지 않는다. 따라서 계약이 해제되었어도 계약조항에 따라 분쟁해결을 할 수 있다.

(2) 원상회복(restitution)

계약이 해제되면, 당사자 쌍방에게는 원상회복의무가 있다(매도인은 지급받은 대금을 환급하고, 매수인은 인도받은 물품, 서류 등을 반환해야 한다).

 사례연구

1) 매수인 A(한국)와 매도인 B(중국)는 물품매매계약을 체결하였고, 계약내용에 따라 A는 30%를 선수금으로 지급하였다. 그러나 B가 선적기일까지 물품을 선적하지 못하여 A는 매매계약을 해제하였다. 그리고 B의 계약위반으로 인해 A에게는 U$1,000의 손해를 입었다. 이 경우 A와 B가 상대방에게 청구할 수 있는 내용은?

   해설 B의 본질적 계약위반으로 A가 매매계약을 해제하였으므로 계약은 소급하여 효력이 상실된다. 이에 따라 당사자들은 원상회복의무를 부담하고, 원상회복에 따라 A는 지급한 선수금의 환급을 청구할 수 있다. (제84조에 따라 A는 선수금을 지급한 날로부터 선수금에 대한 이자의 반환도 청구할 수 있다) 또한, A는 B의 계약위반으로 인한 손해액 U$1,000의 배상을 청구할 수 있다.

2) 매매계약에서 분쟁은 중재로 정하였다. 매도인의 계약위반으로 매수인이 계약을 해제한 경우 매수인은 계약조항에 따라 손해배상 등에 대하여 중재를 신청할 수 있는가?

   해설 매수인의 계약해제로 계약은 소급하여 효력이 상실되고 당사자간 원상회복의무가 발생한다. 그러나 계약해제로 인해 계약위반에 대한 중재조항은 영향이 없고, 그대로 효력이 남아 있는바, 매수인은 중재신청을 할 수 있다. 계약이 해제되면 원상회복의무 외에 계약위반자는 손해배상의무를 부담한다.

3) A와 B는 매매계약을 체결하였고, 이 매매계약에 따라 A는 물품을 인도하였다. 그러나 물품에는 중대한 하자가 있었다. 이에 따라 B는 A에게 물품의 반환을 통보하고, 대체물의 인도를 요청하였다. B는 대체물인도를 청구할 수 있는가?

해설 물품에 중대한 하자가 있다면, 이는 제25조에 의한 본질적 계약위반이 될 것이다. 제49조에 따라 매수인은 계약을 해제할 수 있고, 제46조 제2항에 따라 대체물의 인도를 청구할 수도 있다. 계약해제와 대체물의 인도청구는 양립할 수 없는바, 제46조에 따라 매수인은 계약해제와 대체물의 인도청구를 모두 행사할 수 없다. 한편, B의 물품반환 통보는 계약의 해제로 볼 수는 없고, 물품반환 통보와 대체물인도청구는 서로 양립할 수 없는 것도 아니므로, B는 대체물의 인도를 청구할 수 있다.

2) 물품의 원상회복 불가(제82조, 제83조)

· 제82조~제83조 ·

제82조

(1) 매수인이 물품을 수령한 상태와 실질적으로 동일한 상태로 그 물품을 반환할 수 없는 경우에는, 매수인은 계약을 해제하거나 매도인에게 대체물을 청구할 권리를 상실한다.

(2) 제1항은 다음의 경우에는 적용되지 아니한다.

　(가) 물품을 반환할 수 없거나 수령한 상태와 실질적으로 동일한 상태로 반환할 수 없는 것이 매수인의 작위 또는 부작위에 기인하지 아니한 경우

　(나) 물품의 전부 또는 일부가 제38조에 따른 검사의 결과로 멸실 또는 훼손된 경우

　(다) 매수인이 부적합을 발견하였거나 발견하였어야 했던 시점 전에, 물품의 전부

또는 일부가 정상적인 거래과정에서 매각되거나 통상의 용법에 따라 소비 또는 변형된 경우

제83조

매수인은, 제82조에 따라 계약해제권 또는 대체물인도청구권을 상실한 경우에도, 계약과 이 협약에 따른 그 밖의 모든 구제권을 보유한다.

매수인이 물품을 수령한 상태와 실질적으로 동일한 상태로 그 물품을 반환할 수 없는 경우에는, 매수인은 계약을 해제하거나 매도인에게 대체물을 청구할 권리를 상실한다.

그러나 예외적으로 다음의 경우에는 매수인은 계약해제권 또는 대체물인도청구권을 보유한다. ① 물품을 반환할 수 없거나 수령한 상태와 실질적으로 동일한 상태로 반환할 수 없는 것이 매수인의 작위 또는 부작위에 기인하지 아니한 경우 ② 물품의 전부 또는 일부가 제38조에 따른 검사의 결과로 멸실 또는 훼손된 경우 ③ 매수인이 부적합을 발견하였거나 발견하였어야 했던 시점 전에, 물품의 전부 또는 일부가 정상적인 거래과정에서 매각되거나 통상의 용법에 따라 소비 또는 변형된 경우.

한편, 제82조에 따라 계약해제권 또는 대체물인도청구권을 상실한 경우에도, 계약과 이 협약에 따른 그 밖의 모든 구제권을 보유한다.

 사례연구

매도인 A(한국)와 매수인 B(중국)는 물품매매계약을 체결하였고, A는 계약내용에 따라 물품을 인도하였다. B는 물품의 내용이 계약내용과 상이하여 계약을 해제하려고 한다. 한편, B는 물품인수 후 그 물품을 그대로 방치하여 대부분의 물품이 손상되었다. 이 경우 B는 계약을 해제하거나 대체물의 인도를 청구할 수 있는가? 그 외 B가 청구할 수 있는 권리에는 어떤 것이 있는가?

해설 물품의 내용이 계약내용과 완전히 다르다면, 이는 제25조에 따라 본질적 계약위반이 될 것이며, 매수인 B는 제49조제1항에 따라 계약을 해

제할 수 있다. 한편, 매수인인 물품을 그대로 방치하여 물품이 손상되었고, 이에 따라 매수인은 물품을 수령한 상태와 실질적으로 동일한 상태로 반환할 수 없게 되었는바, 제82조에 따라 계약을 해제하거나 대체물의 인도를 청구할 수 없다.

제83조에 의하면, 매수인이 제82조에 따라 계약해제권 또는 대체물인도청구권을 상실한 경우에도 매수인은 그 밖의 모든 구제권을 보유한다. 따라서 B는 A의 계약위반으로 입은 손해에 대해 배상을 청구할 수 있다.

3) 이자와 이익의 반환(제84조)

• 제84조 •

(1) 매도인은 대금을 반환하여야 하는 경우에, 대금이 지급된 날부터 그에 대한 이자도 지급하여야 한다.

(2) 매수인은 다음의 경우에는 물품의 전부 또는 일부로부터 발생된 모든 이익을 매도인에게 지급하여야 한다.

  (가) 매수인이 물품의 전부 또는 일부를 반환하여야 하는 경우

  (나) 물품의 전부 또는 일부를 반환할 수 없거나 수령한 상태와 실질적으로 동일한 상태로 전부 또는 일부를 반환할 수 없음에도 불구하고, 매수인이 계약을 해제하거나 매도인에게 대체물의 인도를 청구한 경우

계약이 해제되면, 매도인은 지급받은 대금과 함께 대금지급일로부터 계산된 이자도 상환해야 한다.

한편, 계약이 해제되면, 매수인은 다음의 경우에는 물품의 전부 또는 일부로부터 발생된 모든 이익을 매도인에게 지급하여야 한다: ① 매수인이 물품의 전부 또는 일부를 반환하여야 하는 경우 ② 물품의 전부 또는 일부를 반환할 수 없거나 수령한 상태와 실질적으로 동일한 상태로 전부 또는 일부를 반환할 수 없음에도 불구하고, 매수인이 계약을 해제하거나 매도인에게 대체물의 인도를 청구한 경우

사례연구

매도인 A(한국)와 매수인 B(중국)는 기계수출계약을 체결하였고, 계약내용에 따라 A는 기계를 인도하였다. 그러나 B는 기계를 운영하고 있음에도 불구하고 결제기일에 대금을 지급하지 않았다. 이에 따라 A는 계약을 해제하고 기계의 반환을 청구하였다.

> **해설** B의 대금미지급은 제25조에 따른 본질적 계약위반이 되고, A는 제49 조 제1항에 따라 계약을 해제할 수 있다. 그리고 제81조 제2항에 따라 기계의 반환을 청구할 수 있다. 또한, 매수인은 제84조 제2항에 따라 기계운영에 따라 발생한 이익의 반환을 청구할 수 있다.

6. 물품의 보관

1) 매도인의 물품보관의무(제85조)

· 제85조 ·

매수인이 물품 인도의 수령을 지체하거나 또는 대금지급과 물품 인도가 동시에 이루어져야 함에도 매수인이 대금을 지급하지 아니한 경우로서, 매도인이 물품을 점유하거나 그 밖의 방법으로 그 처분을 지배할 수 있는 경우에는, 매도인은 물품을 보관하기 위하여 그 상황에서 합리적인 조치를 취하여야 한다. 매도인은 매수인으로부터 합리적인 비용을 상환받을 때까지 그 물품을 보유할 수 있다.

매수인의 계약불이행으로 인하여 매도인이 물품을 보관하고 있는 경우에도 매도인은 물품보관을 위하여 합리적인 조치를 취해야 한다. 다만, 매도인은 물품보관을 위한 합리적인 비용을 매수인에게 청구할 수 있으며, 매수인이 이를 상환할 때까지 물품을 보유할 수 있다.

사례연구

1) COD방식의 수출거래에서 매도인이 물품을 선적하여 수입국에 소재하고 있는 창고에 매수인의 임의처분상태로 보관중인데, 매수인이 물품 인수를 지체한 경우 매도인은 물품보관의무가 있는가?

해설 매수인의 수령지체인 경우에도 제85조에 따라 매도인은 물품을 보관하기 위해 합리적인 조치를 취해야 한다. 다만 매도인은 보관비용을 매수인에게 청구할 수 있으며, 매수인이 보관비용을 지급할 때까지 그 물품의 인도를 거절할 수 있다.

2) D/A방식에서 물품이은 목적항에 도착하였음에도 불구하고, 매수인이 선적서류와 환어음의 인수를 거절하였고, 체선료가 발생한 경우 매도인은 어떤 조치를 취할 수 있는가?

해설 ① D/A방식의 거래에서 매수인인 선적서류와 환어음의 인수를 거절하는 것은 본질적 계약위반에 해당되어 매도인은 계약을 해제할 수 있다.

② 계약해제권의 행사는 매도인의 선택이며, 매도인은 부가기간의 지정 등을 통해 매수인의 계약이행을 촉구할 수 있다. 이 경우 제85조에 따라 매도인은 물품보관을 위하여 합리적인 조치를 취해야 하며, 매수인이 선적서류와 환어음의 인수를 원하는 경우 보관에 소요된 비용을 상환받을 때까지 물품을 보유할 수 있다.

리) 매수인의 물품보관의무(제86조)

• **제86조** •

(1) 매수인이 물품을 수령한 후 그 물품을 거절하기 위하여 계약 또는 이 협약에 따른 권리를 행사하려고 하는 경우에는, 매수인은 물품을 보관하기 위하여 그

상황에서 합리적인 조치를 취하여야 한다. 매수인은 매도인으로부터 합리적인 비용을 상환받을 때까지 그 물품을 보유할 수 있다.

(2) 매수인에게 발송된 물품이 목적지에서 매수인의 처분 하에 놓이고, 매수인이 그 물품을 거절하는 권리를 행사하는 경우에, 매수인은 매도인을 위하여 그 물품을 점유하여야 한다. 다만, 대금 지급 및 불합리한 불편이나 경비소요 없이 점유할 수 있는 경우에 한한다. 이 항은 매도인이나 그를 위하여 물품을 관리하는 자가 목적지에 있는 경우에는 적용되지 아니한다. 매수인이 이 항에 따라 물품을 점유하는 경우에는, 매수인의 권리와 의무에 대하여는 제1항이 적용된다.

(1) 매수인이 물품수령 후 물품거절권 행사(제1항)

매수인이 물품을 수령한 후 하자 등을 사유로 물품을 거절할 권리를 행사하고자 하는 경우에도 매수인은 물품을 보관하기 위해 합리적인 조치를 취해야 한다. 다만, 매수인은 보관비용을 청구할 수 있으며, 그 비용이 상환될 때까지 물품을 보유할 수 있다(제1항은 매수인이 물품을 수령한 경우에만 적용된다).

(2) 물품이 매수인의 처분 하에 놓인 상태에서 물품거절권 행사(제2항)

매수인에게 발송된 물품이 목적지에서 매수인의 처분하에 놓여지고, 매수인이 그 물품을 거절하는 권리를 행사하는 경우에, 매수인은 매도인을 위하여 그 물품을 점유하여야 한다. 다만, 대금 지급 및 불합리한 불편이나 경비소요 없이 점유할 수 있는 경우에 한한다. 이 항은 매도인이나 그를 위하여 물품을 관리하는 자가 목적지에 있는 경우에는 적용되지 아니한다. 매수인이 이 항에 따라 물품을 점유하는 경우에는, 매수인의 권리와 의무에 대하여는 제1항이 적용된다.

 사례연구

1) 매도인은 계약내용에 따라 물품을 인도하였다. 그러나 매수인은 물품에 하자가 있다는 사유로 대금지급을 거절하고, 계약을 해제하였다. 매수인은 창고에 보관하지 않고, 지붕이 없는 작업장에 방치하여 우천으로 인하여 물품

이 부패하였다. 이 경우 매도인은 어떤 청구를 할 수 있는가?

> **해설** 제86조 제1항에 의하면, 매수인은 물품수령 후 그 물품을 거절하는 경우에도 물품을 보관하기 위하여 합리적인 조치를 취해야 한다. 그러나 매수인이 이 보관의무를 위반하였으므로 매수인은 손해배상책임을 부담한다.

2) 매도인은 물품을 선적하고 선하증권을 매수인에게 송부하였다. 선하증권은 기명식으로 발행되어(straight B/L) 매수인만 물품을 수령할 수 있으며, 매도인은 물품의 처분권을 보유하지 않았다. 물품에 심각한 하자가 있어 매수인은 운송인으로부터 물품의 수령을 거절하였고, 대금지급도 거절하였으며, 매수인의 거절사유는 정당하였다. 매수인에게 물품의 보관의무가 있는가?[18]

> **해설** 이 경우에도 매수인은 보통 검사를 위하며 물품을 수령할 수 있으며, 이 경우 제86조 제1항이 적용되어, 매수인은 물품수령 후 그 물품을 거절하는 경우에도 물품을 보관하기 위하여 합리적인 조치를 취해야 한다. 비록 물품이 운송인의 점유하에 있다고 하더라도, 이는 간접점유이며, 물품은 매수인 앞으로 탁송되었으므로 매수인이 물품을 수령하기 위해 선하증권이 필요하지 않았는바, 제86조 제2항에서 규정하고 있는 '물품이 목적지에서 매수인의 처분하에 놓여진'에 해당된다고 볼 수 있다. 더구나 매수인은 대금을 지급하지 않았거나, 물품을 점유하기 위해 매수인은 분명히 불합리한 불편이나 불합리한 비용을 부담하지도 않았다. 만약 매수인이 거주하는 도시나 그 인근에 매도인에게 대리인이 없다면, 제86조 제2항에서는 매수인이 물품을 점유할 것을 요구하고 있다. 그리고 매수인이 물품의 점유를 취득하는 경우 매수인은 제86조 제1항을 적용받으며, 이에 따라 물품을 보관하기 위해 합리적인 조치를 취해야 한다. 여기서 도출할 수 있는 법칙은 '먼 거리에서 물품의 인수가 거절되었을 때, 매도인이 물품을 보관하고 처분하는 것은 곤란하다'는 것이다.

3) 목적지에서 매도인의 지시식(to the order of Seller)으로 발행된 선하증권과 상환으로 대금을 지급하는 조건이었다. Shipper으로 발행되어 매도인은

물품의 통제권을 보유하고 있었다. 매수인은 물품의 인수 및 대금지급을 거절하였다. 매수인에게 물품보관의무가 있는가?[19]

해설 매도인은 물품을 수령하지 않았으므로 제86조 제1항이 적용되지 않는다. 선하증권이 매도인의 지시식으로 발행되어 매도인이 물품을 통제하고 있으며, 매수인은 대금을 지급해야만 물품을 수령할 수 있으므로 제86조 제2항이 적용되지도 않는다.

3) 창고임치와 매각(제87조, 제88조)

• 제87조~제88조 •

제87조

물품을 보관하기 위한 조치를 취하여야 하는 당사자는 그 비용이 불합리하지 아니하는 한, 상대방의 비용으로 물품을 제3자의 창고에 임치할 수 있다.

제88조

(1) 제85조 또는 제86조에 따라 물품을 보관하여야 하는 당사자는 상대방이 물품을 점유하거나 반환받거나 또는 대금이나 보관비용을 지급하는 데 불합리하게 지체하는 경우에는, 상대방에게 매각의사를 합리적으로 통지하는 한, 적절한 방법으로 물품을 매각할 수 있다.

(2) 물품이 급속히 훼손되기 쉽거나 그 보관에 불합리한 경비를 요하는 경우에는, 제85조 또는 제86조에 따라 물품을 보관하여야 하는 당사자는 물품을 매각하기 위하여 합리적인 조치를 취하여야 한다. 이 경우에 가능한 한도에서 상대방에게 매각의사가 통지되어야 한다.

(3) 물품을 매각한 당사자는 매각대금에서 물품을 보관하고 매각하는 데 소요된 합리적인 비용과 동일한 금액을 보유할 권리가 있다. 그 차액은 상대방에게 반환되어야 한다.

---

18 John O. Honnold, supra note 5, p.684.

19 John O. Honnold, supra note 5, p.684-685

(1) 제3자의 창고에 임치

물품을 보관하기 위한 조치를 취하여야 하는 당사자는 상대방의 비용부담으로 물품을 제3자의 창고에 임치할 수 있는데, 그 비용이 불합리하지 아니하여야 한다.

(2) 매각

물품을 보관해야 하는 당사자는 상대방이 물품을 점유하거나 반환받거나 또는 대금이나 보관비용을 지급하는 데 불합리하게 지체하는 경우에는, 상대방에게 매각 의사를 합리적으로 통지하는 한, 적절한 방법으로 물품을 매각할 수 있다.

한편, 물품이 급속히 훼손되기 쉽거나 그 보관에 불합리한 경비를 요하는 경우에는, 제85조 또는 제86조에 따라 물품을 보관하여야 하는 당사자는 물품을 매각하기 위하여 합리적인 조치를 취하여야 한다. 이 경우에 가능한 한도에서 상대방에게 매각 의사가 통지되어야 한다.

물품을 매각한 당사자는 매각대금에서 물품을 보관하고 매각하는 데 소요된 합리적인 비용과 동일한 금액을 보유할 권리가 있다. 그 차액은 상대방에게 반환되어야 한다.

 **사례연구**

1) 매도인은 물품을 선적하고 선하증권을 매수인에게 송부하였다. 선하증권은 기명식으로 발행되어(straight B/L) 매수인만 물품을 수령할 수 있으며, 매도인은 물품의 처분권을 보유하지 않았다. 물품에 심각한 하자가 있어 매수인은 운송인으로부터 물품의 수령을 거절하였고, 대금지급도 거절하였으며, 매수인의 거절사유는 정당하였다. 매수인에게 물품의 보관의무가 있는가?[20]

   해설 이 경우에도 제86조 제1항에 의하면, 매수인은 물품수령 후 그 물품을 거절하는 경우에도 물품을 보관하기 위하여 합리적인 조치를 취해야 한다. 그러나 매수인이 이 보관의무를 위반하였으므로 매수인은 손해배상책임을 부담한다.

---

20 John O. Honnold, supra note 5, p.684.

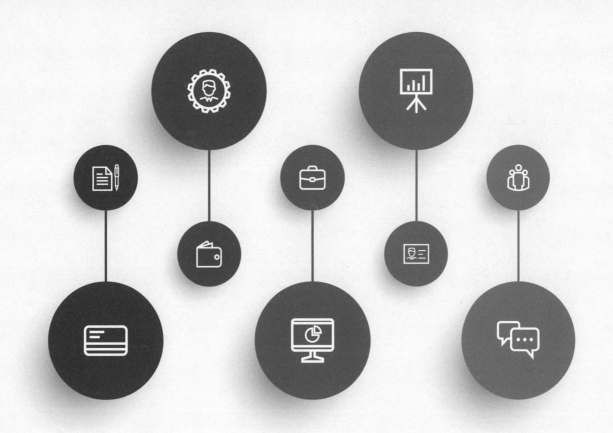

부 록

국제물품매매계약에 관한 유엔협약(CISG)

(United Nations Convention on Contracts for the International Sale of Goods 1980)

The States Parties to this Convention,	이 협약의 당사국은,
Bearing in mind the broad objectives in the resolutions adopted by the sixth special session of the General Assembly of the United Nations on the establishment of a New International Economic Order,	신국제경제질서의 수립에 관하여 국제연합총회의 제6차 특별회의에서 채택된 결의의 광범한 목적에 유념하고,
Considering that the development of international trade on the basis of equality and mutual benefit is an important element in promoting friendly relations among States,	평등과 상호이익을 기초로 한 국제거래의 발전이 국가 간의 우호관계를 증진하는 중요한 요소임을 고려하며,
Being of the opinion that the adoption of uniform rules which govern contracts for the international sale of goods and take into account the different social, economic and legal systems would contribute to the removal of legal barriers in international trade and promote the development of international trade,	국제물품매매계약을 규율하고 상이한 사회적 · 경제적 및 법적 제도를 고려한 통일규칙을 채택하는 것이 국제거래상의 법적 장애를 제거하는데 기여하고 국제거래의 발전을 증진하는 것이라는 견해 하에,
Have agreed as follows:	다음과 같이 합의하였다.
Part I. Sphere of application and general provisions	제1편 적용범위와 총칙
CHAPTER 1. SPHERE OF APPLICATION	제1장 적용범위
Article 1 (1) This Convention applies to contracts of sale of goods between parties whose places of business are in different States: (a) when the States are Contracting States; or (b) when the rules of private international law lead to the application of the law of a Contracting State. (2) The fact that the parties have their places of business in different States is to be disregarded whenever this fact does not appear either from the contract or from any dealings between, or from information disclosed by, the parties at any time before or at the conclusion of the contract. (3) Neither the nationality of the parties nor the civil or commercial character of the parties or of the contract is to be taken into consideration in determining the application of this Convention.	제1조 (1) 이 협약은 다음의 경우에, 영업소가 서로 다른 국가에 있는 당사자 간의 물품매매계약에 적용된다. (가) 해당 국가가 모두 체약국인 경우, 또는 (나) 국제사법 규칙에 의하여 체약국법이 적용되는 경우 (2) 당사자가 서로 다른 국가에 영업소를 가지고 있다는 사실은, 계약으로부터 또는 계약체결 전이나 그 체결시에 당사자 간의 거래나 당사자에 의하여 밝혀진 정보로부터 드러나지 아니하는 경우에는 고려되지 아니한다. (3) 당사자의 국적 또는 당사자나 계약의 민사적 · 상사적 성격은 이 협약의 적용 여부를 결정하는 데에 고려되지 아니한다.

Article 2 This Convention does not apply to sales: (a) of goods bought for personal, family or household use, unless the seller, at any time before or at the conclusion of the contract, neither knew nor ought to have known that the goods were bought for any such use; (b) by auction; (c) on execution or otherwise by authority of law; (d) of stocks, shares, investment securities, negotiable instruments or money; (e) of ships, vessels, hovercraft or aircraft; (f) of electricity.	제2조 이 협약은 다음의 매매에는 적용되지 아니한다. (가) 개인용·가족용 또는 가정용으로 구입된 물품의 매매. 다만, 매도인이 계약체결 전이나 그 체결시에 물품이 그와 같은 용도로 구입된 사실을 알지 못하였고, 알았어야 했던 것도 아닌 경우에는 그러하지 아니하다. (나) 경매에 의한 매매 (다) 강제집행 그 밖의 법령에 의한 매매 (라) 주식, 지분, 투자증권, 유통증권 또는 통화의 매매 (마) 선박, 소선(小船), 부선(浮船), 또는 항공기의 매매 (바) 전기의 매매
Article 3 (1) Contracts for the supply of goods to be manufactured or produced are to be considered sales unless the party who orders the goods undertakes to supply a substantial part of the materials necessary for such manufacture or production. (2) This Convention does not apply to contracts in which the preponderant part of the obligations of the party who furnishes the goods consists in the supply of labour or other services.	제3조 (1) 물품을 제조 또는 생산하여 공급하는 계약은 이를 매매로 본다. 다만, 물품을 주문한 당사자가 그 제조 또는 생산에 필요한 재료의 중요한 부분을 공급하는 경우에는 그러하지 아니하다. (2) 이 협약은 물품을 공급하는 당사자의 의무의 주된 부분이 노무 그 밖의 서비스의 공급에 있는 계약에는 적용되지 아니한다.
Article 4 This Convention governs only the formation of the contract of sale and the rights and obligations of the seller and the buyer arising from such a contract. In particular, except as otherwise expressly provided in this Convention, it is not concerned with: (a) the validity of the contract or of any of its provisions or of any usage; (b) the effect which the contract may have on the property in the goods sold.	제4조 이 협약은 매매계약의 성립 및 그 계약으로부터 발생하는 매도인과 매수인의 권리의무만을 규율한다. 이 협약에 별도의 명시규정이 있는 경우를 제외하고, 이 협약은 특히 다음과 관련이 없다. (가) 계약이나 그 조항 또는 관행의 유효성 (나) 매매된 물품의 소유권에 관하여 계약이 미치는 효력
Article 5 This Convention does not apply to the liability of the seller for death or personal injury caused by the goods to any person.	제5조 이 협약은 물품으로 인하여 발생한 사람의 사망 또는 상해에 대한 매도인의 책임에는 적용되지 아니한다.
Article 6 The parties may exclude the application of this Convention or, subject to article 12, derogate from or vary the effect of any of its provisions.	제6조 당사자는 이 협약의 적용을 배제할 수 있고, 제12조에 따를 것을 조건으로 하여 이 협약의 어떠한 규정에 대하여도 그 적용을 배제하거나 효과를 변경할 수 있다.
CHAPTER II. GENERAL PROVISIONS	제2장 총 칙
Article 7 (1) In the interpretation of this Convention, regard is to be had to its international character and	제7조 (1) 이 협약의 해석에는 그 국제적 성격 및 적용상의 통일과 국제거래상의 신의 준수를 증진할 필요성

to the need to promote uniformity in its application and the observance of good faith in international trade.

(2) Questions concerning matters governed by this Convention which are not expressly settled in it are to be settled in conformity with the general principles on which it is based or, in the absence of such principles, in conformity with the law applicable by virtue of the rules of private international law.

Article 8

(1) For the purposes of this Convention statements made by and other conduct of a party are to be interpreted according to his intent where the other party knew or could not have been unaware what that intent was.

(2) If the preceding paragraph is not applicable, statements made by and other conduct of a party are to be interpreted according to the under-standing that a reasonable person of the same kind as the other party would have had in the same circumstances.

(3) In determining the intent of a party or the understanding a reasonable person would have had, due consideration is to be given to all relevant circumstances of the case including the negotiations, any practices which the parties have established between themselves, usages and any subsequent conduct of the parties.

Article 9

(1) The parties are bound by any usage to which they have agreed and by any practices which they have established between themselves.

(2) The parties are considered, unless otherwise agreed, to have impliedly made applicable to their contract or its formation a usage of which the parties knew or ought to have known and which in international trade is widely known to, and regularly observed by, parties to contracts of the type involved in the particular trade concerned.

Article 10

For the purposes of this Convention:

(a) if a party has more than one place of business, the place of business is that which has the closest relationship to the contract and its performance, having regard to the circumstances known to or contemplated by the parties at any time before or at the conclusion of the contract;

을 고려하여야 한다.

(2) 이 협약에 의하여 규율되는 사항으로서 협약에서 명시적으로 해결되지 아니하는 문제는, 이 협약이 기초하고 있는 일반원칙, 그 원칙이 없는 경우에는 국제사법 규칙에 의하여 적용되는 법에 따라 해결되어야 한다.

제8조

(1) 이 협약의 적용상, 당사자의 진술 그 밖의 행위는 상대방이 그 당사자의 의도를 알았거나 모를 수 없었던 경우에는 그 의도에 따라 해석되어야 한다.

(2) 제1항이 적용되지 아니하는 경우에 당사자의 진술 그 밖의 행위는, 상대방과 동일한 부류의 합리적인 사람이 동일한 상황에서 이해하였을 바에 따라 해석되어야 한다.

(3) 당사자의 의도 또는 합리적인 사람이 이해하였을 바를 결정함에 있어서는 교섭, 당사자 간에 확립된 관례, 관행 및 당사자의 후속 행위를 포함하여 관련된 모든 사항을 적절히 고려하여야 한다.

제9조

(1) 당사자는 합의한 관행과 당사자간에 확립된 관례에 구속된다.

(2) 별도의 합의가 없는 한, 당사자가 알았거나 알 수 있었던 관행으로서 국제거래에서 당해 거래와 동종의 계약을 하는 사람에게 널리 알려져 있고 통상적으로 준수되고 있는 관행은 당사자의 계약 또는 그 성립에 묵시적으로 적용되는 것으로 본다.

제10조

이 협약의 적용상,

(가) 당사자 일방이 둘 이상의 영업소를 가지고 있는 경우에는, 계약체결 전이나 그 체결시에 당사자 쌍방에 알려지거나 예기된 상황을 고려하여 계약 및 그 이행과 가장 밀접한 관련이 있는 곳이 영업소로 된다.

(b) if a party does not have a place of business, reference is to be made to his habitual residence.	(나) 당사자 일방이 영업소를 가지고 있지 아니한 경우에는 그의 상거소를 영업소로 본다.
Article 11 A contract of sale need not be concluded in or evidenced by writing and is not subject to any other requirement as to form. It may be proved by any means, including witnesses.	제11조 매매계약은 서면에 의하여 체결되거나 입증될 필요가 없고, 방식에 관한 그 밖의 어떠한 요건도 요구되지 아니한다. 매매계약은 증인을 포함하여 어떠한 방법에 의하여도 입증될 수 있다.
Article 12 Any provision of article 11, article 29 or Part II of this Convention that allows a contract of sale or its modification or termination by agreement or any offer, acceptance or other indication of intention to be made in any form other than in writing does not apply where any party has his place of business in a Contracting State which has made a declaration under article 96 of this Convention. The parties may not derogate from or vary the effect of this article.	제12조 매매계약, 합의에 의한 매매계약의 변경이나 종료, 청약·승낙 그 밖의 의사표시를 서면 이외의 방법으로 할 수 있도록 허용하는 이 협약 제11조, 제29조 또는 제2편은 당사자가 이 협약 제96조에 따라 유보선언을 한 체약국에 영업소를 가지고 있는 경우에는 적용되지 아니한다. 당사자는 이 조를 배제하거나 그 효과를 변경할 수 없다.
Article 13 For the purposes of this Convention "writing" includes telegram and telex.	제13조 이 협약의 적용상 「서면」에는 전보와 텔렉스가 포함된다.
Part II. Formation of the contract	제2편 계약의 성립
Article 14 (1) A proposal for concluding a contract addressed to one or more specific persons constitutes an offer if it is sufficiently definite and indicates the intention of the offeror to be bound in case of acceptance. A proposal is sufficiently definite if it indicates the goods and expressly or implicitly fixes or makes provision for determining the quantity and the price. (2) A proposal other than one addressed to one or more specific persons is to be considered merely as an invitation to make offers, unless the contrary is clearly indicated by the person making the proposal.	제14조 (1) 1인 또는 그 이상의 특정인에 대한 계약체결의 제안은 충분히 확정적이고, 승낙시 그에 구속된다는 청약자의 의사가 표시되어 있는 경우에 청약이 된다. 제안이 물품을 표시하고, 명시적 또는 묵시적으로 수량과 대금을 지정하거나 그 결정을 위한 조항을 두고 있는 경우에, 그 제안은 충분히 확정적인 것으로 한다. (2) 불특정 다수인에 대한 제안은 제안자가 반대 의사를 명확히 표시하지 아니하는 한, 단지 청약의 유인으로 본다.
Article 15 (1) An offer becomes effective when it reaches the offeree. (2) An offer, even if it is irrevocable, may be withdrawn if the withdrawal reaches the offeree before or at the same time as the offer.	제15조 (1) 청약은 상대방에게 도달한 때에 효력이 발생한다. (2) 청약은 철회될 수 없는 것이더라도, 회수의 의사표시가 청약의 도달 전 또는 그와 동시에 상대방에게 도달하는 경우에는 회수될 수 있다.
Article 16 (1) Until a contract is concluded an offer may be revoked if the revocation reaches the offeree before he has dispatched an acceptance.	제16조 (1) 청약은 계약이 체결되기까지는 철회될 수 있다. 다만, 상대방이 승낙의 통지를 발송하기 전에 철회의 의사표시가 상대방에게 도달되어야 한다.

(2) However, an offer cannot be revoked: 　(a) if it indicates, whether by stating a fixed time 　　for acceptance or otherwise, that it is irrevocable; 　　or 　(b) if it was reasonable for the offeree to rely on 　　the offer as being irrevocable and the offeree 　　has acted in reliance on the offer.	(2) 그러나 다음의 경우에는 청약은 철회될 수 없다. 　(가) 승낙기간의 지정 그 밖의 방법으로 청약이 철회 　　될 수 없음이 청약에 표시되어 있는 경우, 또는 　(나) 상대방이 청약이 철회될 수 없음을 신뢰하는 것 　　이 합리적이고, 상대방이 그 청약을 신뢰하여 　　행동한 경우
Article 17 An offer, even if it is irrevocable, is terminated when a rejection reaches the offeror.	제17조 청약은 철회될 수 없는 것이더라도, 거절의 의사표시가 청약자에게 도달한 때에는 효력을 상실한다.
Article 18 (1) A statement made by or other conduct of the offeree indicating assent to an offer is an acceptance. Silence or inactivity does not in itself amount to acceptance. (2) An acceptance of an offer becomes effective at the moment the indication of assent reaches the offeror. An acceptance is not effective if the indication of assent does not reach the offeror within the time he has fixed or, if no time is fixed, within a reasonable time, due account being taken of the circumstances of the transaction, including the rapidity of the means of communication employed by the offeror. An oral offer must be accepted immediately unless the circumstances indicate otherwise. (3) However, if, by virtue of the offer or as a result of practices which the parties have established between themselves or of usage, the offeree may indicate assent by performing an act, such as one relating to the dispatch of the goods or payment of the price, without notice to the offeror, the acceptance is effective at the moment the act is performed, provided that the act is performed within the period of time laid down in the preceding paragraph.	제18조 (1) 청약에 대한 동의를 표시하는 상대방의 진술 그 밖의 행위는 승낙이 된다. 침묵 또는 부작위는 그 자체만으로 승낙이 되지 아니한다. (2) 청약에 대한 승낙은 동의의 의사표시가 청약자에게 도달하는 시점에 효력이 발생한다. 동의의 의사표시가 청약자가 지정한 기간 내에, 기간의 지정이 없는 경우에는 청약자가 사용한 통신수단의 신속성 등 거래의 상황을 적절히 고려하여 합리적인 기간 내에 도달하지 아니하는 때에는, 승낙은 효력이 발생하지 아니한다. 구두의 청약은 특별한 사정이 없는 한 즉시 승낙되어야 한다. (3) 청약에 의하여 또는 당사자간에 확립된 관례나 관행의 결과로 상대방이 청약자에 대한 통지없이, 물품의 발송이나 대금지급과 같은 행위를 함으로써 동의를 표시할 수 있는 경우에는, 승낙은 그 행위가 이루어진 시점에 효력이 발생한다. 다만, 그 행위는 제2항에서 정한 기간 내에 이루어져야 한다.
Article 19 (1) A reply to an offer which purports to be an acceptance but contains additions, limitations or other modifications is a rejection of the offer and constitutes a counteroffer. (2) However, a reply to an offer which purports to be an acceptance but contains additional or different terms which do not materially alter the terms of the offer constitutes an acceptance, unless the offeror, without undue delay, objects orally to the discrepancy or dispatches a notice to that effect. If he does not so object, the terms of the contract are the terms of the offer	제19조 (1) 승낙을 의도하고 있으나, 부가, 제한 그 밖의 변경을 포함하는 청약에 대한 응답은 청약에 대한 거절이면서 또한 새로운 청약이 된다. (2) 승낙을 의도하고 있고, 청약의 조건을 실질적으로 변경하지 아니하는 부가적 조건 또는 상이한 조건을 포함하는 청약에 대한 응답은 승낙이 된다. 다만, 청약자가 부당한 지체없이 그 상위(相違)에 구두로 이의를 제기하거나 그러한 취지의 통지를 발송하는 경우에는 그러하지 아니하다. 청약자가 이의를 제기하지 아니하는 경우에는 승낙에 포함된 변경이 가하여진 청약 조건이 계약 조건이 된다.

with the modifications contained in the acceptance. (3) Additional or different terms relating, among other things, to the price, payment, quality and quantity of the goods, place and time of delivery, extent of one party's liability to the other or the settlement of disputes are considered to alter the terms of the offer materially.	(3) 특히 대금, 대금지급, 물품의 품질과 수량, 인도의 장소와 시기, 당사자 일방의 상대방에 대한 책임 범위 또는 분쟁해결에 관한 부가적 조건 또는 상이한 조건은 청약 조건을 실질적으로 변경하는 것으로 본다.
Article 20 (1) A period of time of acceptance fixed by the offeror in a telegram or a letter begins to run from the moment the telegram is handed in for dispatch or from the date shown on the letter or, if no such date is shown, from the date shown on the envelope. A period of time for acceptance fixed by the offeror by telephone, telex or other means of instantaneous communication, begins to run from the moment that the offer reaches the offeree. (2) Official holidays or non-business days occurring during the period for acceptance are included in calculating the period. However, if a notice of acceptance cannot be delivered at the address of the offeror on the last day of the period because that day falls on an official holiday or a non-business day at the place of business of the offeror, the period is extended until the first business day which follows.	제20조 (1) 청약자가 전보 또는 서신에서 지정한 승낙기간은 전보가 발송을 위하여 교부된 시점 또는 서신에 표시되어 있는 일자, 서신에 일자가 표시되지 아니한 경우에는 봉투에 표시된 일자로부터 기산한다. 청약자가 전화, 텔렉스 그 밖의 同時的 통신수단에 의하여 지정한 승낙기간은 청약이 상대방에게 도달한 시점으로부터 기산한다. (2) 승낙기간중의 공휴일 또는 비영업일은 기간의 계산에 산입한다. 다만, 기간의 말일이 청약자의 영업소 소재지의 공휴일 또는 비영업일에 해당하여 승낙의 통지가 기간의 말일에 청약자에게 도달될 수 없는 경우에는, 기간은 그 다음의 최초 영업일까지 연장된다.
Article 21 (1) A late acceptance is nevertheless effective as an acceptance if without delay the offeror orally so informs the offeree or dispatches a notice to that effect. (2) If a letter or other writing containing a late acceptance shows that it has been sent in such circumstances that if its transmission had been normal it would have reached the offeror in due time, the late acceptance is effective as an acceptance unless, without delay, the offeror orally informs the offeree that he considers his offer as having lapsed or dispatches a notice to that effect.	제21조 (1) 연착된 승낙은 청약자가 상대방에게 지체 없이 승낙으로서 효력을 가진다는 취지를 구두로 통고하거나 그러한 취지의 통지를 발송하는 경우에는 승낙으로서의 효력이 있다. (2) 연착된 승낙이 포함된 서신 그 밖의 서면에 의하여, 전달이 정상적이었다면 기간 내에 청약자에게 도달되었을 상황에서 승낙이 발송되었다고 인정되는 경우에는, 그 연착된 승낙은 승낙으로서의 효력이 있다. 다만, 청약자가 상대방에게 지체 없이 청약이 실효되었다는 취지를 구두로 통고하거나 그러한 취지의 통지를 발송하는 경우에는 그러하지 아니하다.
Article 22 An acceptance may be withdrawn if the withdrawal reaches the offeror before or at the same time as the acceptance would have become effective.	제22조 승낙은 그 효력이 발생하기 전 또는 그와 동시에 회수의 의사표시가 청약자에게 도달하는 경우에는 회수될 수 있다.
Article 23 A contract is concluded at the moment when an	제23조 계약은 청약에 대한 승낙이 이 협약에 따라 효력을 발

acceptance of an offer becomes effective in accordance with the provisions of this Convention.	생하는 시점에 성립된다.
Article 24 For the purposes of this Part of the Convention, an offer, declaration of acceptance or any other indication of intention "reaches" the addressee when it is made orally to him or delivered by any other means to him personally, to his place of business or mailing address or, if he does not have a place of business or mailing address, to his habitual residence.	제24조 이 협약 제2편의 적용상, 청약, 승낙 그 밖의 의사표시는 상대방에게 구두로 통고된 때 또는 그 밖의 방법으로 상대방 본인, 상대방의 영업소나 우편주소에 전달된 때, 상대방이 영업소나 우편주소를 가지지 아니한 경우에는 그의 상거소에 전달된 때에 상대방에게 "도달"된다.
Part III. Sale of goods	제3편 물품의 매매
CHAPTER I. GENERAL PROVISIONS	제1장 총 칙
Article 25 A breach of contract committed by one of the parties is fundamental if it results in such detriment to the other party as substantially to deprive him of what he is entitled to expect under the contract, unless the party in breach did not foresee and a reasonable person of the same kind in the same circumstances would not have foreseen such a result.	제25조 당사자 일방의 계약위반은, 그 계약에서 상대방이 기대할 수 있는 바를 실질적으로 박탈할 정도의 손실을 상대방에게 주는 경우에 본질적인 것으로 한다. 다만, 위반 당사자가 그러한 결과를 예견하지 못하였고, 동일한 부류의 합리적인 사람도 동일한 상황에서 그러한 결과를 예견하지 못하였을 경우에는 그러하지 아니하다.
Article 26 A declaration of avoidance of the contract is effective only if made by notice to the other party.	제26조 계약해제의 의사표시는 상대방에 대한 통지로 행하여진 경우에만 효력이 있다.
Article 27 Unless otherwise expressly provided in this Part of the Convention, if any notice, request or other communication is given or made by a party in accordance with this Part and by means appropriate in the circumstances, a delay or error in the transmission of the communication or its failure to arrive does not deprive that party of the right to rely on the communication.	제27조 이 협약 제3편에 별도의 명시규정이 있는 경우를 제외하고, 당사자가 이 협약 제3편에 따라 상황에 맞는 적절한 방법으로 통지, 청구 그 밖의 통신을 한 경우에, 당사자는 통신의 전달 중에 지연이나 오류가 있거나 또는 통신이 도달되지 아니하더라도 그 통신을 주장할 권리를 상실하지 아니한다.
Article 28 If, in accordance with the provisions of this Conven- tion, one party is entitled to require performance of any obligation by the other party, a court is not bound to enter a judgement for specific performance unless the court would do so under its own law in respect of similar contracts of sale not governed by this Convention.	제28조 당사자 일방이 이 협약에 따라 상대방의 의무이행을 요구할 수 있는 경우에도, 법원은 이 협약이 적용되지 아니하는 유사한 매매계약에 관하여 자국법에 따라 특정이행을 명하는 판결을 하여야 하는 경우가 아닌 한, 특정이행을 명하는 판결을 할 의무가 없다.
Article 29 (1) A contract may be modified or terminated by	제29조 (1) 계약은 당사자의 합의만으로 변경 또는 종료될 수

the mere agreement of the parties. (2) A contract in writing which contains a provision requiring any modification or termination by agreement to be in writing may not be otherwise modified or terminated by agreement. However, a party may be precluded by his conduct from asserting such a provision to the extent that the other party has relied on that conduct.	있다. (2) 서면에 의한 계약에 합의에 의한 변경 또는 종료는 서면에 의하여야 한다는 규정이 있는 경우에, 다른 방법으로 합의 변경 또는 합의 종료될 수 없다. 다만, 당사자는 상대방이 자신의 행동을 신뢰한 한도까지는 그러한 규정을 원용할 수 없다.
CHAPTER II. OBLIGATIONS OF THE SELLER	제2장 매도인의 의무
Article 30 The seller must deliver the goods, hand over any documents relating to them and transfer the property in the goods, as required by the contract and this Convention.	제30조 매도인은 계약과 이 협약에 따라 물품을 인도하고, 관련 서류를 교부하며 물품의 소유권을 이전하여야 한다.
Section I. Delivery of the goods and handing over of documents	제1절 물품의 인도와 서류의 교부
Article 30 The seller must deliver the goods, hand over any documents relating to them and transfer the property in the goods, as required by the contract and this Convention.	제30조 매도인은 계약과 이 협약에 따라 물품을 인도하고, 관련 서류를 교부하며 물품의 소유권을 이전하여야 한다.
Article 31 If the seller is not bound to deliver the goods at any other particular place, his obligation to deliver consists: (a) if the contract of sale involves carriage of the goods––in handing the goods over to the first carrier for transmission to the buyer; (b) if, in cases not within the preceding subparagraph, the contract relates to specific goods, or unidentified goods to be drawn from a specific stock or to be manufactured or produced, and at the time of the conclusion of the contract the parties knew that the goods were at, or were to be manufactured or produced at, a particular place––in placing the goods at the buyer's disposal at that place; (c) in other cases––in placing the goods at the buyer's disposal at the place where the seller had his place of business at the time of the conclusion of the contract.	제31조 매도인이 물품을 다른 특정한 장소에서 인도할 의무가 없는 경우에, 매도인의 인도의무는 다음과 같다. (가) 매매계약에 물품의 운송이 포함된 경우에는, 매수인에게 전달하기 위하여 물품을 제1운송인에게 교부하는 것. (나) (가)호에 해당되지 아니하는 경우로서 계약이 특정물에 관련되거나 또는 특정한 재고품에서 인출되는 불특정물이나 제조 또는 생산되는 불특정물에 관련되어 있고, 당사자 쌍방이 계약 체결시에 그 물품이 특정한 장소에 있거나 그 장소에서 제조 또는 생산되는 것을 알고 있었던 경우에는, 그 장소에서 물품을 매수인의 처분 하에 두는 것. (다) 그 밖의 경우에는, 계약 체결시에 매도인이 영업소를 가지고 있던 장소에서 물품을 매수인의 처분 하에 두는 것.
Article 32 (1) If the seller, in accordance with the contract or this Convention, hands the goods over to a carrier and if the goods are not clearly identified to the contract by markings on the goods, by shipping documents or otherwise,	제32조 (1) 매도인이 계약 또는 이 협약에 따라 물품을 운송인에게 교부한 경우에, 물품이 하인(荷印), 선적서류 그 밖의 방법에 의하여 그 계약의 목적물로서 명확히 특정되어 있지 아니한 때에는, 매도인은 매수인에게 물품을 특정하는 탁송통지를 하여야

the seller must give the buyer notice of the consignment specifying the goods.

(2) If the seller is bound to arrange for carriage of the goods, he must make such contracts as are necessary for carriage to the place fixed by means of transportation appropriate in the circumstances and according to the usual terms for such transportation.

(3) If the seller is not bound to effect insurance in respect of the carriage of the goods, he must, at the buyer's request, provide him with all available information necessary to enable him to effect such insurance.

Article 33
The seller must deliver the goods:
(a) if a date is fixed by or determinable from the contract, on that date;
(b) if a period of time is fixed by or determinable from the contract, at any time within that period unless circumstances indicate that the buyer is to choose a date; or
(c) in any other case, within a reasonable time after the conclusion of the contract.

Article 34
If the seller is bound to hand over documents relating to the goods, he must hand them over at the time and place and in the form required by the contract. If the seller has handed over documents before that time, he may, up to that time, cure any lack of conformity in the documents, if the exercise of this right does not cause the buyer unreasonable inconvenience or unreasonable expense. However, the buyer retains any right to claim damages as provided for in this Convention.

Section II. Conformity of the goods and third party claims

Article 35
(1) The seller must deliver goods which are of the quantity, quality and description required by the contract and which are contained or packaged in the manner required by the contract.
(2) Except where the parties have agreed otherwise, the goods do not conform with the contract unless they:
 (a) are fit for the purposes for which goods of the same description would ordinarily be used;
 (b) are fit for any particular purpose expressly or

한다.

(2) 매도인이 물품의 운송을 주선하여야 하는 경우에, 매도인은 상황에 맞는 적절한 운송수단 및 그 운송에서의 통상의 조건으로, 지정된 장소까지 운송하는 데 필요한 계약을 체결하여야 한다.

(3) 매도인이 물품의 운송에 관하여 부보(附保)할 의무가 없는 경우에도, 매도인은 매수인의 요구가 있으면 매수인이 부보하는데 필요한 모든 가능한 정보를 매수인에게 제공하여야 한다.

제33조
매도인은 다음의 시기에 물품을 인도하여야 한다.
(가) 인도기일이 계약에 의하여 지정되어 있거나 확정될 수 있는 경우에는 그 기일
(나) 인도기간이 계약에 의하여 지정되어 있거나 확정될 수 있는 경우에는 그 기간 내의 어느 시기. 다만, 매수인이 기일을 선택하여야 할 사정이 있는 경우에는 그러하지 아니하다.
(다) 그 밖의 경우에는 계약 체결후 합리적인 기간 내.

제34조
매도인이 물품에 관한 서류를 교부하여야 하는 경우에, 매도인은 계약에서 정한 시기, 장소 및 방식에 따라 이를 교부하여야 한다. 매도인이 교부하여야 할 시기 전에 서류를 교부한 경우에는, 매도인은 매수인에게 불합리한 불편 또는 비용을 초래하지 아니하는 한, 계약에서 정한 시기까지 서류상의 부적합을 치유할 수 있다. 다만, 매수인은 이 협약에서 정한 손해배상을 청구할 권리를 보유한다.

제2절 물품의 적합성과 제3자의 권리주장

제35조
(1) 매도인은 계약에서 정한 수량, 품질 및 종류에 적합하고, 계약에서 정한 방법으로 용기에 담겨지거나 포장된 물품을 인도하여야 한다.
(2) 당사자가 달리 합의한 경우를 제외하고, 물품은 다음의 경우에 계약에 적합하지 아니한 것으로 한다.
(가) 동종 물품의 통상 사용목적에 맞지 아니한 경우,
(나) 계약 체결 시 매도인에게 명시적 또는 묵시적으

impliedly made known to the seller at the time of the conclusion of the contract, except where the circumstances show that the buyer did not rely, or that it was unreasonable for him to rely, on the seller's skill and judgement;

(c) possess the qualities of goods which the seller has held out to the buyer as a sample or model;

(d) are contained or packaged in the manner usual for such goods or, where there is no such manner, in a manner adequate to preserve and protect the goods.

(3) The seller is not liable under subparagraphs (a) to (d) of the preceding paragraph for any lack of conformity of the goods if at the time of the conclusion of the contract the buyer knew or could not have been unaware of such lack of conformity.

로 알려진 특별한 목적에 맞지 아니한 경우. 다만, 그 상황에서 매수인이 매도인의 기술과 판단을 신뢰하지 아니하였거나 또는 신뢰하는 것이 불합리하였다고 인정되는 경우에는 그러하지 아니하다.

(다) 매도인이 견본 또는 모형으로 매수인에게 제시한 물품의 품질을 가지고 있지 아니한 경우.

(라) 그러한 물품에 대하여 통상의 방법으로, 통상의 방법이 없는 경우에는 그 물품을 보존하고 보호하는 데 적절한 방법으로 용기에 담겨지거나 포장되어 있지 아니한 경우.

(3) 매수인이 계약 체결시에 물품의 부적합을 알았거나 또는 모를 수 없었던 경우에는, 매도인은 그 부적합에 대하여 제2항의 (가)호 내지 (라)호에 따른 책임을 지지 아니한다.

Article 36

(1) The seller is liable in accordance with the contract and this Convention for any lack of conformity which exists at the time when the risk passes to the buyer, even though the lack of conformity becomes apparent only after that time.

(2) The seller is also liable for any lack of conformity which occurs after the time indicated in the preceding paragraph and which is due to a breach of any of his obligations, including a breach of any guarantee that for a period of time the goods will remain fit for their ordinary purpose or for some particular purpose or will retain specified qualities or characteristics.

제36조

(1) 매도인은 위험이 매수인에게 이전하는 때에 존재하는 물품의 부적합에 대하여, 그 부적합이 위험 이전 후에 판명된 경우라도, 계약과 이 협약에 따라 책임을 진다.

(2) 매도인은 제1항에서 정한 때보다 후에 발생한 부적합이라도 매도인의 위무위반에 기인하는 경우에는 그 부적합에 대하여 책임을 진다. 이 의무위반에는 물품이 일정기간 통상의 목적이나 특별한 목적에 맞는 상태를 유지한다는 보증 또는 특정한 품질이나 특성을 유지한다는 보증에 위반한 경우도 포함된다.

Article 37

If the seller has delivered goods before the date for delivery, he may, up to that date, deliver any missing part or make up any deficiency in the quantity of the goods delivered, or deliver goods in replacement of any non-conforming goods delivered or remedy any lack of conformity in the goods delivered, provided that the exercise of this right does not cause the buyer unreason- able inconvenience or unreasonable expense. However, the buyer retains any right to claim damages as provided for in this Convention.

제37조

매도인이 인도기일 전에 물품을 인도한 경우에는, 매수인에게 불합리한 불편 또는 비용을 초래하지 아니하는 한, 매도인은 그 기일까지 누락분을 인도하거나 부족한 수량을 보충하거나 부적합한 물품에 갈음하여 물품을 인도하거나 또는 물품의 부적합을 치유할 수 있다. 다만, 매수인은 이 협약에서 정한 손해배상을 청구할 권리를 보유한다.

Article 38

(1) The buyer must examine the goods, or cause them to be examined, within as short a period as is practicable in the circumstances.

제38조

(1) 매수인은 그 상황에서 실행가능한 단기간 내에 물품을 검사하거나 검사하게 하여야 한다.

(2) If the contract involves carriage of the goods, examination may be deferred until after the goods have arrived at their destination. (3) If the goods are redirected in transit or redispatched by the buyer without a reasonable opportunity for examination by him and at the time of the conclusion of the contract the seller knew or ought to have known of the possibility of such redirection or redispatch, examination may be deferred until after the goods have arrived at the new destination.	(2) 계약에 물품의 운송이 포함되는 경우에는, 검사는 물품이 목적지에 도착한 후까지 연기될 수 있다. (3) 매수인이 검사할 합리적인 기회를 가지지 못한 채 운송 중에 물품의 목적지를 변경하거나 물품을 전송(轉送)하고, 매도인이 계약 체결시에 그 변경 또는 전송의 가능성을 알았거나 알 수 있었던 경우에는, 검사는 물품이 새로운 목적지에 도착한 후까지 연기될 수 있다.
Article 39 (1) The buyer loses the right to rely on a lack of conformity of the goods if he does not give notice to the seller specifying the nature of the lack of conformity within a reasonable time after he has discovered it or ought to have discovered it. (2) In any event, the buyer loses the right to rely on a lack of conformity of the goods if he does not give the seller notice thereof at the latest within a period of two years from the date on which the goods were actually handed over to the buyer, unless this time-limit is inconsistent with a contractual period of guarantee.	**제39조** (1) 매수인이 물품의 부적합을 발견하였거나 발견할 수 있었던 때로부터 합리적인 기간 내에 매도인에게 그 부적합한 성질을 특정하여 통지하지 아니한 경우에는, 매수인은 물품의 부적합을 주장할 권리를 상실한다. (2) 매수인은 물품이 매수인에게 현실로 교부된 날부터 늦어도 2년 내에 매도인에게 제1항의 통지를 하지 아니한 경우에는, 물품의 부적합을 주장할 권리를 상실한다. 다만, 이 기간제한이 계약상의 보증기간과 양립하지 아니하는 경우에는 그러하지 아니하다.
Article 40 The seller is not entitled to rely on the provisions of articles 38 and 39 if the lack of conformity relates to facts of which he knew or could not have been unaware and which he did not disclose to the buyer.	**제40조** 물품의 부적합이 매도인이 알았거나 모를 수 없었던 사실에 관한 것이고, 매도인이 매수인에게 이를 밝히지 아니한 경우에는, 매도인은 제38조와 제39조를 원용할 수 없다.
Article 41 The seller must deliver goods which are free from any right or claim of a third party, unless the buyer agreed to take the goods subject to that right or claim. However, if such right or claim is based on industrial property or other intellectual property, the seller's obligation is governed by article 42.	**제41조** 매수인이 제3자의 권리나 권리주장의 대상이 된 물품을 수령하는 데 동의한 경우를 제외하고, 매도인은 제3자의 권리나 권리주장의 대상이 아닌 물품을 인도하여야 한다. 다만, 그러한 제3자의 권리나 권리주장이 공업소유권 그 밖의 지적재산권에 기초하는 경우에는, 매도인의 의무는 제42조에 의하여 규율된다.
Article 42 (1) The seller must deliver goods which are free from any right or claim of a third party based on industrial property or other intellectual property, of which at the time of the conclusion of the contract the seller knew or could not have been unaware, provided that the right or claim is based on industrial property or other intellectual property:	**제42조** (1) 매도인은, 계약 체결시에 자신이 알았거나 모를 수 없었던 공업소유권 그 밖의 지적재산권에 기초한 제3자의 권리나 권리주장의 대상이 아닌 물품을 인도하여야 한다. 다만, 제3자의 권리나 권리주장이 다음 국가의 법에 의한 공업소유권 그 밖의 지적재산권에 기초한 경우에 한한다.

(a) under the law of the State where the goods will be resold or otherwise used, if it was contemplated by the parties at the time of the conclusion of the contract that the goods would be resold or otherwise used in that State; or (b) in any other case, under the law of the State where the buyer has his place of business. (2) The obligation of the seller under the preceding paragraph does not extend to cases where: (a) at the time of the conclusion of the contract the buyer knew or could not have been unaware of the right or claim; or (b) the right or claim results from the seller's compliance with technical drawings, designs, formulae or other such specifications furnished by the buyer.	(가) 당사자 쌍방이 계약 체결시에 물품이 어느 국가에서 전매되거나 그 밖의 방법으로 사용될 것을 예상하였던 경우에는, 물품이 전매되거나 그 밖의 방법으로 사용될 국가의 법 (나) 그 밖의 경우에는 매수인이 영업소를 가지는 국가의 법 (2) 제1항의 매도인의 의무는 다음의 경우에는 적용되지 아니한다. (가) 매수인이 계약 체결 시에 그 권리나 권리주장을 알았거나 모를 수 없었던 경우 (나) 그 권리나 권리주장이 매수인에 의하여 제공된 기술설계, 디자인, 방식 그 밖의 지정에 매도인이 따른 결과로 발생한 경우
Article 43 (1) The buyer loses the right to rely on the provisions of article 41 or article 42 if he does not give notice to the seller specifying the nature of the right or claim of the third party within a reasonable time after he has become aware or ought to have become aware of the right or claim. (2) The seller is not entitled to rely on the provisions of the preceding paragraph if he knew of the right or claim of the third party and the nature of it.	제43조 (1) 매수인이 제3자의 권리나 권리주장을 알았거나 알았어야 했던 때로부터 합리적인 기간 내에 매도인에게 제3자의 권리나 권리주장의 성질을 특정하여 통지하지 아니한 경우에는, 매수인은 제41조 또는 제42조를 원용할 권리를 상실한다. (2) 매도인이 제3자의 권리나 권리주장 및 그 성질을 알고 있었던 경우에는 제1항을 원용할 수 없다.
Article 44 Notwithstanding the provisions of paragraph (1) of article 39 and paragraph (1) of article 43, the buyer may reduce the price in accordance with article 50 or claim damages, except for loss of profit, if he has a reasonable excuse for his failure to give the required notice.	제44조 제39조 제1항과 제43조 제1항에도 불구하고, 매수인은 정하여진 통지를 하지 못한 데에 합리적인 이유가 있는 경우에는 제50조에 따라 대금을 감액하거나 이익의 상실을 제외한 손해배상을 청구할 수 있다.
Section III. Remedies for breach of contract by the seller	제3절 매도인의 계약위반에 대한 구제
Article 45 (1) If the seller fails to perform any of his obligations under the contract or this Convention, the buyer may: (a) exercise the rights provided in articles 46 to 52; (b) claim damages as provided in articles 74 to 77. (2) The buyer is not deprived of any right he may have to claim damages by exercising his right	제45조 (1) 매도인이 계약 또는 이 협약상의 의무를 이행하지 아니하는 경우에 매수인은 다음을 할 수 있다. (가) 제46조 내지 제52조에서 정한 권리의 행사 (나) 제74조 내지 제77조에서 정한 손해배상의 청구 (2) 매수인이 손해배상을 청구하는 권리는 다른 구제를 구하는 권리를 행사함으로써 상실되지 아니한다.

to other remedies.

(3) No period of grace may be granted to the seller by a court or arbitral tribunal when the buyer resorts to a remedy for breach of contract.

Article 46

(1) The buyer may require performance by the seller of his obligations unless the buyer has resorted to a remedy which is inconsistent with this requirement.

(2) If the goods do not conform with the contract, the buyer may require delivery of substitute goods only if the lack of conformity constitutes a fundamental breach of contract and a request for substitute goods is made either in conjunction with notice given under article 39 or within a reasonable time thereafter.

(3) If the goods do not conform with the contract, the buyer may require the seller to remedy the lack of conformity by repair, unless this is unreasonable having regard to all the circum-stances. A request for repair must be made either in conjunction with notice given under article 39 or within a reasonable time thereafter.

Article 47

(1) The buyer may fix an additional period of time of reasonable length for performance by the seller of his obligations.

(2) Unless the buyer has received notice from the seller that he will not perform within the period so fixed, the buyer may not, during that period, resort to any remedy for breach of contract. However, the buyer is not deprived thereby of any right he may have to claim damages for delay in performance.

Article 48

(1) Subject to article 49, the seller may, even after the date for delivery, remedy at his own expense any failure to perform his obligations, if he can do so without unreasonable delay and without causing the buyer unreasonable inconvenience or uncertainty of reimbursement by the seller of expenses advanced by the buyer. However, the buyer retains any right to claim damages as provided for in this Convention.

(2) If the seller requests the buyer to make known whether he will accept performance and the buyer does not comply with the request within a reasonable time, the seller may perform within the time indicated in his request. The

(3) 매수인이 계약위반에 대한 구제를 구하는 경우에, 법원 또는 중재판정부는 매도인에게 유예기간을 부여할 수 없다.

제46조

(1) 매수인은 매도인에게 의무의 이행을 청구할 수 있다. 다만, 매수인이 그 청구와 양립하지 아니하는 구제를 구한 경우에는 그러하지 아니하다.

(2) 물품이 계약에 부적합한 경우에, 매수인은 대체물의 인도를 청구할 수 있다. 다만, 그 부적합이 본질적 계약위반을 구성하고, 그 청구가 제39조의 통지와 동시에 또는 그 후 합리적인 기간 내에 행하여진 경우에 한한다.

(3) 물품이 계약에 부적합한 경우에, 매수인은 모든 상황을 고려하여 불합리한 경우를 제외하고, 매도인에게 수리에 의한 부적합의 치유를 청구할 수 있다. 수리 청구는 제39조의 통지와 동시에 또는 그 후 합리적인 기간 내에 행하여져야 한다.

제47조

(1) 매수인은 매도인의 의무이행을 위하여 합리적인 부가기간을 정할 수 있다.

(2) 매도인으로부터 그 부가기간 내에 이행을 하지 아니하겠다는 통지를 수령한 경우를 제외하고, 매수인은 그 기간중 계약위반에 대한 구제를 구할 수 없다. 다만, 매수인은 이행지체에 대한 손해배상을 청구할 권리를 상실하지 아니한다.

제48조

(1) 제49조를 따를 것을 조건으로, 매도인은 인도기일 후에도 불합리하게 지체하지 아니하고 매수인에게 불합리한 불편 또는 매수인의 선급 비용을 매도인으로부터 상환받는 데 대한 불안을 초래하지 아니하는 경우에는, 자신의 비용으로 의무의 불이행을 치유할 수 있다. 다만, 매수인은 이 협약에서 정한 손해배상을 청구할 권리를 보유한다.

(2) 매도인이 매수인에게 이행의 수령 여부를 알려 달라고 요구하였으나 매수인이 합리적인 기간 내에 그 요구에 응하지 아니한 경우에는, 매도인은 그 요구에서 정한 기간 내에 이행을 할 수 있다. 매수인은 그 기간 중에는 매도인의 이행과 양립하지

buyer may not, during that period of time, resort to any remedy which is inconsistent with performance by the seller.	아니하는 구제를 구할 수 없다.
(3) A notice by the seller that he will perform within a specified period of time is assumed to include a request, under the preceding paragraph, that the buyer make known his decision.	(3) 특정한 기간 내에 이행을 하겠다는 매도인의 통지는 매수인이 그 결정을 알려야 한다는 제2항의 요구를 포함하는 것으로 추정한다.
(4) A request or notice by the seller under paragraph (2) or (3) of this article is not effective unless received by the buyer.	(4) 이 조 제2항 또는 제3항의 매도인의 요구 또는 통지는 매수인에 의하여 수령되지 아니하는 한 그 효력이 발생하지 아니한다.

Article 49
(1) The buyer may declare the contract avoided:
 (a) if the failure by the seller to perform any of his obligations under the contract or this Convention amounts to a fundamental breach of contract; or
 (b) in case of non-delivery, if the seller does not deliver the goods within the additional period of time fixed by the buyer in accordance with paragraph (1) of article 47 or declares that he will not deliver within the period so fixed.
(2) However, in cases where the seller has delivered the goods, the buyer loses the right to declare the contract avoided unless he does so:
 (a) in respect of late delivery, within a reasonable time after he has become aware that delivery has been made;
 (b) in respect of any breach other than late delivery, within a reasonable time:
 (i) after he knew or ought to have known of the breach;
 (ii) after the expiration of any additional period of time fixed by the buyer in accordance with paragraph (1) of article 47, or after the seller has declared that he will not perform his obligations within such an additional period; or
 (iii) after the expiration of any additional period of time indicated by the seller in accordance with paragraph (2) of article 48, or after the buyer has declared that he will not accept performances.

제49조
(1) 매수인은 다음의 경우에 계약을 해제할 수 있다.
(가) 계약 또는 이 협약상 매도인의 의무 불이행이 본질적 계약위반으로 되는 경우
(나) 인도 불이행의 경우에는, 매도인이 제47조 제1항에 따라 매수인이 정한 부가기간 내에 물품을 인도하지 아니하거나 그 기간 내에 인도하지 아니하겠다고 선언한 경우.
(2) 그러나 매도인이 물품을 인도한 경우에는, 매수인은 다음의 기간 내에 계약을 해제하지 아니하는 한 계약해제권을 상실한다.
(가) 인도지체의 경우, 매수인이 인도가 이루어진 것을 안 후 합리적인 기간 내
(나) 인도지체 이외의 위반의 경우, 다음의 시기로부터 합리적인 기간 내
① 매수인이 그 위반을 알았거나 또는 알 수 있었던 때
② 매수인이 제47조 제1항에 따라 정한 부가기간이 경과한 때 또는 매도인이 그 부가기간 내에 의무를 이행하지 아니하겠다고 선언한 때.
③ 매도인이 제48조 제2항에 따라 정한 부가기간이 경과한 때 또는 매수인이 이행을 수령하지 아니하겠다고 선언한 때

Article 50
If the goods do not conform with the contract and whether or not the price has already been paid, the buyer may reduce the price in the same proportion as the value that the goods actually delivered had at the time of the delivery bears to the value that conforming goods would have had

제50조
물품이 계약에 부적합한 경우에, 대금의 지급 여부에 관계없이 매수인은 현실로 인도된 물품이 인도시에 가지고 있던 가액이 계약에 적합한 물품이 그때에 가지고 있었을 가액에 대하여 가지는 비율에 따라 대금을 감액할 수 있다. 다만, 매도인이 제37조나 제48조에 따라 의무의 불이행을 치유하거나 매수인이 동 조

at that time. However, if the seller remedies any failure to perform his obligations in accordance with article 37 or article 48 or if the buyer refuses to accept performance by the seller in accordance with those articles, the buyer may not reduce the price.	항에 따라 매도인의 이행 수령을 거절한 경우에는 대금을 감액할 수 없다.
Article 51 (1) If the seller delivers only a part of the goods or if only a part of the goods delivered is in conformity with the contract, articles 46 to 50 apply in respect of the part which is missing or which does not conform. (2) The buyer may declare the contract avoided in its entirety only if the failure to make delivery completely or in conformity with the contract amounts to a fundamental breach of the contract.	제51조 (1) 매도인이 물품의 일부만을 인도하거나 인도된 물품의 일부만이 계약에 적합한 경우에, 제46조 내지 제50조는 부족 또는 부적합한 부분에 적용된다. (2) 매수인은 인도가 완전하게 또는 계약에 적합하게 이루어지지 아니한 것이 본질적 계약위반으로 되는 경우에 한하여 계약 전체를 해제할 수 있다.
Article 52 (1) If the seller delivers the goods before the date fixed, the buyer may take delivery or refuse to take delivery. (2) If the seller delivers a quantity of goods greater than that provided for in the contract, the buyer may take delivery or refuse to take delivery of the excess quantity. If the buyer takes delivery of all or part of the excess quantity, he must pay for it at the contract rate.	제52조 (1) 매도인이 이행기 전에 물품을 인도한 경우에, 매수인은 이를 수령하거나 거절할 수 있다. (2) 매도인이 계약에서 정한 것보다 다량의 물품을 인도한 경우에, 매수인은 초과분을 수령하거나 이를 거절할 수 있다. 매수인이 초과분의 전부 또는 일부를 수령한 경우에는 계약대금의 비율에 따라 그 대금을 지급하여야 한다.
CHAPTER III. OBLIGATIONS OF THE BUYER	제3장 매수인의 의무
Article 53 The buyer must pay the price for the goods and take delivery of them as required by the contract and this Convention.	제53조 매수인은 계약과 이 협약에 따라, 물품의 대금을 지급하고 물품의 인도를 수령하여야 한다.
Section I. Payment of the price	제1절 대금의 지급
Article 54 The buyer's obligation to pay the price includes taking such steps and complying with such formalities as may be required under the contract or any laws and regulations to enable payment to be made.	제54조 매수인의 대금지급의무에는 그 지급을 위하여 계약 또는 법령에서 정한 조치를 취하고 절차를 따르는 것이 포함된다.
Article 55 Where a contract has been validly concluded but does not expressly or implicitly fix or make provision for determining the price, the parties are considered, in the absence of any indication to the contrary, to have impliedly made reference to the price generally charged at the time of the conclusion of the contract for such goods sold under comparable circumstances in the trade	제55조 계약이 유효하게 성립되었으나 그 대금을 명시적 또는 묵시적으로 정하고 있지 아니하거나 이를 정하기 위한 조항을 두지 아니한 경우에는, 당사자는 반대의 표시가 없는 한, 계약 체결시에 당해 거래와 유사한 상황에서 매도되는 그러한 종류의 물품에 대하여 일반적으로 청구되는 대금을 묵시적으로 정한 것으로 본다.

concerned.	
Article 56 If the price is fixed according to the weight of the goods, in case of doubt it is to be determined by the net weight.	제56조 대금이 물품의 중량에 따라 정하여지는 경우에, 의심이 있는 때에는 순중량에 의하여 대금을 결정하는 것으로 한다.
Article 57 (1) If the buyer is not bound to pay the price at any other particular place, he must pay it to the seller: (a) at the seller's place of business; or (b) if the payment is to be made against the handing over of the goods or of documents, at the place where the handing over takes place. (2) The seller must bear any increase in the expenses incidental to payment which is caused by a change in his place of business subsequent to the conclusion of the contract.	제57조 (1) 매수인이 다른 특정한 장소에서 대금을 지급할 의무가 없는 경우에는, 다음의 장소에서 매도인에게 이를 지급하여야 한다. (가) 매도인의 영업소, 또는 (나) 대금이 물품 또는 서류의 교부와 상환하여 지급되어야 하는 경우에는 그 교부가 이루어지는 장소 (2) 매도인은 계약 체결후에 자신의 영업소를 변경함으로써 발생하는 대금지급에 대한 부수비용의 증가액을 부담하여야 한다.
Article 58 (1) If the buyer is not bound to pay the price at any other specific time he must pay it when the seller places either the goods or documents controlling their disposition at the buyer's disposal in accordance with the contract and this Convention. The seller may make such payment a condition for handing over the goods or documents. (2) If the contract involves carriage of the goods, the seller may dispatch the goods on terms whereby the goods, or documents controlling their disposition, will not be handed over to the buyer except against payment of the price. (3) The buyer is not bound to pay the price until he has had an opportunity to examine the goods, unless the procedures for delivery or payment agreed upon by the parties are inconsistent with his having such an opportunity.	제58조 (1) 매수인이 다른 특정한 시기에 대금을 지급할 의무가 없는 경우에는, 매수인은 매도인이 계약과 이 협약에 따라 물품 또는 그 처분을 지배하는 서류를 매수인의 처분하에 두는 때에 대금을 지급하여야 한다. 매도인은 그 지급을 물품 또는 서류의 교부를 위한 조건으로 할 수 있다. (2) 계약에 물품의 운송이 포함되는 경우에는, 매도인은 대금의 지급과 상환하여서만 물품 또는 그 처분을 지배하는 서류를 매수인에게 교부한다는 조건으로 물품을 발송할 수 있다. (3) 매수인은 물품을 검사할 기회를 가질 때까지는 대금을 지급할 의무가 없다. 다만, 당사자 간에 합의된 인도 또는 지급절차가 매수인이 검사 기회를 가지는 것과 양립하지 아니하는 경우에는 그러하지 아니하다.
Article 59 The buyer must pay the price on the date fixed by or determinable from the contract and this Convention without the need for any request or compliance with any formality on the part of the seller.	제59조 매수인은 계약 또는 이 협약에서 지정되거나 확정될 수 있는 기일에 대금을 지급하여야 하며, 이 경우 매도인의 입장에서는 어떠한 요구를 하거나 절차를 따를 필요가 없다.
Section II. Taking delivery	제2절 인도의 수령
Article 60 The buyer's obligation to take delivery consists: (a) in doing all the acts which could reasonably be expected of him in order to enable the	제60조 매수인의 수령의무는 다음과 같다. (가) 매도인의 인도를 가능하게 하기 위하여 매수인에게 합리적으로 기대될 수 있는 모든 행위를 하는

seller to make delivery; and (b) in taking over the goods.	것, 및 (나) 물품을 수령하는 것
Section III. Remedies for breach of contract by the buyer	제3절 매수인의 계약위반에 대한 구제
Article 61 (1) If the buyer fails to perform any of his obligations under the contract or this Convention, the seller may: (a) exercise the rights provided in articles 62 to 65; (b) claim damages as provided in articles 74 to 77. (2) The seller is not deprived of any right he may have to claim damages by exercising his right to other remedies. (3) No period of grace may be granted to the buyer by a court or arbitral tribunal when the seller resorts to a remedy for breach of contract.	제61조 (1) 매수인이 계약 또는 이 협약상의 의무를 이행하지 아니하는 경우에 매도인은 다음을 할 수 있다. (가) 제62조 내지 제65조에서 정한 권리의 행사 (나) 제74조 내지 제77조에서 정한 손해배상의 청구 (2) 매도인이 손해배상을 청구하는 권리는 다른 구제를 구하는 권리를 행사함으로써 상실되지 아니한다. (3) 매도인이 계약위반에 대한 구제를 구하는 경우에, 법원 또는 중재판정부는 매수인에게 유예기간을 부여할 수 없다.
Article 62 The seller may require the buyer to pay the price, take delivery or perform his other obligations, unless the seller has resorted to a remedy which is inconsistent with this requirement.	제62조 매도인은 매수인에게 대금의 지급, 인도의 수령 또는 그 밖의 의무의 이행을 청구할 수 있다. 다만, 매도인이 그 청구와 양립하지 아니하는 구제를 구한 경우에는 그러하지 아니하다.
Article 63 (1) The seller may fix an additional period of time of reasonable length for performance by the buyer of his obligations. (2) Unless the seller has received notice from the buyer that he will not perform within the period so fixed, the seller may not, during that period, resort to any remedy for breach of contract. However, the seller is not deprived thereby of any right he may have to claim damages for delay in performance.	제63조 (1) 매도인은 매수인의 의무이행을 위하여 합리적인 부가기간을 정할 수 있다. (2) 매수인으로부터 그 부가기간 내에 이행을 하지 아니하겠다는 통지를 수령한 경우를 제외하고, 매도인은 그 기간 중 계약위반에 대한 구제를 구할 수 없다. 다만, 매도인은 이행지체에 대한 손해배상을 청구할 권리를 상실하지 아니한다.
Article 64 (1) The seller may declare the contract avoided: (a) if the failure by the buyer to perform any of his obligations under the contract or this Convention amounts to a fundamental breach of contract; or (b) if the buyer does not, within the additional period of time fixed by the seller in accordance with paragraph (1) of article 63, perform his obligation to pay the price or take delivery of the goods, or if he declares that he will not do so within the period so fixed; (2) However, in cases where the buyer has paid the price, the seller loses the right to declare	제64조 (1) 매도인은 다음의 경우에 계약을 해제할 수 있다. (가) 계약 또는 이 협약상 매수인의 의무 불이행이 본질적 계약위반으로 되는 경우 (나) 매수인이 제63조 제1항에 따라 매도인이 정한 부가기간 내에 대금지급 또는 물품수령 의무를 이행하지 아니하거나 그 기간 내에 그러한 의무를 이행하지 아니하겠다고 선언한 경우. (2) 그러나 매수인이 대금을 지급한 경우에는, 매도인은 다음의 기간 내에 계약을 해제하지 아니하는

the contract avoided unless he does so:	한 계약해제권을 상실한다.
(a) in respect of late performance by the buyer, before the seller has become aware that performance has been rendered; or	(가) 매수인의 이행지체의 경우, 매도인이 이행이 이루어진 것을 알기 전
(b) in respect of any breach other than late performance by the buyer, within a reasonable time:	(나) 매수인의 이행지체 이외의 위반의 경우, 다음의 시기로부터 합리적인 기간 내
(i) after the seller knew or ought to have known of the breach; or	① 매도인이 그 위반을 알았거나 또는 알 수 있었던 때
(ii) after the expiration of any additional period of time fixed by the seller in accordance with paragraph (1) of article 63, or after the buyer has declared that he will not perform his obligations within such an additional period.	② 매도인이 제63조 제1항에 따라 정한 부가기간이 경과한 때 또는 매수인이 그 부가기간 내에 의무를 이행하지 아니하겠다고 선언한 때.
Article 65 (1) If under the contract the buyer is to specify the form, measurement or other features of the goods and he fails to make such specification either on the date agreed upon or within a reasonable time after receipt of a request from the seller, the seller may, without prejudice to any other rights he may have, make the specification himself in accordance with the requirements of the buyer that may be known to him.	**제65조** (1) 계약상 매수인이 물품의 형태, 규격 그 밖의 특징을 지정하여야 하는 경우에, 매수인이 합의된 기일 또는 매도인으로부터 요구를 수령한 후 합리적인 기간 내에 그 지정을 하지 아니한 경우에는, 매도인은 자신이 보유하는 다른 권리를 해함이 없이, 자신이 알고 있는 매수인의 필요에 따라 스스로 지정할 수 있다.
(2) If the seller makes the specification himself, he must inform the buyer of the details thereof and must fix a reasonable time within which the buyer may make a different specification. If, after receipt of such a communication, the buyer fails to do so within the time so fixed, the specification made by the seller is binding.	(2) 매도인은 스스로 지정하는 경우에 매수인에게 그 상세한 사정을 통고하고, 매수인이 그와 다른 지정을 할 수 있도록 합리적인 기간을 정하여야 한다. 매수인이 그 통지를 수령한 후 정하여진 기간 내에 다른 지정을 하지 아니하는 경우에는, 매도인의 지정이 구속력을 가진다.
CHAPTER IV. PASSING OF RISK	제4장 위험의 이전
Article 66 Loss of or damage to the goods after the risk has passed to the buyer does not discharge him from his obligation to pay the price, unless the loss or damage is due to an act or omission of the seller.	**제66조** 위험이 매수인에게 이전된 후에 물품이 멸실 또는 훼손되더라도 매수인은 대금지급의무를 면하지 못한다. 다만, 그 멸실 또는 훼손이 매도인의 작위 또는 부작위로 인한 경우에는 그러하지 아니하다.
Article 67 (1) If the contract of sale involves carriage of the goods and the seller is not bound to hand them over at a particular place, the risk passes to the buyer when the goods are handed over to the first carrier for transmission to the buyer in accordance with the contract of sale. If the seller is bound to hand the goods over to a carrier at a particular place, the risk does not pass to the buyer until the goods are handed	**제67조** (1) 매매계약에 물품의 운송이 포함되어 있고, 매도인이 특정한 장소에서 이를 교부할 의무가 없는 경우에, 위험은 매매계약에 따라 매수인에게 전달하기 위하여 물품이 제1운송인에게 교부된 때에 매수인에게 이전한다. 매도인이 특정한 장소에서 물품을 운송인에게 교부하여야 하는 경우에는, 위험은 그 장소에서 물품이 운송인에게 교부될 때까지 매수인에게 이전하지 아니한다. 매도인이 물품의 처분을 지배하는 서류를 보유할 권한이 있다는 사

over to the carrier at that place. The fact that the seller is authorized to retain documents controlling the disposition of the goods does not affect the passage of the risk. (2) Nevertheless, the risk does not pass to the buyer until the goods are clearly identified to the contract, whether by markings on the goods, by shipping documents, by notice given to the buyer or otherwise.	실은 위험의 이전에 영향을 미치지 아니한다. (2) 제1항에도 불구하고 위험은 물품이 하인(荷印), 선적서류, 매수인에 대한 통지 그 밖의 방법에 의하여 계약상 명확히 특정될 때까지 매수인에게 이전하지 아니한다.
Article 68 The risk in respect of goods sold in transit passes to the buyer from the time of the conclusion of the contract. However, if the circumstances so indicate, the risk is assumed by the buyer from the time the goods were handed over to the carrier who issued the documents embodying the contract of carriage. Nevertheless, if at the time of the conclusion of the contract of sale the seller knew or ought to have known that the goods had been lost or damaged and did not disclose this to the buyer, the loss or damage is at the risk of the seller.	제68조 운송중에 매도된 물품에 관한 위험은 계약 체결시에 매수인에게 이전한다. 다만, 특별한 사정이 있는 경우에는, 위험은 운송계약을 표창하는 서류를 발행한 운송인에게 물품이 교부된 때부터 매수인이 부담한다. 그럼에도 불구하고, 매도인이 매매계약의 체결시에 물품이 멸실 또는 훼손된 것을 알았거나 알았어야 했고, 매수인에게 이를 밝히지 아니한 경우에는, 그 멸실 또는 훼손은 매도인의 위험으로 한다.
Article 69 (1) In cases not within articles 67 and 68, the risk passes to the buyer when he takes over the goods or, if he does not do so in due time, from the time when the goods are placed at his disposal and he commits a breach of contract by failing to take delivery. (2) However, if the buyer is bound to take over the goods at a place other than a place of business of the seller, the risk passes when delivery is due and the buyer is aware of the fact that the goods are placed at his disposal at that place. (3) If the contract relates to goods not then identified, the goods are considered not to be placed at the disposal of the buyer until they are clearly identified to the contract.	제69조 (1) 제67조와 제68조가 적용되지 아니하는 경우에, 위험은 매수인이 물품을 수령한 때, 매수인이 적시에 이를 수령하지 아니한 경우에는 물품이 매수인의 처분 하에 놓여지고 매수인이 이를 수령하지 아니하여 계약을 위반하는 때에 매수인에게 이전한다. (2) 매수인이 매도인의 영업소 이외의 장소에서 물품을 수령하여야 하는 경우에는, 위험은 인도기일이 도래하고 물품이 그 장소에서 매수인의 처분 하에 놓여진 것을 매수인이 안 때에 이전한다. (3) 불특정물에 관한 계약의 경우에, 물품은 계약상 명확히 특정될 때까지 매수인의 처분하에 놓여지지 아니한 것으로 본다.
Article 70 If the seller has committed a fundamental breach of contract, articles 67, 68 and 69 do not impair the remedies available to the buyer on account of the breach.	제70조 매도인이 본질적 계약위반을 한 경우에는, 제67조, 제68조 및 제69조는 매수인이 그 위반을 이유로 구할 수 있는 구제를 방해하지 아니한다.
CHAPTER V. PROVISIONS COMMON TO THE OBLIGATIONS OF THE SELLER AND OF THE BUYER	제5장 매도인과 매수인의 의무에 공통되는 규정
Section I. Anticipatory breach and instalment contracts	제1절 이행이전의 계약위반과 분할인도계약

Article 71 (1) A party may suspend the performance of his obligations if, after the conclusion of the contract, it becomes apparent that the other party will not perform a substantial part of his obligations as a result of: (a) a serious deficiency in his ability to perform or in his creditworthiness; or (b) his conduct in preparing to perform or in performing the contract. (2) If the seller has already dispatched the goods before the grounds described in the preceding paragraph become evident, he may prevent the handing over of the goods to the buyer even though the buyer holds a document which entitles him to obtain them. The present paragraph relates only to the rights in the goods as between the buyer and the seller. (3) A party suspending performance, whether before or after dispatch of the goods, must immediately give notice of the suspension to the other party and must continue with performance if the other party provides adequate assurance of his performance.	제71조 (1) 당사자는 계약체결 후 다음의 사유로 상대방이 의무의 실질적 부분을 이행하지 아니할 것이 판명된 경우에는, 자신의 의무 이행을 정지할 수 있다. (가) 상대방의 이행능력 또는 신용도의 중대한 결함 (나) 계약의 이행 준비 또는 이행에 관한 상대방의 행위 (2) 제1항의 사유가 명백하게 되기 전에 매도인이 물품을 발송한 경우에는, 매수인이 물품을 취득할 수 있는 증권을 소지하고 있더라도 매도인은 물품이 매수인에게 교부되는 것을 저지할 수 있다. 이 항은 매도인과 매수인간의 물품에 관한 권리에 대하여만 적용된다. (3) 이행을 정지한 당사자는 물품의 발송 전후에 관계없이 즉시 상대방에게 그 정지를 통지하여야 하고, 상대방이 그 이행에 관하여 적절한 보장을 제공한 경우에는 이행을 계속하여야 한다.
Article 72 (1) If prior to the date for performance of the contract it is clear that one of the parties will commit a fundamental breach of contract, the other party may declare the contract avoided. (2) If time allows, the party intending to declare the contract avoided must give reasonable notice to the other party in order to permit him to provide adequate assurance of his performance. (3) The requirements of the preceding paragraph do not apply if the other party has declared that he will not perform his obligations.	제72조 (1) 계약의 이행기일 전에 당사자 일방이 본질적 계약위반을 할 것이 명백한 경우에는, 상대방은 계약을 해제할 수 있다. (2) 시간이 허용하는 경우에는, 계약을 해제하려고 하는 당사자는 상대방이 이행에 관하여 적절한 보장을 제공할 수 있도록 상대방에게 합리적인 통지를 하여야 한다. (3) 제2항의 요건은 상대방이 그 의무를 이행하지 아니하겠다고 선언한 경우에는 적용되지 아니한다.
Article 73 (1) In the case of a contract for delivery of goods by instalments, if the failure of one party to perform any of his obligations in respect of any instalment constitutes a fundamental breach of contract with respect to that instalment, the other party may declare the contract avoided with respect to that instalment. (2) If one party's failure to perform any of his obligations in respect of any instalment gives the other party good grounds to conclude that a fundamental breach of contract will occur with respect to future installments, he may declare	제73조 (1) 물품을 분할하여 인도하는 계약에서 어느 분할부분에 관한 당사자 일방의 의무 불이행이 그 분할부분에 관하여 본질적 계약위반이 되는 경우에는, 상대방은 그 분할부분에 관하여 계약을 해제할 수 있다. (2) 어느 분할부분에 관한 당사자 일방의 의무 불이행이 장래의 분할부분에 대한 본질적 계약위반의 발생을 추단하는 데에 충분한 근거가 되는 경우에는, 상대방은 장래에 향하여 계약을 해제할 수 있다. 다만, 그 해제는 합리적인 기간 내에 이루어져

the contract avoided for the future, provided that he does so within a reasonable time.	야 한다.
(3) A buyer who declares the contract avoided in respect of any delivery may, at the same time, declare it avoided in respect of deliveries already made or of future deliveries if, by reason of their interdependence, those deliveries could not be used for the purpose contemplated by the parties at the time of the conclusion of the contract.	(3) 어느 인도에 대하여 계약을 해제하는 매수인은, 이미 행하여진 인도 또는 장래의 인도가 그 인도와의 상호 의존관계로 인하여 계약 체결 시에 당사자 쌍방이 예상했던 목적으로 사용될 수 없는 경우에는, 이미 행하여진 인도 또는 장래의 인도에 대하여도 동시에 계약을 해제할 수 있다.
Section II. Damages	제2절 손해배상액
Article 74 Damages for breach of contract by one party consist of a sum equal to the loss, including loss of profit, suffered by the other party as a consequence of the breach. Such damages may not exceed the loss which the party in breach foresaw or ought to have foreseen at the time of the conclusion of the contract, in the light of the facts and matters of which he then knew or ought to have known, as a possible consequence of the breach of contract.	제74조 당사자 일방의 계약위반으로 인한 손해배상액은 이익의 상실을 포함하여 그 위반의 결과 상대방이 입은 손실과 동등한 금액으로 한다. 그 손해배상액은 위반 당사자가 계약 체결시에 알았거나 알 수 있었던 사실과 사정에 비추어, 계약위반의 가능한 결과로서 발생할 것을 예견하였거나 예견할 수 있었던 손실을 초과할 수 없다.
Article 75 If the contract is avoided and if, in a reasonable manner and within a reasonable time after avoidance, the buyer has bought goods in replace- ment or the seller has resold the goods, the party claiming damages may recover the difference between the contract price and the price in the substitute transaction as well as any further damages recoverable under article 74.	제75조 계약이 해제되고 계약해제 후 합리적인 방법으로, 합리적인 기간 내에 매수인이 대체물을 매수하거나 매도인이 물품을 재매각한 경우에, 손해배상을 청구하는 당사자는 계약대금과 대체거래대금과의 차액 및 그 외에 제74조에 따른 손해액을 배상받을 수 있다.
Article 76 (1) If the contract is avoided and there is a current price for the goods, the party claiming damages may, if he has not made a purchase or resale under article 75, recover the difference between the price fixed by the contract and the current price at the time of avoidance as well as any further damages recoverable under article 74. If, however, the party claiming damages has avoided the contract after taking over the goods, the current price at the time of such taking over shall be applied instead of the current price at the time of avoidance.	제76조 (1) 계약이 해제되고 물품에 시가가 있는 경우에, 손해배상을 청구하는 당사자는 제75조에 따라 구입 또는 재매각하지 아니하였다면 계약대금과 계약해제시의 시가와의 차액 및 그 외에 제74조에 따른 손해액을 배상받을 수 있다. 다만, 손해배상을 청구하는 당사자가 물품을 수령한 후에 계약을 해제한 경우에는, 해제시의 시가에 갈음하여 물품 수령시의 시가를 적용한다.
(2) For the purposes of the preceding paragraph, the current price is the price prevailing at the place where delivery of the goods should have been made or, if there is no current	(2) 제1항의 적용상, 시가는 물품이 인도되었어야 했던 장소에서의 지배적인 가격, 그 장소에 시가가 없는 경우에는 물품 운송비용의 차액을 적절히 고려하여 합리적으로 대체할 수 있는 다른 장소에서

price at that place, the price at such other place as serves as a reasonable substitute, making due allowance for differences in the cost of trans— porting the goods.	의 가격을 말한다.
Article 77 A party who relies on a breach of contract must take such measures as are reasonable in the circumstances to mitigate the loss, including loss of profit, resulting from the breach. If he fails to take such measures, the party in breach may claim a reduction in the damages in the amount by which the loss should have been mitigated.	**제77조** 계약위반을 주장하는 당사자는 이익의 상실을 포함하여 그 위반으로 인한 손실을 경감하기 위하여 그 상황에서 합리적인 조치를 취하여야 한다. 계약위반을 주장하는 당사자가 그 조치를 취하지 아니한 경우에는, 위반 당사자는 경감되었어야 했던 손실액만큼 손해배상액의 감액을 청구할 수 있다.
Section III. Interest	**제3절 이 자**
Article 78 If a party fails to pay the price or any other sum that is in arrears, the other party is entitled to interest on it, without prejudice to any claim for damages recoverable under article 74.	**제78조** 당사자가 대금 그 밖의 연체된 금액을 지급하지 아니하는 경우에, 상대방은 제74조에 따른 손해배상청구권을 해함이 없이, 그 금액에 대한 이자를 청구할 수 있다.
Section IV. Exemption	**제4절 면 책**
Article 79 (1) A party is not liable for a failure to perform any of his obligations if he proves that the failure was due to an impediment beyond his control and that he could not reasonably be expected to have taken the impediment into account at the time of the conclusion of the contract or to have avoided or overcome it or its consequences. (2) If the party's failure is due to the failure by a third person whom he has engaged to perform the whole or a part of the contract, that party is exempt from liability only if: (a) he is exempt under the preceding paragraph; and (b) the person whom he has so engaged would be so exempt if the provisions of that paragraph were applied to him. (3) The exemption provided by this article has effect for the period during which the impediment exists. (4) The party who fails to perform must give notice to the other party of the impediment and its effect on his ability to perform. If the notice is not received by the other party within a reasonable time after the party who fails to perform knew or ought to have known of the impediment, he is liable for damages resulting	**제79조** (1) 당사자는 그 의무의 불이행이 자신이 통제할 수 없는 장애에 기인하였다는 것과 계약 체결시에 그 장애를 고려하거나 또는 그 장애나 그로 인한 결과를 회피하거나 극복하는 것이 합리적으로 기대될 수 없었다는 것을 증명하는 경우에는, 그 의무 불이행에 대하여 책임이 없다. (2) 당사자의 불이행이 계약의 전부 또는 일부의 이행을 위하여 사용한 제3자의 불이행으로 인한 경우에는, 그 당사자는 다음의 경우에 한하여 그 책임을 면한다. (가) 당사자가 제1항의 규정에 의하여 면책되고, 또한 (나) 당사자가 사용한 제3자도 그에게 제1항이 적용된다면 면책되는 경우 (3) 이 조에 규정된 면책은 장애가 존재하는 기간 동안에 효력을 가진다. (4) 불이행 당사자는 장애가 존재한다는 것과 그 장애가 자신의 이행능력에 미치는 영향을 상대방에게 통지하여야 한다. 불이행 당사자가 장애를 알았거나 알았어야 했던 때로부터 합리적인 기간 내에 상대방이 그 통지를 수령하지 못한 경우에는, 불이행 당사자는 불수령으로 인한 손해에 대하여 책임이 있다.

from such nonreceipt. (5) Nothing in this article prevents either party from exercising any right other than to claim damages under this Convention.	(5) 이 조는 어느 당사자가 이 협약에 따라 손해배상 청구권 이외의 권리를 행사하는 것을 방해하지 아니한다.
Article 80 A party may not rely on a failure of the other party to perform, to the extent that such failure was caused by the first party's act or omission.	**제80조** 당사자는 상대방의 불이행이 자신의 작위 또는 부작위에 기인하는 한, 상대방의 불이행을 주장할 수 없다.
Section V. Effects of avoidance	**제5절 해제의 효력**
Article 81 (1) Avoidance of the contract releases both parties from their obligations under it, subject to any damages which may be due. Avoidance does not affect any provision of the contract for the settlement of disputes or any other provision of the contract governing the rights and obligations of the parties consequent upon the avoidance of the contract. (2) A party who has performed the contract either wholly or in part may claim restitution from the other party of whatever the first party has supplied or paid under the contract. If both parties are bound to make restitution, they must do so concurrently.	**제81조** (1) 계약의 해제는 손해배상의무를 제외하고 당사자 쌍방을 계약상의 의무로부터 면하게 한다. 해제는 계약상의 분쟁해결조항 또는 해제의 결과 발생하는 당사자의 권리의무를 규율하는 그 밖의 계약조항에 영향을 미치지 아니한다. (2) 계약의 전부 또는 일부를 이행한 당사자는 상대방에게 자신이 계약상 공급 또는 지급한 것의 반환을 청구할 수 있다. 당사자 쌍방이 반환하여야 하는 경우에는 동시에 반환하여야 한다.
Article 82 (1) The buyer loses the right to declare the contract avoided or to require the seller to deliver substitute goods if it is impossible for him to make restitution of the goods substantially in the condition in which he received them. (2) The preceding paragraph does not apply: (a) if the impossibility of making restitution of the goods or of making restitution of the goods substantially in the condition in which the buyer received them is not due to his act or omission; (b) the goods or part of the goods have perished or deteriorated as a result of the examination provided for in article 38; or (c) if the goods or part of the goods have been sold in the normal course of business or have been consumed or transformed by the buyer in the course of normal use before he discovered or ought to have discovered the lack of conformity.	**제82조** (1) 매수인이 물품을 수령한 상태와 실질적으로 동일한 상태로 그 물품을 반환할 수 없는 경우에는, 매수인은 계약을 해제하거나 매도인에게 대체물을 청구할 권리를 상실한다. (2) 제1항은 다음의 경우에는 적용되지 아니한다. (가) 물품을 반환할 수 없거나 수령한 상태와 실질적으로 동일한 상태로 반환할 수 없는 것이 매수인의 작위 또는 부작위에 기인하지 아니한 경우 (나) 물품의 전부 또는 일부가 제38조에 따른 검사의 결과로 멸실 또는 훼손된 경우 (다) 매수인이 부적합을 발견하였거나 발견하였어야 했던 시점 전에, 물품의 전부 또는 일부가 정상적인 거래과정에서 매각되거나 통상의 용법에 따라 소비 또는 변형된 경우
Article 83 A buyer who has lost the right to declare the contract avoided or to require the seller to deliver	**제83조** 매수인은, 제82조에 따라 계약해제권 또는 대체물인도청구권을 상실한 경우에도, 계약과 이 협약에 따른

substitute goods in accordance with article 82 retains all other remedies under the contract and this Convention.	그 밖의 모든 구제권을 보유한다.
Article 84 (1) If the seller is bound to refund the price, he must also pay interest on it, from the date on which the price was paid. (2) The buyer must account to the seller for all benefits which he has derived from the goods or part of them: (a) if he must make restitution of the goods or part of them; or (b) if it is impossible for him to make restitu- tion of all or part of the goods or to make restitution of all or part of the goods substan- tially in the condition in which he received them, but he has nevertheless declared the contract avoided or required the seller to deliver substitute goods.	제84조 (1) 매도인은 대금을 반환하여야 하는 경우에, 대금이 지급된 날부터 그에 대한 이자도 지급하여야 한다. (2) 매수인은 다음의 경우에는 물품의 전부 또는 일부로부터 발생된 모든 이익을 매도인에게 지급하여야 한다. (가) 매수인이 물품의 전부 또는 일부를 반환하여야 하는 경우 (나) 물품의 전부 또는 일부를 반환할 수 없거나 수령한 상태와 실질적으로 동일한 상태로 전부 또는 일부를 반환할 수 없음에도 불구하고, 매수인이 계약을 해제하거나 매도인에게 대체물의 인도를 청구한 경우
Section VI. Preservation of the goods	제6절 물품의 보관
Article 85 If the buyer is in delay in taking delivery of the goods or, where payment of the price and delivery of the goods are to be made concurrently, if he fails to pay the price, and the seller is either in possession of the goods or otherwise able to control their disposition, the seller must take such steps as are reasonable in the circumstances to preserve them. He is entitled to retain them until he has been reimbursed his reasonable expenses by the buyer.	제85조 매수인이 물품 인도의 수령을 지체하거나 또는 대금지급과 물품 인도가 동시에 이루어져야 함에도 매수인이 대금을 지급하지 아니한 경우로서, 매도인이 물품을 점유하거나 그 밖의 방법으로 그 처분을 지배할 수 있는 경우에는, 매도인은 물품을 보관하기 위하여 그 상황에서 합리적인 조치를 취하여야 한다. 매도인은 매수인으로부터 합리적인 비용을 상환 받을 때까지 그 물품을 보유할 수 있다.
Article 86 (1) If the buyer has received the goods and intends to exercise any right under the contract or this Convention to reject them, he must take such steps to preserve them as are reasonable in the circumstances. He is entitled to retain them until he has been reimbursed his reasonable expenses by the seller. (2) If goods dispatched to the buyer have been placed at his disposal at their destination and he exercises the right to reject them, he must take possession of them on behalf of the seller, provided that this can be done without payment of the price and without unreasonable inconvenience or unreasonable expense. This provision does not apply if the seller or a person authorized to take charge of the goods	제86조 (1) 매수인이 물품을 수령한 후 그 물품을 거절하기 위하여 계약 또는 이 협약에 따른 권리를 행사하려고 하는 경우에는, 매수인은 물품을 보관하기 위하여 그 상황에서 합리적인 조치를 취하여야 한다. 매수인은 매도인으로부터 합리적인 비용을 상환받을 때까지 그 물품을 보유할 수 있다. (2) 매수인에게 발송된 물품이 목적지에서 매수인의 처분하에 놓여지고, 매수인이 그 물품을 거절하는 권리를 행사하는 경우에, 매수인은 매도인을 위하여 그 물품을 점유하여야 한다. 다만, 대금 지급 및 불합리한 불편이나 경비소요없이 점유할 수 있는 경우에 한한다. 이 항은 매도인이나 그를 위하여 물품을 관리하는 자가 목적지에 있는 경우에는 적용되지 아니한다. 매수인이 이 항에 따라 물품을 점유하는 경우에는, 매수인의 권리와 의무에

on his behalf is present at the destination. If the buyer takes possession of the goods under this paragraph, his rights and obligations are governed by the preceding paragraph.	대하여는 제1항이 적용된다.
Article 87 A party who is bound to take steps to preserve the goods may deposit them in a warehouse of a third person at the expense of the other party provided that the expense incurred is not unreasonable.	제87조 물품을 보관하기 위한 조치를 취하여야 하는 당사자는 그 비용이 불합리하지 아니하는 한, 상대방의 비용으로 물품을 제3자의 창고에 임치할 수 있다.
Article 88 (1) A party who is bound to preserve the goods in accordance with article 85 or 86 may sell them by any appropriate means if there has been an unreasonable delay by the other party in taking possession of the goods or in taking them back or in paying the price or the cost of preservation, provided that reasonable notice of the intention to sell has been given to the other party. (2) If the goods are subject to rapid deterioration or their preservation would involve unreasonable expense, a party who is bound to preserve the goods in accordance with article 85 or 86 must take reasonable measures to sell them. To the extent possible he must give notice to the other party of his intention to sell. (3) A party selling the goods has the right to retain out of the proceeds of sale an amount equal to the reasonable expenses of preserving the goods and of selling them. He must account to the other party for the balance.	제88조 (1) 제85조 또는 제86조에 따라 물품을 보관하여야 하는 당사자는 상대방이 물품을 점유하거나 반환받거나 또는 대금이나 보관비용을 지급하는 데 불합리하게 지체하는 경우에는, 상대방에게 매각의사를 합리적으로 통지하는 한, 적절한 방법으로 물품을 매각할 수 있다. (2) 물품이 급속히 훼손되기 쉽거나 그 보관에 불합리한 경비를 요하는 경우에는, 제85조 또는 제86조에 따라 물품을 보관하여야 하는 당사자는 물품을 매각하기 위하여 합리적인 조치를 취하여야 한다. 이 경우에 가능한 한도에서 상대방에게 매각의사가 통지되어야 한다. (3) 물품을 매각한 당사자는 매각대금에서 물품을 보관하고 매각하는 데 소요된 합리적인 비용과 동일한 금액을 보유할 권리가 있다. 그 차액은 상대방에게 반환되어야 한다.
Part IV. Final provisions	제4편 최종규정
Article 89 The Secretary-General of the United Nations is hereby designated as the depositary for this Convention.	제89조 국제연합 사무총장은 이 협약의 수탁자가 된다.
Article 90 This Convention does not prevail over any international agreement which has already been or may be entered into and which contains provisions concerning the matters governed by this Convention, provided that the parties have their places of business in States parties, to such agreement.	제90조 이미 발효하였거나 또는 앞으로 발효하게 될 국제협정이 이 협약이 규율하는 사항에 관하여 규정을 두고 있는 경우에, 이 협약은 그러한 국제협정에 우선하지 아니한다. 다만, 당사자가 그 협정의 당사국에 영업소를 가지고 있는 경우에 한한다.
Article 91 (1) This Convention is open for signature at the	제91조 (1) 이 협약은 국제물품매매계약에 관한 국제연합회의

concluding meeting of the United Nations Conference on Contracts for the International Sale of Goods and will remain open for signature by all States at the Headquarters of the United Nations, New York until 30 September 1981. (2) This Convention is subject to ratification, acceptance or approval by the signatory States. (3) This Convention is open for accession by all States which are not signatory States as from the date it is open for signature. (4) Instruments of ratification, acceptance, approval and accession are to be deposited with the Secretary-General of the United Nations.	의 최종일에 서명을 위하여 개방되고, 뉴욕의 국제연합 본부에서 1981년 9월 30일까지 모든 국가에 의한 서명을 위하여 개방된다. (2) 이 협약은 서명국에 의하여 비준, 수락 또는 승인되어야 한다. (3) 이 협약은 서명을 위하여 개방된 날부터 서명하지 아니한 모든 국가의 가입을 위하여 개방된다. (4) 비준서, 수락서, 승인서 또는 가입서는 국제연합 사무총장에게 기탁되어야 한다.
Article 92 (1) A Contracting State may declare at the time of signature, ratification, acceptance, approval or accession that it will not be bound by Part II of this Convention or that it will not be bound by Part III of this Convention. (2) A Contracting State which makes a declaration in accordance with the preceding paragraph in respect of Part II or Part III of this Convention is not to be considered a Contracting State within paragraph (1) of article 1 of this Convention in respect of matters governed by the Part to which the declaration applies.	제92조 (1) 체약국은 서명, 비준, 수락, 승인 또는 가입 시에 이 협약 제2편 또는 제3편에 구속되지 아니한다는 취지의 선언을 할 수 있다. (2) 제1항에 따라 이 협약 제2편 또는 제3편에 관하여 유보선언을 한 체약국은, 그 선언이 적용되는 편에 의하여 규율되는 사항에 관하여는 이 협약 제1조 제1항에서 말하는 체약국으로 보지 아니한다.
Article 93 (1) If a Contracting State has two or more territorial units in which, according to its constitution, different systems of law are applicable in relation to the matters dealt with in this Convention, it may, at the time of signature, ratification, acceptance, approval or accession, declare that this Convention is to extend to all its territorial units or only to one or more of them, and may amend its declaration by submitting another declaration at any time. (2) These declarations are to be notified to the depositary and are to state expressly the territorial units to which the Convention extends. (3) If, by virtue of a declaration under this article, this Convention extends to one or more but not all of the territorial units of a Contracting State, and if the place of business of a party is located in that State, this place of business, for the purposes of this Convention, is considered not to be in a Contracting State, unless it is in a territorial unit to which the Convention extends. (4) If a Contracting State makes no declaration under	제93조 (1) 체약국이 그 헌법상 이 협약이 다루고 있는 사항에 관하여 각 영역마다 다른 법체계가 적용되는 2개 이상의 영역을 가지고 있는 경우에, 그 국가는 서명, 비준, 수락, 승인 또는 가입 시에 이 협약을 전체 영역 또는 일부영역에만 적용한다는 취지의 선언을 할 수 있으며, 언제든지 새로운 선언을 함으로써 전의 선언을 수정할 수 있다. (2) 제1항의 선언은 수탁자에게 통고하여야 하며, 이 협약이 적용되는 영역을 명시하여야 한다. (3) 이 조의 선언에 의하여 이 협약이 체약국의 전체 영역에 적용되지 아니하고 하나 또는 둘 이상의 영역에만 적용되며 또한 당사자의 영업소가 그 국가에 있는 경우에는, 그 영업소는 이 협약의 적용상 체약국에 있지 아니한 것으로 본다. 다만, 그 영업소가 이 협약이 적용되는 영역에 있는 경우에는 그러하지 아니하다. (4) 체약국이 제1항의 선언을 하지 아니한 경우에 이

paragraph (1) of this article, the Convention is to extend to all territorial units of that State.	협약은 그 국가의 전체영역에 적용된다.
Article 94 (1) Two or more Contracting States which have the same or closely related legal rules on matters governed by this Convention may at any time declare that the Convention is not to apply to contracts of sale or to their formation where the parties have their places of business in those States. Such declarations may be made jointly or by reciprocal unilateral declarations. (2) A Contracting State which has the same or closely related legal rules on matters governed by this Convention as one or more non-Contracting States may at any time declare that the Convention is not to apply to contracts of sale or to their formation where the parties have their places of business in those States. (3) If a State which is the object of a declaration under the preceding paragraph subsequently becomes a Contracting State, the declaration made will, as from the date on which the Convention enters into force in respect of the new Contracting State, have the effect of a declaration made under paragraph (1), provided that the new Contracting State joins in such declaration or makes a reciprocal unilateral declaration.	**제94조** (1) 이 협약이 규율하는 사항에 관하여 동일하거나 또는 밀접하게 관련된 법규를 가지는 둘 이상의 체약국은, 양당사자의 영업소가 그러한 국가에 있는 경우에 이 협약을 매매계약과 그 성립에 관하여 적용하지 아니한다는 취지의 선언을 언제든지 행할 수 있다. 그러한 선언은 공동으로 또는 상호간에 단독으로 할 수 있다. (2) 이 협약이 규율하는 사항에 관하여 하나 또는 둘 이상의 비체약국과 동일하거나 또는 밀접하게 관련된 법규를 가지는 체약국은 양 당사자의 영업소가 그러한 국가에 있는 경우에 이 협약을 매매계약과 그 성립에 대하여 적용하지 아니한다는 취지의 선언을 언제든지 행할 수 있다. (3) 제2항에 의한 선언의 대상이 된 국가가 그 후 체약국이 된 경우에, 그 선언은 이 협약이 새로운 체약국에 대하여 효력이 발생하는 날부터 제1항의 선언으로서 효력을 가진다. 다만, 새로운 체약국이 그 선언에 가담하거나 또는 상호간에 단독으로 선언하는 경우에 한한다.
Article 95 Any State may declare at the time of the deposit of its instrument of ratification, acceptance, approval or accession that it will not be bound by subparagraph (1) (b) of article 1 of this Convention.	**제95조** 어떤 국가든지 비준서, 수락서, 승인서 또는 가입서를 기탁할 때, 이 협약 제1조 제1항 (나)호에 구속되지 아니한다는 취지의 선언을 행할 수 있다.
Article 96 A Contracting State whose legislation requires contracts of sale to be concluded in or evidenced by writing may at any time make a declaration in accordance with article 12 that any provision of article 11, article 29, or Part II of this Convention, that allows a contract of sale or its modification or termination by agreement or any offer, acceptance, or other indication of intention to be made in any form other than in writing, does not apply where any party has his place of business in that State.	**제96조** 그 국가의 법률상 매매계약의 체결 또는 입증에 서면을 요구하는 체약국은 제12조에 따라 매매계약, 합의에 의한 매매계약의 변경이나 종료, 청약, 승낙 기타의 의사표시를 서면 이외의 방법으로 하는 것을 허용하는 이 협약 제11조, 제29조 또는 제2편의 어떠한 규정도 당사자 일방이 그 국가에 영업소를 가지고 있는 경우에는 적용하지 아니한다는 취지의 선언을 언제든지 행할 수 있다.
Article 97 (1) Declarations made under this Convention at	**제97조** (1) 서명 시에 이 협약에 따라 행한 선언은 비준, 수락

the time of signature are subject to confirmation upon ratification, acceptance or approval.	또는 승인 시 다시 확인되어야 한다.
(2) Declarations and confirmations of declarations are to be in writing and be formally notified to the depositary.	(2) 선언 및 선언의 확인은 서면으로 하여야 하고, 또한 정식으로 수탁자에게 통고하여야 한다.
(3) A declaration takes effect simultaneously with the entry into force of this Convention in respect of the State concerned. However, a declaration of which the depositary receives formal notification after such entry into force takes effect on the first day of the month following the expiration of six months after the date of its receipt by the depositary. Reciprocal unilateral declarations under article 94 take effect on the first day of the month following the expiration of six months after the receipt of the latest declaration by the depositary.	(3) 선언은 이를 행한 국가에 대하여 이 협약이 발효함과 동시에 효력이 생긴다. 다만, 협약의 발효 후 수탁자가 정식으로 통고를 수령한 선언은 수탁자가 이를 수령한 날부터 6월이 경과된 다음 달의 1일에 효력이 발생한다. 제94조에 따른 상호간의 단독선언은 수탁자가 최후의 선언을 수령한 후 6월이 경과한 다음 달의 1일에 효력이 발생한다.
(4) Any State which makes a declaration under this Convention may withdraw it at any time by a formal notification in writing addressed to the depositary. Such withdrawal is to take effect on the first day of the month following the expiration of six months after the date of the receipt of the notification by the depositary.	(4) 이 협약에 따라 선언을 행한 국가는 수탁자에게 서면에 의한 정식의 통고를 함으로써 언제든지 그 선언을 철회할 수 있다. 그러한 철회는 수탁자가 통고를 수령한 날부터 6월이 경과된 다음 달의 1일에 효력이 발생한다.
(5) A withdrawal of a declaration made under article 94 renders inoperative, as from the date on which the withdrawal takes effect, any reciprocal declaration made by another State under that article.	(5) 제94조에 따라 선언이 철회된 경우에는 그 철회의 효력이 발생하는 날부터 제94조에 따라 다른 국가가 행한 상호간의 선언의 효력이 상실된다.
Article 98 No reservations are permitted except those expressly authorized in this Convention.	제98조 이 협약에 의하여 명시적으로 인정된 경우를 제외하고는 어떠한 유보도 허용되지 아니한다.
Article 99 (1) This Convention enters into force, subject to the provisions of paragraph (6) of this article, on the first day of the month following the expiration of twelve months after the date of deposit of the tenth instrument of ratification, acceptance, approval or accession, including an instrument which contains a declaration made under article 92.	제99조 (1) 이 협약은 제6항의 규정에 따를 것을 조건으로, 제92조의 선언을 포함하고 있는 문서를 포함하여 10번째의 비준서, 수락서, 승인서 또는 가입서가 기탁된 날부터 12월이 경과된 다음 달의 1일에 효력이 발생한다.
(2) When a State ratifies, accepts, approves or accedes to this Convention after the deposit of the tenth instrument of ratification, acceptance, approval or accession, this Convention, with the exception of the Part excluded, enters into force in respect of that State, subject to the provisions of paragraph (6) of this article, on the first day of the month following the	(2) 10번째의 비준서, 수락서, 승인서 또는 가입서가 기탁된 후에 어느 국가가 이 협약을 비준, 수락, 승인 또는 가입하는 경우에, 이 협약은 적용이 배제된 편을 제외하고 제6항에 따를 것을 조건으로 하여 그 국가의 비준서, 수락서, 승인서 또는 가입서가 기탁된 날부터 12월이 경과된 다음달의 1일에 그 국가에 대하여 효력이 발생한다.

expiration of twelve months after the date of the deposit of its instrument of ratification, acceptance, approval or accession.

(3) A State which ratifies, accepts, approves or accedes to this Convention and is a party to either or both the Convention relating to a Uniform Law on the Formation of Contracts for the International Sale of Goods done at The Hague on 1 July 1964 (1964 Hague Formation Convention) and the Convention relating to a Uniform Law on the International Sale of Goods done at The Hague on 1 July 1964 (1964 Hague Sales Convention) shall at the same time denounce, as the case may be, either or both the 1964 Hague Sales Convention and the 1964 Hague Formation Convention by notifying the Government of the Netherlands to that effect.

(4) A State party to the 1964 Hague Sales Convention which ratifies, accepts, approves or accedes to the present Convention and declares or has declared under article 92 that it will not be bound by Part II of this Convention shall at the time of ratification, acceptance, approval or accession denounce the 1964 Hague Sales Convention by notifying the Government of the Netherlands to that effect.

(5) A State party to the 1964 Hague Formation Convention which ratifies, accepts, approves or accedes to the present Convention and declares or has declared under article 92 that it will not be bound by Part III of this Convention shall at the time of ratification, acceptance, approval or accession denounce the 1964 Hague Formation Convention by notifying the Government of the Netherlands to that effect.

(6) For the purpose of this article, ratifications, acceptances, approvals and accessions in respect of this Convention by States parties to the 1964 Hague Formation Convention or to the 1964 Hague Sales Convention shall not be effective until such denunciations as may be required on the part of those States in respect of the latter two Conventions have themselves become effective. The depositary of this Convention shall consult with the Government of the Netherlands, as the depositary of the 1964 Conventions, so as to ensure necessary co-ordination in this respect.

Article 100

(1) This Convention applies to the formation of a

(3) 1964년 7월 1일 헤이그에서 작성된 『국제물품매매계약의 성립에 관한 통일법』(1964년 헤이그성립협약)과 『국제물품매매계약에 관한 통일법』(1964년 헤이그매매협약)중의 하나 또는 모두의 당사국이 이 협약을 비준, 수락, 승인 또는 이에 가입하는 경우에는 네덜란드 정부에 통고함으로써 1964년 헤이그매매협약 및/또는 1964년 헤이그성립협약을 동시에 폐기하여야 한다.

(4) 1964년 헤이그매매협약의 당사국으로서 이 협약을 비준, 수락, 승인 또는 가입하는 국가가 제92조에 따라 이 협약 제2편에 구속되지 아니한다는 뜻을 선언하거나 또는 선언한 경우에, 그 국가는 이 협약의 비준, 수락, 승인 또는 가입시에 네덜란드 정부에 통고함으로써 1964년 헤이그매매협약을 폐기하여야 한다.

(5) 1964년 헤이그성립협약의 당사국으로서 이 협약을 비준, 수락, 승인 또는 가입하는 국가가 제92조에 따라 이 협약 제3편에 구속되지 아니한다는 뜻을 선언하거나 또는 선언한 경우에, 그 국가는 이 협약의 비준, 수락, 승인 또는 가입시 네덜란드 정부에 통고함으로서 1964년 헤이그성립협약을 폐기하여야 한다.

(6) 이 조의 적용상, 1964년 헤이그성립협약 또는 1964년 헤이그매매협약의 당사국에 의한 이 협약의 비준, 수락, 승인 또는 가입은 이들 두 협약에 관하여 당사국에게 요구되는 폐기의 통고가 효력을 발생하기까지 그 효력이 발생하지 아니한다. 이 협약의 수탁자는 이에 관한 필요한 상호조정을 확실히 하기 위하여 1964년 협약들의 수탁자인 네덜란드 정부와 협의하여야 한다.

제100조

(1) 이 협약은 제1조 제1항 (가)호 또는 (나)호의 체약

contract only when the proposal for concluding the contract is made on or after the date when the Convention enters into force in respect of the Contracting States referred to in subparagraph (1) (a) or the Contracting State referred to in subparagraph (1) (b) of article 1. (2) This Convention applies only to contracts concluded on or after the date when the Convention enters into force in respect of the Contracting States referred to in subparagraph (1)(a) or the Contracting State referred to in subparagraph (1)(b) of article 1.	국에게 협약의 효력이 발생한 날 이후에 계약체결을 위한 제안이 이루어진 경우에 한하여 계약의 성립에 대하여 적용된다. (2) 이 협약은 제1조 제1항 (가)호 또는 (나)호의 체약국에게 협약의 효력이 발생한 날 이후에 체결된 계약에 대하여만 적용된다.
Article 101 (1) A Contracting State may denounce this Convention, or Part II or Part III of the Convention, by a formal notification in writing addressed to the depositary. (2) The denunciation takes effect on the first day of the month following the expiration of twelve months after the notification is received by the depositary. Where a longer period for the denunciation to take effect is specified in the notification, the denunciation takes effect upon the expiration of such longer period after the notification is received by the depositary.	제101조 (1) 체약국은 수탁자에게 서면에 의한 정식의 통고를 함으로써 이 협약 또는 이 협약 제2편 또는 제3편을 폐기할 수 있다. (2) 폐기는 수탁자가 통고를 수령한 후 12월이 경과한 다음 달의 1일에 효력이 발생한다. 통고에 폐기의 발효에 대하여 보다 장기간이 명시된 경우에 폐기는 수탁자가 통고를 수령한 후 그 기간이 경과되어야 효력이 발생한다.
DONE at Vienna, this day of eleventh day of April, one thousand nine hundred and eighty, in a single original, of which the Arabic, Chinese, English, French, Russian and Spanish texts are equally authentic. IN WITNESS WHEREOF the undersigned plenipotentiaries, being duly authorized by their respective Governments, have signed this Convention.	1980년 4월 11일에 비엔나에서 동등하게 정본인 아랍어, 중국어, 영어, 프랑스어, 러시아어 및 스페인어로 각 1부가 작성되었다. 그 증거로서 각국의 전권대표들은 각국의 정부로부터 정당하게 위임을 받아 이 협약에 서명하였다.

참고문헌

(국내문헌-단행본)

김상만, 「국제거래법」 제3판, 박영사, 2020.

김상만, 「국제거래에서의 독립적 은행보증」, 신인류, 2002.

김상만, 「국제물품매매계약에 관한 유엔협약(CISG) 해설」, 한국학술정보, 2013

박훤일, 「국제거래법」, 한국경영법무연구소, 1996.

서정두, 「국제통상법」, 삼영사, 2001.

서정두, 「2010년 개정 인코텀즈 INCOTERMS® 2010」, 청목출판사, 2011.

석광현, 「국제물품매매계약의 법리」, 박영사, 2010.

양영환·오원석·박광서, 「무역상무」, 삼영사, 2009.

이대우·양의동·김종락, 「무역계약론」, 두남, 2011.

이기수·신창섭, 「국제거래법」 제6판, 세창출판사, 2016.

이시환·김광수, 「Incoterms® 2010: 국내 및 국제거래조건의 사용에 관한 ICC규칙」, 두남, 2010.

박세운 외 4인, 「UCP 600 공식번역 및 해설서」, 대한상공회의소, 2007.

박세운·한기문·김상만·허해관, 「보증신용장통일규칙」, 대한상공회의소, 2008.

서헌제, 「국제거래법」 제4판, 법문사, 2006.

안강현, 「로스쿨 국제거래법」 제4판, 박영사, 2018.

[외국문헌]

Anders Grath, *The handbook of International Trade and Finance*, 3rd ed., Kogan Page, 2014.

Belay Seyoum, *Export-Import Theory, Practices, and Procedures*, 2nd ed., Routeledge, 2009.

Carole Murray, et. al, *Schmittoff's Export Trade: The Law and Practice of International Trade*, 11th ed, Thomson Reuters, 2010.

Doug Barry, *A Basic Guide to Exporting*, 11th ed, the U.S. Department of Commerce, 2015.

Eric Bishop, *Finance of International Trade*, Intellexis plc, Elsevier Ltd, 2006.

Fabio Bortolotti, *Drafting and Negotiating International Commercial Contracts*, ICC Publication No. 743E, 2013.

Gary Collyer, *the Guide to Documentary Credits*, 3rd ed, the International Financial Services Association, 2007.

Guillermo C. Jimenez, ICC Guide to Export/Import: Global Standards for International Trade, ICC Publication No. 686, 2012.

ICC, *Incoterms 2010 by the International Chamber of Commerce (ICC)*, ICC Publication No. 715E, 2010.

___, *The ICC Model International Sale Contract (Manufactured Goods)*, ICC Publication No. 738E, 2013.

___, *ICC MODEL CONTRAT(DISTRIBUTORSHIP)*, ICC publication, No. 776Z, 2016.

Indira Carr, International Trade Law, 4th ed, Routledge-Cavendish, 2010.

Jan Ramberg, *ICC Guide to Incoterms 2010*, ICC Publication No. 720E, 2011.

John O. Honnold, *Uniform Law for International Sales under the 1980 United Nations Convention*, 4th ed, Wolters Kluwer, 2009.

Michele Donnelly, *Certificate in International Trade and Finance*, ifs School of Finance, 2010.

Phillip Wood, Law and Practice of International Finance, London Sweet & Maxwell, 1980.

_____, International Loans, Bonds, Guarantees, Legal Opinions, London Sweet & Maxwell, 2007.

Ralph H. Folsom, et. al, *International Business Transactions*, 8th ed, West Group, 2009.

_____, *International Business Transactions: A Problem Oriented Coursebook*, 11th ed, West Group, 2012.

Roeland F. Bertrams, *Bank Guarantees in International Trade*, 4th ed, Wolters Kluwer, 2013.

Schlechtriem & Schwenzer, *Commentary on the UN Convention on the International Sale of Goods (CISG)*, 4th ed., Oxford University Press, 2016.

Thomas E. Johnson & Donna L. Bade, *Export Import Procedures and Documentation*, 4th ed, AMACOM, 2010.

Tina L. Stark, *Drafting Contracts*, Aspen Publishers, 2007.

UNCITRAL, *UNCITRAL Digest of Case Law on the United Nations Convention on Contracts for the International Sale of Goods*, 2016.

United Nations, United Nations Convention on Contracts for the International Sale of Goods, United Nations Publication Sales No. E.10.v.14, 2010.

U.S. Department of Commerce/International Trade Administration, *Trade Finance Guide: A Quick Reference for U.S. Exporters*, 2012.

WTO, *World Trade Statistical Review 2017*, WTO, 2017.

찾아보기(영문)

찾아보기(국문)

저자약력

김 상 만

- 고려대학교 법과대학(법학과)
- 고려대학교 법무대학원(법학석사/국제거래법 전공)
- 미국 University of Minnesota Law School(법학석사)
- 고려대학교 대학원(법학박사/상법 전공)
- 한국무역보험공사 팀장
- 경남대학교 경제무역학부 조교수
- 사법시험·변호사시험·행정고시·공무원시험 위원
- 대한상사중재원 중재인/조정인
- 현) 덕성여자대학교 국제통상학과 교수
  미국 뉴욕주 변호사

해외출간 저서

- Payment Methods and Finance for International Trade(Springer, 2020)
- A Guide to Financing Mechanisms in International Business Transactions(Cambridge Scholars Publishing, 2019)

국내출간 저서

- 국제거래법 제3판(박영사)
- Payment Methods in International Trade(두남)
- 실무중심 무역영어 개정2판(두남)
- 국제물품매매계약에 관한 유엔협약(CISG) 해설(한국학술정보)
- 국제거래에서의 독립적 은행보증서(신인류)
- ISP 98 보증신용장통일규칙 공식번역 및 해설서(대한상공회의소, 공저)

International Articles

- Export Credit Guarantee and Prohibited Subsidies under the SCM Agreement(Journal of World Trade, Kluwer Law International, 2020)
- Australia – Anti-Dumping Measures on A4 Copy Paper, DS529(World Trade Review, Cambridge University Press, 2020)
- A Comparative Study of the CISG and the North Korean Contract Law as to Formation of a Contract (Journal of International Trade Law and Policy, Emerald, 2020)
- Negotiating Bank in a Documentary Credit(The Banking Law Journal, LexisNexis, U.S.A., 2020)
- The Fraud Exception in a Documentary Credit under Korean Law(The Banking Law Journal, LexisNexis, U.S.A., 2019)
- Right Choice of DPU Rule in Incoterms 2020(Global Trade and Customs Journal, Kluwer Law International, 2021)
- Flag of Convenience in the Context of the OECD BEPS Package(Journal of Maritime Law and Commerce, Jefferson Law Book Co., 2018)
- Can a Change of Circumstances Qualify as an Impediment under Article 79 of the CISG(Chinese Journal of International Law, Oxford Academic Press, 2019)

제2판
무역계약론

초판발행   2019년 1월 20일
제2판발행   2021년 6월 20일

지은이   김상만
펴낸이   안종만·안상준

편 집   전채린
기획/마케팅   김한유
표지디자인   Benstory
제 작   고철민·조영환

펴낸곳   (주) 박영사
               서울특별시 금천구 가산디지털2로 53, 210호(가산동, 한라시그마밸리)
               등록 1959. 3. 11. 제300-1959-1호(倫)

전 화   02)733-6771
f a x   02)736-4818
e-mail   pys@pybook.co.kr
homepage   www.pybook.co.kr
ISBN   979-11-303-1336-8   93320

copyright©김상만, 2021, Printed in Korea

정 가   27,000원